中华全国工商业联合会
年　鉴
2016

中华全国工商业联合会　编著

中华工商联合出版社

图书在版编目（CIP）数据

中华全国工商业联合会年鉴. 2016/全国工商联编著.
--北京：中华工商联合出版社，2017.11
ISBN 978-7-5158-2139-9

Ⅰ.①中… Ⅱ.①全… Ⅲ.①中华全国工商业联合会—2016—年鉴 Ⅳ.①D665.4-54

中国版本图书馆 CIP 数据核字（2017）第 271659 号

中华全国工商业联合会年鉴 2016

作　　者：中华全国工商业联合会
出 品 人：徐　潜
策划编辑：李红霞
责任编辑：侯景华　马　燕
封面设计：周　琼
责任审读：李　征
责任印制：迈致红
出版发行：中华工商联合出版社有限责任公司
印　　刷：北京毅峰迅捷印刷有限公司
版　　次：2017 年 11 月第 1 版
印　　次：2017 年 11 月第 1 次印刷
开　　本：710mm×1000mm　1/16
字　　数：424 千字
印　　张：19
书　　号：ISBN 978-7-5158-2139-9
定　　价：380.00 元

服务热线：010-58301130
销售热线：010-58302813
地址邮编：北京市西城区西环广场 A 座
19~20 层，100044
http：//www.chgslcbs.cn
E—mail：cicap1202@sina.com（营销中心）
E—mail：gslzbs@sina.com（总编室）

《中华全国工商业联合会年鉴2016》编审委员会

目　录

第一部分　概况

第二部分　工作成果

第三部分 领导讲话、文章

第四部分 调研报告

第五部分 地方工商联工作

第一部分 概况

会员发展

截至2016年年底，全国工商联共有会员4 714 984个，比2015年年底增加329 321个，增长7.5%。其中，企业会员2 603 188个，占55.2%；团体会员60 473个，占1.3%；个人会员2 051 323个，占43.5%（其中个体工商户1 674 094个，原工商业者31 338个）。在全体会员中，县及县以下工商联会员2 608 973个，占55.3%；所属商会会员4 582 939个，占97.2%。

从全国各地区工商联会员发展情况看，会员数量位居前五位的是广东（321 813个）、辽宁（320 518个）、江苏（294 646个）、河南（270 462个）和浙江（266 940个）。企业会员数量位居前五位的是广东（272 804个）、江苏（239 594个）、浙江（225 948个）、辽宁（208 969个）和山东（151 188个）。与2015年年底相比，县及县以下工商联会员增幅位居前五位的是天津、江苏、湖南、广西和辽宁，企业会员增幅位居前五位的是西藏、四川、广东、广西和辽宁，团体会员增幅位居前五位的是四川、甘肃、内蒙古、陕西和宁夏。

从工商联企业会员在全国企业和私营企业中的占比看，根据国家工商行政管理总局统计，截至2016年年底，全国共有企业2 596.1万个，比2015年年底增加410.3万个，增长18.8%；全国私营企业共2 309.2万个，比2015年年底增加401万个，增长21.0%。根据各级工商联统计，工商联企业会员260.3万个，比2015年年底增加28.8万个，增长12.5%，工商联企业会员占全国企业总数的比例为10.0%；工商联私营企业会员227.3万个，比2015年年底增加33.6万个，增长17.3%，工商联私营企业会员占全国私营企业总数的比例为9.8%。

从企业会员产业分布情况看，从事第二产业的企业会员增长较快，共有96.4万个，增加15万个，增长18.4%，占企业会员总数比例从2015年年底的35.2%提升至37.0%，上升1.8个百分点。从事第一产业的企业会员18.4万个，增加0.7万个，增长3.8%，占企业会员总数的7.1%，占比下降0.6个百分点。从事第三产业的企业会员145.5万个，增加13.2万个，增长10.0%，占企业会员总数的55.9%，占比下降1.3个百分点。

从企业会员行业分布情况看，会员分布较多的五个行业是制造业（占比29.4%），住宿和餐饮业（占比21.3%），信息传输、软件和信息技术服务业（占比7.8%），农、林、牧、渔业（占比

7.1%），居民服务、修理和其他服务业（占比 6.6%）。从业企业会员数量增幅最大的五个行业是制造业（增长 25.5%），住宿和餐饮业（增长 19.7%），租赁和商务服务业（增长 18.6%），交通运输、仓储和邮政业（增长 15.6%），水利、环境和公共设施管理业（增长 13.0%）。

面对全国新设企业快速增长的新形势，2016 年工商联企业会员增长较快。截至 2016 年年底，企业会员较 2015 年年底增长 12.5%，高出会员总数增长率 5 个百分点，企业会员占会员总数比例从 2015 年年底的 52.8% 提升至 55.2%，上升 2.4 个百分点。这反映出各地工商联积极发展企业会员，会员队伍结构有所优化。随着商事制度改革与创业创新政策成效显现，全国市场主体快速增长，2016 年全国企业总数、全国私营企业总数分别保持了 18.8% 和 21.0% 的较高增长率。在这一情况下，2016 年年底，工商联企业会员占全国企业总数和工商联私营企业会员占全国私营企业总数的比例保持稳定，工商联企业会员增长速度基本符合全国市场主体增长情况。

（王子萱）

组织发展

截至 2016 年年底，全国共有县级以上工商联组织 3 407 个，比 2015 年年底增加 3 个。其中，地级工商联 333 个，占地级行政区划总数的 99.7%；县级工商联组织 2 831 个，占县级行政区划总数的 99.3%；未列入国家行政区划的市辖区、管理区、经济开发区等工商联组织 40 个；新疆生产建设兵团有师级工商联组织 14 个，县级市工商联组织 9 个，团场工商联组织 147 个。

2016 年新设立工商联组织 9 个（其中县级工商联组织 5 个，未列入国家行政区划的管理区、经济开发区等工商联组织 4 个），其中内蒙古 1 个、贵州 1 个、云南 1 个、西藏 4 个、兵团 2 个；因行政区划调整减少工商联组织 6 个，其中河北 1 个、江苏 2 个、浙江 1 个、安徽 2 个。目前，共有 28 个省级行政区实现了县以上工商联组织全覆盖。海南有 1 个地级市，海南、西藏、新疆 3 个省（自治区）共有 16 个县级行政区未成立工商联。

2016 年，各级工商联坚持眼睛向下、面向基层，在地方党委政府领导下，按照全国工商联部署，继续深入推进“五好”县级工商联建设。2016 年全国共有 804 个县级工商联达到“五好”标准，被评选为全国“五好”县级工商联，占县级工商联总数的 28.3%，达到了预定工作目标。

截至 2016 年年底，各级工商联所属商会共有 44 375 个，与 2015 年年底相比增加 2 696 个，增长 6.5%。其中，行业商会 13 558 个，增加 890 个，增长 7.0%；乡镇商会 16 617 个，增加 678 个，增长 4.3%；街道商会 4 189 个，增加 324 个，增长 8.4%；异地商会 6 388 个，增加 563 个，增长 9.7%；其他（含市场、园区、楼宇、村）商会 3 623 个，增加

241 个，增长 7.1%。各类型商会分布情况是，行业商会占商会总数的 30.6%，乡镇商会占 37.5%，街道商会占 9.4%，异地商会占 14.4%，市场商会等其他类型商会占 8.2%。

从各地区情况看，与 2015 年年底相比，大部分地区工商联所属商会数量都有所增加，其中，浙江、安徽、广东、重庆、云南等地工商联所属商会数量增加相对较多。这与各地工商联认真贯彻习近平总书记在全国政协十二届四次会议民建、工商联界委员联组会上的重要讲话精神，落实中央统战工作会议精神，推动统战工作向商会组织有效覆盖，加强对所属商会的指导、引导、服务密不可分。

在 44 375 个工商联所属商会中，已登记 23 674 个，登记率 53.4%，其中，全国工商联 31 个直属商会已登记 15 个，登记率 48.4%；各省级工商联所属商会中，登记率列前五位的是西藏、青海、浙江、宁夏、福建，均达到 78% 以上；登记率列末五位的是天津、陕西、广西、河北、辽宁，均低于 30%。从各级工商联所属商会登记情况看，总体登记率还偏低，不平衡情况较为明显。

（王子萱）

第二部分 工作成果

非公有制经济人士理想信念教育实践活动

【综　述】2016 年，全国工商联深入学习贯彻习近平总书记 3 月 4 日在全国政协民建、工商联界委员联组会上重要讲话精神和党的十八届六中全会精神，围绕中心、服务大局，牢牢把握“两个健康”工作主题，以守法诚信、坚定信心为重点深入开展理想信念教育实践活动，引导各地非公有制经济人士和商会积极参与，推动了非公有制经济健康发展和非公有制经济人士健康成长。

（一）把学习贯彻习近平总书记重要讲话精神作为首要任务

全国工商联与中央统战部下发《关于以“守法诚信、坚定信心”为重点深入开展理想信念教育实践活动的通知》，要求各地大力宣传以习近平总书记为核心的党中央治国理政的新理念新思想新战略，并采取多种形式增强形势政策教育的吸引力和感染力。①掀起学习热潮。习近平总书记 3 月 4 日重要讲话发表后，各地积极组织收看电视报道，召开学习会、座谈会，撰写心得体会，组织巡回宣讲，广大民营企业家深受鼓舞。西藏自治区把讲话译成藏文下发。陕西组织举办“忆传统、话改革、讲奉献、追梦想”系列专题报告会，云南组织企业家开展“我为‘四个全面’做什么”大讨论，进一步加深对讲话精神的理解。②大力开展培训。围绕学习讲话精神，各省级工商联共组织 231 期培训班，培训约 3 万人次。内蒙古自治区、吉林、黑龙江、四川、新疆维吾尔自治区和新疆生产建设兵团等还组织到井冈山、延安学习培训。③加强典型宣传。按照习近平总书记“四个典范”的要求，各地积极开展先进典型评选表彰宣传活动。广东组织“百名年轻一代文明使者”评选，江苏举办全国“时代楷模”崔根良先进事迹巡回报告会，福建开展“闽商好故事”宣讲，树立了当代非公有制经济人士积极健康的正面形象。

（二）在推进制度建设中引导守法诚信

全国工商联与最高人民检察院召开座谈会，征求非公有制经济人士意见建议，就推动落实《关于充分发挥检察职能依法保障和促进非公有制经济健康发展的意见》，与高检院开展联合调研，专门举办法律教育培训班，引导非公有制经济人士增强法律风险意识。要求各地工商联在引导守法诚信的过程中，注重增强活动的制度化。坚持送法“三进”。充分发挥法官、检察官、警官、律师等专业力量作用，开展送法进企业、进商会、进工商联活动。甘肃省工商联邀请省检察院成立检察服务室，设立非公经济发展维权投诉举报平台。宁夏帮助商（协）会建立法律顾问。河北选派知名律师定期在网络平台推出守法诚信课程，使广大非公有制经济人士在接受法律服务的同时增强了守法诚信的自觉性。创建守法诚信示范点。贵州发挥“守法诚信一条街”示范作用，开展“五型企业暨企业文化建设示范单位”创建活动。广西以法治诚信文化为重要内容，指导市县工商联开展民营企业文化建设示范点的创建、申报和核验工作，使更多民营企业明确了践行守法诚信的努力方向。推进诚信制度化建设和探索信用体系建设。湖南开展全省工商联会员企业信用等级评定，建立健全企业信用档案。北京市工商联与市司法局签订《关于共同推动行业性专业性人民调解组织的合作协议》，推广企业信用档案和“灰名单”制度，为非公有制经济人士坚持守法诚信底线打下良好制度基础。

（三）在做好服务中增强企业发展信心

全国工商联通过组织走访调研等形式，积极了解企业困难和企业家心声，并要求各地工商联充分发挥桥梁纽带作用，推动完善政企沟通机制，搭建银企对接、保企对接、信息咨询平台，帮助解决实际困难，在做好服务的过程中增强企业发展信心。推动政策落实。广西以开展实体经济调研和“提质增效年”活动为载体，推动利好政策落地。山西编印《民营经济发展政策学习问答》，开展“小微企业政策宣传月”活动，为企业送政策、送专家、送服务。江西组织开展第三方独立评估，科学评价政策实施效果。安徽省工商联与省高院联合下发《关于进一步完善非公有制企业矛盾纠纷诉调对接机制的意见》。促进产业对接整合。北京连续六年举办“首都非公经济金融服务推进活动”，通过贷款授信、金融产品服务、资本项目对接等，加大对中小微企业扶持力度。辽宁发挥“友好商会辽宁行”活动平台作用，与80多个国家和地区、近千家海内外商会社团建立了友好商会关系，全年协议项目资金120亿元。帮助企业排忧解难。山东组织人才、科技、银企“三对接”活动，帮助非公有制企业解决科技人才缺乏、创新能力不足、融资难融资贵等突出问题。海南省工商联坚持会领导下基层、机关干部到企业挂职制度，帮助企业解决了不少实际困难。

（四）在推进政企交流中构建“亲”“清”政商关系

全国工商联与中央统战部开展了构建新型政商关系调研，针对政商关系存在的突出问题，深入分析了产生的原因，提出了要以“亲”“清”为标尺，构建界限清晰、交往规范、渠道畅通、廉洁清白新型政商关系的建议。要求各地把推动政企交流作为构建“亲”“清”政商关系的基本途径来抓。推动政府出台制度。目前全国已有12个省就构建新型政商关系出台了文件。广东出台《关于推动构建新型政商关系的若干意见（试行）》，推出政商交往的正负清单，明确交往尺度。山东制定《关于加强各级领导干部联系服务非公有制企业构建新型政商关系的意见》，推荐了省各大班子领导同志联系企业名单。浙江建立各级党委、政府领导联系商会、企业，工商联与司法部门等涉及构建新型政商关系的沟通机制212个。引导企业家参加构建活动。湖北开展“廉正兴业、清廉有为，构建新型政商关系”专题活动。河南坚持开展工商界“反对贿赂·公平竞争”联盟活动，引导非公有制经济人士共同维系“亲”“清”政商关系。推动政企交流。重庆持续开展干部进民企促发展活动，市区县共选派745名机关干部到民企挂职，履行宣传员、调研员、协调员、服务员和多面手五大职责，实现了企业得实惠、干部受锻炼、社会有影响。福建推动“‘亲’‘清’润闽商，促进两健康”宣传教育活动开展，推动“亲”“清”政商关系主题报告会举办，形成全省推进构建“亲”“清”政商关系的强大舆论声势。

（五）在传承优良传统中加强年轻一代教育培养

全国工商联与中央统战部开展了年轻一代非公有制经济人士思想状况调研，为开展年轻一代教育培养打下基础，通过一对一访谈的方式，向他们宣传党的大政方针政策。要求各地工商联对年轻一代加强党情国情教育，引导他们继承发扬老一代民营企业家的创业精神和听党话、跟党走的光荣传统。①加强对年轻一代正面引导。各地注重组织适合年轻人特点、实效性更强的活动。青海开展“不忘初心、继续前进”专题教育，先后组织“两弹一星”精神报告会，非公企业、商（协）会微党课展示等活动。山西组织“听党课·进军营”活动，强化了年轻一代爱党、信党、跟党走的信念。②加强新老传帮带。天津组织年轻一代前往知名企业学习、听父辈讲述创业历史，开展“踏寻革命足迹，做科学发展接班人”主题活动，使他们在传承传统的同时激发创业创新动力。③引导参加社会实践。各地普遍通过引导年轻一代参加光彩事业、公益慈善事业和精准扶贫行动。湖南组织年轻一代开展“同心青商同行”“青商守望者”公益助学活动、贫困学生暑期社会实践活动等，让他们在奉献社会中增强了责任担当。

（六）在引导精准扶贫中增强社会责任感

全国工商联把推进“万企帮万村”精准扶贫行动作为一项重大政治任务来抓。年初与国务院扶贫办、中国光彩会联合印发了关于推进“万企帮万村”精准扶贫行动的实施意见，召开了推进“万企帮万村”精准扶贫行动全国电视电话会议，对行动进行全面动员、纵深部署。与国务院扶贫办、中国光彩会联合开展专题调研，针对发现的问题及时指导，宣传调研发现的先进典型。为帮助民营企业解决精准扶贫融资问题，与国务院扶贫办、中国光彩会和中国农业发展银行签订并联合印发了《政策性金融支持“万企帮万村”精准扶贫行动战略合作协议》在中国光彩事业“庆阳行”“德宏行”活动中，紧扣精准扶贫实施公益项目。各地工商联结合本地区和企业实际，总结了不少好经验和好做法。在产业扶贫上，探索了土地集约提升型、能人大户带动型、金融机构助推型等方式；在就业扶贫上，采取了定向招工、订单培训、基地吸纳等方式；在公益扶贫上，实践了资产收益扶贫等新模式。在帮扶贫困人口、助力脱贫攻坚的过程中，参与行动的企业家既做出了贡献，也接受了教育，增强了社会责任感。

（李雄飞）

【举办全国工商联新闻宣传培训班】 为学习贯彻习近平总书记在全国政协民建、工商联界委员联组会上重要讲话和党的新闻舆论工作座谈会上的重要讲话精神，做好新形势下全国工商联新闻宣传工作，2016 年 3 月 18 日举办了全国工商联新闻宣传培训班。杨启儒副主席出席开班式，就学习贯彻习近平总书记重要讲话精神提出要求。中央网信办新媒体传播局、人民日报社研究部有关领导、专家作辅导讲座。中华工商时报社、中国工商杂志社三位同志作交流发言。

杨启儒副主席指出，学习习近平总书记重要讲话精神，要领会好关于坚持和完善社会主义基本经济制度从未动摇的重要论断，领会好关于公有制经济和非公有制经济关系的重要论断，领会好关于非公有制经济“四个作用”“五个重要地位”“三个没有变”的重要论断，领会好关于增强民营企业政策获得感的重要论断，领会好关于民营企业在经济发展新常态下实现“三新”的重要论断，领会好关于推动广大非公有制经济人士做合格建设者的重要论断，领会好关于构建新型政商关系的重要论断。杨启儒副主席对新闻宣传工作提出三点要求：一要把学习宣传总书记重要讲话精神作为首要政治任务；二要坚持正确舆论导向；三要加强新闻人才队伍建设。

机关各部门和信息中心有关同志，宣教部全体干部，中华工商时报社、中国工商杂志社、中华工商联合出版社中层以上干部和在京全体采编人员共 90 余人参加培训。

（常　青）

【共同开展年轻一代非公有制经济人士思想状况专题调研】为贯彻落实习近平总书记在中央统战工作会议和全国政协十二届四次会议民建、工商联界委员联组会上重要讲话精神，根据中央统战工作领导小组 2016 年工作要点的部署，中央统战部、全国工商联于 2016 年 3、4 月开展年轻一代非公有制经济人士思想状况专题调研。7 个调研组赴 14 个省份实地调研，召开 56 场分别由企业家、党政干部、工商联和商会负责人参加的座谈会，与 562 位非公有制经济人士进行个别访谈，在 31 个省、自治区、直辖市和新疆生产建设兵团向年轻一代发放了 3 229 份调查问卷。深入分析了年轻一代基本情况和政治思想特点，尤其是存在问题及问题产生原因，并提出了相应的意见建议。本次调研为做好年轻一代教育培养工作积累了大量的一手资料，并为进一步做好相关工作打下基础。

（李雄飞）

【举办全国及省级工商联直属商会负责人培训班】2016 年全国工商联在中央社会主义学院举办了 6 期全国及省级工商联直属商会负责人培训班，共有 1 469 名商会负责人（包括带队的省级工商联部门负责人）参加了培训。分别是 5 月 10 日至 13 日、24 日至 27 日举办了两期全国及省级工商联直属商会秘书长培训班。第一期参训人数为 269 人，第二期 216 人。9 月 6 日至 10 日、20 日至 24 日，10 月 9 日至 13 日、19 日至 23 日举办了四期全国及省级工商联直属商会会长培训班，第一期参训人数为 226 人，第二期 227 人，第三期 256 人，第四期 275 人。全国工商联直属商会中有 58 名会长、副会长和秘书长参加培训。

举办全国及省级工商联直属商会负责人培训班，是全国工商联贯彻落实习近平总书记 3 月 4 日重要讲话精神、深入开展以“守法诚信、坚定信心”为重点的理想信念教育实践活动、推进工商联所属商会改革的重要举措。全国工商联领导对此次培训高度重视，王钦敏主席、全哲洙书记、杨启儒副主席等工商联领导审定培训方案并做出批示和具体指导，会领导出席各期培训班开班式、结业式并做辅导报告。

培训班以深入学习习近平总书记系列重要讲话精神为主线，突出推进中国特色商会组织建设的实际需要，结合商会会长、秘书长的工作实际，对培训课程进行精心设计，认真挑选师资，使课程设置更科学合理、更贴近学员需求。培训班邀请了最高人民法院、中央党校、国务院发展研究中心、商务部、工业和信息化部、国防大学等单位的领导和专家，就民营企业法律风险、国际国内环境、企业"走出去"战略、供给侧结构性改革、制造业转型升级、互联网金融、传统文化等课题作了30多场专题讲座。中央社会主义学院在教学和后勤保障上细心服务，保证了培训取得良好效果。

每期培训安排了分组讨论和学员论坛，学员们就如何当好会长、秘书长，发挥商会主阵地作用，深入开展理想信念教育实践活动等话题进行了深入的研讨交流。

通过培训，使学员加深了对习近平总书记3月4日重要讲话精神的理解，增强了对建设中国特色商会组织重要性的认识，加深了对经济发展新常态的理解，提高了指导会员践行新的发展理念、转型升级创新发展的能力和水平，对发挥商会主阵地作用，深入开展理想信念教育实践活动起到了推动作用。

（王凌燕）

【开展商会理想信念教育实践活动情况调研】 2016年9、10月，全国工商联宣教部、法律部分别组成调研组，前往江西、福建、山东、贵州、广东、重庆等地，就商会开展理想信念教育实践活动进行蹲点调研，了解商会开展活动情况，听取意见建议。在6个省市共蹲点调研24个商会，召开6场座谈会，与190余位商会会长、秘书长和会员进行座谈和个别访谈。深入了解省级工商联部署推动活动情况及商会理想信念教育实践活动开展情况，认真查找开展活动中存在的一些问题，并就下一步活动开展提出意见建议。

（李雄飞）

【召开全国工商联宣传培训和企业文化建设委员会扩大会议】 2016年11月10日至11日，全国工商联宣传培训和企业文化建设委员会扩大会议在京召开。会议主要任务是学习贯彻习近平总书记3月4日重要讲话精神和党的十八届六中全会精神，就深入开展理想信念教育实践活动交流经验做法，研究2017年工作思路。全国工商联副主席杨启儒出席会议并讲话。全国工商联副主席、宣传培训和企业文化建设委员会主任周海江主持会议。宣传培训和企业文化建设委员会委员、各省级工商联负责理想信念教育实践活动副主席及宣教部全体同志参加会议。

（刘晶晶）

理论研究和建言献策

【综　述】 2016年，各级工商联认真学习贯彻总书记重要讲话精神，按照中央要求和工作部署开展一系列重点调研，深入开展以"守法诚信、坚定信心"为重点的非公有制经济人士理想信念教育实践活动，积极引导民营企业以新的发展理念适应经济发展新常态，着力推进"万企帮万村"精准扶贫行动，各项工作取得新成效。

（一）深入开展调查研究

深入开展理想信念教育实践活动。与中央统战部开展年轻一代非公有制经济人士思想状况专题调研，总结分析年轻一代的思想状况、主要特点，通过一对一个别访谈的方式，面对面向年轻一代宣传党的大政方针政策，特别是注重解读总书记3月4日重要讲话精神。引导年轻一代非公有制经济人士继承发扬老一代民营企业家的创业精神和听党话、跟党走的光荣传统，着力打造政治上明方向、发展上有追求、责任上勇担当的新一代企业家队伍。与中央统战部开展构建新型政商关系调研，赴8省市与300多名党政干部、民营企业家和商会会长秘书长进行深度访谈，针对政商关系存在不作为不会为、办事难办事繁、反腐倡廉向基层传导不够、政企沟通规则不清渠道不畅以及部分企业家依然信权信钱信人不信法等突出问题，深入分析了产生的原因，构建“亲”“清”界限清晰、交往规范、渠道畅通、廉洁清白新型政商关系的建议。目前全国已有十几个省出台了关于构建新型政商关系的文件。

针对2016年以来民间投资下滑过快的问题，受国务院委托，组织开展了促进民间投资第三方评估，提出的“召开促进民营经济发展会议”“抓好政策落细落地”等建议均被国务院采纳。为支持东北振兴，配合国家发展改革委开展调研，联合出台《关于推进东北地区民营经济发展改革的指导意见》，并协助选择若干城市开展改革示范工作。开展了制造业民营企业发展状况调研，提出了加快公共服务平台建设，加强和改善制造业中小微企业的金融服务，增强标准的先进性、优质优先的市场机制，大力弘扬工匠精神的意见建议。李克强、俞正声、马凯、孙春兰等中央领导同志对调研报告作出重要批示。按照俞正声主席的批示精神，2016年8－9月份开展了民营企业知识产权保护状况调研，对知识产权侵权易发多发、侵权代价低、维权成本高等问题进行了深入分析，特别是建立针对恶意侵权、多次故意侵权的惩罚性赔偿制度提出了意见建议。李克强、俞正声、孙春兰等中央领导同志对调研报告作出重要批示，要求有关部门认真研究落实。

（二）认真履行参政议政职能

做好全国政协团体提案的报送、办理工作，有关重要会议发言的组织和稿件撰写工作，积极参加全国政协组织的有关重要调研活动，推动全国工商联参政议政工作取得新成绩。

2016年向全国政协十二届四次会议提交36件提案、2篇大会书面发言和2篇大会口头发言。增加专家评审和主席办公会审议的程序，制定提案初稿采用函，与答复意见一并反馈各单位各部门形成提案工作全流程闭环。团体提案办理过程中，共组织6家商会、地方工商联与相关部门就7件提案进行协商座谈，还参加3家部委组织的提案办理座谈会，24件提案经过会议座谈或电话沟通进行协商，协商办理比率达到67%。根据美容化妆品商会、汽车经销商商会、医药商会反映，他们这两年所提的提案已经在2016年出台的有关政策得到了体现。通过与全国政协和全国人大提案议案工作部门及有关部委反复沟通协调，我会2016年共承担25件政协提案、27件人大议案的办理工作。精心做好分工、协调、督办、答复意见报送等组织工作，顺利完成全部任务。

在配合国家发改委调研工作的基础上，参与起草了《关于推进东北地区民营经济发展改革的指导意见》，文件于2016年3月24日正式发布，对东北地区民营经济发展改革进行了部署。6月，配合国家发改委组织开展东北民营经济发展试点申报方案专家指导评估工作，对黑龙江、吉林、辽宁、内蒙古四省区17个申报试点地区进行评估。全国工商联推荐了包括企业家、商会负责人、大学教授在内的7名专家，并派员参加了评估工作。12月，与国家发展改革委等部门对《关于开展东北地区民营经济发展改革示范工作的通知》进行会签，文件已下发。

（三）推动重要工作项目化、品牌化

按照全国工商联统一安排，2016年开展了学习贯彻习近平总书记重要讲话精神调查、关于促进民间投资第三方评估的调查、构建“亲”“清”新型政商关系调查等3次监测活动，呈现出覆盖面广、效率高、分析深入等特点，为调研提供了必要的数据支撑，发挥系统对中心工作的支撑保障作用。以创新思维、创新举措开展工作，优化经费使用，升级改进系统，完善工作机制，加强了工商联系统内的工作联系和工作指导，并推进系统内资料和信息共享。继续推进品牌工作，组织开展第十二次私营企业抽样调查。顺利推进问卷设计、调查培训、组织实施、数据分析、总报告和分报告撰写等各项工作，翔实反映当前非公有制经济发展状况。组织出版《中国民营经济发展报告（2015—2016）》。调整《工商史苑》版面，扩大发行覆盖面，完成4期刊物编辑发行工作。探索推进智库建设，先后赴所属环境服务业商会、新能源商会、房地产商会开展调研，赴中国科协、民生银行研究院、中国与全球化智库进行拜访座谈，形成全国工商联智库建设情况汇报。

（徐海波）

【召开2016年全国工商联系统调查研究工作会议暨全国私营企业抽样调查调查员培训会】2016年3月14日，在北京召开了2016年全国工商联系统调查研究工作会暨全国私营企业抽样调查调查员培训会，各省级工商联和副省级城市工商联研究部门负责人、全国工商联研究室同志等50余人参会。会上重点传达学习了习近平总书记在全国政协第十二届四次会议民建、工商联界委员联组会上的重要讲话精神，总结2015年全国工商联系统调查研究工作情况，交流2017年调查研究工作，并就即将开展的全国私营企业抽样调查进行专题培训。

会上，林泽炎同志传达了王钦敏主席、全哲洙书记对学习贯彻总书记讲话的具体要求，指出学习贯彻习总书记重要讲话是当前和今后一段时期各级工商联和广大民营企业的首要政治任务。从总书记发表重要讲话的背景、讲话的重要内容、会后引起强烈反响及贯彻落实的建议等方面进行讲解，重点就“三个没有变”、非公经济发挥“五方面”重要作用、重点解决好五个问题、非公有制经济人士健康成长、“亲”“清”新型政商关系、增强工商联“三力”等方面对总书记重要讲话进行了传达。

与会者围绕2016年调查研究和参政议政工作进行交流发言。上海市工商联调研部部长张捍、浙江省工商联研究室主任刘志义、河南省工商联参政议政部部长李莉等7位同志，结合所在地区工商联工作，介绍了2015年调查研究和参政议政情况、经验做法、存在问题和困难，2016年调查研究、参政议政重点、具体打算以及对全国工商联的意见建议。

（徐海波）

【开展民营企业知识产权保护状况调研】按照俞正声主席的指示精神，8月下旬至9月上旬，全国工商联分赴北京、上海、广东、江苏、四川、安徽等六地调研民营企业知识产权保护状况，同时邀请最高人民法院有关负责同志参与调研，并委托辽宁、福建、山东、湖北、重庆、陕西等六地工商联自行开展调研。调研期间，共召开有关政府部门、司法机关、商会和中介组织及企业座谈会 24 场，实地走访知识产权部门、法院及企业 28 家，与 101 位企业相关人员进行一对一深度访谈，回收有效调查问卷 1 394 份。调研报告对知识产权侵权易发多发、侵权代价低、维权成本高等问题进行了深入分析，就完善知识产权法律法规、深化司法为主导的体制机制改革、强化综合执法、培育规范中介服务、加强企业培训等方面，特别是建立针对恶意侵权、多次故意侵权的惩罚性赔偿制度提出了意见建议。

（林蔚然）

【开展推动构建“亲”“清”新型政商关系调研】按照中央统战工作领导小组 2016 年工作要点的安排，为深入贯彻落实习近平总书记 3 月 4 日在全国政协十二届四次会议民建、工商联界委员联组会上的重要讲话以及中央统战工作会议精神，中央统战部、全国工商联于 2016 年 10 月至 12 月，赴天津、江苏、浙江、福建、河南、湖南、广东、陕西等省市开展了构建新型政商关系专题调研，共召开 8 场党政干部座谈会（84 人参加），14 场企业及商会座谈会（139 人参加），与 106 名党政干部、194 名民营企业家和商会会长、秘书长进行一对一深度访谈。同时，通过全国工商联民营企业信息直报系统和各省区市党委统战部、工商联回收企业家问卷 8 336 份，党政干部问卷 2 372 份，其他省市也提交了本地的调研材料。在此基础上，调研组撰写了调研报告。

（陈建辉）

【召开全国工商联参政议政委员会经济形势座谈会】2016 年 11 月 15 日下午，全国工商联参政议政委员会经济形势座谈会在全国工商联机关九层第一会议室召开，全国工商联副主席黄荣出席会议并讲话，研究室主任林泽炎主持会议，部分参政议政委员会委员和特邀专家、研究室副主任沈丽霞等共 20 余人参加会议。

会上，大家围绕当前经济形势和工商联自身改革踊跃发言、热烈讨论。部分专家就国际国内经济形势谈了自己的看法，指出 2017 年国际经济形势复杂性和不确定性因素将继续加大；有专家建议，2017 年我国经济发展的主要目标要在稳就业、防风险、优结构的基础上保持经济平稳健康发展；两位行业商会会长就行业发展状况等情况作了发言，提出商会要在引导会员自律自强、守法诚信、履行好社会责任方面发挥作用；几位企业家，结合企业发展实际和赴发达国家考察学习的思考，就如何推进供给侧结构性改革、助推实体经济特别是中小企业发展、传统产业改造升级、激发企业家精神等谈了自己的看法；大家还谈到“大众创业、万众创新”，认为双创在稳增长、保就业、促进新兴经济发展中发挥了积极作用，要继续鼓励双创并加强制度建设。关于推进工商联自身改革，大家建议，工商联要加强与社会研究机构、企业研究力量的合作，就民营经济发展的重大问题开展长期性和持续性研究；要继续加强调研，了解实情，及时将民营企业的呼吁向党和政府反映，也要将党和政府的政策传递到民营企业。

黄荣副主席边听取大家发言，边与大家交流讨论，最后作总结讲话。他首先向大家积极建言表示感谢，他指出，企业家和专家提出的许多意见建议针对性和操作性比较强，听后很受启发，他要求工作人员认真梳理大家的观点和建议，提供给会领导和相关部门研究参考。他强调，2017 年召开党的十九大，全国工商联也要换届，工商联工作一定要继续围绕中心服务大局，要将工商联参政议政工作纳入全局工作来谋划，大家谈到的助推实体经济发展、推进供给侧结构性改革等建议非常好，也是工商联服务“两个健康”的重要内容。他表示，在2016年广泛开展调研的基础上，2017年全国工商联将启动智库建设，希望得到在座委员和专家的支持，为建设一个开放型的研究民营经济的高端智库而贡献思想智慧、共享研究成果。

（徐海波）

【开展第十二次全国私营企业抽样调查】自1993年以来，由中央统战部、全国工商联牵头，联合国家工商总局进行的全国私营企业抽样调查，已经连续开展了十一次，是全国工商联长期跟踪、研究、分析中国私营企业发展状况的重要调研课题，得到了各地工商局和工商联的高度重视和大力支持，为促进“两个健康”工作积累了大量基础性数据。

第十二次全国私营企业抽样调查工作于2016年年初正式启动。2016年1月22日上午，在全国工商联机关召开问卷设计工作座谈会，研究室主任林泽炎主持会议。会议邀请了中国社科院社会学所所长陈光金，北京市社科院研究员、北京市政府原参事戴建中，北京理工大学教授、博士生导师刘平青，中国社科院社会学所吕鹏博士等长期从事该课题研究的专家学者，还邀请了中央统战部五局、国家工商行政管理总局等合作单位的有关同志，就调查问卷的设计进行了认真研究。调查问卷经反复征求中央统战部、国家工商总局的意见，报有关领导审阅定稿。

2016年3月14日，全国私营企业抽样调查培训会议在北京召开，吕鹏博士对第十二次全国私营企业抽样调查进行了培训，全国工商联研究室在会议上进行了总体部署，要求各地在6月底前完成入户调查工作。

在回收有效问卷8 111多份后，全国工商联研究室对问卷进行了编码、录入和数据处理工作，2016年10月，通过微信、电子邮件的方式和有关专家学者对抽样调查分析报告提纲及写作分工进行研究讨论，并定于2016年年底之前完成总报告和三个分报告，由全国工商联研究室进行初步统稿并报相关领导审阅。

抽样调查总报告和分报告在《中国民营经济发展报告（2015—2016）》中正式发布。

（林蔚然）

【开展2016年年度政协团体提案工作】2016年是全面建成小康社会决胜阶段的开局之年，也是推进供给侧结构性改革的攻坚之年。全国工商联坚持“两个健康”主题，认真履行参政议政职责，坚持把做好提案工作与服务党和国家工作大局相结合、与发展工商联事业相结合、与发挥自身优势调动各方面力量相结合，围绕党和国家中心工作，积极为协调推进“四个全面”战略布局、落实新发展理念、决胜全面建成小康社会建言献策。通过精心部署、广泛征集、深入调研、认真修改、严格审核，共提出36件提案和2篇大会书面发言，提交全国政协十二届四次会议。

总体上看，2016年全国工商联团体提案有三个显著特点。一是突出围绕中心选题，围绕协调推进“四个全面”战略布局，深入贯彻党的十八大和十八届三中、四中、五中全会精神，贯彻落实习近平总书记系列重要讲话精神以及中央统战工作会议、中央经济工作会议和中央扶贫开发工作会议精神，认真开展提案选题。二是突出问题导向和实践导向，确保提案选题科学、观点明确、情况清楚、问题着实、分析深入、建议可行、逻辑合理、文字顺畅，在调查研究的基础上，就经济新常态下民营企业关心关注的难点热点问题，就如何促进非公有制经济健康发展和非公有制经济人士健康成长，提出有针对性和可操作性的政策建议。三是突出工商联特点，立足工商联“两个健康”主题，聚焦民营经济发展和行业发展的重点难点问题，特别是围绕新发展理念和供给侧结构性改革，重点就“十三五”时期民营经济发展建言献策。

内容上看，2016 年全国工商联团体提案切实贯彻新的发展理念。提案主要围绕实体经济发展、“一带一路”建设、全面深化改革、推进法治建设、扶贫开发、促进行业发展、加强生态文明建设和环境保护、保障民生等方面谋创新之举、建睿智之言、献务实之策，所提问题和建议体现了崇尚创新、注重协调、倡导绿色、厚植开放、推进共享的要求。

一是围绕开展降低实体经济企业成本行动建言，从提升政府服务效能、降低企业交易成本，改善税费结构、降低资金成本，创新融资机制、降低融资成本三个方面就降低实体经济企业成本提出建议。二是围绕民营企业参与“一带一路”建设献策，提出关于设立海外并购基金、促进我驻外使领馆与民营企业建立交流合作机制、支持民营钢铁企业参与“一带一路”建设、加快中孟印缅经济走廊建设、开展澜沧江—湄公河次区域产业园区合作等多件提案。三是关注全面深化改革。针对境内举办对外经济技术展览会审批制度、促进中国（上海）自由贸易试验区进一步制度创新、调整中药新药评审政策等制度创新的提案、进一步完善环保领域 PPP 项目支付机制、鼓励社会资本参与公立医院改制、支持民营银行健康发展、创新金融服务机制、推进县域金融服务体制改革等方面提出意见建议。四是推动法治建设，就广大民营企业关心的问题，从创新体制机制、推动司法建设、完善政策法规、搭建服务平台等方面提出建议。五是促进行业健康发展。在推进移动互联网精准医疗、“互联网 + 交通”、跨境电子商务、太阳能光热发电、低速电动车、现代农业、环保等产业发展方面，提出意见建议。六是围绕推进生态文明建设和保障民生提出建议，提出关于加快污染场地修复、建立完善废旧衣物回收再利用体系、建立海绵城市建设相关配套规范、建立新生代职工职业技能继续教育体系等提案。

（徐海波）

【开展民营企业信息直报工作】为深入学习贯彻落实中央统战工作会议、习近平总书记在全国政协十二届四次会议民建、工商联界委员联组会上的重要讲话精神，2016 年研究室依托民营企业信息直报系统，围绕学习贯彻总书记重要讲话精神、促进民间投资第三方评估、非公有制经济发展环境评价和构建“亲”“清”新型政商关系主题，开展了 4 次直报工作，每次参与直报企业均超过 5 000 家，形成的直报报告得到王钦敏主席、全哲洙书记的高度肯定。其中，促进民间投资第三方评估数据分析报告作为调研报告附件直接报送国务院，学习贯彻总书记重要讲话精神、非公有制经济发展环境评价和构建“亲”“清”新型政商关系直报报告的相关结论被吸收进报送中央的调研报告和全国工商联执委会常委会主要领导同志讲话中，相关建议为全国工商联重点工作开展提供了有价值的参考。

（王树金）

【积极履行参政议政职能】在 2016 年 3 月 10 日召开的全国政协十二届四次会议第二次全体会议上，全国工商联推荐浙江吉利控股集团董事长李书福以“提升中国制造业竞争力迫在眉睫”为题作大会发言。李书福在发言中提出，近年来，许多制造业企业发展面临“四高四低”难题：人工成本高、融资成本高、税费负担高、制度性交易成本高；产品质量低、技术标准低、品牌认可度低、企业诚信度低。这制约了中国制造业竞争力的提升。他提出：首先科技创新要强发力。企业必须舍得投入，加强产学研协同创新和企业联合创新；政府要在加大财税支持和科技资源共享平台建设上更给力；要更加注重制造业高端人才的引进、培养和激励；要完善市场准入机制，扶持国产自主研发的重大技术装备和新产品的推广应用；要坚决严厉打击侵权行为，保护创新成果。其次降低成本要动真格。要对制造业实施结构性减税，降低制造业用地价格，精简归并降低“五险一金”；要继续清理各种不合理的行政事业性收费；要大力发展多层次资本市场，提高制造业直接融资比重，切实降低融资成本。三是要强力推进品牌建设。要大力加强国家技术标准建设，不断创造高品质产品；要加强诚信建设，打牢品牌信誉的基石；要尽快处置“僵尸企业”，化解产能过剩，为高品质产品制造腾出资源和市场空间。

在2016年6月22日至24日召开的全国政协十二届十六次常委会议上，全国工商联推荐泛海集团董事长卢志强代表以“贯彻落实习近平总书记指示精神，扎实推进‘万企帮万村’精准扶贫行动”为题发言。卢志强在发言中提出，在‘万企帮万村’精准扶贫行动”中，各地结合实际组织实施，广泛动员民营企业积极参与，取得初步成效，但也发现一些问题：各类扶贫资源没有形成合力，有的地方没有把“万企帮万村”纳入党委、政府统一扶贫行动中；有的地方未能有效整合财政扶贫资金和企业捐赠资金；鼓励支持企业参与行动的措施少，缺乏相关激励机制；金融对企业参与产业扶贫的支持力度小，企业扶贫能力和预期受制约。他建议：整合各类扶贫资源，切实形成工作合力，把“万企帮万村”纳入各级党委、政府精准脱贫整体规划中统筹考虑，使各类各项扶贫资源发挥最大效用。完善扶持政策措施，切实增强民营企业积极性，把引导鼓励支持民营企业参与“万企帮万村”精准扶贫行动作为理想信念教育实践活动的重要内容。推动贯彻落实中央扶贫开发工作会议精神的政策细则早日出台落地，使参与企业享受到政策，增强政策获得感。突出产业扶贫，切实提高精准脱贫成效，鼓励中小微企业发挥各自优势，增强贫困地区“造血”功能。探索村集体、家庭入股方式，建立企业、合作社、村集体和家庭的利益联结和运行机制。政府要做好企业同贫困村的精准对接；企业要对扶贫项目进行详细摸底，因户因人科学选择帮扶措施，实现企业和贫困户的精准有效对接。加大教育扶贫力度，切实改变贫困地区人民精神面貌，加强对高校贫困生的精准扶贫，鼓励民营企业开展捐资助学活动，加大贫困地区职业教育投入，支持企业在贫困地区建立劳动技术培训基地，实现农民技能脱贫。引导贫困户树立自力更生、勤劳致富的理念，从根本上使其脱贫。

李书福和卢志强代表全国工商联所作的发言，被新华网等系列重要媒体刊登、转发，产生良好反响。

（王树金）

【出版《中国民营经济发展报告(2015—2016)》】2016年12月，全国工商联编辑出版《中国民营经济发展报告(2015—2016)》。全书由抽样调查报告、专题报告、地方报告和地方专题报告组成。

抽样调查报告根据2016年第十二次全国私营企业抽样调查数据撰写，包括一个数据分析综合报告和三个分析报告。专题报告由国家工商总局、商务部、中国人民银行、国家税务总局和中国证券市场研究设计中心的专家学者，各自对我国个体私营经济发展、民营进出口、融资、税收和上市公司状况深入研究的基础上撰写而成。地方报告是由省级工商联组织力量对京津冀、东北及内蒙古、中部六省、西南四省、西北地区、珠三角、长三角等区域和福建、山东、广西壮族自治区、海南、西藏自治区等省区的民营经济发展状况撰写的综合报告。地方专题报告对江苏省民营制造业发展情况作了深入分析。

该书集学术性、实用性和可读性为一身，至今已连续出版13本。由于数据翔实、资料丰富、视角独特，已经成为各界专家学者以及企业界人士研究民营经济、了解民营经济重要窗口。该书于2017年上半年正式出版。

（林蔚然）

服务非公有制经济和区域经济发展

【综　述】2016年是“十三五”规划和全面建成小康社会决胜阶段的开局之年，也是推进结构性改革的攻坚之年。一年来，经济部深入学习贯彻党的十八大、十八届三中、四中、五中全会和中央统战工作、中央党的群团工作、中央经济工作会议和《中国共产党统一战线工作条例（试行）》精神，在会党组、分管副主席的正确领导和机关各部门的支持配合下，紧紧围绕“两个健康”工作主题，创新理念、主动服务，圆满完成了各项经济服务工作。

（一）努力增强民营企业发展信心

2015年年初，许多民营企业信心不足、预期不稳，成为影响民营经济健康发展的突出问题，为此我们采取了一系列措施，推动发展环境改善，稳定投资预期，增强民营企业发展信心。一是参与筹备政协联组会和民营企业家座谈会。在参与筹备全国政协十二届四次会议民建、工商联界委员联组会时，我部认真梳理了民营企业重点关注的33个问题，推荐了5位企业家委员发言，并撰写了发言材料，委员们的发言得到习近平总书记的肯定；会上总书记发表题为《毫不动摇坚持我国基本经济制度　推动各种所有制经济健康发展》的重要讲话，让民营企业家吃了“定心丸”。新年伊始，我部还参与筹备了俞正声主席主持召开的民营企业家座谈会，确定8位企业家进行主题发言；俞主席与企业家们进行了深入交流，并重申了党中央坚定不移支持引导民营经济健康发展的决心，鼓励民营企业要坚定信心，增强攻坚克难的勇气。二是开展制造业民营企业发展状况调研。为落实制造强国战略和《中国制造2025》规划纲要，助推民营企业转型升级，迈向中高端，我部牵头开展了制造业民营企业发展状况调研。三是积极参与有关政策措施的制定和完善。为促进“三门”“三山”问题的解决，切实增强民营企业的政策获得感，我们通过各种渠道，积极反映民营企业境外投资经营和风险防控、民间投资和PPP项目、实体经济负担、融资和依法保护产权等方面存在的问题，不断为企业发声；并对政府工作报告任务分工方案、降低实体经济成本意见等20多份国家政策文件，提出37条修改意见建议，大部分被采纳。四是宣传先进典型引领转型发展。2015年共组织了3 531家年营业收入总额5亿元以上的民营企业，参与2015年度全国工商联上规模民营企业调研，并在此基础上，召开了以“坚定信心、守法诚信、创新发展”为主题的2016中国民营企业500强发布会。8月下旬，又配合中宣部，通过8家中央主要新闻媒体，对18家制造业民营企业转型升级、提质增效的典型进行集中宣传报道。

（二）努力促进民间投资

为发挥民间投资对稳增长、促创新、增就业和改善民生等方面的作用，努力扭转民间投资快速下滑势头，开展了一系列工作。一是做好促进民间投资第三方评估。完成了国务院委托开展的促进民间投资第三方评估工作，提出的意见建议，在国务院及有关部委后续出台的政策举措中全部得到体现。二是开展政府和社会资本合作（PPP）项目推介。在与国家发展改革委共同召开的民营企业投资PPP项目推介研讨会上，向民营企业推介了668个、总投资约1.14万亿元的基础设施领域PPP项目。三是举办经贸活动助推地方经济发展。在第五届中国—亚欧博览会期间，主办了首届“丝路工商合作论坛”。组织召开了民营企业助推山西转型创新发展大会、第四届全国民企贸易投资洽谈会等10余次经贸活动。签约项目3 564个，投资额达39 025.86亿元。

（三）努力引导民营企业参与三大发展战略

我们把引导民营企业融入国家经济发展战略，作为服务工作的重要内容。一是引导民营企业参与“一带一路”建设。印发了《关于引导服务民营企业参与“一带一路”建设的若干意见》；参与筹备了8月17日习近平总书记主持召开的中央推进“一带一路”建设工作座谈会；与国家发展改革委、商务部联合举办了首届民营企业参与“一带一路”建设培训班。二是引导民营企业融入长江经济带发展战略。2015年5月，与安徽省政府在合肥共同举办了“全国知名民营企业推动长江经济带战略发展洽谈会”，积极引导民营企业投身长江经济带发展战略。三是引导民营企业抢抓京津冀协同发展战略机遇。在全国工商联第十一届五次执委会议期间，与河北省政府共同举办“全国知名民营企业助推河北协同发展大会”，鼓励民营企业抓住河北当前的重要历史机遇期，实现自身不断发展。

（四）努力推动军民深度融合发展

在2015年政协联组会上，全国工商联提出“一年举办一次军民融合展”的建议，习近平总书记当场表示赞同。为落实总书记的指示精神，我部与国家有关部门加强合作，积极推动军民融合深入发展。一是联合举办了第二届军民融合发展高科技成果展览暨高层论坛。2015年10月至11月，与中央军委装备发展部、教育部、工信部、国防科工局共同举办了第二届展览和论坛，参展的167家单位中有87家民营企业；全国工商联、四川省工商联等4家单位，在高层论坛上作了主旨发言。二是举办了首届中国军民两用技术创新应用大赛。与工信部、国防科工局共同举办了中国军民两用技术创新应用大赛。大赛共征集参赛项目750项，最终决出6个项目金奖、12个项目银奖、24个项目铜奖和258个项目优胜奖。三是与国防科工局建立了部际合作机制。2015年5月，全国工商联与国防科工局签署战略合作框架协议，建立军民融合部际合作机制，双方将在政策法规培训、最新技术与产品展示对接等九个方面加强合作。

（五）努力推进民营企业技术创新

我们主动服务，积极推动民营企业进行技术创新。一是整合科技服务资源。为加速推进创新成果的转化，做好科技服务工作，我部将现有的科技服务资源进行整合，形成了项目、人才、产品“三位一体”的服务格局。全年共征集到210个科技创新项目、93位科技创新人才人选和86家企业的军民两用高新技术产品。二是加大科技服务力度。在国家科技创新创业人才推荐中，推荐的10位候选人有7位入选；在第十三届中华技能大奖和全国技术能手推荐中，15位推荐候选人荣获全国技术能手称号；在国家科学技术奖的推荐中，共推荐科技进步奖项目3个，技术发明奖1个；另授予113家企业全国工商联科技进步奖奖项。

（闵俊华）

【共同召开民营企业推进国际产能和装备制造合作专题座谈会】2016年1月12日，全国工商联、国家发展改革委联合召开民营企业推进国际产能和装备制造合作专题座谈会。全国政协副主席、全国工商联主席王钦敏，国家发展改革委副主任宁吉喆出席会议并讲话。中央统战部副部长，全国工商联党组书记、常务副主席全哲洙出席座谈会。全国工商联副主席黄荣主持会议。会上，国家发展改革委外资司司长顾大伟就国际产能合作开展形式、重大项目和重点产业，以及近期出台的加快推进国际产能合作20项重点政策与“三年行动计划”，进行了深入解读。与会企业代表就落实海外投资优惠政策、金融机构提供金融支持、健全境外投资保险制度、充分发挥行业商协会作用、加强自主品牌建设、注重本土化经营、规避投资风险、履行社会责任等方面提出意见建议。浙江吉利控股集团有限公司董事长李书福、新希望集团有限公司董事长刘永好、德龙钢铁有限公司总裁左硕文、华坚国际集团董事长张华荣、江河创建集团股份有限公司董事长刘载望、中国民生投资股份有限公司总裁李怀珍、亨通集团有限公司董事长崔根良、天津聚龙嘉华投资集团有限公司董事长杨学犟、山东万达集团有限公司董事长尚吉永等16位民营企业代表先后发言。国家发展改革委、外交部、工业和信息化部、商务部有关部门负责人参加座谈会。

（卢炳男）

【召开全国工商联经济服务工作座谈会】2016年1月13日，全国工商联经济服务工作会议在京举行。这次会议的主要任务是：认真学习贯彻党的十八届三中、四中、五中全会和中央统战工作、中央党的群团工作、中央经济工作会议和《中国共产党统一战线工作条例（试行）》精神，总结2015年经济服务工作，布置2016年经济服务重点工作，针对当前经济工作热点问题进行辅导。全国工商联副主席黄荣出席会议并讲话。黄荣同志指出，经济服务工作要坚持问题导向、实践导向、基层导向，创新服务观念、服务思路、服务内容、服务载体和服务方式。他强调，要着力提高调研质量，开展好制造业民营企业发展状况重点调研，下大力气解决目前调研时还存在的深入企业不够、政策掌握不够、聚焦重点不够、覆盖广度不够、统计分析不够、建议准确不够、报告深度不够等问题；要注重案例支撑，高度重视案例的收集、整理，建立各种类型的案例库，努力做到没有案例就不言事、不论理。他指出，要以提高质量为重点，坚持问题导向，发挥工商联优势，依靠民营企业，继续做好第三方评估工作，努力克服政策不熟悉、调研不深入、评估方式方法单一、定性多定量少、案例少且不准、站位不高、分析表面化等问题。此外，他还就落实“关于引导服务民营企业参与‘一带一路’建设的若干意见”，做好上规模民营企业调研、民营企业创新驱动发展科技综合服务等年度工作提出了要求。会上，全国工商联经济部部长谭林对2015年的经济服务工作进行了总结，对2016年经济服务重点工作进行布置。与会同志围绕工商联经济服务工作的形势与任务，结合黄荣同志讲话精神，进行了讨论和交流。会议还邀请国家发展改革委和工信部有关部门负责同志，结合2016年工商联经济服务领域重点工作，围绕“一带一路”建设和“中国制造2025”进行了辅导。来自全国各省、自治区、直辖市，新疆生产建设兵团和副省级城市工商联分管经济工作的负责同志，全国工商联有关直属商会秘书长，全国工商联经济部有关同志约130人参加了会议。

（沙　霖）

【共同出台《关于推进东北地区民营经济发展改革的指导意见》】为进一步落实好《国务院关于近期支持东北振兴若干重大政策举措的意见》（国发〔2014〕28号）和中央有关领导同志关于东北振兴工作重要批示指示精神，全国工商联配合国家发改委赴辽宁、吉林、黑龙江、浙江和福建五省开展调研，在调研的基础上，全国工商联与国家发展改革委、工信部、国家开发银行联合于2016年3月24日出台了《关于推进东北地区民营经济发展改革的指导意见》，对东北地区民营经济发展改革进行了部署。《意见》提出，要用5年左右时间，通过推动民营经济发展改革方面的锐意创新，初步形成具有东北地区区域特色的民营经济发展新模式，以“亲”“清”为主要特征的新型政商关系基本建立，促进民营经济健康发展的体制机制和政策体系进一步完善，民营企业的市场经营和投资环境显著改善，民营企业家大量涌现，民营经济规模不断壮大、活力和创造力明显提升。《意见》明确了东北地区在积极探索完善有利于民营经济长足发展的政策环境、营造有利于民营经济公平发展的市场环境、创造有利于民营经济产融结合互为支撑的金融环境、构建有利于民营企业增强创新发展动力的创新环境、完善有利于民营经济转型升级的支持举措、加强有利于民营经济可持续发展的人才队伍建设等6方面主要任务，鼓励针对制约东北民营经济发展的瓶颈问题，选择若干城市开展先行先试，突出特色、重点推进，在充分发挥地方首创精神的基础上，支持各地探索优化本地区民营经济发展环境的有效途径，及时形成可复制、可推广的经验。

6月15日至16日，国家发展改革委组织开展东北民营经济发展试点申报方案专家指导评估工作，对黑龙江、吉林、辽宁、内蒙古自治区四省（自治区）17个申报试点进行评估。全国工商联推荐了包括企业家、商会负责人、大学教授在内的7名专家，并派员参加了评估工作。

12月，与国家发展改革委等部门下发了《关于开展东北地区民营经济发展改革示范工作的通知》，确定大连市等13个城市为东北地区民营经济发展改革示范城市。

（陈建辉）

【共同召开民企入冀·协同发展河北（北京）投资说明会】2016年4月18日，民企入冀·协同发展河北（北京）投资说明会在北京举行。此次活动，共有400多家民营企业、商业协会参加，签署河北省政府和京东集团战略合作协议以及71个经济技术合作项目，总投资1 797.74亿元，协议利用省外资金1 707亿元。全国政协副主席、全国工商联主席王钦敏出席，河北省省长张庆伟、全国工商联副主席黄荣致辞，河北省委常委、秘书长、统战部部长范照兵主持，河北省副省长张杰辉出席。会前，全国工商联与河北省领导会见了客商代表。王钦敏对河北省委、省政府长期以来给予全国工商联工作的支持表示感谢，代表全国工商联对会议的召开表示热烈祝贺。张庆伟在致辞中简要介绍了河北省经济社会发展情况，并指出，在京津冀协同发展进入深入实施的重要阶段，全国工商联和河北省共同举办民企入冀·协同发展河北（北京）投资说明会，既是贯彻落实习近平总书记系列重要讲话的重要举措，也是贯彻落实协同发展重大国家战略、促进民营经济繁荣发展的务实之举，标志着河北与全国知名民企的战略合作达到新的高度、步入新的境界。近年来，河北把加快民营经济发展摆上战略位置，不断加大支持力度，本土民企不断发展壮大，外来民企纷纷入冀扎根，全省民营经济实现跨越增长。“十三五”是河北重大机遇最为集中的时期，蕴含着无限发展商机，为深化广大民企与河北的合作提供了有利条件。黄荣在致辞中希望广大民营企业家要认真贯彻落实习近平总书记在全国政协十二届四次会议民建、工商联界联组会上的重要讲话精神，抓住京津冀协同发展带来的重大机遇，按照供给侧结构性改革的要求，从生产端发力，更加注重提升发展的质量和效益，围绕河北产业发展布局，在转型中寻找突破点，在升级中打造增长点，在企业实现持续健康发展的基础上助推河北又好又快发展。要搞好项目与企业的精准对接，河北有关方面要拿出符合国家产业政策导向、契合民营企业需求的项目，切实增强对民间资本的吸引力。会上，神州数码控股有限公司董事局主席郭为，全国工商联副主席、伊利集团董事长潘刚就加强与河北合作发展作了发言，省发展改革委负责同志介绍了河北发展新机遇，发布了省重点经济技术合作项目。

（卢炳男）

【开展制造业民营企业发展状况调研】2016年4月下旬至5月下旬，全国工商联在全国范围内组织开展制造业民营企业发展状况调研。调研期间，由王钦敏、全哲洙等会领导带队，组成6个调研组，赴10个省区市进行调研。通过调研，总结了依靠技术创新、两化融合、质量品牌、人才保障、“走出去”等方面实现转型升级的典型经验，指出了政策落实不到位、成本高负担重、标准滞后、人才不足等突出问题，提出了加快公共服务平台建设，加强和改善制造业中小微企业的金融服务，增强标准的先进性、协同性和时效性，营造“优质优价、优质优先”的市场机制，大力弘扬工匠精神等意见建议。按照中央领导同志批示精神，全国工商联会同中共中央宣传部对18家先进典型在中央媒体进行了集中宣传报道，为民营企业转型升级、提质增效提供了可学习、可借鉴的路径。

（章小东）

【共同召开促进民间投资座谈会】2016年5月5日，国家发展改革委与全国工商联联合召开促进民间投资座谈会。全国政协副主席、全国工商联主席王钦敏出席会议，国家发展改革委主任徐绍史出席会议并讲话，中央统战部副部长，全国工商联党组书记、常务副主席全哲洙主持会议。国家发展改革委副主任张勇、全国工商联副主席黄荣出席会议。东岳集团、亿利资源集团、科瑞集团、正泰集团、天津大通投资集团、宁夏宝塔石化集团、中国民生投资股份有限公司、北京奇虎科技有限公司、内蒙古伊利实业集团等9家企业有关负责人和工信部中小企业局、中小企业协会有关负责同志出席会议并发言。会议提出，要进一步放宽民间资本市场准入，加强和改善政府服务，营造公平竞争的投资环境，发挥政府投资的引导带动作用，加大民间投资的融资支持，大力推广PPP模式，加强服务规范管理。

（葛　军）

【共同召开全国知名民营企业推动长江经济带战略发展洽谈会】 2016年5月10日，由安徽省人民政府与全国工商联共同举办的“全国知名民营企业推动长江经济带战略发展洽谈会”在合肥举行。安徽省委书记、省人大常委会主任王学军，中央统战部副部长、全国工商联党组书记、常务副主席全哲洙出席会议并讲话，安徽省委副书记、省长李锦斌致辞。王学军强调，在全省深入学习宣传和贯彻落实习近平总书记视察安徽重要讲话精神之际，全国工商联组织知名民营企业与安徽共商合作，共促长江经济带建设，充分体现了广大民营企业助力安徽发展的真挚支持之情、至诚合作之心。王学军说，总书记重申“两个毫不动摇”“三个没有变”，以及“亲”“清”政商关系等重要讲话精神，为新时期非公有制经济健康发展提供了根本遵循。安徽坚持把深化与民营企业合作发展作为一大战略选择，建立沟通机制、搭建合作平台、出台专门意见、持续推进落实。近年来，举办与民营企业合作大型活动三次，签约重点项目3 613个，实际落地开工建设3 346个，占全部项目数的92.6%，累计完成投资8 375亿元，为安徽社会经济发展做出了应有贡献。全哲洙指出，民营企业要积极融入长江经济带发展战略。要贯彻新发展理念，努力做到崇尚创新、注重协调、倡导绿色、厚植开放、推进共享；要推进供给侧结构性改革，不断优化产业布局，注重从技术高端、产业链高端、市场高端入手，发展战略新兴产业和先进制造业，发展壮大现代服务业，加强品牌建设，加快转型升级；要增加有效投资，更好地发挥民间投资对稳增长、调结构、促就业的重要支撑作用，采取有效措施激发民间投资活力。全哲洙希望，要为民营企业助力安徽发展创造条件。各级工商联要为民营企业做好服务，地方党委、政府要为民营企业发展营造良好环境。洽谈会期间，共签约合同项目806个，投资金额7 355亿元，其中5亿元以上合同项目370个，投资金额6 551亿元。现场集中签约合同项目100个，投资金额2 373亿元。安徽省委副书记李国英，省委常委、秘书长唐承沛，省委常委、统战部部长沈素琍，省委常委、常务副省长陈树隆，省委常委、合肥市委书记吴存荣，省政协副主席、工商联主席李卫华等省领导，全国工商联企业家副主席孙荫环、何俊明、茅永红和全国知名民营企业代表，全国工商联有关部门负责人，以及省直机关有关部门负责人和各地市主要负责人，共计300余人出席了活动。

（卢炳男）

【共同签署《关于推动国防科技工业军民融合发展的战略合作框架协议》】 2016年5月27日，为深入贯彻军民融合发展战略，落实习近平总书记在3月4日全国政协十二届四次会议民建、工商联界委员联组会时的讲话精神，进一步畅通

"民企参军渠道"，推动军民融合深度发展，全国工商联与国防科工局在京签署战略合作框架协议。中央统战部副部长、全国工商联党组书记、常务副主席全哲洙，国防科工局党组书记、局长许达哲出席签约活动并举行工作会谈。近年来，随着国家工业和科技整体实力的大幅提升，民营企业在前沿技术、材料、高端装备等领域不断取得新的突破，成为助推国防科技工业发展的一支生力军。引导优势民营企业参与国防和军队建设，是深入实施军民融合发展战略的重要内容。全国工商联和国防科工局的合作，将进一步推动建立高效顺畅的军民对接交流机制，促进优势民营企业进入军品科研生产领域，促进先进技术军民双向转化，形成军民深度互动的良性发展格局。国防科工局副局长徐占斌，全国工商联副主席黄荣分别代表双方签署战略合作框架协议。国防科工局总工程师龙红山、科工局和全国工商联有关部门的负责同志参加了活动。

（刘　铁）

【共同召开第十届中国企业国际融资洽谈会】2016 年 5 月 30 ~ 31 日，由天津市人民政府、全国工商联、科技部、美国企业成长协会共同主办的"第十届中国企业国际融资洽谈会—科技融资洽谈会"在天津开幕。全国政协副主席、全国工商联主席王钦敏出席主题论坛并致辞。本届融洽会参会投资机构约 900 家，包括银行、租赁公司、基金公司、小贷公司、上市企业等，参会律师、会计师等中介人员约 150 人，参会融资项目 1 435 个，吸引 20 多个国家的 4 000 余名相关人员参加。

（章小东）

【共同召开民营企业助推山西转型创新发展大会】2016 年 6 月 28 日，由全国工商联和山西省政府共同举办的"民营企业助推山西转型创新发展大会"在太原举行。全国政协副主席、全国工商联主席王钦敏出席并致辞，山西省委副书记、省长李小鹏出席并讲话，中央统战部副部长，全国工商联党组书记、常务副主席全哲洙出席会议。大会由山西省委常委、常务副省长高建民主持。王钦敏指出，全国工商联与山西省政府联合举办"民营企业助推山西转型创新发展大会"，既是深入贯彻落实习近平总书记重要讲话精神的具体行动，也是提振民营企业信心的重要举措。习近平总书记在全国政协十二届四次会议民建、工商联界委员联组会上发表的重要讲话，对于引导广大非公有制经济人士坚定对中国特色社会主义的信念、对党和政府的信任、对企业发展的信心、对社会的信誉，推进多种所有制经济共同发展，具有重要的指引作用。习近平总书记提出要着力解决好与非公有制经济发展密切相关的五个问题，顺应了广大民营企业家的共同期盼和心声，是推动非公有制经济健康发展的"动力源"。李小鹏在讲话中感谢全国工商联和民营企业对山西的关心、支持和帮助。山西将深入学习贯彻习近平总书记系列重要讲话精神，以新发展理念为指针，着力建设国家新型综合能源基地，加快发展战略性新兴产业和文化旅游、现代物流等服务业，不断增加公共产品和服务供给，深入推进国企改革、科技创新城建设和产业扶贫开发等工作，蕴含着无限商机，真诚欢迎广大客商来晋投资兴业、实现更好发展。全国工商联副主席、传化集团有限公司董事长徐冠巨和苏宁云商集团股份有限公司副总裁王哲代表与会民营企业作了发言。本次活动共签约项目 298 个，总投资额 4 151.95 亿元。其中，包括新材料、装备制造业、文化旅游产业、新能源等在内的新兴产业项目 229 个，投资额 2 808.48 亿元，占投资总额的

67.64%。全国工商联副主席、中国民间商会副会长，参加全国工商联十一届八次常委会议的全体代表，中央统战部和全国工商联有关部门负责人，山西省有关负责同志和地方政府负责同志，以及民营企业代表约500余人出席了活动。

（卢炳男）

【召开2016中国民营企业500强发布会】2016年8月25日，由全国工商联主办，工业和信息化部、国家工商总局支持的2016中国民营企业500强发布会在京召开。全国政协副主席、全国工商联主席王钦敏出席并致辞。国家发展改革委副主任张勇，国家工商总局副局长王江平，全国工商联副主席黄荣、杨启儒等出席了发布会。发布会由黄荣同志主持。

本次发布会以“坚定信心创新发展”为主题，旨在增强民营企业发展信心、展示发展成就、分享成功经验、引领创新发展。荣登2016年榜单的中国民营企业500强，都是在激烈的市场竞争中脱颖而出的佼佼者。榜单的背后，折射出他们坚持创新发展的理念、不断转型升级的步伐、做强实体经济的信心和不懈努力付出的汗水。这既是民营企业500强的真实写照，更是民营经济践行健康发展的实践硕果。

王钦敏在致辞中强调，2016年是“十三五”开局之年，面对当前经济下行压力持续加大的挑战，广大民营企业要深入学习贯彻习近平总书记系列重要讲话精神，认清形势，坚定对中国特色社会主义的信念、对党和政府的信任、对企业发展的信心、对社会的信誉，在新常态下努力实现新作为、新提升、新发展。要坚持走创新发展道路，不断加大研发投入，增强企业核心竞争力；要融入国家发展战略，以供给侧结构性改革为契机，加快转型升级、提质增效、迈向中高端；要贯彻五大发展理念，实现健康可持续发展；就是要积极践行社会主义核心价值观，做爱国敬业、守法经营、创业创新、回报社会的典范，以实业报国的胸怀为中华民族伟大复兴的中国梦作出新贡献。

王钦敏说，中国民营企业500强的社会关注度和影响力日益提升，已经成为工商联强有力的工作品牌，希望大家继续努力，共同维护好、发展好这个品牌，将其作为引导服务民营企业持续健康发展和做强做优做大的重要载体和有力抓手，在引导广大民营企业坚定信心、创新发展、转型升级、履行社会责任等方面发挥重要的示范引领作用。最后，王钦敏揭晓了2016中国民营企业500强、2016中国民营企业制造业500强、2016中国民营企业服务业100强榜单。与会领导为入围企业代表颁发了证书。

榜单显示，华为投资控股有限公司、苏宁控股集团、山东魏桥创业集团有限公司位列2016中国民营企业500强前三名；华为投资控股有限公司、山东魏桥创业集团有限公司、联想控股股份有限公司位列2016中国民营企业制造业500强前三名；苏宁控股集团、大连万达集团股份有限公司、中国华信能源有限公司位列2016中国民营企业服务业100强前三名。全国工商联经济部部长谭林发布了《2016中国民营企业500强发布报告》。

发布报告显示，中国民营企业500强入围门槛首次突破百亿大关，标志着民营经济发展跃上一个新台阶。在过去的一年，民营企业500强展现出的发展足迹，勾勒出了企业主动适应新常态，提振信心，实现新作为、新提升和新发展的崭新画卷：一是主动把企业发展融入国家“三大战略”建设之中；二是抢先布局战略新兴产业，相关产业投资持续加大；三是参与混合所有制改革继续保持稳健的步伐，且参与路径呈现多样化趋势；四是投资PPP项目力度明显加大；五是自主创新能力持续提升；六是加速推进传统产业与互联网融合发展；七是依法治企和履行社会责任取得实效。

红豆集团总裁周海江、内蒙古伊利实业集团董事长兼总裁潘刚、TCL集团董事长兼首席执行官李东生分别围绕“坚定信心”“守法诚信”“创新发展”主题作了演讲。发布会采用视频会议方式，全国31个省、自治区、直辖市和新疆生产建设兵团工商联设分会场，地方工商联负责同志、当地民营企业500强代表、商会代表在分会场参加会议。部分地方工商联负责同志、民营企业500强代表、新闻媒体以及中央统战部、全国工商联有关部门负责人、部分直属商会负责人在主会场参加会议。

（赖　晓）

【共同召开第十九届中国国际投资贸易洽谈会】 2016年9月8日，第十九届中国国际投资贸易洽谈会在厦门国际会展中心举行开馆式，国务院副总理汪洋，全国政协副主席、全国工商联主席王钦敏等出席。商务部国际贸易谈判代表钟山出席开馆式并致辞。钟山在致辞中指出，今天100多个国家和地区的数万名宾客云集厦门，共同参加第十九届洽谈会，希望各国客商能够充分利用投洽会这一平台，深化交流合作，促进共同发展。津巴布韦副总统皮莱凯泽拉·穆波科、拉脱维亚副总理兼经济部长阿尔维尔斯·阿舍拉登斯、联合国工业发展组织总干事李勇、中共福建省委书记尤权、福建省人民政府省长于伟国、海南省人民政府省长刘赐贵等，以及来自全球100多个国家和地区的工商界人士、政府官员和有关国际组织的代表出席开馆式。中国国际投资贸易洽谈会由商务部主办，联合国贸发会议、联合国工发组织等六大国际组织联合主办，国务院有关部门，全国工商联，北京、天津等地人民政府为成员单位，目前已发展成为世界上重要的国际投资促进和国际经贸交流平台。

（卢炳男）

【共同举办首届“丝路工商合作论坛”】 2016年9月21日，在第五届中国—亚欧博览会期间，由全国工商联主办，新疆维吾尔自治区工商联、新疆生产建设兵团工商联、新疆国际博览事务局承办的首届“丝路工商合作论坛”在乌鲁木齐举行。

全国政协副主席、全国工商联主席王钦敏，新疆维吾尔自治区政协主席努尔兰·阿不都满金，巴基斯坦商务部常务副部长阿斯马特·阿里出席论坛并致辞。论坛由新疆维吾尔自治区政协副主席、自治区工商联主席巨艾提·伊明主持。国家发展和改革委员会西部开发司、商务部国际贸易经济合作研究院、波兰信息与外国投资局驻华办事处、新加坡国际企业发展局中国司华西区以及中国民营经济国际合作商会和三位企业代表分别作了主旨演讲。

来自巴基斯坦、波兰、新加坡、德国、俄罗斯等国家和中国香港地区，以及北京、江苏、海南、新疆等14个省、市、自治区，中国民营经济国际合作商会的代表180余人出席本次论坛。

（卢炳男）

【共同召开2016民营企业PPP投资项目推介会】 2016年10月18日，国家发展改革委投资司与全国工商联经济部共同召开民营企业投资PPP项目推介研讨会。会上，重点向民营企业推介了668个、总投资约1.14万亿元的传统基础设施领域

PPP项目。国家发展改革委、全国工商联有关部门负责同志，有关商会、企业代表，专家，学者等近200人参加推介会。

（陆　军）

【共同召开第四届全国民企贸易投资洽谈会】2016年10月18日，由全国工商联、天津市人民政府、中国中小企业协会、中国个体劳动者协会共同主办的“第四届全国民企贸易投资洽谈会”在天津开幕。全国政协副主席、全国工商联主席王钦敏，天津市市委书记李鸿忠，中国中小企业协会会长李子彬，中国个体劳动者协会会长钟攸平共同为大会启幕，并会见与会嘉宾。天津市市委副书记、代市长王东峰致辞，副市长李树起主持开幕式。

王钦敏在讲话时指出，全国民企贸易投资洽谈会为促进民间投资、推动区域经济发展、助推经济结构调整作出了积极贡献。本届民洽会期间，将深度探讨供给侧结构性改革与民营企业发展关系，挖掘在自贸区环境下民企贸易投资发展新机遇，为民营企业发展提供更多帮助和支持。

王东峰在致辞中说，全国民企贸易投资洽谈会已在天津举办了四届，成为全国民营企业交流合作的重要平台和载体。本届民洽会以“创新发展互利共赢”为主题，是深入贯彻习近平总书记重要讲话精神和推动京津冀协同发展的实际行动，必将对促进民营企业交流合作和推动经济社会发展起到重要作用。

开幕式后举行了签约仪式，本次民洽会先后签约项目174个，总投资1 889亿元，现场签约项目30个，总投资969亿元，其中全国500强和全国民企500强投资172亿元。天津市市委常委、市委秘书长成其圣，市委常委、滨海新区区委书记宗国英，市委常委、市委统战部部长王宏江，市政协副主席、市工商联主席黎昌晋等出席。

（卢炳男）

【共同举办第二届军民融合高技术成果展览暨高层论坛】2016年10月19日至11月2日，为全面推进军民深度融合发展，充分吸纳全社会优质资源参与装备发展建设，军委装备发展部联合教育部、工业和信息化部、国防科工局、全国工商联，在北京举办了第二届军民融合发展高技术成果展览暨高层论坛。

本届展览在中国人民解放军装甲兵工程学院举办，重点展示了首届展览以来，在政策法规、市场准入、公平竞争、信息互通、过程监管等方面取得的成效，以及高校与科研院所科技创新、民营企业参军、配套技术进步等方面取得的科技成果。高层论坛在远望楼举行，重点围绕影响推进军民融合深度发展的落后思想观念、结构性矛盾、体制性障碍和政策性问题，着眼理顺体制机制、打破行业壁垒、完善政策措施，开创军民深度融合发展新局面进行研讨交流。

展览期间，中共中央总书记、国家主席、中央军委主席习近平参观展览，并发表重要讲话。中共中央政治局常委李克强、张德江、俞正声、刘云山、王岐山、张高丽，在京中共中央政治局委员、中央书记处书记，国务委员以及中央军委委员参观了展览。

展览分科技创新区、竞争活力区、基础保障区、信息发布区和大型装备实装区五部分，共163家单位参展，展出2 000余项高科技产品和高新技术成果，涉及11个专业领域，其中87家为民营企业。展览得到了军地双方的热烈响应，来自国家发展改革委、教育部、科技部、工业和信息化部、工商联、中科院，武警部队、解放军各军兵种、中央军委各部门、国有军工集团，民口高校院所及民营企业代表，共 3 万余人观展。我会组织了近 3 700人参观。在军民融合发展高层论坛发言中，我会安排了 5 位代表，我会组织撰写的 6 篇论文入选《第二届军民融合发展高层论坛论文集》。

（刘　铁）

【共同举办全国民营企业与西部高端产业合作发展大会暨川商总会经济论坛】 2016 年 11 月 2 日，“全国民营企业与西部高端产业合作发展大会”暨川商总会经济论坛在成都举行，旨在践行“凝聚川商力量，引导川商发展，弘扬川商精神，扩大川商品牌”宗旨。活动由全国工商联和四川省人民政府主办，全国工商联经济部、四川省工商联、四川省投资促进局和四川省川商总会承办。全国政协副主席、全国工商联主席王钦敏，四川省委副书记、省长尹力出席了会议并讲话。四川省委常委、省委统战部部长崔保华主持会议，四川省政协副主席、省工商联主席陈放等领导出席了会议。包括全国工商联部分直属商会、部分省市区工商联约 280 人组团参加了会议，全球知名川商代表和国外著名专家在内的 400 余人参加活动。现场举行了签约仪式，签约内容包括产业项目合作、基金合作和机构合作共 22 个项目，签约金额共计为 720.3 亿元。其中，川商总会、新希望集团、福建四川商会、厦门优传集团签署了 100 亿元“四川跨境电商产业”合作协议，成都高新区管委会、川商总会签署了 100 亿元“全球川商返乡兴业园区”合作协议，中国科学院成都分院与四川省工商联签署了战略合作协议，四川省“一带一路”经贸合作促进会与英国四川商会签署了友好合作协议。

（卢炳男）

【召开全国工商联经济委员会专题座谈会】 2016 年 11 月 16 日，全国工商联经济委员会组织召开专题座谈会，听取委员对经济形势的研判和对工商联经济服务工作的意见建议。全国工商联副主席、经济委员会主任黄荣出席会议并讲话，全国工商联经济部部长、经济委员会副主任谭林主持会议。国家统计局工业司副司长张卫华等 9 位委员及经济部全体干部参加会议。会上，各位委员围绕民营企业发展面临的困难和 2017 年经济形势进行了讨论，并就做好 2017 年全国工商联经济服务工作等议题，踊跃发言。

（闵俊华）

【共同举办首届中国军民两用技术创新应用大赛】 为深入贯彻军民融合深度发展和创新驱动发展战略，推动实施“中国制造 2025”，促进国防科技工业开放发展、融合发展，激发军民协同创新热情，营造军民两用技术发展的良好社会氛围，2016 年 8 ~ 12 月，工业和信息化部、国防科工局和全国工商联共同举办首届中国军民两用技术创新应用大赛（以下简称大赛）。

大赛是一项公益性赛事，以“军民融合·协同创新”为主题，是贯彻落实习近平总书记系列重要讲话精神的实际行动，是推进军民融合发展国家战略的重要举措，是大力开展军民协同创新的有益尝试。大赛得到广大军工、民口企业和创新团队的踊跃响应，参赛范围覆盖 28 个省（自治区、直辖市），历时 4 个多月完成初赛、半决赛和决赛。大赛聚焦新一代信息技术、新材料、高档数控机床和机器人、航空航天装备、海洋工程装备及高技术船舶、新能源动力及节能环保 6 个重点领域，发现、挖掘了众多优秀军民两用技术项目。大赛重点关注参赛单位对技术发展方向和市场需求的准确把握，以及技术项目具有的经济社会效益和国防应用前景。经过角逐，6 个项目获得金奖、12 个获得银奖、24 个获得铜奖。对于大赛获奖项目，有关部门将优先纳入支持计划，优先安排入驻相关产业园区，给予创业扶持政策，提供创业孵化服务等。截至决赛结束，已有 10 个参赛项目签约落地，总投资达 15.4 亿元。12 月 8 日，工业和信息化部副部长辛国斌、中央军委装备发展部副部长王力、全国工商联副主席黄荣、国防科工局总工程师龙红山等有关部门领导同志出席大赛颁奖仪式并参观优秀项目展览。

（刘　铁）

【共同召开全国知名民营企业助推河北协同发展大会】2016 年 12 月 22 日，由全国工商联、河北省政府主办的“全国知名民营企业助推河北协同发展大会”在石家庄举行。全国政协副主席、全国工商联主席王钦敏出席大会并致辞。河北省委副书记、省长张庆伟做主旨演讲。中央统战部副部长，全国工商联党组书记、常务副主席全哲洙，河北省委副书记李干杰出席大会。河北省委常委、统战部部长高志立主持大会。

会上，河北省副省长王晓东介绍了民营企业助推河北协同发展投资情况。新奥集团董事局主席王玉锁、甘肃大禹节水集团股份有限公司董事长王栋代表企业发言。大会进行了集中签约，签约项目 60 个，总投资 810 亿元，其中现代服务业项目 12 个，投资额 201 亿元；先进装备制造项目 19 个，投资额 154 亿元；电子信息、新能源、新材料、节能环保等战略性新兴产业项目 7 个，投资额 120 亿元；现代农业项目 4 个，投资额 48 亿元。参加全国工商联十一届五次执委会议的全国工商联副主席、中国民间商会副会长、执常委，中央统战部有关部门负责人，全国工商联直属单位主要负责人，河北省有关负责同志以及民营企业代表 600 余人出席大会。

（卢炳男）

【开展促进民间投资第三方评估】2016 年 5 月至 6 月，按照国务院统一部署，全国工商联组成 5 个评估调研组，赴天津、江苏、浙江、山东、河南、湖南、广东、重庆、四川、陕西等省（市）开展促进民间投资第三方评估。期间，共召开民营企业座谈会 52 场，参会企业 292 家；召开政府部门、金融机构座谈会 14 场；实地走访企业 61 家；与 54 位企业家进行了一对一深度访谈；通过各省（区、市）工商联发放并回收有效调查问卷 2 513份，同时利用全国工商联民营企业信息直报系统对 6 064 家企业进行了网上调查；组织 15 家直属商会和 50 家重点企业参加评估。评估工作形成了《促进民间投资第三方评估报告》，并报送国务院。6 月 22 日，国务院第 138 次常务会议听取全国工商联及有关单位的督查和评估工作汇报，要求以不断深化改革调动民间投资积极性。评估报告指出了市场准入和资源配置不公平、政策落细落地难、融资问题更加凸显、简政放权仍不到位、政商关系出现扭曲等影响民间投资的主要问题，提出的“召开促进民营经济发展会议”“抓好政策落细落地”“开展金融服务整治行动”“加大典型宣传力度”等建议均被国务院采纳。

（葛　军）

【开展 2016 年中华全国工商业联合会科技进步奖评审工作】2016 年，我会修订完成《中华全国工商业联合会科技进步奖工作办法》，并据此开展了 2016 年全国工商联科技进步奖评审工作，对 152 个项目进行评审。经专家评审、全国工商联主席办公会议审定通过，“反射式激光荧光多色时序光源技术”等8项成果荣获中华全国工商业联合会科技进步奖一等奖，“流程工业能源站智能优化控制技术研究与应用”等32项成果荣获中华全国工商业联合会科技进步奖二等奖，“基于自主ASIC芯片的PTN远端设备的研发与产业化”等73项成果荣获中华全国工商业联合会科技进步奖三等奖。全国工商联科技进步奖的评审对于激励民营企业自主创新，依靠技术创新促企业发展起到了积极的作用。

（吴盈禧）

法律服务

【综　述】2016年，法律部结合“两学一做”学习教育，紧扣“两个健康”工作主题，围绕以“守法诚信、坚定信心”为重点的理想信念教育实践活动，积极参与立法协商，维护非公有制企业合法权益，大力开展法治宣传教育，推动构建和谐劳动关系，法律服务各项工作取得了积极进展。

（一）深化理想信念教育实践活动，引导民营企业守法诚信经营

中央统战工作会议要求做好非公有制经济人士特别是年轻一代的理想信念教育实践活动，法治宣传作为非公有制经济人士思想政治工作的重要内容，是促进“两个健康”的一项基础性工作。2016年，在国家司法和执法机关的大力支持下，我们在非公有制经济领域法治宣传教育方面实现了两个结合：理想信念教育实践活动与“七五”普法的有机结合，理想信念教育实践活动与构建和谐劳动关系工作的有机结合，法治宣传教育取得较好成效。一是完善了法治宣传教育的制度措施。2016年，全国工商联、司法部、全国普法办联合印发了《关于开展“法律三进”活动的意见》，对“七五”普法期间深入开展法律进非公有制企业、进工商联所属商会、进工商联机关活动进行了制度设计，有力推进了非公有制经济领域法治宣传教育工作规范化和制度化。二是增强了法治宣传教育的实效性。搭建起政商沟通平台，并通过发挥平台的作用，反映企业诉求，如与最高人民检察院办公厅、反贪总局四局联合调研，开展检察官进企业、进商会活动，既检查督促各地将《最高人民检察院关于充分发挥检察职能依法保障和促进非公有制经济健康发展的意见》落到实处，又送法进企业进商会，引导民营企业依法经营、依法治企、依法维权，自觉抵制利益输送、权钱交易，努力构建“亲”“清”新型政商关系。三是更加注重法治宣传教育的针对性。以企业需求为导向，围绕企业生产经营，聚焦与企业发展密切相关的产权保护、创新发展、对外贸易、风险防控、劳动用工等重要领域，大力开展专项培训工作，共举办4期培训班（法律服务能力建设培训班、企业法律风险管理与防范培训班、非公有制企业劳动争议预防调解培训班和反垄断法培训班），普及了相关法律知识，提高了参训企业和商会的法治化管理水平，增强了工

商联和商会工作人员运用法治思维和法治方式开展工作的能力。

（二）积极发挥职能作用，努力营造法治化营商环境

我们立足自身职能，有效整合各种资源，努力提高参与立法和维权工作的效能，积极营造鼓励、支持和保护守法诚信企业的社会氛围，重振企业发展信心。一是主动参与国家立法。加强与全国人大常委会法工委、国务院法制办的沟通协调，积极建言献策，不断提高立法参与度。加强调查研究，积极反映非公有制企业立法诉求，共计参与了30余部法律法规及相关政策的制定和修订工作，包括《中华人民共和国民法总则》《中华人民共和国中小企业促进法》《中华人民共和国反不正当竞争法》《中华人民共和国电子商务法》等6部法律，《失业保险条例》《基金会管理条例》等10多部法规，涉及产权保护、非法集资处置、国际知识产权保护等方面的政策文件，以及与国务院国资委联合开展的企业社会责任立法研究。积极参与法律法规和政策起草部门组织的前期论证工作，将源头维权时间再前移，共参加了行业协会商会法、产权保护法治化、社会公共资产管理及群团组织资产管理等研究论证工作。在上述工作中，我们注重调查研究，向非公企业和商会广为征求意见建议，准确反映企业法律诉求，力求法律规定能够真正解决非公有制经济发展中的现实问题，力求在立法层面、制度层面优化企业发展环境。二是依法维护非公有制企业合法权益。维护企业合法权益是工商联的一项基本职能，也是雪中送炭、当好企业娘家人的基本要求。我们继续加强与司法和执法部门的协商协调，注重搭建政企对话平台，有效促进了司法、执法部门依法公正处理案件。共协调办理16起维权个案，涵盖刑事、行政、民事等各个领域，涉及立法、执法和司法等各个层面，案情的复杂程度、处理的难度越来越大，同时经过沟通协调，有关部门的重视程度也有了相应提高，工作配合也更为默契。

（三）认真履行企业代表组织职能，积极构建和谐劳动关系

当前，我国经济下行、企业生产经营困难、停工裁员等问题逐步显现，劳动关系不和谐不稳定风险增大。围绕贯彻落实《中共中央关于构建和谐劳动关系的意见》，我们积极借助国家三方平台反映民营企业诉求，维护企业合法权益，注重引导非公有制企业推进厂务公开民主管理工作，话语权不断提升，在国家劳动关系工作格局中的地位作用也越来越突出。一是开展了民营企业劳动关系状况形势研判。监测报告得到人社部等高度重视，成为劳动关系政策法规制定过程中的重要参考，提高了工商联组织在国家劳动关系工作中的分量。二是加强对重点领域的研究。结合劳动合同法修改、最低工资标准调整等热点难点，与云南、江苏两省工商联合作开展了重点课题研究，深入企业、深入基层，注重实证分析，用数据说话，为提高工商联话语权、服务企业健康发展进行了储备研究。三是参与劳动立法协商。对《人力资源条例》等10项政策法规提出修改意见。深入研究全面二孩后婚丧假问题，在征求地方工商联和企业意见后，从维护民营企业权益角度提出意见建议，反映企业合理诉求。参加人社部劳动力市场灵活性研讨交流和草案论证，坚持从维护企业健康发展、保障职工合法权益出发，主动听取基层和企业意见。

（四）以商会为依托，抓好基层法律服务工作

商会是工商联工作的组织基础和重要依托，我们始终注重发挥商会在宣传政

策、提供服务、反映诉求、规范行为方面的作用，推动商会建立完善行业自律规则，进一步建立健全商会调解机制。一是促进商会人民调解的发展。落实全国工商联、司法部主要领导关于推进商会人民调解工作的指示精神，与司法部基层工作指导司先后赴四川、浙江开展商会人民调解联合调研，收集经验做法、了解问题困难、听取意见建议，为联合印发指导意见提供决策参考。目前工商联各类商会调解组织457家，覆盖90%以上省份。二是进一步促进劳动争议预防调解工作的发展。为适应当前非公有制企业劳动争议处理工作的新形势新要求，进一步探索非公有制企业劳动争议预防调解工作规律，有效发挥行业调解在化解劳动争议中的作用，在组织各地推荐的基础上，与人社部确定在全国57家商会开展第二批非公有制企业劳动争议预防调解示范工作。示范工作启动以来，各地人社部门、工商联组织密切配合，通过组织培训、经验交流、督查调研等方式，共同指导示范商会建立健全调解组织，完善调解制度，发展调解工作队伍。三是加强对商会法律服务工作的指导和支持。一年来，全联13家直属商会开展法律服务工作丰富多彩。全联汽车经销商商会等对国家征求我会意见的相关法律法规提出了修改意见，参加了由我会、国家发改委、商务部、人社部等联合召开的座谈会和法律培训班，商会也向我们提供了很好的产权保护案例。

此外，法律部还着眼大局，自觉服务机关大局设计工作措施，在年初，即在支部召开“我为精准扶贫做什么”的学习讨论会，了解国家扶贫部署与政策，了解“‘万企帮万村’精准扶贫行动”，找到了工商联法律服务工作与精准扶贫工作的结合点。在民营企业转型升级以及“走出去”过程中，法律部着眼企业重组以及法律风险防控开展工作，着力培训企业的经营者。2016年，法律部还积极参加了全会多项重点工作，主要有民营企业制造业情况调研、知识产权保护状况调研、年轻一代思想状况调研、国家民间投资政策第三方评估以及构建“亲”“清”新型政商关系调研等，并且较好完成了相关工作任务。

（刘登森）

【共同召开依法保障和促进非公有制经济健康发展座谈会】 2016年1月5日，最高人民检察院、全国工商联召开依法保障和促进非公有制经济健康发展座谈会。最高人民检察院党组书记、检察长曹建明，全国政协副主席、全国工商联主席王钦敏讲话。中央统战部副部长，全国工商联党组书记、常务副主席全哲洙主持会议。

曹建明表示，要加强与工商联的沟通协调，健全常态化合作机制，形成服务和保障非公有制经济的合力。要更加重视对非公有制经济的权利救济，注重从非公经济界人士中选聘特约检察员、人民监督员，更好地倾听非公经济界的声音，更好地为非公经济发展服务。

王钦敏指出，非公有制经济的发展事关国民经济，也事关党执政的群众基础和社会基础。在协调推进“四个全面”战略布局中，特别是在全面建成小康社会进入决胜阶段，非公有制企业迎来新的发展机遇，迫切需要完善法治环境、加强平等保护，这些都对加强企业法律服务工作提出了新要求。

王钦敏建议，首先是允分发挥检察职能，优化企业发展环境。完善对权利的司法保障，推动建立公平竞争的保障机制；加强对权力的司法监督，推动依法行政；依法保护各种所有制经济权益，促进司法公正。其次是改进司法办案方式，提高服务水平。全面贯彻宽严相济刑事政策，严格区分和正确把握经济纠纷与经济犯罪、单位违规与个人犯罪、合法收入与违法犯罪所得，既要依法惩治犯罪者，又要支持创业创新者，保护无辜者不受非法追究。再次是深化检察机关与工商联的交流合作，形成服务和保障非公有制经济健康发展的工作合力，推动构建新型政商关系，共同研究混合所有制改革中国资、民资的平等保护问题，共同开展法治宣传教育，支持工商联依法开展法律维权工作。

泰豪集团有限公司董事长黄代放，正泰集团股份有限公司董事长兼总裁南存辉，广东恒兴集团董事长陈丹，百步亭集团有限公司董事局主席茅永红，上海均瑶（集团）有限公司董事长王均金，三全集团董事长陈泽民，研祥高科技控股集团有限公司董事局主席陈志列，科瑞集团有限公司董事局主席郑跃文，安徽科大讯飞信息科技股份有限公司董事长刘庆峰等 9 位民营企业家代表先后发言。

最高人民检察院党组副书记、常务副检察长胡泽君，党组成员、副检察长孙谦，检委会专职委员陈连福，全国工商联副主席谢经荣、黄荣、安七一，中国民营经济研究会会长庄聪生，最高人民检察院和全国工商联有关部门负责人出席座谈会。

（刘 静）

【召开商会立法专家研讨座谈会】 2016 年 3 月 22 日，商会立法专家研讨座谈会在北京召开。全国工商联党组成员、副主席安七一，安徽省政协副主席、安徽省工商联主席李卫华，安徽省人大常委会委员、财经委主任委员庄立权等有关领导出席了会议。国家发改委体改司原巡视员张丽娜，中国人民大学法学院教授范愉、刘俊海，中国注册会计师协会研究发展部主任白晓红，国家发改委体改司阮征等专家进行了相关论证研讨。会议由全国工商联法律部部长白莲湘主持。

会上，安七一副主席作了重要讲话，他指出，当前处于经济发展的转轨时期，商会发展很快，增速很高，规范商会发展很有必要。安徽省人大、省工商联积极主动作为，把制定《安徽省商会条例》作为省人大立法项目，对推动国家层面商会立法有一个很好的促动。这种率先往前走、以下促上的做法很好，值得肯定，全国工商联支持安徽省工商联参与商会立法实践。他表示，与会专家对全国工商联提出的建立商会发展研究院，加大对商会立法的研究，加快推进商会的改革发展等意见建议，我们将认真研究，在促进中国特色商会的发展上实现新作为。

（刘 静）

【共同召开国家协调劳动关系三方会议第二十一次会议】 2016 年 4 月 7 日，国家协调劳动关系三方会议第二十一次会议在北京召开。会议审议了国家协调劳动关系三方会议及办公室组成人员调整建议，听取了国家协调劳动关系三方会议 2015 年工作总结的汇报，审议了 2016 年工作要点，分析研判了劳动关系形势。国家三方会议执行主席、人社部副部长邱小平主持会议并作总结讲话。国家三方会议执行主席，全国总工会副主席、书记处书记陈荣书，国家三方会议执行主席、中国企联驻会副会长黄海嵩，国家三方会议执行主席、全国工商联副主席谢经荣出席会议。

2015 年，国家协调劳动关系三方会议主动适应经济发展新常态，深入贯彻落实《关于构建和谐劳动关系的意见》，进一步健全劳动关系协调机制，积极完善企业工资分配宏观指导调控体系，继续加强劳动标准管理工作，妥善处理劳动关系矛盾，劳动关系总体保持了和谐稳定。

2016 年，国家协调劳动关系三方会议将继续贯彻落实《关于构建和谐劳动关系的意见》，积极稳妥做好化解过剩产能处置僵尸企业中的劳动关系处理工作，加强有关劳动关系立法和劳动标准问题研究，深入推进集体合同制度实施攻坚计划，开展和谐劳动关系创建活动，加强劳动争议调解仲裁工作，健全协调劳动关系三方机制，努力构建和谐劳动关系。

（李　强）

【举办 2016 年全国工商联法律服务工作座谈会暨法律服务能力建设培训班】 2016 年 4 月 12 ~ 14 日，全国工商联法律服务工作座谈会暨法律服务能力建设培训班在北京举办。全国工商联副主席谢经荣出席会议并致辞。最高人民法院、最高人民检察院、人社部、司法部等部际合作单位相关负责同志授课。各省级工商联分管法律工作副主席、法律部门负责人及全国工商联各直属商会的负责同志共 110 余人参加会议和培训。法律部部长白莲湘作总结讲话。

此次会议暨培训班是在党的十八届五中全会、2016 年两会召开的大背景下举办的。会议从加强制度建设、法律服务工作机制进一步完善，主动服务大局、法律服务工作价值进一步彰显，服务与引导并重、企业守法诚信意识增强，加强协作配合、共同促进“两个健康”等四个方面总结回顾了上一年度工商联法律服务工作取得的新进展新成效；明确了“十三五”时期法律服务工作的总体要求是深入领会好、贯彻好习近平总书记系列重要讲话精神，紧紧围绕“五大发展理念”主动服务经济发展新常态，努力提高工商联法律服务能力和水平，努力提高民营企业依法治企、依法经营能力。

会议期间，专门召开了省级工商联、各直属商会工作经验交流研讨会，对法治宣传教育、劳动关系工作、商会调解工作进行专题交流研讨。天津、广东、贵州、安徽四省市工商联还作了典型发言，分别介绍了以守法诚信为内容的理想信念教育实践活动、参与立法与立法后评估、推进与公检法合作机制建设、商会立法等方面的经验与做法。

谢经荣副主席强调，工商联法律服务工作是一项系统工程，新的一年要着力做好以下工作：一是要以“守法诚信、坚定信心”为重点，继续深化理想信念教育实践活动；二是要积极发挥职能优势，努力营造非公有制企业发展良好法治环境；三是要以商会为依托，坚持不懈地抓好基层法律服务工作。

白莲湘部长分别从以“七五”普法为契机深入开展法治宣传教育，加强与立法机关合作推动立法协商，借力社会法律服务机构做好企业法律风险防范，借助协调劳动关系三方机制开展和谐劳动关系构建，推进工商联法律工作部门及队伍建设提升法律服务能力等方面进行了工作部署。

培训期间，先后组织学员赴最高人民法院信息中心、中国法院博物馆开展法治现场教学。最高人民检察院反贪总局四局局长宋寒松、人社部劳动关系司副巡视员黄霞、最高人民法院法司改办处长龙飞、司法部基层工作指导司处长闫晋东、人社部劳科所主任王文珍、国浩律师集团高级合伙人陈发云分别作了专题讲座。

（吕菊萍）

【举办非公有制企业法律风险防范与管理培训班】 2016 年 5 月 17 日至 19 日，全国工商联非公有制企业法律风险防范与管理培训班在长沙举办。全国工商联副主席谢经荣、湖南省人民检察院检察长游劝荣、司法部法律援助司副司长林溪等出席开班式。全国工商联法律部部长白莲湘主持开班仪式。

谢经荣副主席指出，举办这次非公有制企业法律风险防范与管理培训班，具有特别的意义，这是贯彻落实习近平总书记重要讲话精神的实际行动、深化理想信念教育实践活动的具体举措、新形势下加强工商联法律服务工作的积极探索。他勉励并希望广大民营企业家坚守法律底线，自觉树立法治思维，增强法律风险防范能力，做到真心尊法、主动学法、自觉守法、解决问题靠法，提高依法治企、依法经营的能力。湖南省委统战部、湖南省工商联致辞。游劝荣为学员进行了《充分发挥检察职能依法保障和促进非公有制经济健康发展》专题讲座。

此次培训的主要任务是深入学习贯彻落实习近平总书记在全国政协民建、工商联界别委员联组会上的重要讲话精神，深化以“守法诚信、坚定信心”为重点的理想信念教育实践活动，提高非公有制企业应对、防范和管理法律风险的能力和水平。全国各省区市工商联、全国工商联直属商会和湖南省工商联直属会员单位、直属商协会有关负责人，以及省内部分民营企业家等200余人参加本期培训班。

（姚雄龙）

【共同开展商会人民调解联合调研】为落实司法部、全国工商联合作机制要求，深入推进商会人民调解工作，有效化解非公有制经济领域矛盾纠纷，2016年6月至8月，全国工商联法律部与司法部基层工作指导司赴四川成都、眉山、广元，浙江诸暨、义乌、宁波等地开展了商会人民调解联合调研。通过组织座谈、个别访谈、实地考察等，深入了解企业需求，梳理经验做法，分析问题困难，提出意见建议，形成了《关于推进商会人民调解工作的调研报告》，为推进商会调解工作提供了有益参考。

（李　强）

【开展检察机关、工商联依法保障和促进非公有制经济健康发展调研】2016年7月，全国工商联法律部与最高人民检察院办公厅、反贪总局四局对湖北、甘肃两省检察机关、工商联依法保障和促进非公有制经济健康发展情况开展调研。

调研组走访企业，召开检察机关、工商联、商会和民营企业座谈会，深入了解情况。调研发现，湖北、甘肃两省检察机关和工商联结合本地实际，围绕工作主题，开展了一系列扎实有效的工作。检察机关、工商联联系交流密切，细化各项任务落实，共同开展法律服务，依法平等保护非公有制企业合法权益，增强了企业发展信心，各项举措赢得了企业的普遍肯定。

本次调研形成了调研报告，最高检检察长曹建明和我会王钦敏主席、全哲洙书记、谢经荣副主席分别对调研报告作出批示，给予充分肯定。

（张永利）

【举办非公有制企业劳动争议预防调解师资培训班】2016年7月19日至22日，由人社部调解仲裁管理司和全国工商联法律部联合主办、人社部教育培训中心承办的非公有制企业劳动争议预防调解师资培训班在河北省承德市举办。这是贯彻落实中共中央、国务院《关于构建和谐劳动关系的意见》（中发〔2015〕10号）和中共中央办公厅、国务院办公厅《关于完善矛盾纠纷多元化解机制的意见》（中发办〔2015〕60号）以及人社部、全国工商联《关于加强非公有制企业劳动争议预防调解工作的意见》（人社部发〔2013〕2号）的具体措施，也是发挥商（协）会在劳动争议处理中作用、提升非公有制企业自主解决争议能力的重要举措。来自各省人社部门、工商联、部分非公有制企业、商（协）会共计170余名学员参加培训。

培训班主办方邀请了人社部工伤保险司、劳动科学研究所、中国科学院负责同志及上海财经大学、中国劳动关系学院教授、河北省人社厅调解仲裁负责同志等专家学者采用集中授课、案例研讨、视频教学等多种方式授课。培训结束后由人社部调解仲裁管理司、全国工商联法律部和人社部教育培训中心共同对培训合格人员颁发了《培训合格证书》。

（刘登森）

【召开《中华人民共和国公司法》司法解释征求意见座谈会】2016年9月26日，全国工商联法律部、最高人民法院民二庭联合召开《中华人民共和国公司法》司法解释征求意见座谈会，就《最高人民法院关于适用〈中华人民共和国公司法〉若干问题的规定（四）（征求意见稿）》听取民营企业意见。全国工商联副主席谢经荣出席会议并讲话。全国工商联法律部部长白莲湘、副部长王洪武，最高人民法院民二庭庭长杨临萍、副庭长杨永清、副局级审判长王东敏、审判长曾宏伟参加会议。会议由全国工商联法律部部长白莲湘主持。

谢经荣副主席表示，联合召开此次座谈会是全国工商联和最高人民法院落实双方合作协议的具体举措，体现了最高法院对平等保护民营企业的重视，有利于促进社会经济发展。他强调，企业代表要积极参与座谈，敢言擅言，切实反映公司法适用中的实际问题，要深化法律知识的学习和运用，提高守法诚信意识，进一步依法规范企业经营。

北京市人大代表、北京中和珍贝科技有限公司董事长邱淦清，天津市人大代表、天津安达集团股份有限公司董事长崔洪金，天津市人大代表、天津麦购集团有限公司董事长胡时俊，天津市人大代表、天津市汇森房地产开发集团董事长闫山林，天津高科宇通人防设备制造有限公司董事长宋国旺，河北工茂旧机动车交易市场有限公司董事长李沛熠，北京澳思那交通安全设施有限公司总经理于化龙，北京市岳成律师事务所高级合伙人岳屾山，以及保福控股、用友公司、小米公司、杭州娃哈哈集团、浙江传化集团法务负责人参加会议。

（毛红杏）

【召开非公有制经济领域“七五”普法启动会议暨第十一届全国工商联法律委员会第四次全体会议】2016年11月22日，非公有制经济领域“七五”普法启动会议暨第十一届全国工商联法律委员会第四次全体会议在京召开，深入推进“法律三进”活动，研讨法律委员会工作。法律委员会主任、全国工商联副主席谢经荣出席并讲话。司法部法制宣传司副司长刘汉银参加会议并讲话。

2016年8月，全国工商联与司法部、全国普法办共同下发《关于开展“法律三进”活动的意见》，提出要在“七五”普法期间广泛开展法律进民企、进商会、进工商联机关活动，旨在引导广大非公有制经济人士做中国特色社会主义法治的忠实崇尚者、自觉遵守者、坚定捍卫者。非公有制企业依法治企实践是市场经济法治的源泉。在活动中，河北千喜鹤饮食股份有限公司董事长刘延云介绍了依法治企、诚信经营的经验做法，用友集团风控部总监刘永国也就集团依法经营、防范风险、参与普法等工作发言。全国法治宣传先进单位代表安徽省工商联、广东省工商联也先后就“六五”普法成绩、“法律三进”基层实践做了经验介绍。

谢经荣副主席指出，开展“法律三进”活动是全面推进非公有制经济领域“七五”普法工作的重要依托。全国工商联要加强与司法部沟通协调，建立法治民企联合宣传表彰工作机制，树立一批可信可比可学的先进典型企业；各地工商联、司法行政部门要紧密合作，在调查研究基础上，结合当地实际，尽快制订活动实施方案；要加强工商联系统法律工作队伍建设、鼓励支持商会建立法律工作部门、引导支持非公有制企业特别是工商联执常委企业建立公司律师队伍；要高度重视普法载体和方式创新，主动运用新媒介、新技术推进法治宣传工作，充分利用工商联传统媒体、微信公众号和自媒体等平台加强普法宣传。他表示，法律委员会在2016年做了很多富有成效的工作，2017年可以采取专题的形式召开研讨会，充分发挥法律委员会的专家资源和智力优势，为提升工商联法律服务水平、促进“两个健康”献计出力。

法律委员会委员参加本次会议，并就如何在非公有制经济领域推进“七五”普法工作以及更好开展2017年的法律委员会工作建言献策。

（刘登森）

扶贫与社会服务

【综　述】2016年，扶贫与社会服务部在会党组和会领导的正确领导下，深入贯彻党的十八大、十八届三中、四中、五中、六中全会以及中央统战工作会议、中央党的群团工作会议、中央扶贫开发工作会议精神，以“万企帮万村”精准扶贫行动为中心工作，坚持促进“两个健康”工作主题，在组织、引导民营企业积极投身脱贫攻坚战、履行社会责任过程中，不断拓宽工作思路，创新工作载体，增强了全国工商联扶贫工作的时效性和社会影响力。

（一）深入开展“万企帮万村”精准扶贫行动

“万企帮万村”精准扶贫行动自启动以来，得到党中央国务院高度重视。习近平总书记3月4日参加全国政协十二届四次会议民建、工商联联组会时，指出“‘万企帮万村’精准扶贫行动很好”，强调要“抓好落实、抓出成效”。俞正声主席、孙春兰部长、汪洋副总理密切关注行动开展，多次作出批示。为此，全国工商联把推进“万企帮万村”精准扶贫行动作为一项重大政治任务来抓，紧密结合非公有制经济人士理想信念教育实践活动，坚持引导民营企业受教育与作贡献有机统一，加快脱贫攻坚伟大进程，助力全面建成小康社会。一是深入开展组织发动。1月18日印发《关于推进“万企帮万村”精准扶贫行动的实施意见》，1月25日召开推进“万企帮万村”精准扶贫行动全国电视电话会议，对行动进行全面动员纵深部署。12 月 21 日，在全国工商联十一届五次执委会期间组织召开工商联系统东西部扶贫协作工作座谈会，在 2016 年扶贫日减贫发展论坛中设立“万企帮万村”行动专题论坛。二是高规格召开“万企帮万村”精准扶贫行动现场会。10 月 12 日至 13 日，国务院扶贫开发领导小组在湖北省黄冈市召开“万企帮万村”精准扶贫行动现场会，汪洋副总理出席会议并作重要讲话。会上编印了各省行动总结交流材料、《“万企帮万村”精准扶贫行动典型案例》和《企业参与扶贫“百问百答”》。三是加强调研督促指导。为了掌握行动开展情况，总结经验、查找问题、发现典型、指导工作，全国工商联、国务院扶贫办和中国光彩会联合赴 12 个省（区、市）开展专题调研。四是挖掘典型树立榜样。通过调研发现、各省推荐，挖掘出恒大集团、泛海集团、荣民集团、兴伟集团、凯迪集团、湖北名羊、宁夏华盛绿能、广西空店等一批民营企业参与行动的先进典型。五是加强服务支持。全国工商联、国务院扶贫办、中国光彩会和中国农业发展银行签订并联合印发了《政策性金融支持“万企帮万村”精准扶贫行动战略合作协议》。

截至 2016 年年底，进入“万企帮万村”精准扶贫行动台账管理的民营企业有 2.65 万家，精准帮扶到 388.64 万建档立卡贫困人口，涉及 2.46 万个村（其中建档立卡贫困村 2.1 万个）；产业扶贫投入 382.52 亿元，公益扶贫投入 82.98 亿元，安置就业 30.76 万人，技能培训 31.63 万人。

（二）扎实做好定点扶贫工作

一是王钦敏主席、全哲洙书记、谢经荣副主席先后六次赴织金县，就精准扶贫、精准脱贫和产业帮扶有关问题深入调查、研究措施。制定了《全国工商联定点扶贫工作方案（2016—2017 年）》。二是把织金县作为试点，指导开展“百企帮百村”精准扶贫行动。谢经荣副主席率队，组织京津沪黔和全国工商联直属行业商会的 80 多家民营企业到织金县开展结对帮扶。京津沪黔企业家共与织金县达成了 39.3 亿元的帮扶项目。三是宝龙集团向织金县捐赠产业帮扶资金 2 000 万元。四是从西部光彩帮扶基金拨款 2 000 万元充实“同心光彩助农帮扶基金”，使织金县同心光彩助农融资担保有限公司注册资本由 1 000 万元变更为 3 000 万元，可担保额度从3 000万元扩大到 9 000 万元。

（三）圆满完成“光彩行”工作任务

一是由中国光彩事业促进会、甘肃省人民政府共同主办的“中国光彩事业庆阳行暨民企陇上行”活动 7 月 7 日在甘肃庆阳举行。本次活动共签约合同项目 2 726 个，合同金额 5 187.5 亿元。公益捐赠 2 049万元，用于支持南梁镇及周边 6 镇（乡）12 个贫困村的精准扶贫，为 875 户建档立卡贫困户共 3 318 人实施产业开发、基础设施建设项目、农民技术培训 3 类 5 项帮扶项目。淘帝服饰公司捐赠价值 495 万元的童装，丹姿集团捐建 500 口水窖。二是由中国光彩事业促进会、云南省人民政府共同举办的“中国光彩事业德宏行”活动 9 月 13 日在云南省德宏州瑞丽市举行。活动共签订合同项目 131 个，合同金额 1 570 亿元。累计接收公益捐赠 4 100万元的善款和价值 500 万元的物资，其中中国光彩会捐赠 2 000 万元，用于在德宏州陇川县实施肉牛和桑蚕养殖等帮扶项目，帮助 1 558 户建档立卡贫困户 4 721 人精准脱贫。

（四）不断深化与相关政府部门和单位的合作机制

与民政部、广东省政府、深圳市政府和中国慈善联合会共同主办以“以法兴善，助力脱贫”为主题的第五届中国公益慈善项目交流展示会；与人力资源社会保障部、教育部、全国总工会共同开展“2016年全国民营企业招聘周活动”；与国家林业局组成联合调研组赴安徽省开展“万企帮万村”精准扶贫及林业精准扶贫行动调研；与国家林业局、中国光彩会举办第12期全国民营企业家及管理干部林业培训班，此外还举办了新疆维吾尔自治区、西藏自治区小微企业经营者培训班和连片特困地区乡镇干部培训班。

（林原羽）

【共同召开推进“万企帮万村”精准扶贫行动全国电视电话会议】2016年1月25日，全国工商联、国务院扶贫办、中国光彩会召开全国电视电话会议，推进“万企帮万村”精准扶贫行动。中央政治局委员、中央统战部部长孙春兰，中央政治局委员、国务院副总理汪洋作出重要批示。全国政协副主席、全国工商联主席王钦敏出席会议。中央统战部副部长、全国工商联党组书记、中国光彩会会长全哲洙，国务院扶贫开发领导小组副组长、国务院扶贫办主任刘永富在会议上讲话。

会议由全国工商联副主席谢经荣主持。广西壮族自治区工商联党组书记熊春寒、贵州省扶贫办主任叶韬、恒大集团副总裁姚东、湖北名羊农业科技发展有限公司董事长刘锦秀作了发言。全国工商联副主席安七一、杨启儒，国务院扶贫办副主任洪天云，中央统战部、国务院扶贫办、全国工商联和中国光彩会有关部门、直属单位负责人出席。各省（自治区、直辖市）、市（地、州、盟）和县（区）工商联、扶贫办和光彩会负责人46 400余人在各地1 499个分会场参加了会议。

（林原羽）

【开展织金县推进“万企帮万村”精准扶贫行动专题调研】2016年2月22日至28日，为深入贯彻落实中央扶贫开发工作会议、中央单位定点扶贫工作会议和俞正声同志关于民营企业参与精准扶贫的重要批示精神，全国政协副主席、全国工商联主席王钦敏率调研组赴贵州省织金县开展了精准扶贫工作专题调研。先后深入桂果镇克窝村和打麻厂村、黑土乡三坝村、三甲街道龙潭村，看望了10户建档立卡贫困户，向村、镇领导及扶贫驻村工作队详细了解精准扶贫工作情况。调研中，王钦敏主席对织金县党委政府精准扶贫工作的良好开局给予充分肯定；对当地干部群众干事创业的干劲、脱贫攻坚的信心给予高度评价；对本地民营企业积极参与精准扶贫十分欣慰。他指出，党中央、国务院高度重视精准扶贫工作，组织民营企业参与精准扶贫、做好定点扶贫工作是全国工商联义不容辞的责任。他强调，“十三五”时期是打赢脱贫攻坚战的决胜阶段，要重视形成区域经济发展合力，按照市场化理念整合资源，以产业扶贫为重点，因地制宜抓特色。他希望，地方党委政府要充分调动贫困群众的积极性，为他们提供个性化和专业化的指导。他表示，全国工商联将与织金县党委、政府共同努力，有计划、有目标地探索精准扶贫新模式并在全国推广。调研组抵达贵州时，贵州省委书记、省人大常委会主任陈敏尔，省委副书记、省长孙志刚，省委常委、省委秘书长刘奇凡在机场会见了王钦敏主席一行。全国工商联副主席谢经荣，贵州省政协副主席、省工商联主席李汉宇陪同调研。

3月22日至25日，中央统战部副部长，全国工商联党组书记、常务副主席全哲洙率调研组到贵州安顺市普定县龙场乡秀水村、毕节市七星关区及全国工商联定点扶贫县织金等地开展专题调研。调研期间，全哲洙率队深入织金县板桥乡幸福鹌鹑养殖农民专业合作社、桂果镇联兴村江存花卉等项目点参观考察，实地调研项目发展助推精准扶贫工作进展情况，与农民专业合作社负责人及社员、支部书记及村主任、驻村工作队、建档立卡贫困户深入交谈，共同探讨脱贫致富路径。全哲洙书记一行还深入桂果镇打麻厂等建档立卡贫困村，看望慰问当地建档立卡贫困户，仔细查看他们的住房、口粮，亲切询问家庭情况、面临困难以及下一步打算。在全国工商联帮扶织金县精准脱贫工作座谈会上，全哲洙代表全国工商联向织金县捐赠2 000万元作为精准扶贫产业帮扶基金。全哲洙指出，解决好“谁来扶”和“怎么扶”的问题，也是深层次的改革问题。扶贫开发、精准扶贫是一个综合治理的过程，关系到社会政治经济文化等各个方面，加强全社会宣传组织工作，精准扶贫思路一定要宽、要活、要实。他说，精准扶贫要抓住农村基层党支部、农村能人、热心帮扶的企业家几个关键少数。全国工商联副主席谢经荣，贵州省政协副主席、省工商联主席李汉宇，贵州省委统战部副部长、省工商联党组书记肖向阳，中华工商时报社社长吴宝通和全国工商联扶贫与社会服务部、毕节市有关方面的负责同志参加了调研。

（郭东风）

【共同召开“万企帮万村”精准扶贫行动领导小组会议】2016年4月11日，召开“万企帮万村”精准扶贫行动领导小组第二次会议。全国工商联副主席、中国光彩会副会长谢经荣，国务院扶贫办副主任洪天云出席会议并讲话。会上，各方汇报了行动进展情况及近期工作要点，并就《推进“万企帮万村”精准扶贫行动调研方案（讨论稿）》进行专题研究。全国工商联扶贫与社会服务部、国务院扶贫办国际合作和社会扶贫司、中国光彩会有关同志出席会议。

7月22日，召开“万企帮万村”精准扶贫行动领导小组第三次会议。谢经荣副主席，洪天云副主任出席会议并讲话。全国工商联扶贫与社会服务部、国务院扶贫办国际合作和社会扶贫司、中央统战部五局、中央统战部光彩事业指导中心有关同志参加会议。

8月12日，召开“万企帮万村”精准扶贫行动领导小组第四次会议。中央统战部副部长，全国工商联党组书记、常务副主席，中国光彩会会长全哲洙出席会议并讲话。谢经荣副主席、洪天云副主任出席会议。全国工商联办公厅、研究室、宣教部、扶贫与社会服务部，国务院扶贫办国际合作和社会扶贫司，中央统战部五局，中央统战部光彩事业指导中心有关同志参加会议。

11月16日上午，“万企帮万村”精准扶贫行动领导小组第五次会议在京召开。全哲洙书记，国务院扶贫开发领导小组副组长，国务院扶贫办党组书记、主任刘永富出席会议并讲话。会议由谢经荣副主席主持。洪天云副主任、中国农业发展银行副行长殷久勇，行动领导小组成员出席会议。中央统战部五局、全国工商联扶贫与社会服务部、国务院扶贫办社会扶贫司、中央统战部光彩事业指导中心、中国农业发展银行创新部有关同志出席会议。

（林原羽）

【开展推进“万企帮万村”精准扶贫行动调研】为贯彻落实习近平总书记关于“工商联开展的‘万企帮万村’精准扶贫行动很好，要抓好落实、抓出成效”的重要指示精神，2016年4月18日至5月21

日，全国工商联、国务院扶贫办、中国光彩会组成3个联合调研组，分赴安徽、江西、河南、湖北、湖南、广西、四川、重庆、贵州、陕西、甘肃、宁夏12个省（区、市），就“万企帮万村”精准扶贫行动的推进情况开展专题调研。此次联合调研采取实地考察与座谈交流相结合的形式，深入31个市县的41个建档立卡贫困村、43家民营企业实地走访，先后召开26场座谈会，与近300名参与行动的民营企业负责人进行了面对面的交流。最终形成《推进“万企帮万村”精准扶贫行动专题调研报告》。

《报告》指出，就调研所到省份看，“万企帮万村”精准扶贫行动已在省一级全面启动。行动得到党委政府高度重视高位推动，组织发动工作深入充分，行动充分发挥了小微企业精准扶贫作用，商会也成为行动重要参与力量。民营企业因企制宜，根据企业实力和产业特点，探索开展了整县、整乡推进，包村结对，一企帮多村、多企帮一村、整村带动等形式多样的帮扶形式。围绕产业扶贫、就业扶贫、公益扶贫，创新了能人大户带动模式、金融机构助推模式、专项扶贫资金入股模式、电商平台拉动模式等新模式。调研发现行动存在推进不平衡、认识不到位、政策难落地、合力未形成、贫困群众脱贫内生动力不足等问题，从传达中央领导重要讲话精神、召开交流推进会、加大政策支持力度、大力宣传表扬等方面提出工作建议。

汪洋副总理、孙春兰部长对《报告》作出批示。

（林原羽）

【共同举办2016年全国民营企业招聘周活动】2016年4月18日至24日，人力资源社会保障部、教育部、全国总工会、全国工商联组织开展了“2016年全国民营企业招聘周”活动。本次招聘周活动主题为“促进供需对接，助力转型发展”。

据统计，共有约17.4万家民营企业参加了招聘周活动，现场提供各类岗位信息约312.3万条，累计发放政策宣传品约687.3万份，提供维权及法律援助约19.4万人次。活动期间，共有约86.1万名求职者与用人单位达成了就业意向，其中高校毕业生35.7万人，农村进城务工劳动者32.9万人，就业困难人员10万人。同时，中国公共招聘网开辟招聘周活动专版，发布岗位信息10万余条，涉及招聘单位2.2万个，招聘人数65万余人；访问量近20万人次，访客人数约2.3万人。

（林原羽）

【共同组织中国光彩会五届二次理事会】2016年7月6日，中国光彩事业促进会五届二次理事会议在甘肃省庆阳市召开。全国工商联副主席、中国光彩会副会长谢经荣做工作报告，国务院扶贫办主任刘永富出席会议并讲话。

谢经荣指出，五届一次理事会以来，全国工商联、国务院扶贫办和中国光彩会全面启动和推进“万企帮万村”精准扶贫行动；成功举办光彩事业“红安行”“西宁行”“抚州行”；扎实开展了多项社会公益活动。谢经荣指出，中国光彩会要把“万企帮万村”精准扶贫行动作为当前和今后一个时期工作的重中之重谋划和推进。要在精准帮扶识别上下功夫，在能人带动上下功夫，在创新方式方法上下功夫，在可持续和实效性上下功夫。

正邦集团董事局主席林印孙、贵州兴伟集团董事长王伟、湖北名羊农业科技发展有限公司董事长刘锦秀、湖南开源浏阳河农业产业集团公司董事长罗可大代表民营企业进行了发言。广西壮族自治区党委统战部副部长、工商联党组书记熊春寒，安徽省工商联副主席耿学梅就地方工商联、光彩会的作用发挥进行了发言。

会议审议通过有关人事事项，增补中央统战部五局局长张天昱为中国光彩会副会长兼秘书长；增补（替补）吴捷、王东秀、李庆臣、李青华、李法信、马春、肖向阳为常务理事，郑伟、谢强为理事。中国光彩会18位副会长、278位理事出席会议。中央统战部、全国工商联、国务院扶贫办、中国光彩会等负责同志参加会议，各省区市有关负责同志与会。

（许　婧）

【共同举办“中国光彩事业庆阳行暨民企陇上行”活动】2016年7月7日，中国光彩事业促进会、甘肃省人民政府在甘肃省庆阳市举行“中国光彩事业庆阳行暨民企陇上行”。本次活动以“弘扬南梁精神，助推老区发展”为主题，深入贯彻落实中央统战工作会议精神，习近平总书记3月4日在全国政协民建、工商联界委员联组会上的重要讲话和7月1日在庆祝中国共产党成立95周年大会上的重要讲话精神，引导非公有制企业家投身革命老区扶贫开发，为老区如期全面建成小康社会做贡献。中央统战部副部长，全国工商联党组书记、常务副主席，中国光彩会会长全哲洙，甘肃省委书记、省人大常委会主任王三运出席并讲话。近300位中国光彩会理事和一批有投资项目和意向的民营企业家参加了此次活动。

活动期间，民营企业家观看了革命传统教育片《热土庆阳》，向南梁革命烈士纪念碑敬献了花篮，参观了陕甘边区苏维埃政府旧址和南梁革命纪念馆，现场举行了项目签约和公益捐赠。本次活动共签约合同项目2 726个，合同金额5 187.5亿元。其中，庆阳市签约合同项目147个，合同金额1 164.8亿元。公益捐赠2 049万元，用于支持南梁镇及周边6镇（乡）12个贫困村的精准扶贫，为875户建档立卡贫困户共3 318人实施产业开发、基础设施建设项目、农民技术培训3类5项帮扶项目。淘帝服饰公司捐赠495万元的童装，丹姿集团捐建500口水窖。

（许　婧）

【举办“万企帮万村”精准扶贫行动台账管理工作培训班】2016年7月26日，“万企帮万村”精准扶贫行动台账管理工作培训班在京举行。全国工商联副主席、中国光彩会副会长谢经荣出席开班仪式并讲话。中央统战部光彩事业指导中心主任、中国光彩会副秘书长余敏安，国务院扶贫办干部培训宣传中心副主任任铁民出席开班仪式。部分省区市工商联党组书记、副主席，台账管理负责同志，贵州省织金县工商联、扶贫办有关负责同志和村第一书记，全国工商联、国务院扶贫办和中国光彩会有关部门同志共70余人参加培训。

谢经荣副主席指出，当前“万企帮万村”精准扶贫行动已由组织发动阶段转入“抓好落实、抓出成效”阶段。他强调下一步要引导已与建档立卡贫困村签约的民营企业积极履约，并为民营企业履约创造条件；要引导已与建档立卡贫困村建立结对帮扶关系但尚未签约的企业尽快签约；各省要根据本省特点抓好典型示范，尤其是挖掘中小型涉农企业参与产业扶贫的典型案例；工商联、光彩会要做好跟踪服务，协调地方政府为参与行动的企业提供政策、信息、融资等方面的支持；台账管理工作很重要也必要，要扎实做好数据统计。

（林原羽）

【共同签署《政策性金融支持“万企帮万村”精准扶贫行动战略合作协议》】 2016年9月5日，全国工商联、国务院扶贫办、中国光彩会与中国农业发展银行在京签订《政策性金融支持“万企帮万村”精准扶贫行动战略合作协议》。全国政协副主席、全国工商联主席王钦敏出席签约仪式。中央统战部副部长，全国工商联党组书记、常务副主席，中国光彩会会长全哲洙，国务院扶贫开发领导小组副组长、国务院扶贫办主任刘永富，中国农业发展银行董事长解学智出席签约仪式并讲话。全国工商联副主席、中国光彩会副会长谢经荣主持签约仪式。全国工商联副主席、中国光彩会副会长谢经荣，国务院扶贫办副主任洪天云，中国农业发展银行副行长鲍建安代表签约各方签字。中国民间商会副会长、亿利资源集团董事局主席王文彪代表参与“万企帮万村”精准扶贫行动的民营企业家在签约仪式上发言。中国农业发展银行副行长殷久勇和签约方有关部门负责人出席签约仪式。

（林原羽）

【举办民族地区小微企业经营者培训班】 为深入贯彻落实中央第六次西藏工作座谈会和中央第二次新疆工作座谈会精神，加强全国工商联援藏援疆工作，2016年9月5日至9日，全国工商联在中央民族干部学院举办了民族地区小微企业经营者培训班，谢经荣副主席出席了开班式并讲话。来自西藏自治区（50名）、新疆维吾尔自治区（70名）和新疆生产建设兵团（30名）的150名小微企业经营者参加了培训。培训班邀请国家民委副主任罗黎明，全国人大代表、奇正药业集团董事长雷菊芳等专家领导和知名企业家到班授课，取得了良好的培训成效，受到学员一致好评。

（赵冬民）

【共同举办“中国光彩事业德宏行”活动】 2016年9月13日，中国光彩事业促进会、云南省人民政府在云南省德宏州瑞丽市举行“中国光彩事业德宏行”。以“聚力‘一带一路’，助推脱贫攻坚，建设美丽德宏”为主题，深入学习贯彻中央统战工作会议、中央民族工作会议、中央扶贫开发工作会议精神和习近平总书记2016年3月4日重要讲话精神，动员民营企业积极参与德宏精准扶贫，为德宏地区打赢脱贫攻坚战作贡献。中央统战部副部长，全国工商联党组书记、常务副主席，中国光彩会会长全哲洙，云南省省委书记、省长陈豪出席并讲话。

活动期间，组织民营企业家观看了革命传统教育片《历史丰碑·和谐德宏》，赴姐告、银井和喊沙进行爱国主义和边疆民族团结进步教育活动，并举行了项目签约和公益捐赠仪式。活动共签订合同项目131个，合同金额1 570亿元。累计接收公益捐赠4 100万元的善款和价值500万元的物资，其中中国光彩会捐赠2 000万元，用于在德宏州陇川县实施肉牛和桑蚕养殖等帮扶项目，帮助1 558户建档立卡贫困户4 721人精准脱贫。

（许　婧）

【共同举办第五届中国公益慈善项目交流展示会】 2016年9月23日至25日，由民政部、全国工商联、广东省政府、深圳市政府和中国慈善联合会共同主办的第五届中国公益慈善项目交流展示会在深圳市举行。展会启动仪式和巡视展馆活动结束后，全国政协副主席、全国工商联主席王钦敏出席了国际公益峰会并致辞。联合国秘书长潘基文视频致辞，民政部部长、中国慈善联合会会长李立国和广东省委副书记、深圳市委书记马兴瑞也先后致辞。峰会由深圳市委副书记、市长许勤主持。

第五届慈展会以“以法兴善、助力脱贫”为主题，紧扣慈善法的宣传贯彻和国家脱贫攻坚战略，促进了慈善资源与脱贫需求的有效对接，发挥了展会在落实慈善法、助力脱贫攻坚中的平台作用。王钦敏代表全国工商联对第五届慈展会和国际峰会的召开表示祝贺。他指出，慈善是中华民族的传统美德，也是社会文明进步的重要标志。全国工商联作为慈展会的主办方之一，始终关注我国公益慈善事业的发展，并把其作为促进非公有制经济健康发展和非公有制经济人士健康成长的工作抓手。通过这个平台，引导广大民营企业参与公益慈善事业，积极履行社会责任。

本届慈展会吸引了31个省、自治区、直辖市和港澳台的2 600多个慈善组织、企业和个人，以及75个国际公益组织参展参赛，较上届慈展会增幅约11%；对接项目510个，对接总额133.22亿元，较上届对接金额增幅达8.72%；举办了1场国际公益峰会、11场分议题会议和1个议题委员会闭门会议，邀请200多位国内外嘉宾围绕共享与慈善等议题进行了深入研讨；配套开展了400多场路演、沙龙和公益体验活动，迎来了25个省市代表团近550名代表观摩，观展民众达18.6万人次，其中宝安社区分会场观众流量约2万人次。

（林原羽）

【共同召开“万企帮万村”精准扶贫行动现场会】2016年10月12日至13日，国务院扶贫开发领导小组在湖北省黄冈市召开“万企帮万村”精准扶贫行动现场会。中共中央政治局委员、国务院副总理、国务院扶贫开发领导小组组长汪洋出席会议并讲话。汪洋副总理在讲话中充分肯定“万企帮万村”行动取得的显著成绩。汪洋副总理强调，各地区各部门和广大民营企业要共同努力，促进行动提质增效。要进一步提高思想认识，把行动纳入脱贫攻坚总体部署，与专项扶贫、行业扶贫同部署、同落实，形成合力；要聚焦建档立卡贫困人口，因户因人施策；要坚持市场导向，重点围绕产业和就业开展帮扶；要落实支持政策，各级党委和政府要树立“扶持帮扶企业就是扶持贫困农户”的意识；要营造良好环境，各地区、各有关部门要组织主流媒体加大宣传。

中央统战部副部长，全国工商联党组书记、常务副主席，中国光彩会会长全哲洙主持会议。参会代表现场观摩了湖北名羊公司、凯迪集团、李时珍集团和大自然公司实施的企业帮村精准扶贫项目；湖北省黄冈市、江西省工商联、贵州兴伟集团、开源浏阳河集团、宁夏华盛绿能公司做了交流发言。

湖北省委副书记、代省长王晓东出席会议并致辞。国务院副秘书长江泽林，国务院扶贫办主任刘永富，全国工商联副主席谢经荣，中国农业发展银行行长祝树民，湖北省委常委、省委秘书长傅德辉，湖北省委常委、省委统战部部长梁惠玲出席会议。全国各省（自治区、直辖市）工商联、扶贫办、光彩会负责人以及64名踊跃参与行动的民营企业家，22个国家扶贫工作重点县的负责同志174人参加会议。

（林原羽）

【共同举办全国“万企帮万村”精准扶贫行动论坛】2016年10月16日，全国“万企帮万村”精准扶贫行动论坛在北京举办。本次论坛由2016扶贫日论坛组委会主办，全国工商联、国务院扶贫办、中国光彩会联合承办。全国工商联副主席、中国光彩会副会长谢经荣出席论坛并讲话。中央统战部光彩事业指导中心主任、中国光彩会副秘书长余敏安主持。国务院扶贫办国际合作和社会扶贫司司长李春光，全国工商联副主席、陕西荣民集团董事长史贵禄，泛海基金会秘书长李建昌，四川省巴中市恩阳区青木镇花包村主任、鹿台园林有限公司总经理佘华海，云南省德宏州瑞丽市户瓦山土鸡养殖专业合作社理事长段必清在论坛发言。中国光彩会副会长、亿阳集团董事长邓伟，中国光彩会副会长、永同昌集团董事长张宗真，中国农业发展银行创新部副总经理陈广林，部分地方工商联、光彩会负责人及商会代表出席论坛。

谢经荣副主席在会议总结中指出，“万企帮万村”精准扶贫行动开展以来，得到了中央领导的高度重视和广大民营企业的积极响应，已成为社会扶贫领域行动最快、做法最实、参与最广、影响最大的品牌之一。目前，已有2.2万多家民营企业与2.1万多个贫困村建立了结对帮扶关系。民营企业根据企业实力和产业特点，因企制宜、因村制宜、因户施法，走出了很多富有特色的民营企业参与扶贫之路。下一步，要贯彻落实好习近平总书记的要求，将行动真正“抓好落实，抓出成效”，进一步将各类优惠政策细化落地，继续加强合力，进一步激发贫困群众的内生动力。

（林原羽）

【共同举办中国光彩会五届理事会第一期理事培训班】2016年11月8日至10日，中国光彩会五届理事会第一期理事培训班在中央社会主义学院举办。中央统战部副部长，全国工商联党组书记、常务副主席，中国光彩会会长全哲洙出席开班仪式并讲话。

本次培训班主要是认真学习贯彻党的十八届六中全会精神和习近平总书记系列重要讲话精神，深入学习落实习近平总书记2016年3月4日重要讲话，深化“守法诚信、坚定信心”为重点的理想信念教育，认真探讨新形势下如何争做爱国敬业、守法经营、创业创新、回报社会的典范，实现非公有制经济健康发展和非公有制经济人士健康成长，推进光彩事业创新发展。培训班围绕宏观经济形势与民营企业转型升级、民营企业参与脱贫攻坚和光彩事业等专题开展了学习研讨，围绕民营企业创新发展与转型升级进行了案例教学，召开了部分学员代表座谈会。

全哲洙指出，要深入学习贯彻党的十八届六中全会精神，要深入学习实践习近平总书记关于促进非公有制经济健康发展的重要论述。一是坚持和完善基本经济制度坚定不移；二是加强产权保护坚定不移；三是贯彻落实促进非公有制经济健康发展的政策措施坚定不移。全哲洙书记强调，要深入学习贯彻中央关于脱贫攻坚的新部署新要求。帮助农村贫困人口摆脱贫困，与全国人民同步小康，是党和国家的坚定目标，也是民营企业家义不容辞的时代责任。一是积极探索科学的帮扶方式；二是善于掌握和利用好优惠扶持政策；三是努力做到用情用心用力。

中国光彩会副会长马永升、邓伟、孙珩超、李占通、李黑记、米恩华、陈世强、余渐富、修涞贵及中国光彩会五届理事会企业家理事，中央统战部、全国工商联、中国光彩会有关同志170余人参加了此次培训。

（许　婧）

【共同召开“万企帮万村”精准扶贫行动台账管理工作电视电话会议】2016年11月23日上午，全国“万企帮万村”

精准扶贫行动领导小组在北京召开台账管理工作电视电话会议，旨在贯彻落实“万企帮万村”精准扶贫行动现场会精神，促进台账管理工作提质增效。全国工商联副主席、中国光彩会副会长谢经荣，国务院扶贫办副主任洪天云出席会议并讲话。中国光彩会副秘书长余敏安主持会议。

谢经荣副主席指出，脱贫攻坚战成败之举在于精准。做好台账管理是精准扶贫的要求，是检验行动成效和全面反映民营企业贡献的重要手段。当前台账管理的工作机制是三方共同负责，工商联统筹协调；全国统一标准，在线填报管理；分设四个端口，各负其责。

全国工商联、国务院扶贫办和中国光彩会相关部门同志出席会议。各省、自治区、直辖市、新疆生产建设兵团工商联、扶贫办和光彩会的负责同志及相关工作人员在各地分会场参加了会议。

（林原羽）

【共同召开中国光彩事业基金会第三届理事会第一次会议】2016 年 12 月 7 日，中国光彩事业基金会第二届理事会第一次会议在北京召开。中共中央政治局委员、中央统战部部长孙春兰会见全体会议代表，中央统战部副部长，全国工商联党组书记、常务副主席，中国光彩会会长全哲洙出席会议并讲话。

孙春兰部长指出，中国光彩事业基金会作为公益慈善组织，自 2005 年成立以来广泛联系非公有制经济人士积极参与国家扶贫开发和社会公益慈善事业，发挥了重要作用，赢得了广泛赞誉。希望新一届理事会积极响应以习近平同志为核心的党中央号召，吸引更多非公有制经济人士，在参与脱贫攻坚、促进“两个健康”中作出更大贡献。要探索创新产业扶贫模式，规范项目运作，加强财务监管，健全各项制度，进一步提高基金会管理科学化水平。她还希望各位理事、监事认真履行职责，用心用情用力，共同推动基金会不断开拓创新、持续健康发展。

全哲洙书记在讲话中提出三点要求。一要认清形势，与时俱进，按照党中央对扶贫工作的新部署新要求，重点围绕精准扶贫精准发力，自觉服务于“两个健康”，紧紧把握国家支持和规范慈善事业发展的新机遇新要求。二要突出重点，注重实效，聚焦“万企帮万村”精准扶贫行动、“光彩行”活动重点推进村企结对和产业帮扶，着力解决社会民生领域热点难点问题，大力培育和传播光彩精神与慈善文化。三要创新机制，加强规范，树立问题导向，以创新促发展，增强活力和竞争力，充分发挥党组织政治核心作用，切实促进基金会工作提质增效。

会议审议通过了二届理事会工作报告、财务报告和基金会章程修改草案。选举产生了中国光彩事业基金会三届理事会，李路当选理事长，南存辉、李占通、李新炎当选为副理事长，余敏安当选为秘书长。

（许　婧）

【召开第十一届全国工商联扶贫工作委员会第四次全体会议】2016 年 12 月 7 日，第十一届全国工商联扶贫工作委员会第四次全体会议在京召开。全国政协副主席、全国工商联主席王钦敏出席会议并讲话。全国工商联副主席谢经荣出席会议，扶贫与社会服务部副部长、扶贫工作委员会副主任王力涛主持会议，扶贫工作委员会委员近 20 人参加会议。

王钦敏指出，党中央、国务院高度重视发挥民营企业在打赢脱贫攻坚战中的特殊作用。“万企帮万村”精准扶贫行动是国家十大扶贫攻坚行动之一，是当前民营企业参与社会扶贫的品牌工程，必须加大推进力度。要加强台账管理，用具体数据说话，用统计数据表述，并且要有监督、有检查，不能搞数字游戏；要发现典型、培育典型、推广典型，充分发挥典型引领的示范带动和普及推广作用；要推动扶贫的优惠政策落实、落地、落细，提高政策获得感。

扶贫工作委员会副主任，中国民生银行董事长、行长洪崎作 2015～2016 年度工作总结。国务院扶贫办社会扶贫司司长、扶贫工作委员会副主任李春光传达习近平总书记在东西部扶贫协作座谈会上的重要讲话和中办发〔2016〕69 号文件精神。各位委员结合“万企帮万村”精准扶贫行动总体部署，重点围绕东西部扶贫协作工作展开讨论。

（林原羽）

【共同举办第 12 期全国民营企业家及管理干部林业培训班】由全国工商联、国家林业局和中国光彩会联合举办的第 12 期全国民营企业家及管理干部林业培训班于 2016 年 12 月 7 日至 10 日在云南省临沧市举行。本次培训内容重点是介绍和解读中央有关“万企帮万村”精准扶贫政策和林业相关法律法规、政策措施。来自全国 25 个省、自治区、直辖市从事国土绿化的民营企业家及管理干部约 140 人参加了本次培训。

在开班仪式上，云南省临沧市市委副书记、统战部部长张剑萍和云南省林业厅副厅长谢晖致辞。全国工商联扶贫与社会服务部副部长刘薇和国家林业局宣传办副主任马大轶在开班仪式上讲话。

培训班邀请了国家林业局、中央统战部光彩事业指导中心、中国林产工业协会的相关领导专家授课，各授课老师均在各自领域有扎实的理论基础和丰富的工作经验，在讲解过程中循循善诱，既能从宏观上进行政策条目的解读，又有具体典型案例的剖析，授课内容的科学性、思想性和指导性很强。在具体课程设置上，共包括六节课程，包括“万企帮万村”精准扶贫行动、林业主要法律制度与立法完善、森林资源采伐管理政策及改革措施、中国林业产业发展形势与政策、林业贷款中央财政贴息资金管理政策、中国木材国际贸易现状与发展。授课老师与学员们还针对林业企业在现实发展和未来规划中面临的困惑、中国林业产业发展方向等问题进行了深入交流和探讨。培训班还组织学员赴茅粮酒业集团有限公司进行现场教学。学员普遍反映，课程教授理论性和实用性强，培训内容符合企业需求，对企业发展具有重要指导作用。

（许　婧）

【召开“万企帮万村”东西部扶贫协作座谈会】2016 年 12 月 21 日，全国工商联在石家庄召开“万企帮万村”东西部扶贫协作座谈会。中央统战部副部长，全国工商联党组书记、常务副主席，中国光彩会会长全哲洙出席并讲话。

全哲洙指出，在脱贫攻坚进入攻克最后堡垒的阶段，习近平总书记主持召开东西部扶贫协作座谈会，对做好新形势下东西部扶贫协作提出新的更高要求。这为我们组织民营企业参与东西部扶贫协作提供了根本遵循。推进东西部扶贫协作是我国政治优势和制度优势的具体体现。参与东西部扶贫协作是落实“四个意识”特别是核心意识、看齐意识的具体实践，是民营企业适应经济新常态、实现转型发展的重要途径，是“万企帮万村”精准扶贫行动的重要举措。各级工商联要深刻领会总书记重要讲话精神，从政治的高度认识和把握参与东西部扶贫协作的重大战略意义，内化于心、外化于形，在落实上见行动，在成效上见真章。

国务院扶贫办副主任洪天云就学习习近平总书记在东西部扶贫协作座谈会上的重要讲话和中办发〔2016〕69 号文件精神作了解读，福建省委统战部副部长李家荣和宁夏回族自治区工商联主席刘金虎作了交流发言。

座谈会由全国工商联副主席谢经荣主持。全国工商联副主席黄荣、林毅夫、杨启儒，党组成员王永庆、赵德江，各省区市和新疆生产建设兵团工商联主席、党组书记，全国工商联机关各部门和直属单位主要负责人出席会议。

（林原羽）

对外交往与合作

【综　述】2016 年，全国工商联认真学习贯彻习近平总书记系列重要讲话精神，特别是在全国政协十二届四次会议民建、工商联联组委员会上的重要讲话精神，紧扣“两个健康”工作主题，聚焦引导服务民营企业参与“一带一路”建设，坚持问题导向，深化工作创新，立足精准服务，对外交往与合作取得了新进展。

（一）举办外事服务民营企业“走出去”培训班暨民营企业与我驻外外交官面对面交流活动

外事服务民营企业“走出去”培训班暨民营企业与我驻外外交官面对面交流活动，是在近几年调研发现问题的基础上，聚焦民营企业“走出去”普遍存在的对投资国政治、经济、文化背景了解不深，获取项目信息渠道不畅，我驻外使领馆服务弱，重国企、轻民企等问题，为民营企业与我驻外外交官沟通交流搭建的第一个活动平台，是全国工商联和外交部贯彻落实习近平总书记 2016 年 3 月 4 日在民建、工商联界委员联组会上的重要讲话精神的重要举措，是工商联各级组织服务“两个健康”的积极举措，是工商联外事服务民营企业“走出去”参与“一带一路”建设的创新举措。

（二）进一步深化与政府有关部门的合作

加强与外事职能部门的联系沟通是我们做好工商联外事服务工作的重要保障，通过部门间合作，不仅可以充分利用政府资源，获取更多信息和政策扶持，也可借助政府的力量，帮助民营企业发现机遇，抓住机会，降低风险。为此，全国工商联持续在深化与政府职能部门建立更紧密联系上发力，积极开展务实合作。一是与外交部亚洲司及相关机构作为支持单位举办“亚洲合作对话工商大会暨青年企业家创新峰会”。通过此项活动推动民营企业参与亚洲各国企业产品开发、市场开拓、生产经营等领域的经贸交流与合作。二是参加二十国集团民间社会会议（C20）有关工作。我会参加了在青岛举办的二十国集团民间社会会议（C20）筹委会成立会议和随后召开的正式会议，争取国际社会对民营企业海外投资的广泛认同和支持，为民营企业“走出去”营造良好的外部舆论环境，也为二十国集团杭州峰会的顺利召开作出了积极贡献。三是保持并深化与外交部其他相关业务司局的联系。我会拜访外交部欧洲司，共同探讨举办中国—北欧绿色能源论坛，为民营企业与北欧国家合作搭建平台；参与外交部及中国国际问题研究院主办的中国—欧盟高级别智库对话，增进对中欧关系政策及重点合作领域的了解；发挥中拉论坛筹委会成员单位的作用，积极引导民营企业参与中拉论坛框架下有关经贸活动，为民营企业与拉美和加勒比国家开展务实合作搭建平台。四是落实中央台办部署，做好台湾大学生暑期实习安排。为贯彻落实中央领导同志关于促进台湾青年来大陆实习就业创业的指示精神，根据中央台办的统一部署，我会协助安排了23名在大陆就读的台湾大学生在民营企业进行暑期实习。

（三）紧扣“一带一路”倡议，做好外事出访和接待工作

2016年，我们紧紧围绕国家外交大局，通过组织出访、参与重大外事接待和举办外事活动，为民营企业“走出去”搭建国际合作交流平台，提升工商联的影响力。一是完成出访任务。2016年主要围绕贯彻落实习近平主席在全国政协十二届四次会议民建、工商联界委员联组会上的重要讲话精神和就“一带一路”建设做出的一系列指示要求，落实习近平主席访问成果，围绕民营境外工业园区建设、跨境并购和国际产能合作设计出访主题和活动，顺利完成了全国政协副主席、全国工商联主席王钦敏出访德国、英国和荷兰三国，中央统战部副部长，全国工商联党组书记全哲洙出访沙特、阿曼和巴林，全国工商联副主席杨启儒出访俄罗斯和蒙古的团组出访任务。此外，我会还发挥兼职副主席作用，委托周海江副主席代表我会赴新加坡出席了新加坡中华总商会110周年庆典活动；委托陈经纬副主席赴中国香港出席香港中华总商会第50届会董会就职典礼活动。二是做好外事接待和活动。全年共接待了来自欧洲、非洲以及亚洲中国港澳台地区的22个团组共计173人。三是加强与中国港澳台工商界的交流合作。2016年，按照中央整体部署，在加强与中国港澳台工商界经贸交流与合作的基础上更加注重港澳台青年工作的推动与促进。王钦敏主席在率团赴中国澳门出席“第六届世界旅游经济论坛”期间，专门安排时间与澳门中华总商会青年委员会的委员们进行交流座谈，交流想法，听取意见建议。全国工商联秘书长赵德江赴中国香港出席了由香港中国商会与紫荆谷创新创业发展中心举办的主题为“大众创业、万众创新”的“紫荆谷”高峰论坛，以支持香港中小微企业和青年人在内地发展创业，推进香港企业和青年人以及华侨华人后裔年轻一代在“一带一路”建设中发挥其独特作用。

（四）加强与境外商会、驻华使领馆和商务机构交流合作，务实推动中外项目对接

2016年，通过举办一系列务实的项目推介会、对接会服务国家“一带一路”倡议，推动企业转型升级，实现优势互补、合作共赢。一是举办“第十三届中尼民间合作论坛”。重点围绕“一带一路”建议机遇与中尼产业合作进行洽谈交流。论坛采取“＋商会”模式，中尼两国的企业家就经贸合作项目进行了深入探讨和对接洽谈，并签署了多个经贸、文化合作协议。二是协助举办首届“丝路工商合作论坛”。由全国工商联主办，新疆维吾尔自治区工商联、新疆生产建设兵团工商联、新疆国际博览事务局承办的首届“丝路工商合作论坛”在乌鲁木齐举行。我会邀请了来自巴基斯坦、波兰、新加坡、德国、俄罗斯等国家和中国香港地区的驻华

机构代表出席本次论坛。三是共同举办中法企业沙龙。为促进中法企业的交流合作，搭建企业沟通交流平台，我会与法国巴黎工商会、中国法国商会共同举办了第八届中法企业沙龙，法国在华主要企业的负责人和已进入或有意到法国开展业务的中国企业负责人就中法项目合作进行了深入交流。此外，我们还与美国、波兰、英国、韩国等国家驻华大使馆、商会组织举办了“丝绸之路助推投资美国路演”“中波一带一路合作圆桌会议”“第四届英中贸易协会中国境外投资大会”“2016 全球论坛”等活动。

（五）加强外事管理与服务

一是根据中央部署和要求，2016 年修订完善了《全国工商联外事迎送管理规定》等文件。在外事接待和出访工作中，我们严格执行中央八项规定，强化守规矩、按制度办事的意识，严格规范公务活动、严格控制预算，对外事接待流程、出访报批时间、出访在境外停留时间及路线等方面严格把关，并做好出访前和结束后的公示工作。二是组织香港培华教育基金会开放建设研讨班。在香港培华教育基金会资助下，2016 年我们组织了 40 名学员赴港参加“第 32 期开放建设研讨班（工商联）”。在港培训过程中，着力强化学员的纪律意识和学习意识，着力加强工商联系统干部队伍建设、提升干部素质。三是积极服务基层工商联和行业商会。我会注重了解其外事服务需求和特点，主动帮助商会解决其在外事外联工作中遇到的问题和困难，通过日常信息交流等方式，加强工作联系和指导，听取意见，改进工作。根据不同行业商会特点，积极帮助直属商会与地方工商联与驻华使领馆、境外商会建立联系，协助其打通其对投资兴业目标国家的沟通渠道。

（刘立新）

【访问沙特、阿曼和巴林】 2016 年 4 月 20 日至 29 日，中央统战部副部长、全国工商联党组书记、常务副主席全哲洙率全国工商联代表团访问了沙特、阿曼和巴林三国。访问团考察了解了中东投资环境和民营企业在三国“走出去”的现状和问题，深化与三国政府相关部门、商会和企业间的交流与合作，拓展民营企业优势产能参与三国能源领域、基础设施、工业园区建设等产业投资渠道，进一步推动民营企业深度参与“一带一路”建设。

访问期间，全哲洙分别会见了沙特图尔基·本·阿卜杜拉·阿萨德亲王、巴林王国副首相谢赫·哈利德·本·阿卜杜拉·阿勒哈里发，以及阿曼商工部、阿曼商工会、阿曼投资促进和出口发展署、巴林经济发展委员会、巴林工商旅游部、巴林工商会等政府部门和商会的负责人，就加强双边经贸合作，推动务实、互惠、共赢发展进行了深入交流与探讨。全哲洙在会见时强调，“一带一路”是一条希望之路、发展之路，凝结着沿线各国人民的共同愿望。各国政府相关部门、商会和企业应当多走动、多来往，多设路标、少设路障，推动双方受益、互惠共赢。全国工商联作为中国最具影响力的工商业组织，愿意与三国政府有关部门和商会组织建立更加紧密的沟通合作机制，支持有条件、有实力、有信誉的中国民营企业到海外开展投资合作，实现和谐共赢。沙特图尔基亲王、巴林王国副首相谢赫·哈利德等人在会谈时都表示，中国习近平主席提出的“一带一路”构想充满了智慧，中东地区国家非常希望与中国开展各个领域的合作，也非常欢迎中国企业来这里投资。

访问期间，访问团还分别在三国召开了中资企业座谈会，先后调研考察了沙特苏戴尔工业园、中兴通讯沙特代表处、中国铁建沙特分公司承建的沙特内政部军营项目、北京江河创建集团沙特阿卜杜拉国王金融区和王国大学城幕墙项目、杜库姆经济特区管委会、马斯喀特知识绿洲IT产业园、华为中东地区总部和巴林代表处、巴林龙城、巴林国际投资园区等，并与中方员工和外方员工座谈交流。全哲洙指出，“一带一路”并不是一帆风顺的平坦之路，而是挑战与机遇并存。民营企业要增强历史使命感，力争在参与“一带一路”建设中把企业做强做大，实现产业报国、实业报国。要遵守驻在国法律和风俗习惯，积极承担社会责任，培育企业的良好形象和口碑。全国工商联作为民营企业的“娘家”，将充分发挥民间外交优势，鼓励引导更多民营企业为实现中华民族伟大复兴的中国梦作出应有贡献。

访问期间，代表团还拜会了我驻沙特、阿曼和巴林大使馆。

（柯佳希）

【共同召开外交官与民营企业暨商会交流会】2016年5月13日，由全国工商联、陕西省政府主办，陕西省工商联、陕西省外办联合承办的外交官与民营企业暨商会交流会在西安举行。来自多国外交官员、各市区工商联、民营企业家和异地陕西商会等共200余位代表，通过互动交流、政策解读、签署友好合作协议，为陕西民营企业“走出去”创造条件。

全国工商联副主席安七一说，在以和平、发展、合作、共赢为主题的新时代，实施“走出去”，共建“一带一路”经济带，加强不同文明交流互鉴，对促进各国经济繁荣与区域经济发展有着重要意义。希望通过此次交流合作，帮助民营企业解决在签证办理和外事手续方面遇到的具体困难和问题。他表示，将鼓励和支持有条件的民企加快“走出去”，参与“一带一路”建设，在国际竞争中转型升级。

陕西省政协副主席、省工商联主席冯月菊说，希望通过这个平台，充分发挥工商联、外事办对民营企业“走出去”的引导作用，进一步加强与各国驻华使领馆及有关商务机构联系、合作，帮助民营企业在“走出去”过程中走得更快、更好。陕西将以更加开放的姿态和优质高效的服务，为企业做强做大创造良好环境、提供便利条件。

参加此次交流会的有，陕西省工商联、陕西省总商会相关负责人，美国、哈萨克斯坦、蒙古、柬埔寨、荷兰、新加坡、泰国、马来西亚驻华使领馆官员，21家国（境）外商务机构代表，陕西民营企业家代表，陕西异地商会的会长及秘书长。

（马晓芳）

【访问德国、英国和荷兰】应德国工商大会、英国工业联合会、荷兰雇主协会的邀请，以全国政协副主席、全国工商联主席王钦敏为团长的全国工商联代表团，于2016年6月1日至10日圆满完成对德国、英国和荷兰三国的访问。此次出访旨在落实习近平主席访欧成果，加深与德国、英国和荷兰三国相关政府机构和商会组织的联系，考察中国民营企业海外投资发展和境外工业园区情况，推动中欧制造业创新合作，聚集优势资源，助推民营企业转型升级。

访问期间，王钦敏出席了由英国中华总商会主办的第二届中英企业家峰会开幕式并致辞。他表示，持久、开放、共赢的中英经贸关系符合两国的共同利益，为中英经贸务实合作注入了新动力，也是两国企业的共同期待。中英两国作为新兴经济体和发达经济体的代表，合作基础好、潜力大，要在推动全球经济稳定均衡和可持续发展中发挥示范引领作用。

在三国访问期间，王钦敏分别会见了

德国联邦经济和能源部国务秘书马蒂亚斯·马赫尼希、德国工商大会副总干事特莱尔、英国约克公爵安德鲁王子、英国迈克尔亲王、英国工业联合会主席保罗·德雷克斯勒、英国商务大使罗恩·丹尼斯、英中贸易协会主席沙逊勋爵、荷兰外贸与发展合作大臣莉莉安娜·普璐曼、荷兰雇主协会主席汉斯·德波尔等，以及德国北威州州政府、德国勃兰登堡州州政府、英国商务创新技能部、荷兰经济部等政府部门的负责人，就加强双边经贸合作，推动务实、互惠、共赢发展进行了深入交流与探讨。

访问期间，代表团还分别在三国召开了中资企业座谈会，并先后调研考察了正泰集团德国太阳能工厂、三一重工欧洲产业园、华为欧洲总公司、吉利英伦出租车公司、永泰集团考普莱装配有限公司、英国普罗派乐卫视。

代表团还拜会了我驻德国、英国、荷兰大使馆和我驻德国杜塞尔多夫总领事馆，并得到他们的积极支持与帮助。

（王　彤）

【赴香港特别行政区出席香港中国商会第二届董理事会就职典礼和“紫荆谷”高峰论坛】2016年6月14日至15日，香港中国商会第二届董理事会就职典礼和“紫荆谷”高峰论坛在香港举行，全国工商联秘书长、办公厅主任赵德江代表全国工商联出席了上述活动。

14日晚，香港中国商会举行第二届董理事会就职典礼，全国政协副主席董建华、全国政协港澳台侨委员会主任杨崇汇、国务院侨务办副主任王晓萍、国务院港澳办副主任周波、中联办副主任殷晓静、外交部驻港特派公署副特派员胡建中以及来自内地和香港有关部门、工商界代表400多人出席典礼，第10届全国政协副主席王忠禹及第11届全国政协副主席黄孟复发来贺信。陈经纬继续当选第二届香港中国商会董事会、理事会主席，许荣茂、林建岳、刘志强、张华峰、傅军、何俊明、张建宏、周海江、王再兴等50人分别当选为理事会会长、常务副会长和副会长。

15日上午，由香港中国商会与紫荆谷创新创业发展中心共同举办了“紫荆谷”高峰论坛，论坛以“大众创业、万众创新”为主题，来自内地和香港特别行政区政府有关部门负责人以及学者、企业负责人、青年创业者近千人出席。论坛开幕式上，科技部代表宣读了全国政协副主席、科学技术部部长万钢给论坛的贺信；香港特别行政区署理行政长官曾俊华、全国政协港澳台侨委员会主任杨崇汇、国务院港澳办副主任周波、国务院侨办副主任王晓萍在开幕式上致辞；紫荆谷创新创业发展中心与广东、四川、深圳、珠海等省市工商联签署了战略合作框架协议。汕头市副市长赵红、香港理工大学副校长阮曾媛琪、暨南大学副校长张宏、新华联集团董事局主席兼总裁傅军、红豆集团有限公司董事局联席主席周海江、水木集团创始人兼董事长方方等从政府、高校、企业的不同角度，从政策、环境、创业辅导与发展等方面交流探讨、分享经验，为两地青年人和中小微企业创新创业合作谋良策、出实招。

（刘　璐）

【举办第32期开放建设研讨班】2016年6月15日至28日，由我会组织，香港培华教育基金会资助、香港中华总商会协办的第32期开放建设研讨班（工商联）在香港举办。来自我会和18个省（区）工商联的40名同志参加了研讨班。

研讨班筹备期间，全哲洙书记、安七

一副主席对研讨班日程、学员名单亲自审定，并提出了明确要求。联络部马君部长也对研讨班班委工作提出了具体要求。第十届全国工商联副主席、培华常务委员会主席霍震寰先生会见了全体学员。培华选任会董王启达、中总选任会董吴连烽出席结业典礼并为学员颁发结业证书。

培训期间，培华精心安排了《全球化与中国》、《香港的企业管理及对内地的启示》等9门课程，授课老师都是经过精挑细选、来自各个领域的专家。研讨班注重学用结合、采取课堂授课与参观拜访相结合的方式，先后安排参访了投资推广署、公务员培训处、廉政公署、香港潮州商会、旭日集团等单位。通过培训，学员们普遍反映收获很大，不仅开阔了视野、看到了自身存在的差距，而且引发了对做好工商联工作的思考。一是工商联在促进“两个健康”中应在服务二字上下功夫，把服务工作进一步做细做实；二是在商会建设发展方面还要进一步加强力量，工商联应该对加强他们的培训，帮助他们提高能力、为商会会员搭建平台；三是在内地与香港双向交流上还要进一步加大力度，多邀请香港同胞尤其是年轻一代到内地来走一走看一看，让他们亲身感受到内地发生的巨大变化，增强国家认同感和民族自豪感。

（刘立新）

【举办第十三届中尼民间合作论坛】 由全国工商联与尼泊尔工商联共同主办，重庆市工商联承办的“第十三届中尼民间合作论坛”于2016年7月19日在重庆举行，本届研讨会主题为“一带一路”建议机遇与中尼产业合作。全国工商联副主席安七一、尼泊尔驻华使馆代办哈里什昌达·贾米尔、重庆市委常委、统战部部长宋爱荣、尼泊尔工商联主席帕苏帕蒂·穆拉卡出席论坛开幕式并致辞。开幕式后，还举行了旅游、新能源、小五金和建材三个专题的分论坛，中尼两国的企业家就经贸合作项目进行了对口交流洽谈，并签署了多个经贸、文化合作协议。全国旅游业商会、新能源商会及有关企业负责人，云南、四川、贵州等省级工商联分管领导，大足区和市工商联有关部门负责同志，重庆新旅游、能源、五金、建材等有关行业商会和企业家等共140人出席论坛。

开幕式上，安七一代表全国工商联向出席本次论坛的中尼企业家表示热烈欢迎。他指出，中尼两国都在经历各种形式的改革、转型和发展，增进双边合作具有重要的现实意义。希望将中国的“一带一路”倡议和“十三五”规划同尼泊尔国家重建和发展规划对接，加快构建中尼自由贸易区，推进尼泊尔地震灾后重建和产能合作，加强在旅游、建材、水电开发、文化、媒体等各领域各层面交流合作。他说，全国工商联近年来积极探索“+商会”模式，力求赋予论坛新的活力。全联旅游业商会和新能源商会深度参与论坛的举办，已取得一些显著成果。他表示，尼泊尔是南亚重要的国家，全国工商联愿与尼泊尔工商联在相互尊重、平等互利基础上，加强行业商会间的合作，努力推进双边经贸关系深入发展，打造更多两国企业合作的亮点，争取更多实质性合作的进展，助力尼泊尔工商联为本国经济发展和灾后重建创造良好环境，实现国家发展梦想。哈里什昌达·贾米尔在致辞中说，尼泊尔自2015年地震以来，经济受到巨大影响，中国在双边贸易、技术转移、管理、资金等方面给予了尼泊尔很多帮助。他表示，尼泊尔正在改善投资环境，迫切希望加强与中国在经济特区建设、旅游、宝石加工、草药加工、天然气和石油开发、水电等领域的合作。双方商议，第十四届中尼民间合作论坛将于2017年在尼泊尔举行。论坛期间，与会嘉宾还参观了大足区德恒五金机电城。

（柯佳希）

【举办外事服务民营企业“走出去”培训班暨民营企业与我驻外使领馆面对面交流活动】2016年9月6日至7日，全国工商联外事服务民营企业“走出去”培训班暨民营企业与我驻外外交官面对面交流活动在京举办，全国工商联联络委员会部分在京委员、各省级工商联分管外事工作的副主席及处室负责人、全国工商联部分直属商会负责人以及“走出去”企业家代表等共计170余人参加此次培训交流活动。我会副主席安七一出席开班式并做辅导报告。

培训交流活动坚持问题导向、按需施教、精准培训，授课嘉宾教学认真、参训学员学风浓厚，与驻外使领馆面对面交流气氛热烈、互动频频，取得了预期效果。

在培训环节，国务院发展研究中心王一鸣副主任以“经济新常态、供给侧改革和十三五规划”为题，中国人民大学经济学教授李义平以“当前的宏观经济形势和供给侧结构性改革”为题，外交部国际经济司谈践副司长以“经济外交与中小企业‘走出去’”为题，中央党校国际战略研究所孙建杭研究员以“国际环境的新变化和中小企业‘走出去’”为题，外交部领事司陈雄风副司长以“做好领事保护与服务，助力企业安全‘走出去’”为题授课。

在面对面交流环节，外交部方面有47人参加，包括我驻瑞士等30个国家和地区的外交人员，以及外交部国外工作局、领事保护司、外事管理司的负责同志（其中大使7人，总领事9人，公使1人，公参4人）。外交部国外工作局局长邓波清主持交流活动，我会副主席安七一、中国驻俄罗斯大使李辉、外交部大使参赞学习班班长耿文兵出席活动并致辞。外交部政策规划司副司长黄峥现场解读中国外交战略规划与国际形势，三一集团高级副总裁段大为、正泰集团董事长南存辉就企业海外发展经验和体会进行了大会交流。大会交流后，活动按照“亚太地区”“欧洲地区”“美非地区”进行了分组交流讨论。讨论中，驻外使领馆外交官们针对民营企业在“走出去”开展国际合作中遇到的问题、困惑，与到会的民营企业进行了面对面互动式交流，为“走出去”企业把脉问诊，助力海外发展。

在会外环节，由于此次培训交流活动规格高、环节紧凑，参训人员对会外时间格外珍惜，积极利用课间休息、进餐以及其他碎片时间交流沟通。江苏、广东工商联向外交部提出在南京、广州举办外交官与民营企业面对面交流分论坛。安七一副主席分别与授课专家、参会外交官以及参会省级工商联、直属商会以及企业家代表进行了广泛交流，倾听各方意见建议并向外交部有关同志提出了外交官与民营企业面对面交流常态化的建议。各省级工商联之间，企业与企业之间，企业与工商联之间也利用这个难得机会充分交流互动。

（郝剑东）

【共同举办民营企业参与“一带一路”建设培训班】2016年10月12日至14日，全国工商联与国家发展改革委、商务部于北京首次联合举办民营企业参与“一带一路”建设培训班。在政策解读上，培训班邀请了国家发改委西部开发司巡视员欧晓理、商务部对外投资和经济合作司副司长李少彤等政府职能部门相关司局的负责同志，站在国家战略的高度上做“一带一路”相关政策介绍和解答；在金融服务上，培训班邀请了中国出口信用保险公司项目险管理部总经理助理田莹，就海外投资保险有关政策和投资指南等金融支持做了介绍；在民营企业海外安保上，培训班邀请了外交部领事保护中心副主任陈朝阳和公安部治安管理局副局长马维亚，针对境外领事保护和中国企业海外安保以实际案例做了生动解读；在典型经验交流上，培训班邀请已经成功参与“一带一路”建设和“走出去”的民营企业代表华坚集团董事长张华荣和三胞集团董事长袁亚非，结合自身企业的发展经历和培训班全体学员分享了他们的经验、体会和教训。本次培训班学员共200余人，包括各省级工商联分管“走出去”工作的副主席和机关干部、全国工商联部分直属商会负责人、民营企业负责人。

（卢炳男）

【赴澳门特别行政区出席世界旅游经济论坛】 应世界旅游经济论坛组委会邀请，全国政协副主席、全国工商联主席王钦敏于2016年10月13日至16日赴中国澳门出席“世界旅游经济论坛·2016”并访问。

世界旅游经济论坛由澳门特别行政区政府社会文化司主办，全国工商联旅游业商会、世界旅游经济研究中心、联合国世界旅游组织协办。本届论坛以“消费的蜕变——改写旅游经济的新篇章”为主题，专注年轻群体，集中讨论新一代消费群体给旅游经济发展所带来的转变及机遇。全国政协副主席、世界旅游经济论坛主席何厚铧，全国政协副主席、全国工商联主席王钦敏，澳门特别行政区署理行政长官陈海帆，联合国世界旅游组织秘书长塔勒布·瑞法依以及来自120个国家的部长级官员、企业领袖及专家学者千余人出席论坛。

王钦敏在开幕式上致辞指出，中国政府李克强总理在几天前访问澳门时，明确表示中央政府要支持澳门举办世界旅游经济论坛，这是对论坛的充分肯定与鼓舞。王钦敏对世界旅游经济论坛的举办提出两点建议。一是主动融入“一带一路”，运用好中国同“一带一路”沿线国家和地区所涉及的众多领域的合作，特别是旅游产业在其中蕴藏着巨大机遇和无限潜力。二是立足澳门放眼世界，继续发挥澳门作为世界旅游休闲中心和中葡经贸服务平台的积极作用，利用好澳门特殊地位及其在经济、宗教和文化等方面的有利条件，借助香港、珠江三角洲，乃至中国内地和世界各国丰富的旅游资源，进一步挖掘澳门各种潜在的旅游资源，使澳门的旅游业有更大发展。王钦敏表示，全国工商联将继续支持世界旅游经济论坛的举办，愿意与世界各国工商界携起手来，继续加强务实合作，共享发展机遇，共创旅游繁荣。

在澳门期间，王钦敏主席还听取了世界旅游经济论坛副主席兼秘书长何超琼，副主席王平、王敏刚对本届论坛筹备工作情况的汇报和今后设想，拜会了中央政府驻澳门特别行政区联络办公室，会见了澳门投资贸易促进局、澳门中华总商会、澳门闽台总商会，召开了全国工商联在澳门执、常委座谈会，听取了执、常委对澳门社会经济发展及我会工作的意见建议。访问完成了既定任务，取得圆满成功。

全国工商联副主席、澳门宝龙集团发展有限公司董事长兼总裁许健康，全国工商联研究室主任林泽炎等陪同访问。

（刘　璐）

【访问俄罗斯和蒙古】 应俄罗斯联邦工商会、蒙古国工商会的邀请，以全国工商联副主席杨启儒为团长的全国工商联代表团，于2016年10月25日至11月1日圆满完成对俄罗斯、蒙古的访问。此次访问旨在更好引导服务民营企业参与“一带一路”建设，考察投资环境、调研市场，有针对性地在基础设施、能源、矿产、林业、旅游、经贸园区建设等领域，寻找与两国企业的合作机会，扩大相互投资，开展跨境产业链合作，将中国民营企业与两国的合作提高到新水平。在俄罗斯和蒙古访问期间，杨启儒先后会见了俄罗斯斯维尔德洛夫斯克州副州长奥洛夫·阿列克谢·瓦列利耶维奇、俄罗斯中乌尔发展公司总经理波波夫·德米特里、俄罗斯联邦工商会副主席巴达尔克、俄远东吸引投资和支持出口署署长彼得·舍拉哈耶夫、蒙古国雇主联盟执行主席钢巴特尔、蒙古国能源部部长冈呼、蒙古国矿业与重工业部部长查·达希道尔吉等，就加强双边投资合作，推动务实、互惠、共赢发展进行了深入交流与探讨。杨启儒在会见时表示，中国和俄罗斯、蒙古地理相邻，经济互补性强，在市场、资金、技术、资源、能源、人才等方面互有需求，中国已经成为俄罗斯、蒙古多年来的最大贸易伙伴，合作前景广阔。当前，中俄、中蒙关系都处于历史最好时期，深化中国企业特别是中国民营企业和俄罗斯、蒙古企业的交流协作，提供了难得的历史机遇。杨启儒表示，中国民营经济和民营企业发展迅速，是中国对外投资的生力军，出现了一大批技术含量高、生产能力强、在品牌和标准方面具有国际竞争力的大型民营企业。中国经济的持续发展特别是“一带一路”建设的推进，对包括俄罗斯、蒙古在内的世界各国都蕴藏着巨大的商机，俄罗斯和蒙古在很多领域都有强烈的合作意愿。全国工商联愿意深化与两国政府有关部门、商会的交流与合作，鼓励有实力、有条件、有信誉的中国民营企业到俄罗斯、蒙古投资兴业，开展经济技术合作，实现互惠共赢。

访问期间，代表团分别在两国召开了中资企业座谈会，并先后调研考察了俄罗斯中国商务园区、格林伍德国际贸易中心、力帆俄罗斯公司、新博远公司松子加工厂、中铁四局蒙古国残疾儿童康复中心项目工地等。访问期间，代表团还拜会了我驻俄罗斯、蒙古国大使馆和我驻俄罗斯叶卡捷琳堡总领事馆，并得到他们的大力支持与帮助。中国驻俄罗斯大使李辉、中国驻俄罗斯叶卡捷琳堡总领事耿丽萍、中国驻蒙古国大使馆临时代办杨庆东分别会见代表团，就有关情况与代表团进行了深入交谈。此外，访问期间，蒙古国乌兰巴托市雇主联盟还与黑龙江省工商联签署了谅解备忘录。

（马晓芳）

【召开第十一届中华全国工商业联合会联络委员会第三次全体会议】2016 年 11 月 16 日，第十一届中华全国工商业联合会联络委员会第三次全体会议在京召开，全国工商联党组成员、副主席安七一出席会议并讲话。与会委员们围绕学习贯彻习近平总书记在全国政协十二届四次会议民建、工商联界委员联组会上的重要讲话精神和党的十八届六中全会精神，如何更好发挥联络委员会的咨询、智库和服务作用，做好 2017 年联络委员会工作，进行了交流讨论。安七一同志在总结讲话中指出，民营企业“走出去”是大势所趋，服务民营企业“走出去”是我们共同的责任。作为全国工商联的重要智库，联络委员会一定要集思广益，上下联合，左右联动，共同服务民营企业“走出去”；一定要坚持问题导向，找准定位，找到痛点，聚焦新情况新问题，精准发力；一定要不断创新工作方式方法，在“长”“常”上下功夫，努力打造工作品牌。

（刘立新）

【会见来访境外团组纪事】①1月29日，安七一副主席会见以新加坡大华银行集团区域业务执行总监张志坚为团长的代表团一行3人。

②3月3日至11日，全哲洙书记、安七一副主席分别会见了出席两会的我会执常委代表陈经纬、许健康、崔世昌、王再兴、卢绍杰、张明敏等6人。

③3月8日，安七一副主席拜会荷兰驻华大使。

④3月10日，王钦敏主席在铁道大厦会见中国驻英国大使刘晓明、英国中华总商会会长张劲龙。

⑤3月21日，安七一副主席会见以帕苏帕蒂·穆拉卡为团长的尼泊尔工商联代表团一行10人。

⑥4月25日，王钦敏主席、杨启儒副主席会见以林德瑞为团长的台湾上市柜公司协会参访团一行23人。

⑦5月13日，安七一副主席赴西安出席2016丝博会暨第20届西洽会和外交官与民营企业暨商会交流会。

⑧5月23日，谢经荣副主席会见以王俊杰总会长为团长的台湾中华资深青商总会参访团一行14人。

⑨6月14日，安七一副主席会见以邵组国会长为团长的美国维洲华商联合会访问团一行15人。

⑩7月11日，安七一副主席在机关会见了欧中贸易协会中国区总裁卫可、欧中贸易协会秘书长宋惠安女士一行3人。

⑪8月31日，杨启儒副主席会见以林伯丰为团长的台湾工商协进会北京参访团一行。

⑫9月21日，王钦敏主席赴新疆出席亚欧博览会—丝路共商合作论坛。

⑬11月3日，安七一副主席赴上海出席第四届英中贸易协会中国境外投资大会。

⑭12月6日，黄荣副主席会见以卢国祥为团长的马来西亚—中国总商会访京团一行。

⑮12月19日，杨启儒副主席会见了蒙古国雇主联盟协会主席赫·钢巴特尔一行。

（冯秀梅　马晓芳）

组织建设

【综　述】2016年组织建设工作坚持围绕中心、服务大局，坚持问题导向、实践导向和基层导向，按照习近平总书记提出的“增强工商联组织的凝聚力、影响力、执行力，推动工商联所属商会改革，切实担负起指导、引导、服务职责”的要求，以作用发挥为出发点，加强基层组织建设，商会建设、“五好”县级工商联建设、会员队伍建设各项重点工作取得新成效。

（一）以改革创新精神积极推进商会改革，加强商会建设

一是积极推进商会改革。研究起草工商联所属商会改革办法，聚焦重点难点问题开展针对性调研，广泛征求地方工商联、商会和有关部门的意见建议，主动与深改办、中组部、国家发改委、法制办、民政部等部门汇报沟通，积极推动关键问

题的解决。按照中央统战工作会议精神等规定，着手对《全国工商联直属商会管理制度》《全国工商联直属商会章程示范文本》进行修订。

二是充分发挥商会主阵地作用，扩大理想信念教育活动覆盖面。对直属商会制订方案、开展活动提出具体要求，并把此项内容作为了年度考核的重要指标。为推进工商联所属商会改革，聚焦重点难点问题开展针对性调研，就有关问题主动沟通汇报、广泛征求意见。按照中央统战工作条例和《关于加强和改进非公有制经济代表人士综合评价工作的意见》精神，对全国工商联四家换届的直属商会会长、秘书长人选进行综合评价，认真考核、严格把关。按照应建尽建原则，开展商会党建工作调研，集中推进直属商会党组织组建工作，目前全国工商联31家直属商会已有26家成立了党组织，有效推进了党的组织和党的工作覆盖。为提高商会领导班子工作能力和水平，参与组织举办6期全国和省级工商联直属商会会长、秘书长培训班，共培训会长、秘书长1 422人。引导商会积极参与“万企帮万村”精准扶贫行动。

三是组织直属商会考评及年检工作。年初，组织对直属商会2015年度工作进行考评，评选出了10家优秀商会。对15家登记注册的直属商会2015年度年检材料进行初审，并按照民政部要求进行报送。对未登记注册的16家直属商会的年检材料也进行了认真审核，并组织商会进行整改。

四是指导并推动直属商会完成换届工作。顺利组织完成了纺织服装业商会、农业产业商会、房地产商会、并购公会的换届工作，根据实际工作需要，将会长、秘书长换届考察的相关内容体现到《工商联所属商会改革办法》和《全国工商联直属商会管理办法》《全国工商联直属商会章程示范文本》3个文件稿之中。

（二）继续巩固“一个设立、五个有”工作，深入推进“五好”县级工商联建设

一是开展县级工商联“一个设立、五个有”回头看。为巩固已有工作成果，防止问题反弹，根据全国工商联十一届八次常委会议部署，于7月到9月组织开展全国县级工商联“一个设立、五个有”回头看，并到部分问题较为突出的县级工商联蹲点调研。各地在全面自查基础上，以“一个设立、五个有”未完成的县级工商联为重点开展督查工作，对发现的问题现场反映和督办，协调各方力量解决基层实际困难，已纠正部分县级工商联工作倒退滑坡问题。

二是继续深入推进“五好”县级工商联建设。根据《全国工商联2016年工作要点》提出的任务要求，制订下发了2016年“五好”县级工商联建设工作实施方案，进一步加强对各地的工作指导。继续开展“五好”县级工商联建设互查，突出问题导向，加强探索创新，在做好督导检查的同时，推动各地加强学习交流。各地以未完成任务的县级工商联为重点开展督查，协调各方力量，现场反映和督办发现的问题，帮助基层解决实际困难。以提高质量为重点进一步改进确认工作。确认了657个2015年度全国“五好”县级工商联，占县级工商联总数的23.1%，达到了预定工作目标。

三是召开全国“一个设立、五个有”回头看和推进“五好”县级工商联建设视频会议。总结交流各地在巩固“一个设立、五个有”回头看工作和推进“五好”县级工商联建设方面的经验，围绕高质量完成好2017年年底全国30%以上县级工商联达到“五好”标准这一目标，提出

下一阶段主要任务，明确了具体工作要求。

（三）创新主题和载体，加强会员队伍建设

一是在会员队伍建设上，建立了工商联会员数据库，并在9个省级工商联开展会员信息采集试点工作。二是创新主题和载体，举办直属会员培训班，深入学习领会习近平总书记在全国政协十二届四次会议民建、工商联界委员联组会上的重要讲话精神，引导直属会员在新常态下坚定发展信心、把握发展机遇、加快转型升级。三是按照中央统战工作会议和中央党的群团工作会议精神，坚持重心下移、面向基层，将会员队伍建设重心下移，在指导地方和基层工商联做好会员发展工作的同时，引导全国工商联直属会员加强与企业所在地统战部、工商联的联系，积极参与地方的会议活动。四是指导和促进各地加大对新兴产业领域企业、小微企业和年轻一代非公有制经济人士会员的发展力度。

（马　澄）

【召开全国工商联十一届十三次主席会议】2016 年 3 月 9 日，全国工商联召开十一届十三次主席会议，学习贯彻习近平总书记在全国政协民建、工商联界委员联组会上重要讲话精神。会议由全国政协副主席、全国工商联主席王钦敏主持。中央统战部副部长，全国工商联党组书记、常务副主席全哲洙出席会议并讲话。

王钦敏指出，3 月 4 日下午，习近平总书记出席全国政协民建和工商联界委员联组会并发表重要讲话，就非公有制经济提出一系列新思想新观点新论断，释放鼓励、支持和引导非公有制经济发展的强烈信号，意义十分重大。要将学习贯彻习近平总书记重要讲话精神作为当前和今后一个时期各级工商联和广大民营企业的首要政治任务，按照孙春兰同志在中央统战部学习贯彻落实习近平总书记重要讲话精神座谈会上作出的统一部署和具体要求，提振信心振奋精神，推动非公有制企业在新常态下实现新作为、新提升、新发展，引导非公有制经济人士做合格的中国特色社会主义建设者，为全面建成小康社会作出新的更大贡献。

全哲洙指出，习近平总书记重要讲话充分体现世界观与方法论的统一，为促进“两个健康”提供了理论遵循；充分体现目标导向与问题导向的统一，为促进“两个健康”指明了前进方向；充分体现两点论和重点论的统一，为促进“两个健康”提供了行动指南。要深入学习、全面领会，在学深学透上下功夫，准确把握习近平总书记重要讲话的重大意义和精神实质，切实用讲话精神武装头脑、指导工作、推动实践。

全哲洙强调，要以学习贯彻习近平总书记重要讲话精神为引领，进一步加强工商联领导班子建设，着力提高整体素质和能力水平。要不断增强政治把握能力，理论上要清醒，政治上要明白，在大是大非和原则问题上要旗帜鲜明，站稳立场不动摇，进一步增强政治意识和规矩意识，自觉做到讲政治、懂规矩、守纪律、做表率。要努力提升履职尽责能力，班子成员要在懂全局、议大事、管本行上下功夫，把讲话精神贯彻落实到已经确定的重点任务中。要扎实推进制度建设，增强制度意识，形成按制度、按规矩办事的良好风气。

全国工商联副主席王志雄、卢文端、史贵禄、许健康、孙荫环、苏志刚、李河君、李彦宏、陈经纬、何俊明、张建宏、茅永红、周海江、徐冠巨、董文标、程红、潘刚分别畅谈了学习体会。会议通报了2015 年企业家副主席述职及民主评议情况。全国工商联副主席谢经荣、黄荣、安七一、杨启儒，秘书长赵德江，中央统战部，全国工商联机关、直属单位有关负责人出席了会议。

（蒋昊东）

【召开全国工商联十一届八次常委会议】2016年6月28日至29日，全国工商联十一届八次常委会议在山西省太原市召开。这次会议的主要任务是继续深入学习贯彻落实习近平总书记在全国政协十二届四次会议民建、工商联界委员联组会上的重要讲话精神，深化理想信念教育实践活动，在加强年轻一代非公有制经济人士教育培养，推动民营企业提质增效升级，扎实推进“万企帮万村”精准扶贫行动等方面，抓好落实、抓出成效。

全国政协副主席、全国工商联主席王钦敏，中央统战部副部长，全国工商联党组书记、常务副主席全哲洙在会上发表讲话。山西省政府主要领导致辞，省有关领导和有关部门负责同志出席会议。

会议邀请了天津浙江商会执行会长兼秘书长张岚等6位非公有制经济代表人士分别围绕理想信念教育实践活动、“创新发展、转型升级”“万企帮万村”精准扶贫行动等作了交流发言，审议通过了有关人事事项，圆满完成各项会议议程。

全国工商联副主席谢经荣、黄荣、安七一、杨启儒、王志雄、卢文端、史贵禄、许健康、孙荫环、苏志刚、李河君、李彦宏、何俊明、张建宏、茅永红、周海江、徐冠巨、潘刚，中国民间商会副会长王文彪、刘志强、孙甚林、吴一坚、黄代放、崔世昌、傅军、霍震寰，中央统战部、全国工商联有关部门负责同志及全国工商联常委出席了会议。

（蒋昊东）

【召开全国工商联十一届五次执委会议】2016年12月22日至23日，全国工商联十一届五次执委会议在河北省石家庄市召开。

全国工商联主席王钦敏代表第十一届常务委员会作工作报告。中央统战部副部长，全国工商联党组书记、常务副主席全哲洙发表讲话。河北省委主要领导致辞，省政府主要领导、省委有关领导和有关部门负责同志出席会议。

本次会议全面贯彻落实党的十八大和十八届三中、四中、五中、六中全会精神，深入学习贯彻习近平总书记系列重要讲话特别是在全国政协十二届四次会议民建、工商联界委员联组会上的重要讲话精神，按照中央统战工作会议、中央党的群团工作会议和中央经济工作会议决策部署，围绕“两个健康”主题，总结了2016年工作，部署了2017年工作。

会议选举樊友山、王永庆为全国工商联副主席、中国民间商会副会长，审议通过了《关于召开中国工商业联合会第十二次全国代表大会的决议》《中国工商业联合会第十二次全国代表大会代表产生及名额分配办法》《关于授权中华全国工商业联合会第十一届常务委员会决定第十二届执行委员会、常务委员会委员产生及名额分配办法的决定》和有关人事事项的决定，对全国工商联十一届八次常委会议通过的人事事项进行了确认，圆满完成各项议程。

全国工商联副主席谢经荣、黄荣、林毅夫、杨启儒、王志雄、卢文端、史贵禄、苏志刚、李河君、李彦宏、陈经纬、何俊明、张建宏、茅永红、周海江、徐冠巨、潘刚，中国民间商会副会长刘志强、刘沧龙、许连捷、黄代放、傅军，全国工商联党组成员王永庆、赵德江，中央统战部、全国工商联有关部门负责同志及全国工商联执委出席了会议。

（蒋昊东）

【举办工商联系统学习贯彻习近平总书记重要讲话精神学习班】2016 年 3 月 15 日，工商联系统学习贯彻习近平总书记重要讲话精神学习班在京举行。全国政协副主席、全国工商联主席王钦敏出席。中央统战部副部长，全国工商联党组书记、常务副主席全哲洙主持并讲话。著名经济学家厉以宁作了辅导报告，上海、江苏、浙江、湖南、广东 5 个省级工商联负责同志作了交流发言。

全哲洙指出，总书记重要讲话为促进“两个健康”给予了理论指导、指明了前进方向、提供了行动遵循，给广大非公有制经济人士吃了定心丸，为经济发展新常态下民营企业提振信心、争取更大作为吹响了集结号，是加强和改进新形势下工商联工作的指南针。

全哲洙强调，当前必须在学习好、领会透、贯彻实上下大功夫。一要把握好公有制经济与非公有制经济关系问题。要在理想信念教育实践活动中，积极引导广大非公有制经济人士深刻认识实行公有制为主体、多种所有制经济共同发展的基本经济制度，坚持“两个毫不动摇”，是我们党确定的大政方针，坚定对中国特色社会主义的信念与对党和政府的信任，推动多种所有制经济在改革实践中相互促进、共同发展。二要引导民营企业在经济发展新常态下牢固树立发展信心。当前，区域和企业分化加剧，许多企业感到日子不好过，发展看不清方向，转型找不到路标，投资意愿不强，信心问题成为关乎民营企业发展的紧迫问题。总书记深刻分析国际国内形势，为非公有制经济发展把脉会诊，为坚定民营企业信心开出了药方。要引导民营企业把握趋势、抢抓机遇，看根本、看长远，充分认识我国经济发展优势、充裕的投资机会和“三个没有变”的发展环境，提振信心，实现新作为、新提升、新发展。三要切实增强民营企业政策获得感。总书记重要讲话直面问题，对当前支持非公有制经济发展的政策配套措施还不是很实、政策落地效果还不是很好的问题高度重视，对企业反映较多的“三门”“三山”问题非常关注，明确提出要让民营企业从政策中增强获得感。要注重引导企业保持平常心，克服浮躁病，全面、客观、公允地看待前进中的矛盾和发展中的问题，自觉做改革的促进派和实干家。要把政策服务摆在工商联工作的突出位置，不断扩大政策宣传覆盖面和政策服务受惠面。四要积极促进非公有制经济人士健康成长。总书记再次强调，非公有制经济健康发展的前提是非公有制经济人士健康成长。我们必须始终坚持思想政治工作的生命线地位，引导非公有制经济人士做爱国敬业、守法经营、创业创新、回报社会的典范，发挥非公有制经济人士自我学习、自我教育、自我提升的主体作用，坚持自我教育与引导教育相结合、理论教育与实践教育相结合，组织民营企业开展“万企帮万村”精准扶贫行动，以守法诚信、坚定信心为重点，切实在理想信念教育实践活动“深化”上破题见效。五要把握好新型政商关系。总书记把新型政商关系精辟而深刻地概括为“亲”“清”两字，提供了政商交往的新标尺。各级工商联要注重引导非公有制经济人士构建新型政商关系，积极搭建政企沟通平台，推动党政部门建立和非公有制经济人士的联系机制，增进政企互信，成为党政干部和民营企业家共同构建新型政商关系的“润滑剂”。六要加强工商联自身建设。总书记要求工商联加强自身建设，增强凝聚力、影响力、执行力。我们要把商会作为工商联一切工作的主阵地，加强调查研究，准确掌握商会发展的新情况新问题，深入分析工商联商会的中国特色、组织特性和时代特征，按照中央要求抓紧制定改革办法。要继续加强县级工商联建设，努力巩固“一个设立、五个有”阶段性成果，积极推进“五好”县级工商联建设。

全国工商联副主席黄荣、林毅夫、安七一、杨启儒、王志雄、程红，秘书长赵德江，中央统战部、全国工商联机关和直属单位有关负责人，各省级工商联主席、党组书记参加了学习班。

（办公厅）

【举办全国工商联直属会员培训班】 2016年4月27日至28日，为深入学习贯彻习近平总书记在全国政协十二届四次会议民建、工商联界委员联组会上的重要讲话精神，引导全国工商联直属会员在新常态下坚定发展信心、把握发展机遇、加快转型升级、发挥更大作用，全国工商联在京举办了直属会员培训班，共有105位企业家会员参加了培训学习。

培训采取专题讲座和交流研讨两种方式。分别邀请全国工商联原副主席、中国民营经济研究会会长庄聪生就学习领会习近平总书记在全国政协民建、工商联界委员联组会上的重要讲话精神作辅导报告，国家发改委学术委员会秘书长张燕生就“十三五”规划主要内容、民营企业在“十三五”期间面临的挑战和发展机遇进行授课，最高人民法院研究室副主任周加海就依法治企、依法经营、依法维权和防控企业经营刑事风险进行授课，商务部国际贸易经济研究院院长霍建华就民营企业参与我国“一带一路”建设的相关政策和如何把握策略原则、规避风险进行授课，国务院发展研究中心环境资源研究所副所长李佐军就民营企业正确认识、积极适应新常态，正确理解、积极应对供给侧结构性改革进行授课。

在分组讨论中，学员们就参加这次培训学习的心得体会、当前民营企业在发展中遇到的困难和问题，对国家政策的期盼以及对工商联工作的意见建议等进行了深入交流。大家纷纷表示，培训紧紧围绕深入学习领会总书记的重要讲话精神安排课程，让大家提振了信心、明确了方向、增强了责任感。一些企业家表示，回去后不仅自己要继续学习总书记的重要讲话，还要带着员工学，不仅要吃透讲话精神，还要在实践中提升，以实际行动响应总书记的号召，做合格的中国特色社会主义事业建设者。

这次培训班特点鲜明、效果显著。一是举办及时，解读深入。这次培训班是在深入贯彻落实总书记重要讲话精神的大背景下举办的。在全球经济复杂多变、国内经济下行压力增大的情况下，习近平总书记对非公有制经济地位作用的充分肯定，对党委政府服务非公有制企业的要求，对企业家的关爱和鼓励，令非公有制经济人士备感鼓舞。通过此次培训，让企业家对怎样看待“两个毫不动摇”和“三个没有变”，重点要解决的“五个问题”将给民营企业带来怎样的机遇，非公有制经济人士如何做合格的中国特色社会主义事业建设者及“亲”“清”二字的新型政商关系意味着在哪些方面有了全新的认知。二是主题突出，切合实际。培训班以学习领会习近平总书记重要讲话精神为核心内容，同时根据当前经济下行压力持续加大，非公有制经济领域面临的发展困扰和思想困扰比以往任何一个时期都更突出、更集中、更复杂，一些企业“发展没有方向，转型没有办法”，发展信心不足，甚至想“一走了之”的实际情况，有针对性地邀请有关领导和专家学者通过专题讲座，帮助企业正确认识新常态、积极适应新常态，争取新常态下的新作为、新提升、新发展。三是准备充分，效果明显。为确保培训班取得实效，提前两个月就培训内容和形式对直属会员进行问卷调查，广泛征求各方意见。针对当前经济发展形势和企业家们所关心的热点问题，科学设置课程、精心选择授课嘉宾。授课嘉宾理论与实际相结合的生动讲授，让学员们意犹未尽，深受启发。

（徐　洁）

【召开2016年全国工商联直属商会秘书长联席会】2016年4月29日和12月28日分别召开了全国工商联直属商会秘书长联席会议。

4月29日，第一次直属商会秘书长联席会议召开，为2015年度考评结果为优秀的直属商会授牌。中国民营经济国际合作商会、全国工商联医药业商会、全联城市基础设施商会的秘书长作了交流发言。全国工商联党组成员、副主席杨启儒出席会议并讲话。会员部副巡视员张世芳主持会议。本次会议交流了直属商会2015年度工作经验，查找了直属商会建设中存在的问题和不足，并对做好2016年工作提出了具体要求。一是要加强商会自身建设，强化班子考核，不断完善法人治理结构。二是要依法依规办会，建立公开承诺制度，规范内部管理，发挥监事会监督作用。三是积极开展以“守法诚信，坚定信心”为重点的理想信念教育实践活动，动员会员企业参与工商联系统“万企帮万村”精准扶贫行动。

12月28日，第二次直属商会秘书长联席会议召开，认真贯彻全国工商联十一届五次执委会议精神，总结直属商会2016年工作，研究谋划2017年重点工作。全国工商联党组成员、副主席杨启儒同志出席会议并讲话。31家直属商会秘书长还进行了年度工作述职。会员部张新武同志主持会议。各直属商会秘书长（秘书处负责人）一年来能够紧紧围绕“两个健康”工作主题，立足商会和会员企业实际，在深化理想信念教育实践活动、服务会员发展、加强自身建设等方面开展了一系列特色鲜明、行之有效的工作，商会的影响力、凝聚力、执行力进一步提高。明年商会工作要按照全国工商联工作要点的要求，在持续深化以“守法诚信、坚定信心”为重点的理想信念教育实践活动，围绕中心工作助推经济社会发展，加强商会领导班子建设等三个方面着力，推动商会持续健康发展。希望各直属商会在2017年开展的“四好”商会建设活动中，充分发挥自身优势，起到带头作用。2016年度直属商会考评工作小组全体同志参加会议。

（崔玉南）

【举办推进软件正版化工作培训班】2016年6月17日，为巩固和扩大软件正版化工作成果，全国工商联在京举办了推进软件正版化工作培训班，来自全国32个省级工商联的软件正版化工作责任人和各省推荐的软件正版化工作示范企业责任人，及我会办公厅、会员部和信息中心的相关同志70余人参加了培训。全国工商联会员部副部长李树林主持培训并介绍了工商联系统推进使用正版软件工作进展情况；国家新闻出版广电总局版权管理司副司长段玉萍就软件正版化的意义和法律依据、软件正版化取得的成效、对企业软件正版化工作要求等内容进行了授课；推进使用正版软件工作部际联席会议办公室专家郑良斌就《正版软件管理工作指南》的各项制度规定进行了培训授课。

培训班上，回顾总结2015年全国工商联推进民营企业使用正版软件所开展的各项工作，对2016年工作重点进行了再部署，一是各省要确定参加软件正版化工作试点企业名单，对工商联系统会员企业开展软件正版化工作情况大致摸底，了解总的数量；二是与国家版权局做工作层面沟通，商议下一步开展民营企业推进软件正版化的重点工作和措施；三是选择工作开展较好的省进行工作调研，总结经验，发现问题，与地方同志研究解决问题的方法和措施，上下互动，有序推进民营企业软件正版化工作的开展。天津、江苏、安徽、河南、湖南、广西、宁夏等7个地区工商联负责此项工作的责任人，以及江西北软科技系统工程有限公司、西安未来国际信息股份有限公司等5家企业责任人分别介绍了各省和各企业软件正版化工作的进展与成效，理出存在的问题和困难，对下一步工作开展提出意见和建议。

通过这次培训，全体参训人员进一步提高和深化了对推进使用正版软件工作的认识，增强了做好这项工作的信心和责任，学到了工作方法和路径。大家都表示要把这次培训的有关精神带回去，向分管领导汇报，推进和落实好下一步工作。

（徐　洁）

【开展县级工商联“一个设立、五个有”蹲点调研】2016年8月，为认真贯彻落实中央统战工作会议精神，深入了解各地县级工商联建设的新情况新问题，纠正部分地区出现的“一个设立、五个有”倒退滑坡现象，按照全国工商联十一届八次常委会议部署，全国工商联会员部组织4个调研组到山西、云南的9个县（市）开展蹲点调研，到工作开展较好的湖北发现和总结县级工商联建设的好做法、好经验。调研期间，各调研组向当地党委政府宣传中央统战工作会议和全国工商联关于加强县级工商联建设的精神以及“一个设立、五个有”工作要求，深入到部分“一个设立、五个有”倒退滑坡的县级工商联摸清具体问题和原因，和省市工商联、当地党委政府共同研究解决问题的具体工作方案，纠正倒退滑坡现象，巩固县级工商联“一个设立、五个有”建设工作成果。

调研结束后在各调研小组分报告基础上，形成了《县级工商联蹲点调研报告》，指出了部分县级工商联“一个设立、五个有”倒退滑坡的突出问题，深入分析了产生问题的原因，提出了做好下一步县级工商联建设工作的思考和建议。

（薛　葵）

【推进商会改革工作】2016年在研究修改工商联所属商会改革办法中，聚焦重点难点问题赴部分省份开展针对性调研，对各省是否作为所属商会业务主管单位进行统计，广泛征求地方工商联、商会的意见建议。多次主动与深改办、中组部、国家发展改革委、法制办、民政部等部门汇报沟通，积极推动工商联所属商会不脱钩、工商联继续作为业务主管单位、未登记商会尽快登记、改革办法适用各级工商联所属商会等关键问题的解决。按照中央统战工作会议精神，着手对《全国工商联直属商会管理制度》《全国工商联直属商会章程示范文本》进行修订。

（崔玉南）

【召开全国“一个设立、五个有”回头看和推进“五好”县级工商联建设视频会议】2016年10月20日，全国“一个设立、五个有”回头看和推进“五好”县级工商联建设视频会议在京召开。会议总结各地在巩固“一个设立、五个有”工作成果基础上，推进“五好”县级工商联建设的经验，明确下一阶段主要任务要求，确保2017年年底全国30%以上县级工商联达到“五好”标准的目标如期完成。全国工商联副主席杨启儒出席会议并讲话。

杨启儒指出，工商联的凝聚力、影响力、执行力强不强主要看县级。全国工商联党组根据基层工商联组织建设的实际，先后提出“一个设立、五个有”和“五好”县级工商联建设的目标，取得了显著成效。新形势下，在巩固“一个设立、五个有”基础上继续推进“五好”县级工商联建设，是深入贯彻落实习近平总书记3月4日重要讲话精神的重要举措，是加强非公有制经济统战工作的重要保障，是进一步加强工商联组织建设的必然要求。

杨启儒指出，几年来，各地着力推进县级工商联建设，积累了不少值得推广的经验做法。一是积极争取党委政府领导，这是县级工商联建设取得成效的重要前提。二是上下联动抓落实，把抓基层打基础的任务要求落到实处。三是始终坚持问题导向，有针对性地解决问题。四是努力服务地方发展，体现工商联的特色优势。五是不断推进探索创新，提高工作质量。

杨启儒强调，目前一些地方的县级工商联建设中，还存在着上级指导乏力、党组建设缺位、工作保障不足、服务手段不多、商会主阵地作用发挥不够等突出问题，必须高度重视，认真研究解决。各地要在继续推动县级工商联建设上下更大功夫，高标准高质量地按时完成预定的各项目标任务。要切实加强工作指导，明确工作责任，加强分类指导，抓好示范带动。要突出工作重点，在全面把握“五好”要求的基础上，重点抓好领导班子建设和所属商会改革发展工作。要充分发挥作用，把抓好理想信念教育实践活动在基层的落实贯穿到县级工商联建设全过程，组织动员更多民营企业参与“万企帮万村”精准扶贫行动，积极协助地方党委政府大力发展县域经济。

会议对各地工作做了讲评通报，四川宣汉县委主要领导和浙江省、南京市、荆门市东宝区工商联负责人分别作交流发言。各省市（地）级工商联负责同志、县级工商联主要负责人和全国工商联、省市（地）级工商联会员组织部门干部等1700余人分别在主会场和各分会场参加会议。

（薛　葵）

【召开第十一届全国工商联组织委员会第四次会议】2016年11月15日，第十一届全国工商联组织委员会第四次会议在京召开，全国工商联副主席杨启儒出席会议并讲话，会员部副部长张新武主持会议，组织委员会委员参加了会议，会员部全体同志列席了会议。

杨启儒副主席总结了全国工商联会员组织工作一年来所取得的进展，介绍了2017年全力做好换届工作、以改革创新精神加强商会建设、全面完成“五好”县级工商联阶段性目标等工作的初步考虑，对会员组织工作的推进落实提出了加强组织领导、坚持改革创新、加强分类指导、做到上下一盘棋的具体要求。组织委员会副主任、广东省工商联郭汉毅书记介绍了广东省开展示范商会创建工作的做法。各位委员结合各自工作体会和思考，研究讨论了2017年工商联会员组织工作。会前，委员们分别提交了各自的履职报告。

（马　澄）

【举办全国工商联会员组织统计工作培训班】2016年11月24日至25日，全国工商联在江西省南昌市举办全国工商联会员组织统计工作培训班。此次培训旨在贯彻落实中央统战工作会议和中央党的群团工作会议精神，总结交流工商联执委常委数据库、商会数据库、组织数据库建设和会员组织发展情况统计报表填报工作，培训工商联会员数据库使用，加强工商联会员组织统计工作。来自全国 32 个省级工商联的 34 名统计员参加了培训。

培训班分为经验交流、技术培训、上机操作三个部分。江西、湖南两省统计员做了经验介绍；全国工商联信息中心同志为各地统计员就新建的会员数据库、会员组织发展情况填报系统作了技术培训，就完善执委数据库、商会数据库、组织数据库填报提了技术要求；每位统计员都作了上机操作测试。在开班仪式上，全国工商联会员部副部长李树林同志对 2016 年会员组织工作进行了工作讲评并对 2017 年工作进行布置，江西省工商联党组成员、副主席刘星平致欢迎词。

近年来，全国工商联会员组织统计工作培训班已举办多次，和以往相比，此次培训班主要体现了三个特点。一是中央统战工作会议和中央党的群团工作会议召开以来，开展的第一次会员组织统计工作培训。在培训内容设计和领导工作讲评中，注重对中央新精神进行了强调，明确工作部署，确保统计员能结合工作实际，切实贯彻好、落实好中央新要求。二是为全面启动会员数据库信息采集工作做准备。2016 年会员数据库系统基本建成，7 月开始在 9 个省级工商联进行试点录入，2017 年将在全国推开，为确保 400 余万条会员信息按计划分步入库，重点就会员数据库技术操作对统计员进行上机培训、答疑解惑。三是 2017 年工商联换届工作前对各地统计员的一次大练兵。换届工作是 2017 年工商联工作的重中之重，针对一些统计员是新接手统计工作，在培训中，就执常委数据库的使用安排了较为详细的讲解，确保换届后执常委信息能及时准确入库。

总体来看，各地统计员积极性高，培训班学习气氛浓厚，达到了培训的预期目的。

（王子萱）

【开展 2015 年“五好”县级工商联确认工作】为不断夯实工商联事业发展的组织基础，发挥先进县级工商联典型示范效应，激发各地争创“五好”县级工商联的工作活力，全国工商联继续开展领导班子好、会员发展好、商会建设好、作用发挥好、工作保障好的“五好”县级工商联确认工作。2016 年年初，在征求各地意见的基础上，全国工商联制定了 2015 年全国“五好”县级工商联确认工作方案，提出了明确的工作目标、确认标准和工作步骤，下发了做好 2015 年“五好”确认工作的通知。

各省级工商联根据通知要求，在 2015 年“五好”县级工商联互查工作的基础上，严格按照全国“五好”县级工商联标准逐级推荐、认真审核，推荐上报了 759 个全国“五好”县级工商联确认对象。经全国工商联组织委员会委员初审和我会复核，认为北京市东城区工商联等 657 个县级工商联，能够深入开展非公有制经济人士理想信念教育实践活动，积极搭建政府部门、金融机构等与民营企业交流互动平台，努力帮助解决广大民营企业经营中的实际困难和问题，组织民营企业积极参与扶贫攻坚、光彩事业和其他社会慈善事业，围绕当地党委政府中心工作充分发挥桥梁纽带和助手作用，着力促进非公有制经济健康发展和非公有制经济人士健康成长，得到了当地党委政府和社会各界的肯定，符合全国“五好”县级工商联标准。经全国工商联主席办公会议审议，确认这657个县级工商联为2015年全国“五好”县级工商联，并下发了《关于确认2015年全国“五好”县级工商联的通知》和全国“五好”县级工商联证书。

（刘云莲）

【开展“一个设立、五个有”回头看工作】为深入贯彻落实习近平总书记在全国政协十二届四次会议民建、工商联界委员联组会上重要讲话精神，切实加强工商联自身建设，针对有些地区县级工商联出现“一个设立、五个有”倒退滑坡现象，按照全国工商联十一届八次常委会议的部署，全国工商联于2016年7月到9月组织开展县级工商联“一个设立、五个有”回头看工作。

各地工商联对这项工作高度重视，把组织开展好“一个设立、五个有”回头看，作为贯彻落实习近平总书记在全国政协十二届四次会议民建、工商联界委员联组会上重要讲话和中央统战工作会议精神的重要实践，着力加强组织领导和工作落实，对本地区县级工商联建设情况进行全面自查，逐一摸清情况，建立健全工作台账。紧紧抓住县级工商联换届的契机，把建立健全党组作为加强县级工商联建设的首要任务，以选好配强主席和党组书记为重点，扎实推进县级工商联领导班子建设。对于“一个设立、五个有”存在问题的县级工商联，组织力量深入调研，找准问题的成因，和当地党委政府共同研究，按照实事求是、因地制宜、缺什么补什么的要求，一县一策，制订了具有操作性、针对性的工作方案，帮助基层解决了一些实际困难和突出问题，进一步夯实了工商联事业长远发展的组织基础。

（薛　葵）

【开展“五好”县级工商联互查工作】2016年11月至12月，根据《全国工商联2016年“五好”县级工商联建设工作实施方案》和《关于开展2016年“五好”县级工商联建设互查工作的通知》要求，全国工商联组织开展了全国“五好”县级工商联建设互查工作。这次互查是我会举全工商联系统之力抓基层打基础的重要举措，是全国工商联深入推进“五好”县级工商联建设的重要内容。互查既是对各地“五好”县级工商联建设的督促检查，也是各地互相学习交流的过程，各互查组坚持问题导向和实践导向，在互查内容和形式等方面加强创新，较好地完成了这次互查工作任务。

这次互查是我会第一次组织全国32个省级工商联开展互查工作，得到了各地高度重视，在年底工作十分繁重的情况下，各省级工商联按照要求组成了由分管会员组织工作的会领导和负责县级工商联工作同志组成的互查组，在规定时间到指定省份开展互查工作，有的互查组还邀请了地市级工商联负责人参加，让他们一起学习提高。各地也把这次互查作为推进当地县级工商联建设的良好契机，在受检查的112个县级工商联中，不少地方都由党委政府领导汇报开展“五好”县级工商联建设的情况，并现场对基层工商联的实际困难和突出问题予以解决，起到了推动工作的作用。

各互查组根据全国工商联对互查工作的要求，进一步明确了互查的主要内容、工作流程和检查标准，不少互查组还制订了详细的检查方案，把各项工作责任到人，确保检查工作取得实效。各互查组根据当地县级工商联建设实际，采取实地查看、现场观摩、查阅资料、听取汇报、座谈互动、个别交流等多种方式开展检查，不但注意听取各省级工商联推进“五好”

县级工商联建设整体工作的介绍，党委政府和县级工商联负责同志的工作汇报，还深入到所属商会和非公有制企业中了解具体情况，全面掌握当地县级工商联在商会建设、会员发展、作用发挥等方面的实际状况。不少互查组还结合2016年重点工作增加了开展非公有制经济人士理想信念教育实践活动情况、县级工商联换届情况、“一个设立、五个有”县级工商联建设回头看工作、所属商会改革发展等内容。

各互查组认真总结各地加强县级工商联建设的经验做法，对照“五好”标准条件深入查找突出问题，提出有针对性和操作性的工作建议，形成了较高质量的互查报告，这些报告有内容、有观点、有分析，对我们进一步加强县级工商联建设有重要的参考价值。

（王　伟）

【开展县级工商联联系点工作】2016年是全国工商联开展会领导联系县级工商联工作的第三年，会领导深入联系点，指导所联系地方认真贯彻落实习近平总书记在全国政协十二届四次会议民建、工商联界委员联组会上的重要讲话精神，了解基层情况，聚焦问题困难，有针对性地加强工作指导，不断推动联系点工作水平的提升。

9月7日至10日，全国政协副主席、全国工商联主席王钦敏率调研组到福建省晋江市就新常态下非公有制企业坚定信心、创新发展情况等开展调研。王钦敏同志走访了晋江市多家企业，召开了两场座谈会，听取县级工商联和商会组织、民营企业家的意见建议，与企业家进行深入交流，鼓励非公有制经济人士进一步坚定创新发展信心。

全哲洙、谢经荣、黄荣、杨启儒等会领导也采取深入联系点调研、听取工作汇报等多种方式，对所联系的县级工商联联系点的非公有制经济人士理想信念教育实践活动、商会建设、非公有制企业发展、精准扶贫等工作加强指导，提出了明确的工作要求。机关各承办部门在和联系点的日常沟通联络中，坚持问题导向，进行深入调研，充分听取联系点意见并反映联系点诉求，加强了对联系点的工作指导和帮扶，推动联系点更好开展工作。

8个县级工商联联系点结合全国工商联的整体要求和本地工作实际，扎实开展了非公有制经济人士理想信念教育实践活动、积极参与“万企帮万村”精准扶贫行动、组织企业参与“一带一路”建设、加强对年轻一代非公有制经济人士的教育培养、加大所属商会建设力度，不断壮大会员队伍，整体工作水平得到较大提高，8个县级工商联联系点均被确认为2016年全国“五好”县级工商联。

（王　伟）

【开展全国工商联企业家副主席述职及民主评议工作】按照《全国工商联企业家副主席工作述职办法（试行）》要求，在2016年3月召开的全国工商联十一届十三次主席会议上，杨启儒副主席对2015年度全国工商联企业家副主席年度述职和民主评议情况作了通报。在2015年年底的全国工商联十一届十二次主席会议上，全国工商联组织开展了企业家副主席年度述职和民主测评工作。11位企业家副主席围绕思想政治表现、企业转型升级、履行社会责任、参与工商联工作四个方面情况认真撰写述职报告。会上，9位企业家副主席进行了述职，2位企业家副主席提交了书面述职报告。参加会议的主席、副主席对企业家副主席作了民主评议，填写了民主评议表。

杨启儒在通报中指出，各位企业家副主席在2015年始终坚持正确的政治方向，遵守法律、诚信经营。注重创新发展，加快转型升级，积极带动和帮助中小微企业发展。坚持以人为本，关爱员工，积极构建和谐劳动关系，带头参加光彩事业和社会公益活动。认真参加全国工商联的重要会议、重点调研和重要活动等，努力完成全国工商联交办的工作任务，积极建言献策。同时，他也指出了评价反映出的较为薄弱的问题。

这次企业家副主席年度述职并进行民主评议，是全国工商联首次开展此项工作，总体上看，评议内容的四个方面十个分项比较符合对企业家副主席履职尽责的基本要求，反映了中央巡视工作后全国工商联加强领导班子建设的整改成效，达到了总结工作、交流经验、相互学习、促进履职的目的，为进一步加强全国工商联领导班子建设作了有效探索。

（刘云莲）

机关建设

【综　述】2016 年，机关深入学习贯彻党的十八大和十八届三中、四中、五中、六中全会精神及习近平总书记系列重要讲话精神，坚持务实深入的工作作风，保持团结奋进的精神风貌，紧紧围绕“服务中心、建设队伍”，落实全面从严治党要求，深入开展“两学一做”学习教育，大力加强基层组织建设、党风廉政建设、干部队伍建设和机关文化建设，积极做好机关统筹协调、审核把关、督促检查、服务保障等各项工作。

（一）深入开展“两学一做”学习教育

党组认真履行管党治党主体责任，高度重视，精心组织，专门成立“两学一做”学习教育协调小组，制订“两学一做”学习教育实施方案和阶段推进计划。及时发放相关学习书目，组织各直属党组织采取个人自学、党小组和党支部集中学习的形式，认真开展学习。会党组坚持领导带头，以上率下，党组理论学习中心组始终走在前列，先后 4 次召开学习扩大会议，邀请有关专家作专题辅导报告；党组成员带头讲党课，主动过双重组织生活，参加所在支部党组织活动。各部门、单位党组织主要负责同志和局处级党员领导干部积极在所在支部讲党课。坚持把学习教育抓在经常、融入日常，认真开展《廉洁自律准则》（以下简称《准则》）《党纪处分条例》（以下简称《条例》）宣讲和机关制度网上答题活动，开展“学习贯彻习近平总书记重要讲话精神在行动”征文和“党在我心中”书画摄影诗歌征集活动，组织建党 95 周年座谈会、“党在我心中”青年诗歌朗诵会、七一表彰大会等庆祝建党 95 周年系列活动，确保学习教育取得实效。

（二）大力加强基层组织建设

集中组织 17 个党支部按期换届，批准信息中心成立党支部；撤销中华工商时报社党组，批准成立中华工商时报社党委，指导选举产生第一届委员会。对机关党委所属 466 名党员和人才交流服务中心 50 名挂靠党员组织关系进行集中排查，对16名同志材料进行核实补充和组织认定，通过上门查找、与户籍地派出所联系等方式，与4名失联党员取得联系。开展党费收缴专项清理检查，共清理补交党费297 791.06元。制订集中推进直属商会“两个覆盖”专项工作方案，组织27家直属商会成立党支部，其他4家暂不具备成立党组织条件的直属商会选派了党建工作联络员，初步实现“两个覆盖”。

（三）扎实推进党风廉政建设

举办纪检委员培训班，邀请驻部纪检组有关纪检室领导同志授课辅导。对落实中央专项巡视反馈意见整改情况进行“回头看”，严防“四风”问题反弹。严格执行《全国工商联领导干部报告个人有关事项汇总综合和抽查核实实施办法》，随机和重点抽查处级干部3批次48人次。坚持机关干部凡进凡提“三个核查”，对新选拔任用31名干部按程序进行审核。对未如实填报个人事项的21人作出相应处理。对直属单位1名涉及犯罪的干部给予行政开除处分，对3名党员干部执行党纪处分，对2名党员干部进行诫勉谈话。

（四）加强改进干部人事工作

深入开展谈心谈话，先后与机关5个部门64名干部进行谈心谈话。对123名处级及以下干部人事档案进行审查核实，对34名同志的“三龄两历一身份”等重要信息进行重新认定，配合中央统战部干部局做好我会31名局级干部档案专项审核工作，指导直属单位对中层以上管理人员档案进行审核，实现了档案数字化管理。组织开展机关局级及以下干部季度平时考核和“一报告两评议”工作。对机关局级及以下干部进行年度考核，给1名同志记三等功、26名同志嘉奖。安排9名局级干部参加中组部调训，举办机关干部及直属单位中层管理人员培训班，安排机关10名缺少基层工作经历的同志赴地方及直属单位挂职锻炼。加强对直属单位选人用人工作的监督管理，指导报社、信息中心、证券中心公开招聘应届毕业生，指导报社选拔中层管理人员。

（五）着力加强机关财务管理

统筹财务管理全过程，保障经费，提升服务能力。首次实现执行预算与财政预算相匹配，项目预算编制有理有据，资金规模保证在规划控制数内，绩效目标设置可行可审。建设财务管理综合平台，纳入管理理念、内控节点，搭建一个平台，一个数据库，分设指标、报批、报销、财务、报表、出纳、薪资七个业务控制子系统，实现了预算编制科学化、预算执行标准化、财务分析精准化、财务核算规范化的目标，初步实现财务管理的一体化和流程化。将会议费标准、差旅费标准预置到财务管理综合平台中，各部门按照标准申报预算、提起报销，系统对超标支出一律不予通过。经办人业务一经发起，财务人员即时收到，经过填报、审核、复核、支付、记账等环节操作，实现一体化、标准化操作，过程更加便捷高效。

（六）创新规范审核把关工作

注重运用信息化工作手段，以强化制度执行为重点严格审核把关。更新公文交换系统，与办公内网有效融合，根据工作需要，重新设计相关模块，实现公文流转、报批扫码、批示督办的充分信息化，提高公文制度执行效率。对各环节随时监督，重点监督合同审核流程，开展绩效评价。严格执行值班工作制度和外出报备制度，建立出差报备登记联动机制，对值班和报备在节假日等关键节点做好提醒，节后加强落实情况检查。加强保密制度建设，进一步推动机关保密工作规范化、制度化。按照财政部要求，开展资产清查和内控体系建设工作。对机关本级、直属事业单位的基本情况、账务、各类资产进行实物盘点、清查和核实，认真开展资产清查专项审计，相关报表上报财政部，组织直属事业单位开展国有资产产权登记。对我会机关内部控制状况进行梳理，提出建设方案，确定协作单位，正式启动机关内部控制体系建设。

（七）重点提升督促检查水平

持续推进制度建设，根据工作实际及时新建、修订制度9项，目前机关共有制度107项。立足制度违规台账，进一步加强制度执行情况督查，将督查关口前移，变违规通报为审核预防，全年没有发现制度违规情况。针对督查方式单一，督促检查与审核把关相脱离等问题，建立大督查机制，重点加强事前提醒、事中监督和过程督导。建立会领导秘书督办台账，在更新的公文交换系统上设计相关功能模块，共督办事项221件；建立外付经费和合同审核台账，共检查外付经费项目130项，审核经济合同67笔。赴北京市、湖北省工商联调研，核查6项外付经费项目。完成对6个外付经费课题研究类项目的成果评估和绩效评价工作。积极做好有关工作完成情况的定时督查，有效推动重点工作的进度。按月公示项目资金执行情况，依据“大数据”平台，精准提供财务分析报告，从预算计划、财务指标、会议、培训、差旅等多维度分析支出执行情况，以文字、数据、图型、表格相结合，增强财务分析报告易读性。

（八）不断推进机关文化建设

抓好机关业务学习，及时更新在线学习课程，全年新增150个课件、37门课程、146学时的网络课程，邀请国家部委相关负责人和有关专家学者，围绕重点工作举办专题讲座6次。充分发挥工会、团总支作用，支持工会小组开展工会日活动，支持机关兴趣小组活动。看望慰问困难干部职工53人次，加强离退休人员服务工作，精心组织离退休人员各种文化活动，发挥离退休党支部作用，每月组织1次政治理论学习，及时传达中央新精神和党组新要求。

（余法琴　李晓峰　蒋昊东）

【召开2016年党风廉政建设工作会议】2016年1月28日，全国工商联召开2016年党风廉政建设工作会议。中央纪委驻中央统战部纪检组组长苏波传达十八届中央纪委六次全会精神并讲话。中央统战部副部长，全国工商联党组书记、常务副主席全哲洙主持会议并总结部署全国工商联党风廉政建设工作。全国政协副主席、全国工商联主席王钦敏出席会议，全国工商联副主席黄荣、安七一、杨启儒和机关全体干部、直属单位中层以上管理人员参加会议。

苏波同志传达习近平总书记在十八届中央纪委六次全会上的重要讲话精神，通报王岐山同志代表中央纪委常委会所作的工作报告，总结2015年驻部纪检组工作，对做好2016年纪检工作提出要求。他强调，要认真学习党章，严格执行《准则》《条例》；强化责任追究，推动落实全面从严治党主体责任；坚持深化作风建设，推动八项规定精神落地生根；用好监督执纪“四种形态”，进一步加大纪律审查力度；不断完善创新机制，发挥综合派驻监督集群效应；切实加强自身建设，打造忠诚、干净、担当的纪检队伍。

全哲洙同志指出，2015年，在中央统战部领导下，在驻部纪检组监督指导下，全国工商联党组严明政治纪律和政治规矩，切实履行党风廉政建设主体责任，坚决抓好中央专项巡视整改，坚持把纪律挺在前面，不断加强纪律检查工作，深入贯彻落实中央八项规定精神，持之以恒加强作风建设，党风廉政建设取得明显成效。他强调，习近平总书记在十八届中央纪委六次全会上的重要讲话，站在党和国家全局的高度，回顾总结了3年来党风廉政建设和反腐败斗争取得的重大成效，深刻分析了依然严峻复杂的形势，对当前和今后一个时期党风廉政建设和反腐败斗争作出全面部署。在中央统战部党风廉政建设工作会议上，孙春兰同志对做好党风廉政建设和反腐败工作提出明确要求。2016年全国工商联党风廉政建设工作，要深入贯彻十八届中央纪委六次全会精神和中央统战部、驻部纪检组部署要求，切实增强政治意识、大局意识、核心意识、看齐意识，始终在思想上、政治上、行动上同以习近平同志为总书记的党中央保持高度一致，坚决维护党中央权威，坚决维护习近平总书记这个核心；以强烈的使命担当，扎实推进全面从严治党；落细落小，抓早抓小，锲而不舍强化作风建设；运用监督执纪“四种形态”，把纪律挺在前面，强化监督执纪，推动党风廉政建设取得新进展、新成效。

（王定生　李晓峰）

【开展《中国共产党廉洁自律准则》和《中国共产党纪律处分条例》宣讲活动】2016年，机关党委、纪委按照会党组指示要求，深入开展《准则》《条例》宣讲活动，先后到各直属党组织宣讲14场，组织直属商会专场1场，覆盖到23个直属党组织全体党员和31家直属商会秘书长、秘书处全体党员。

党组成员安七一、杨启儒、赵德江和会领导谢经荣、黄荣等同志分别参加所在支部或分管、联系部门单位的宣讲活动，并结合部门单位实际，就如何贯彻落实党规党纪提出明确要求。各部门单位认真落实党组部署，主要负责同志亲自组织，党员、干部积极参加，形成了浓厚的学习贯彻氛围。

宣讲前，机关党委、纪委到有关支部了解党员干部学习贯彻《准则》《条例》情况，摸清大家关心的热点、难点和疑点。在此基础上，对《条例》中89条规定条款进行重点分析解读，回应党员干部的关心关切。认真分析机关部门和直属单位廉政风险点，结合部门单位职能任务，分别侧重强调和宣讲财务管理严守财经法规、联谊交友把住政策界限、新闻宣传恪守政治纪律、干部选拔任用严格工作程序等方面的规定和要求。

宣讲坚持以案释纪，机关纪委从中央纪委网站、上级纪委印发的通报和案例选编中选取系列典型案例，对档案造假、收受服务对象礼品礼金、违反工作纪律、对抗组织审查等有关违纪条款进行解读，进一步深化大家的理解和认识。特别是讲解在中央专项巡视整改中发现的和机关纪委查处的违规违纪问题，用身边案例触动警醒广大党员。宣讲中坚持互动交流，边宣讲、边讨论、边引导，党员、干部结合思想和工作畅谈学习体会，积极参加讨论，相互促进学习深化。

（王定生　李晓峰）

【开展全国工商联机关双月讲座活动】为促进机关干部深入学习践行新的发展理念，进一步提高服务“两个健康”能力，围绕中国特色社会主义政治经济学，2016年机关共举办6次专题讲座。2016年3月10日，邀请工业和信息化部规划司发展处姚珺处长作“中国制造2025：形势、重点及政策”专题辅导报告，全国工商联党组成员，副主席安七一、杨启儒和机关全体干部、直属单位班子成员参加学习。2016年6月14日，党组理论学习中心组召开学习会，邀请中央党校党建部郑琦副教授作“学党章党规，做合格党员”专题辅导报告，全国工商联党组理论学习中心组成员，机关全体党员干部，直属单位领导班子成员，信息中心、机关服务中心全体党员干部共计145人参加。2016年7月1日，全国工商联党组书记全哲洙以“坚持党的领导，促进‘两个健康’”为题，给全体机关干部、直属单位中层以上党员干部、直属商会党员代表讲党课，全国政协副主席、全国工商联主席王钦敏，全国工商联党组成员，党外专职副主席等出席。2016年7月15日，党组理论学习中心组召开学习会，邀请中央党校原副校长李君如同志就学习贯彻习近平总书记在庆祝中国共产党成立95周年大会上的重要讲话精神作专题辅导报告，全国工商联党组理论学习中心组成员，机关全体干部，直属单位领导班子成员，信息中心、机关服务中心全体干部参加。2016年8月31日，举办第五次专题讲座，邀请商务部研究院中国海外投资咨询中心主任李志鹏教授解读当前“走出去”形势和“一带一路”倡议，机关全体干部和直属单位中层以上管理人员共160人参加学习。2016年9月27日，党组理论学习中心组召开学习扩大会，邀请中组部党建研究所副所长赵湘江同志就“认真学习《党委会的工作方法》，确保党始终成为中国特色社会主义事业的坚强领导核心”作专题辅导报告，全国工商联党组理论学习中心组成员、机关处级以上干部、直属单位领导班子成员参加学习。

（王熙玲　李晓峰）

【召开全国工商联信息化工作专家组会议】2016年3月13日，全国工商联信息化工作专家组会议在机关召开，就2016年的信息化工作、“十三五”工商联信息化发展战略听取专家意见，全国工商联副主席安七一出席并讲话，专家组成员、办公厅有关同志、信息中心全体同志参加会议。

会议首先向专家组通报了全国工商联2015年信息化工作情况和2016年工作安排。安七一副主席传达了习近平总书记3月4日在联组会上的重要讲话、我会党组中心组学习扩大会议精神，王钦敏主席、全哲洙书记对信息化工作的要求，希望各位专家根据当前的形势、领导对信息化工作的要求，对我会信息化工作提出意见建议。专家组成员对工商联信息化建设、长期发展战略谈了各自的看法。安七一副主席最后强调，信息中心要按照专家组意见，落实好基础数据库建设任务，完成好办公系统建设工作。办公厅要支持信息中心工作，专家组在15天内提出企业服务平台运营机制草案。

（李山海）

【召开“两学一做”学习教育动员部署会】2016年4月15日，全国工商联召开“两学一做”学习教育动员会，机关各部门和信息中心、机关服务中心全体党员，其他直属单位领导班子成员，直属商会党支部书记参加会议。党外会领导和机关党外干部列席会议。中央统战部副部长，全国工商联党组书记、常务副主席全哲洙同志主持会议并作动员讲话，他围绕深入学习贯彻习近平总书记重要指示和中央要求，从学要带着问题学、做要带着问题改、党支部要担负主体责任、领导干部要起表率作用、学习教育要与业务工作相结合五个方面进行动员部署。他强调，“两学一做”虽然不是一次活动，要突出正常教育，强调抓在日常、严在经常，但这是一次有整体安排、有规定内容、有措施要求、有开展时限的学习教育，必须加强组织领导。要通过“两学一做”学习教育，使广大党员把合格的标尺立起来，把做人做事的底线划出来，把党员的先锋形象树起来，使党的组织生活和党员教育管理严起来、实起来，使各级党组织把抓党建工作、抓党员队伍建设的意识树起来、责任扛起来，用实际行动体现信仰信念的力量。

（余法琴　李晓峰）

【召开纪念建党 95 周年座谈会】2016 年 6 月 30 日，全国工商联召开庆祝建党 95 周年座谈会。会议由安七一同志主持，杨启儒、赵德江同志和机关全体干部、直属单位部分党员代表参加会议。会上，“两会”秘书小组代表张世芳、“万企帮万村”精准扶贫工作代表邵逸、村第一书记王昭暾、重点调研工作代表聂志军和管相杰、第八批援藏干部刘鸿柱、中华工商时报社代表赵民望 7 位先进典型围绕“立足岗位，发挥先锋模范作用”作交流发言。7 名同志从不同侧面交流了自己立足岗位，发挥先锋模范作用的收获和体会，谈出了自身在实践中的思索和感悟，发言朴实感人，激起了大家的共鸣。

安七一同志指出，7 名同志有的在重点工作中勇挑重担，有的在急难险重任务中冲锋陷阵，有的扎根基层自觉摔打磨炼自己，有的面对发展困境着力改革创新。归根结底，他们都有一个共同特点，那就是勇挑重担、不躲不闪，加班加点、任劳任怨，只讲付出、不求回报。要求全体党员干部以身边的典型为榜样，学习他们的先进事迹。同时强调，要认真学习贯彻习近平总书记“七一”重要讲话。把学习贯彻习近平总书记“七一”重要讲话作为“两学一做”学习教育的重要内容，组织专题学习，结合思想和工作实际开展讨论，切实把思想和行动统一到讲话精神上来。要扎实推进“两学一做”学习教育。把学习教育与党建工作、队伍建设、业务工作有机结合，进一步提高学习教育的针对性和实效性。要以良好的精神状态抓好下半年各项工作。“学”得怎么样，“做”得是否合格，最终要体现到促进事业发展上来。要继续深化非公有制经济人士理想信念教育实践活动，推进民营企业提质增效升级，抓好“万企帮万村”精准扶贫行动落实，抓牢基层组织建设。希望广大党员干部进一步提振精气神，向典型看齐，向榜样学习，立足本职，勤奋工作，为促进“两个健康”和工商联事业发展贡献更大的力量。

（余法琴　李晓峰）

【召开全国工商联机关庆祝建党 95 周年表彰大会】2016 年 7 月 1 日，在庆祝中国共产党成立 95 周年之际，为充分发挥先进典型的示范作用，更好地将“两学一做”学习教育引向深入，引导和激励广大共产党员和党务工作者加强党性修养、改进工作作风，全国工商联隆重召开“七一”表彰大会，表彰全国工商联机关党委 2013～2016 年度 31 名优秀共产党员、15 名优秀党务工作者和 8 个先进党支部。

（余法琴　李晓峰）

【举办“党在我心中”青年诗歌朗诵会】2016 年 7 月 1 日，机关党委、团总支联合举办“党在我心中”青年诗歌朗诵会。机关部门和直属单位以及直属商会的青年党员积极报名参加。朗诵会分爱党、爱国、爱工商联三个篇章，讴歌我们党 95 年来所取得的丰功伟绩，抒发爱党爱国爱工商联的情怀，激发了广大青年干部立足本职建功立业的工作热情。

（余法琴　李晓峰）

【召开全国工商联 2016 年保密工作会议】2016 年 7 月 13 日，全国工商联保密委员会在机关召开 2016 年度保密工作会议，全国工商联副主席、保密委员会主任安七一出席会议并讲话。会议传达学习了习近平总书记在 1 月 14 日会议上关于保密工作的重要讲话精神、中央保密委员会主任栗战书在全国保密工作会议上的讲话和全哲洙同志关于加强我会保密工作批示，通报了有关泄密案例，对下一步保密工作作出安排。

会后，保密办及时下发《关于印发全哲洙同志关于保密工作批示和安七一同志在保密工作会议上讲话的通知》让各部门进行传达和学习。并对我会所有涉密人员审查工作又进行进一步复核，让每一名涉密人员进行自查并签写保密承诺书。

（蒋昊东）

【召开全国工商联党组中心组学习（扩大）会】 2016 年，全国工商联党组中心组以深入学习中国特色社会主义理论体系为首要任务，以深入学习贯彻习近平总书记系列重要讲话精神为重点，以掌握和运用马克思主义立场、观点、方法为目的，认真组织召开了党组理论学习中心组学习（扩大）会。理论学习中心组年初制订了学习计划，将集体学习讨论与个人自学、专题调研有机结合，根据形势任务要求，重点组织了五个专题的集中学习。3 月 9 日，专题学习传达习近平总书记在全国政协民建、工商联委员联组会议上重要讲话精神。6 月 14 日，以“学习党章党规，坚定理想信念”为主题召开学习（扩大）会，邀请中央党校党建教研部副教授郑琦作辅导报告。7 月 15 日，专题学习习近平总书记在庆祝中国共产党成立 95 周年大会上的重要讲话精神，邀请中央党校原副校长李君如作辅导报告。9 月 27 日，举行学习（扩大）会，专题学习毛泽东同志《党委会的工作方法》，邀请中组部党建研究所副所长赵湘江作辅导报告。11 月 18 日，召开学习（扩大）会，全哲洙书记就学习贯彻党的十八届六中全会精神作专题辅导报告，对全国工商联学习贯彻六中全会精神及时作出部署、提出明确要求。通过党组理论学习中心组学习，增强了中心组成员“四个意识”，特别是核心意识和看齐意识；增强了严守党的政治纪律和政治规矩的自觉性，有利于把握工商联事业发展的正确方向；提高了落实全面从严治党责任的积极性、主动性，尤其是履行好党建责任人职责；增强了推进工商联事业发展的责任意识和使命担当。

（李雄飞）

【举办全国工商联直属单位人事干部业务培训班】 2016 年 8 月，机关人事部举办直属单位人事干部业务培训班，机关人事处 5 名同志分别就直属单位管理、工资福利、干部任免、因私出国（境）、档案管理等方面进行讲解辅导、现场答疑。

（张　强　李晓峰）

【召开全国工商联 2017 年度工作务虚会议】 2016 年 11 月 21 日，全国工商联 2017 年工作务虚会议在机关召开。会议认真学习贯彻党的十八届三中、四中、五中、六中全会精神，深入贯彻落实习近平总书记系列重要讲话精神，按照中央统战部工作会议和中央党的群团工作会议作出的决策部署，围绕“两个健康”主题，分析把握当前形势，聚焦问题，突出重点，注重创新，谋划全国工商联 2017 年工作思路和具体举措。

全国政协副主席、全国工商联主席王钦敏出席并讲话。中央统战部副部长，全国工商联党组书记、常务副主席全哲洙主持会议并作总结讲话。全国工商联副主席谢经荣、黄荣、杨启儒出席会议并发言。机关各部门、各直属单位主要负责同志在会上发言。机关全体干部、信息中心、机关服务中心处级以上干部，中华工商时报社、中华工商联合出版社、中国工商杂志社有关同志参加会议。

（蒋昊东）

【举办全国工商联机关局级以下干部和直属单位中层以上管理人员培训班】 2016年11月30日，全国工商联举办机关局级以下干部和直属单位中层以上管理人员培训班，本次培训班的主题是“学习六中全会精神，推进工作项目化，努力打造工作品牌”。中国社会科学院学部委员、国际欧亚科学院院士李扬同志就经济增长和金融改革内容做报告，机关各部门和报社、出版社有关同志就工作项目化、品牌化介绍情况。主席王钦敏同志，党组书记全哲洙同志，副主席谢经荣、杨启儒同志，秘书长赵德江同志，副秘书长郭孟谦同志出席培训班，全国工商联党组成员王永庆同志主持开班仪式。机关和直属单位共计170余名同志参训。

（张　强　李晓峰）

【开展直属商会党建工作】 全国工商联党组高度重视直属商会“两个覆盖”工作，召开专题党组会议传达学习习近平总书记关于社会组织党建工作“两个覆盖”重要批示精神，学习贯彻孙春兰同志关于统战系统社会组织“两个覆盖”工作批示要求。成立全国工商联直属商会“两个覆盖”工作集中推进领导小组，由党组成员任组长，机关党委、会员部有关负责同志为成员，制订《集中推进全国工商联直属商会“两个覆盖”专项工作方案》。

2016年8月底前，由安七一、杨启儒副主席带队，机关党委、会员部有关人员组成调研组，对31家直属商会党建工作进行调研，重点对商会业务运行情况、职工队伍情况、党员队伍情况、负责人情况、党组织建设情况进行排查摸底，做到“五个清”。针对调研中一些需要研究和把握的政策性问题，及时请示中组部组织二局、中直机关工委协会党建工作部和中央统战部机关党委。在此基础上，形成专题调研报告，制订了精准施策、分类指导、严格审核、分批组建的推进计划。

针对全国工商联直属商会秘书处专职人员中党员人数较少、流动性大、组织关系复杂、党务人员缺乏等实际，坚持“两手抓”，一手抓党组织覆盖，一手抓从严管理，多措并举推进工作落实。按照符合条件、基本符合条件和不符合条件三类，分层次召开直属商会负责人会议，逐一协商研究推进计划，建立工作台账，明确责任分工和完成时限。建立直属商会党建工作微信群，及时询问工作进度，交流经验做法，适时答疑解惑，实施具体指导。下发《关于做好直属商会党员组织关系转接工作的通知》，指导各直属商会做好党员组织关系转接和党员身份鉴定工作，并建立党员基本数据档案。开展筹备工作专项培训，规范成立党支部有关程序。按照会党组部署要求，机关党委、会员部把直属商会“两个覆盖”工作作为2016年第四季度重点工作来抓，部门主要负责同志带头深入直属商会了解情况、研究对策、紧盯落实，配强工作力量，“挂图作战”，由局级干部带队参加直属商会支部成立大会，进行现场指导。

会党组坚持把加强直属商会党建工作作为落实全面从严治党要求的重要任务，纳入机关党建工作范畴，健全机制、强化制度，落实责任、从严管理。把政治合格、有坚强的党性作为第一位要求，把热爱党的工作、有强烈的事业心和责任感作为基本条件，把商会负责人和管理层中的党员作为重点选拔对象，选优配强党支部书记。将直属商会党员教育纳入机关学习教育范围，指导直属商会开展“两学一做”学习教育，引导党员进一步强化党章党规、习近平总书记系列重要讲话精神、党的十八届六中全会精神的学习贯彻，牢固树立“四个意识”。加强指导，选派党建指导员，帮助建立健全“三会一课”、组织生活会、民主评议党员等制度，提高组织生活质量。

截至 2016 年年底，全国工商联 31 家直属商会有 26 家成立了党支部，其他暂不符合成立党组织条件的 5 家直属商会选派了党建工作指导员，初步实现“两个覆盖”。

（余法琴　李晓峰）

第三部分　领导讲话、文章

发挥工商联作用　促进企业诚信建设

王钦敏

党的十八大和十八届三中、四中、五中全会强调要加强社会诚信建设；国务院印发了《社会信用体系建设规划纲要(2014—2020)》，综合推进政务诚信、商务诚信、社会诚信和司法公信建设。工商联是党和政府联系非公有制经济人士的桥梁纽带、政府管理非公有制经济的助手，承担着促进非公有制经济健康发展、引导非公有制经济人士健康成长的重任，加强非公有制企业诚信建设是工商联职责所在。

（一）加强非公有制企业诚信建设具有重要意义

当前我国处于全面建成小康社会的决胜阶段，非公有制经济作为市场经济的重要组成部分，加快推进非公有制企业诚信建设，具有鲜明的时代特征和重大的现实意义。

一是经济社会发展的时代要求。“十三五”规划建议强调，要加强思想道德建设和社会诚信建设，完善社会信用体系。这有利于增强社会诚信、促进社会互信、减少社会矛盾，既是培育和践行社会主义核心价值观，提升全社会文明程度的关键举措，也是加强和创新社会管理，推进国家治理体系和治理能力现代化的迫切需要。改革开放30多年来，我国非公有制经济持续快速发展，已经成为经济社会发展的重要基础。截至2015年10月底，私营企业达到1 800万家，个体工商户超过5 285万，从业人员2.73亿，非公有制经济创造了超过60%的GDP和50%的税收，提供了80%的城镇就业和90%的新增就业岗位。可以说，人民群众的衣食住行与非公有制企业有着千丝万缕、不可分割的联系。非公有制企业的诚信状况，对经济发展、社会稳定、民生改善具有重要影响，关系着全面建成小康社会目标的实现。

二是社会主义市场经济体制完善的必然要求。市场经济是法治经济，也是信用经济。加强社会信用体系建设，有利于规范市场秩序、降低交易成本、防范经济风险，也是推动政府职能转变、简政放权的必要条件。非公有制企业数量众多、涉及面广，是最活跃的市场经济主体。完善社会主义市场经济体制，发挥市场在资源配置中的决定性作用和更好发挥政府作用，要求必须加强非公有制企业诚信建设。

三是企业自身发展的内在要求。我国正处在经济结构调整、加快转型升级、实现科学发展的关键时期。企业创新驱动、转型升级，既包括技术创新、营销创新、商业模式创新等，也包括管理创新、企业文化创新。越来越多的企业家认识到，诚信是企业安身立命之本，是企业核心竞争力的重要源泉。企业要打造百年老店，不仅取决于经营能力，更取决于诚信程度。许多企业通过加强内部诚信管理制度建设，在生产经营中恪守诚信，不断积累良好的企业信誉。但也有一些非公有制企业存在法治观念淡薄、契约精神缺乏、生产销售假冒伪劣商品等诚信缺失问题，需要进一步加强引导。

（二）加强非公有制企业诚信建设要发挥工商联作用

工商联是以非公有制企业和非公有制经济人士为主体的人民团体和商会组织。引导非公有制经济人士牢固树立守法诚信意识，推动非公有制企业不断加强诚信建设，是促进非公有制经济健康发展和非公有制经济人士健康成长的必然要求。国务院批准全国工商联成为社会信用体系建设部际联席会议成员单位，充分体现党和国家对在非公有制经济领域加强信用体系建设的重视，也是交给工商联的一份沉甸甸的责任。

全国共有县级以上工商联组织3 394个，其中县级工商联近3 000个，各级工商联共有4万个商会，415万会员。各级工商联和基层商会与非公有制经济人士联系广泛，对会员的思想动态、生产经营情况和诚信状况了解也比较具体，有利于将工作引向深入，能够扩大社会信用体系建设的覆盖面，增强实效性。工商联开展非公有制企业诚信建设，主要通过加强守法诚信教育，普及信用常识和信用管理知识，增强非公有制企业守法诚信意识；树立宣传诚实守信先进典型，发挥示范带动作用；发挥商会自律功能，对会员实施守信激励和失信惩戒；将诚信与企业文化建设相融合，引导企业践行社会主义核心价值观。

党的十八大以来，中央统战部与全国工商联共同在非公有制经济人士中开展理想信念教育实践活动，增强非公有制经济人士对中国特色社会主义的信念、对党和政府的信任、对企业发展的信心和对社会的信誉。针对一些非公有制企业存在诚信缺失问题，开展了诚信宣誓、质量月、“重合同、守信誉”企业评选等活动，引导企业增强信用意识。结合贯彻党的十八届四中全会精神，确定了以守法诚信为重点的理想信念教育实践活动，抓好法治和诚信宣传教育，加强法律维权服务和信用体系建设，帮助排解思想困惑和实际困难。各地工商联和商会以多种形式开展守法诚信宣传教育，组织企业家签署诚信公约、发布诚信宣言、开展诚信企业和品牌创建，举办守法诚信企业家典型巡回演讲，联合宣传部门和新闻媒体讲“守法诚信好故事”，取得良好的成效，得到非公有制经济人士的积极响应。

（三）工商联参与信用体系建设要重点抓好几项工作

全国工商联要认真履行社会信用体系建设部际联席会议成员单位职责，精心谋划一些“接地气”、有创意的工作内容，在促进非公有制经济领域信用体系和整个社会诚信建设中发挥应有作用。

一是加强守法诚信教育。把守法诚信作为教育引导非公有制经济人士的重要内容，向广大非公有制经济人士普及信用体系建设相关政策法规和重要举措，引导他们提高诚信意识和信用管理能力，在生产经营、财务管理和劳动用工管理等各环节强化信用自律。引导非公有制企业重视内部诚信管理制度建设，弘扬诚实守信的传统文化和现代市场经济的契约精神，形成崇尚诚信、践行诚信的社会风尚。

二是大力宣传典型。充分发挥主流媒体和新媒体的宣传引导作用，加大对守信行为的宣传力度，总结各地社会信用体系建设的经验做法，树立宣传商会和企业诚信建设先进典型，营造守信光荣的舆论氛围。在宣传正面典型的基础上，注重反面案例的警示作用。

三是发挥商会作用。支持商会参与信用体系建设，引导商会建立信用档案、开展信用评价、提供信用信息服务，加强会员诚信宣传教育和培训，引导会员企业履行社会责任，提高从业人员素质。推动形成行业性约束和惩戒，引导商会制定行业自律规则和行业道德准则，并监督会员遵守，对违规失信者开展惩戒，规范行业发展秩序。

四是积极建言献策。深入基层商会和企业开展调查研究，特别在信用立法、信用标准制定等环节，广泛听取、积极反映基层商会和广大非公有制经济人士的意见建议。加强与党委政府相关部门、信用中介机构的沟通联系，形成促进非公有制企业信用体系建设的合力。

（原载于《经济日报》
2016年1月10日03版）

全哲洙同志在推进“万企帮万村”精准扶贫行动全国电视电话会议上的讲话

（2016年1月25日）

组织民营企业开展“万企帮万村”精准扶贫行动，是全国工商联、国务院扶贫办、中国光彩会共同深入贯彻中央扶贫开发工作会议和《中共中央国务院关于打赢脱贫攻坚战的决定》精神的重要举措，是广大非公有制经济人士秉持先富帮后富、为全面建成小康社会争作贡献的积极实践。中共中央政治局委员、中央统战部部长孙春兰同志，中共中央政治局委员、国务院副总理汪洋同志对此高度重视，专门就“万企帮万村”精准扶贫行动作出重要批示。会前，全国工商联、国务院扶贫办、中国光彩会联合印发了《深入推进民营企业开展“万企帮万村”精准扶贫行动的实施意见》，今天的全国电视电话会议主要任务就是对推进“万企帮万村”精准扶贫行动作出进一步安排。刚才，国务院扶贫开发领导小组副组长、国务院扶贫办主任刘永富同志作了重要讲话，指出脱贫攻坚是全面建成小康社会的底线目标，民营企业是打赢脱贫攻坚战的重要力量，强调“万企帮万村”行动的关键是精准帮扶，要求做好行动的服务保障工作；广西壮族自治区工商联、贵州省扶贫办、恒大集团有限公司和湖北名羊农业科技发展有限公司从不同角度作了大会发言，介绍了参加行动的总体想法和初步做法。下面，我就贯彻落实中央关于打赢脱贫攻坚战的决策部署和孙春兰同志、汪洋同志的重要批示，确保“万企帮万村”精准扶贫行动取得成效，讲三点意见。

（一）思想上要高度重视

消除贫困、改善民生、逐步实现共同富裕，是社会主义的本质要求。习近平总书记强调，全面建成小康社会，最艰巨的任务是脱贫攻坚，最突出的短板在于农村还有7 000多万贫困人口。能不能打赢脱贫攻坚战，农村贫困人口全部脱贫是一个标志性指标，加大农村精准扶贫力度至关重要，直接关系到人民群众对全面小康社会的满意度和国际社会对全面小康社会的认可度，关系到我们党在人民群众中的威望和我们国家在国际上的形象，关系到我们党的执政基础和经济发展新常态下的经济增长。组织民营企业开展“万企帮万村”精准扶贫行动，是党中央国务院直接交给我们的一项重大任务，与中央统战工作会议强调工商联要围绕“两个健康”主题组织开展理想信念教育实践活动、用好光彩事业载体，引导非公有制经济人士增强“四信”、积极履行社会责任等决策部署是完全一致的。组织实施好这一行动，有利于引导非公有制经济人士大力弘扬光彩精神，致富思源、富而思进，以先富帮后富的实际行动致力共同富裕，达到做贡献的目的；有利于引导民营企业发挥资金、技术、管理、人才、市场等方面的优势，优化投资布局，拓展发展空间，形成新的增长点，以企业自身发展拉动贫困地区发展，达到促发展的目的；有利于引导非公有制经济人士特别是年轻一代深入农村贫困地区，加深对国情党情民情的了解、对农民群众的感情、对建成全面小康社会奋斗目标的认同，以鲜活生动的社会实践感染人，达到受教育的目的。组织实施好这一行动，是我们在“十三五”时期的政治责任，一定要从政治、全局、战略高度来看待和认识，绝不能有丝毫含糊。要把这一行动与贯彻落实党的十八届五中全会精神、努力践行新发展理念结合起来，与贯彻落实中央农村工作会议精神、着力加强农业供给侧结构性改革结合起来，与贯彻落实中央统战工作会议精神、深化非公有制经济人士理想信念教育实践活动结合起来，切实担负起这一光荣而艰巨的历史使命，努力在推进农村贫困人口精准脱贫上有作为、有贡献。

（二）帮扶上要突出优势

以光彩精神为引领，以产业开发为主要方式，是长期以来工商联和光彩会组织民营企业参与扶贫事业的鲜明特色，体现了统战性、经济性、民间性有机统一的综合优势。要清醒地看到，当前和今后一个时期，脱贫攻坚战面临的贫困人口可以说都是贫中之贫、困中之困，“万企帮万村”精准扶贫行动任务非常艰巨，而且越往后越是硬骨头。我们要鼓励提倡并充分尊重企业和基层的首创精神，坚持新发展理念，突出自身特色，发挥企业优势，因地因企制宜，创新帮扶举措，重点做到“三个一批”。

要重点发展一批特色产业。产业扶贫是拔掉“穷根子”的关键一招，发展生产是实现稳定脱贫、脱贫不返贫的治本之策，兴办企业、发展产业是突出企业扶贫优势的重要体现。贫困地区不少地方有着丰富的土地、劳动力、矿产、自然风光等要素资源，可以说也是我国经济发展的巨大潜力、市场空间和回旋余地之所在。但贫困地区大多地处偏远、交通不便，普遍经济基础薄、配套设施缺、产业层次低，培育发展产业难度大。这需要我们通过有效服务，鼓励、支持企业家充分发挥创业创新才能和整合资源、捕捉商机、创新机制等优势，在贫困地区投资兴业。要引导企业立足贫困地区的自然人文资源禀赋特点，适应地区间产业梯度转移新趋势，用好用足产业扶贫政策，促使企业资金、技术、管理、人才向贫困地区流动，把企业转型升级与贫困地区产业发展结合起来，宜农则农，宜林则林，宜牧则牧，宜商则商，宜游则游，按照经济发展规律，推动发展一批特色产业。农业是贫困农民生活和收入的主要来源，现在生产力水平总体还比较低，有的地方还以传统生产方式为主。要把发展现代农业作为产业扶贫的重点，农业产业化企业要加强与家庭农场、农民专业合作社等新型农业经营主体的合作，通过“公司+基地+专业合作社+农户”等方式，实施“一村一品”行动，发展农产品加工业和特色种养殖业，延长产业链，提高附加值。要通过吸收贫困户土地经营权入股、资源开发收益分享等方式建立紧密的利益联结机制，通过发挥“互联网+”优势、畅通物流渠道等方式对接市场，让资源变资产、农民变股东、农产品变商品，联股联利连心。贫困地区不是落后产能的“收容所”，更不能成为污染物的“排放地”。企业在当地投资办厂，要更加注重低碳、循环、绿色发展，加大环保投入，保住当地好山好水好风光。特色产业要发展起来，关键是企业要愿意来、进得去、留得住。在这方面，我们既要做好前期的宣传发动、项目对接，也要做好后期的跟踪服务、分类指导，特别是要密切关注企业生产经营面临土地、资金、用工、审批等方面的困难和制约，有针对性地采取有效措施帮助解决这些问题。

要重点解决一批贫困户劳动力就业。习近平总书记强调，就业是最大的民生工程、民心工程、根基工程。支持贫困地区农民在本地或外出务工，这是短期内增收最直接见效的办法。由于多种原因，贫困地区就业问题突出，劳动力普遍受教育程度偏低，劳动技能不高，务工机会较少，一些民族地区还存在语言不通、信仰不同、生活习俗迥异等问题。我们要从贫困地区和贫困群众的实际出发，发挥好民营经济的就业主渠道作用，努力开展有效的就业扶贫。一方面，要提供更多的就业岗位。在贫困地区办企业的，要注重投向农产品深加工、纺织服装、商贸物流、特色餐饮、文化旅游等劳动密集型行业，帮助当地群众就近就地稳定就业。在发达地区和城市办企业的，可以在贫困地区建立劳务培训基地，开展订单定向培训，有序组织贫困家庭劳动力转移外出就业。企业要有耐心和诚意，加强和改进岗前、岗中培训，提供劳动和社会保障，使他们在工作中体验改善生活的获得感，在劳动中增强建设家乡的荣誉感。工商联要加强与当地县乡基层劳动就业和社会保障服务平台的联系与合作，为企业提供劳动力信息服务。另一方面，要提供更多的职业技能培训机会。扶贫先扶智，教育才是阻断贫困代际传递的治本之策。只有先富脑袋，才能富口袋。民营职业院校、职业技能培训机构要面向贫困地区提供更多的培训机会，以80后、90后农村青年劳动者和初高中毕业生为主要对象，把树立正确就业观、掌握生产务工技能作为培训重点，提高培训的针对性和实效性，引导他们靠技能脱贫、靠创业致富。

要重点落实一批公益捐赠项目。从贫困发生原因看，相当部分贫困村是因基础薄弱、资源贫瘠、生态脆弱造成的，相当部分贫困户是因病、因灾、因学致贫或返贫的。守望相助、扶危济困是中华民族的传统美德，也是光彩精神的重要内涵。要在拓宽扶贫公益资金筹集渠道上多想办法，鼓励企业直接捐赠，或通过设立扶贫公益基金、开展扶贫公益信托等方式，为参与扶贫的非公有制经济人士提供有效可信的公益平台和参与渠道。要坚持需求导向，把贫困群众最热切期盼解决的问题作为重中之重，真正把公益资金用到点上、扶到根上。基础设施落后和公共服务短缺是贫困地区最大的瓶颈制约，最突出的是路、水、电、房等问题。公益扶贫要向贫困村基础设施建设倾斜，补上公共服务短板。这不仅可以改善贫困村生产生活条件，而且能带动相关产业发展，一举多得。公益扶贫要向贫困家庭的高校学生、重病患者、留守儿童、空巢老人、残疾人等特殊特困人群倾斜，通过捐资助学、医疗救助、生活救助等方式，使他们生活得更有尊严，切实感受到党和政府的温暖以及社会各界的关心。扶贫公益资金要专款专用，必须严格监督管理，确保扶贫公益资金在阳光下运行、真正用在扶贫开发上。

（三）工作上要狠抓落实

一分部署，九分落实。能不能抓落实、会不会抓落实，检验我们的行动、考验我们的能力。行动行动，关键在动。我们要紧紧依靠党委政府领导，坚持问题导向、实践导向、基层导向，尽心尽情尽力抓好扶贫任务落实，最终以绩效说话，把好事办实、实事办好。

一要抓好统筹领导。工商联、光彩会与政府扶贫部门要在党委政府的统一部署下，依靠企业、商会和贫困地区人民群众的力量开展工作，共同成立“万企帮万村”精准扶贫行动工作领导小组，加强沟通、形成合力。制订行动具体方案要与当地脱贫攻坚整体规划相衔接，投入的扶贫资源要允许地方政府整合使用，推进扶贫行动要服从当地政府统一调遣。要抓紧分区域、按时间分解任务，细化措施，明确责任。工商联、光彩会要把推进行动的落实作为重中之重，主要领导负总责、分管领导亲自抓，行动工作领导小组办公室要积极履行职责，及时协调解决行动落实中的困难和问题，注重把光彩行、援藏援疆、定点扶贫等工作纳入行动统筹推进。

二要抓好组织实施。落实好这一行动，关键是解决好“扶持谁、谁来扶、怎么扶”三个问题，抓住实现精准对接、明确帮扶举措、落实政策支持三个环节。工商联、光彩会要负责组织动员有意愿有能力的企业，政府扶贫部门要负责提供建档立卡的贫困村户，确保帮扶主体与帮扶对象精准对接，落实到村到户到人，做到不脱贫、不脱钩。要从实际出发，力求帮扶对象“缺什么补什么”，引导帮扶企业“有什么帮什么”，确保精准制定个性化的帮扶措施，做到一企一策、一村一策、一户一策。工商联、光彩会要与政府扶贫部门一道，在周密组织上下功夫，在分类指导上做文章，发挥各自优势做好服务保障，确保服务支持精准到位，做到企业有求必应、召之即来。这段时间，要利用多种渠道，反映企业诉求，宣传并推动落实优先保障扶贫开发用地需要、公益扶贫捐赠所得税税前扣除、吸纳贫困人口就业企业税收优惠、职业培训补贴、提高公路建设补助标准、扶贫龙头企业认定等特殊支持政策，并针对行动实施中的新情况、新问题，推动出台含金量高、配套衔接好、操作性强的政策措施，让企业放心专心地参与到“万企帮万村”行动中来。

三要抓好商会作用发挥。商会作为工商联的基层组织，联系企业最直接、最广泛、最密切，在组织发动会员、联系服务会员、促进会员合作交流等方面具有独特的优势作用，是开展精准扶贫行动的基础，也是打赢“万企帮万村”这场硬仗的前线。工商联、光彩会特别是县一级工商联要善于通过商会广泛宣传发动，组织更多会员企业参与到行动中来，拓宽行动覆盖面；要善于通过商会延长工作手臂，把行动任务分解到商会，把落实行动任务作为考核商会工作的重要内容，增强行动实效性；也要善于通过商会带动更多的社会扶贫资源，放大扶贫效应，扩大行动影响力。

四要抓好督促检查。行动能不能落地，关键要看各方面工作能不能做到位。要把功夫重点花在组织服务、宣传引导上，善于发挥先进典型的示范效应，带动更多企业参加到行动中来，引导企业积极作为、贡献力量。各级工商联执委常委、光彩会理事、商会班子成员要带好头，先一步参加行动，先一步创新帮扶举措，先一步拿出扶贫成效。要强化责任落实，建立完善年度脱贫攻坚报告和督查制度，行动成效也要纳入当地扶贫工作的年度绩效考核，真正把导向立起来。工商联、光彩会要为企业建立帮扶台账，做好数据统计，及时跟踪掌握帮扶投入和脱贫进度，加强对扶贫资金使用、扶贫项目安排等方面的监督管理，真正把制度严起来。脱贫攻坚也是一项良心工作，要做到既接地气又暖人心，就必须摸透实情、善谋实招、真抓实干，不搞“政绩工程”，防止“数字脱贫”，杜绝腐败现象，做到“扶真贫、真扶贫”。

“十三五”时期是我国脱贫攻坚的决战决胜期，“万企帮万村”精准扶贫行动任务艰巨、使命光荣。我们要以饱满的热情、务实的作风，切实提高扶贫行动的精准度和有效性，努力实现企业发展与农村脱贫双赢局面，在全面建成小康社会的伟大实践中作出新的更大贡献。

全哲洙同志在工商联系统学习贯彻习近平总书记重要讲话精神学习班上的讲话

（2016 年 3 月 15 日）

3 月 4 日下午，习近平总书记在全国政协十二届四次会议民建、工商联界委员联组会上发表重要讲话。这是党的十八大以来，党中央作出的关于非公有制经济和非公有制经济人士工作的最全面最系统阐述，对于推动改革开放、践行新发展理念、壮大爱国统一战线、巩固党执政的群众基础和社会基础具有重要现实意义和深远历史意义。总书记站在党和国家事业全局的战略高度，从坚持完善社会主义基本经济制度、贯彻落实促进非公有制经济健康发展的政策措施、推动广大非公有制经济人士做合格中国特色社会主义事业建设者三个方面，提出了一系列新思想新观点新论断，是中国特色社会主义理论体系和中国特色社会主义政治经济学的创新成果，是总书记治国理政思想在非公有制经济领域的深化发展。

总书记重要讲话进一步丰富了中央统战工作会议关于非公有制经济健康发展和非公有制经济人士健康成长是重大经济问题也是重大政治问题的思想，在全党全国特别是广大非公有制经济人士和工商联干部中引起热烈反响。3 月 8 日，新华社全文公开发布总书记重要讲话，各地迅速掀起学习高潮。中央统战部分别召开部分非公有制经济人士座谈会和参加全国“两会”的省级统战部部长会议，中共中央政治局委员、中央统战部部长孙春兰同志对抓好总书记重要讲话精神的学习宣传贯彻提出具体要求。全国工商联先后召开党组扩大会和十一届十三次主席会议，认真学习讨论总书记重要讲话精神，研究谋划贯彻落实措施。各地工商联也及时组织开展各种形式的学习宣传活动，对抓好贯彻落实进行了考虑安排。

作为工商联系统学习贯彻总书记重要讲话精神的一项重要举措，我们今天专门组织省级工商联主席、党组书记集中学习讨论。刚才，上海、江苏、浙江、湖南、广东5个省级工商联负责同志作了交流发言，厉以宁教授为我们作了辅导报告，对我们认真学习贯彻总书记重要讲话精神，围绕“两个健康”主题，进一步开拓工商联工作新局面，很有启发。

这次学习班，虽然时间短，但主题鲜明、讨论热烈。大家普遍感到，通过今天的学习讨论，进一步提高了认识、坚定了方向、明确了任务，收获很大。大家认为，总书记重要讲话从中国特色社会主义建设规律出发，着眼于协调推进“四个全面”战略布局，立足于初级阶段基本国情和改革开放具体实践，赋予基本经济制度新的丰富内涵，充分体现了世界观与方法论的统一，为促进“两个健康”给予了理论指导，给广大非公有制经济人士吃了定心丸。大家认为，总书记重要讲话直面制约“两个健康”的现实问题，提出一系列务实有效举措，充分体现了目标导向与问题导向的统一，为促进“两个健康”指明了前进方向，为新常态下民营企业提振信心、争取更大作为吹响了集结号。大家认为，总书记重要讲话深刻阐明公有制与非公有制、政策制定与政策落实、经济健康发展与人士健康成长、政与商这四对关系，既讲清了怎么看，又讲明了怎么办，充分体现了两点论和重点论的统一，为促进“两个健康”提供了行动遵循，是加强和改进新形势下工商联工作的指南针。

总书记重要讲话思想深邃、内涵丰富、观点鲜明，针对性指导性极强。我们的学习刚刚开始，思想认识有待进一步深化，当前必须在学习好、领会透、贯彻实上下大功夫。学习好，就是要原原本本地学、扎扎实实地学，对总书记重要讲话的基本观点全面准确把握，防止断章取义、各取所需；领会透，就是要在深层次上深刻把握、深化认识，真正入脑入心，防止浅尝辄止、浮在表面；贯彻实，就是要付诸实践、狠抓落实，将学习贯彻总书记重要讲话精神与深入贯彻落实中央统战工作会议精神结合起来，各级工商联在中央统战工作会议落实年中注重抓好总书记重要讲话精神的贯彻落实，抓具体、具体抓，最终看行动、见成效。

下面，结合大家的讨论，我讲六个问题。

（一）关于公有制经济与非公有制经济关系的问题

公有制与非公有制的关系，是准确把握我国基本经济制度的关键，也是很多民营企业比较困惑的一个问题。总书记首先从坚持和完善社会主义基本经济制度，对公有制与非公有制的关系作出理论阐述，强调这个问题直接关系中国特色社会主义道路、理论和制度，直接关系中国共产党领导的社会主义国家的特色和本质，体现的是政治方向和根本立场。总书记指出，实行公有制为主体、多种所有制经济共同发展的基本经济制度是我们党确立的一项大政方针，是中国特色社会主义制度的重要组成部分，也是完善社会主义市场经济体制的必然要求，我们党在坚持基本经济制度上的观点是明确的、一贯的、不断深化的。总书记的重要论述，表明了党的坚定立场、回应了社会关切、澄清了认识迷雾，必将引发新一轮解放思想、转变观念、深化改革的大潮，必将催生多种所有制经济相生相伴、共存共赢、竞相发展的热潮，必将形成民间资本活力充分释放、生产关系极大改善、生产力快速发展的局面。

总书记强调，公有制经济是长期以来在国家发展历程中形成的，为国家建设、国防安全、人民生活改善作出了突出贡献，是全体人民的宝贵财富。巩固和发展好公有制经济，是坚持和完善基本经济制度的内在要求，任何想把公有制经济否定掉的想法都是错误的。工商联作为党领导的人民团体和商会组织，首要任务是贯彻执行党的路线方针政策，这就要求我们必须始终坚持党的领导，在坚持基本经济制度上必须十分清醒和坚定，不能人云亦云、左右摇摆。这直接体现着政治定力和政治把握能力。

总书记用无可辩驳的非公有制经济发展事实和一系列党的政策依据，充分证明我国非公有制经济是改革开放以来在党的方针政策指引下发展起来的，对一些人关于重视不重视、鼓励不鼓励非公有制经济的质疑给予了明确回答；充分肯定非公有制经济的四个方面重要作用和五个重要地位，作出“三个没有变”的重要论断，指出任何想把非公有制经济否定掉的想法都是错误的。这些重要论述，充分显示了党中央坚定不移发展非公有制经济的决心。特别是关于“三个没有变”的重要论断，体现了变与不变的辩证统一。不变的是基本制度和方针，就是基本经济制度要长期坚持，“两个毫不动摇”方针要长期坚持。变的是政策措施的不断完善，就是随着党关于基本经济制度的认识不断深化，支持非公有制经济发展的政策在不断完善、环境在不断优化，依法保护企业家财产权和创新收益的力度在不断加大。贯彻总书记重要讲话精神，要求我们多做解疑释惑、思想疏导方面的工作，把总书记对非公有制经济的肯定和关怀，传递到广大非公有制经济人士中，让他们消除戒心、澄清困惑、打消顾虑，更加安心放心发展。

总书记强调公有制经济与非公有制经济应该是有机统一、相辅相成、相得益彰的，对长期以来存在的公有制与非公有制对立的错误观点进行了有力批驳。这实际是针对一些思想保守、思维僵化、观念陈旧，常常戴有色眼镜看非公有制经济，把非公有制经济人士当作消极甚至异己力量等问题提出来的，也是对所谓“国进民退”“民进国退”之类的纷争作出的正面回应。公有制经济与非公有制经济都是社会主义市场经济的重要组成部分，都是我国经济社会发展的重要基础。要看到，在发展过程中，无论哪种所有制经济都会有一些矛盾和问题，都面临一些困难和挑战，对此不能一叶障目、不见泰山，攻其一点、不及其余。否定公有制的主体地位，就会落入全盘私有化的陷阱；否定非公有制经济的积极作用，就会导致体制机制僵化。绝不能把二者孤立起来，更不能把二者对立起来，必须坚决防止互相排斥、相互抵消，而要使两者统一于中国特色社会主义建设进程之中。我们要在理想信念教育实践活动中，把总书记关于公有制与非公有制关系的重大论断领会透、把握准、解读好，积极引导广大非公有制经济人士坚定对中国特色社会主义的信念与对党和政府的信任，推动多种所有制经济在改革实践中相互促进、共同发展。

（二）关于新常态下民营企业发展信心的问题

在实施“十三五”规划开局之年、全面建成小康社会决胜阶段起步之年、推进供给侧结构性改革攻坚之年的特殊背景下，总书记专门就非公有制经济发表重要讲话，针对经济发展新常态下民营企业信心不足、动力缺乏这一突出问题，传递党中央的关心，对于稳定企业预期具有十分重要的意义。当前，区域和企业分化加剧，许多企业感到日子不好过，发展看不清方向，转型找不到路标，加之国际上唱衰中国者有之，国内移民跑路者有之，导致投资意愿不强。民营企业怎么走、能不能实现转型升级，直接关系到我国经济怎么走、能不能实现中高速和迈向中高端，进而关系到我们国家怎么走、能不能跨越“中等收入陷阱”。非公有制经济发展问题成为关乎我国全局的重大问题，信心问题成为关乎民营企业发展的紧迫问题。总书记深刻分析国际国内形势，为非公有制经济把脉会诊，为坚定民营企业信心开出了药方。

总书记对唱衰中国经济的噪音杂音和错误认识进行了有力批驳，指出中国经济发展韧性强、潜力足、回旋余地大的优势凸显，我国仍然是全球投资机会最好的国家。这是党中央对我国经济在世界经济格局中地位作用的准确研判，展示了对中国经济前景的坚定信心。总书记特别指出，我国发展一时一事会有波动，但长远看还是浩荡东风。明大势、识大局，才能有定力、谋长远。无数事实证明，中华民族历史上无论经历多少曲折坎坷，都顽强地走出来了。即使现在，别有用心的人唱衰中国，但更多有识之士看好中国，越来越多国家希望搭上中国经济发展快车。我们要引导民营企业把握趋势、坚定信心，看根本、看长远，不要错失机遇、晚人一步。

实现“十三五”规划的宏伟目标，非公有制经济是不可或缺的重要力量。总书记指出新常态既是挑战也是机遇，殷切希望民营企业发挥创新创造精神，争取新常态下的新作为、新提升、新发展。这为广大民营企业勾勒出空间更广阔、机遇更充分、前景更美好的新蓝图，为广大民营企业积极践行新发展理念，认识、适应和引领新常态指明了前进方向，提出了更高要求。

坚定信心是我们今年理想信念教育实践活动的重点之一。要通过开展形势政策教育，引导民营企业把认识统一到中央的判断上来，正视困难，抢抓机遇。制造业企业是实体经济的主体，当前产能过剩、成本高企、开工不足等现象尤为突出。我们要注重了解企业转型信心、投资意愿、发展机会等方面的情况和问题，有针对性地推动民营制造业加快迈向中高端。各级工商联组织的经贸交流活动，要紧扣国家三大战略和区域发展战略，与服务地方经济发展结合起来，抓好《全国工商联关于引导服务民营企业参与“一带一路”建设的若干意见》的贯彻落实，推动民营企业深度参与装备、技术、标准、服务等联合重组，加快产业优化升级，拓展新的发展空间。

机遇总是留给有准备的人。能不能抓住机遇，考验的是企业综合素质。越是经济下行，越需要企业练内功强素质。要统筹做好各种形式、各类专题的企业培训，引导企业完善经营管理制度，努力补齐创新、人才、技术方面的短板，增强内在活力和创造力。

（三）关于民营企业政策获得感的问题

总书记重要讲话回顾了党的十五大以来中央支持非公有制经济发展的重要政策，专门阐述了党的十八大以来特别是十八届三中、四中、五中全会推出的扩大非公有制企业市场准入、平等发展的一系列改革举措，以及为贯彻中央精神接续出台的一大批相关政策措施，强调指出鼓励支持引导非公有制经济发展政策体系已经形成、非公有制经济发展良好政策环境和社会氛围前所未有这一客观事实。非公有制经济从无到有、从小到大、由弱变强，就是靠我们党的方针和政策实现的，民营企业是改革开放政策的直接受益者。随着全面深化改革不断推进，非公有制经济政策体系只会更加健全、发展环境只会更加优化、发展机会只会更加充裕。我们要引导民营企业倍加珍惜来之不易的大好局面，看到党中央在全面深化改革和营造发展环境方面作出的不懈努力，理解支持参与改革，抓住用好改革红利，一心一意谋转型，一心一意办企业，一心一意促发展。

总书记重要讲话直面问题，对当前支持非公有制经济发展的政策配套措施还不是很实、政策落地效果还不是很好的问题高度重视，对企业反映较多的“三门”“三山”等问题非常关注，再次剑指“最后一公里”顽疾，深刻指出症结在于政策执行层面落实不到位影响了政策有效性，明确提出要让民营企业从政策中增强获得感。总书记在多种场合提到让人民对改革有更多的获得感，这次又特别提出民营企业的政策获得感问题，体现了总书记对执政为民理念的一贯倡导，体现了总书记对民营企业所思所忧所盼的高度关切。为了提高政策有效性、增强企业获得感，总书记强调，当前必须下决心从增强政策含金量、可操作性和加大政策落实力度两个方面，着力解决好中小企业融资难、市场准入、公共服务体系建设、利用产权市场组合民间资本、清理精简行政审批事项和涉企收费等五个突出问题。

这“五个着力”，不仅提出了完善发展民营企业政策环境的具体路径，而且在深层次上涉及金融体制、投融资体制、公共服务体制、行政审批制度等重点部位、关键领域的改革，都是当前供给侧结构性改革的突破口。这些问题的破解，必将推动形成全面深化改革的洪流，必将为非公有制经济再创巨大的改革红利。我们要注重引导企业坚定发展信心，全面、客观、公允地看待前进中的矛盾和发展中的问题，自觉做改革的促进派和实干家。要把引导服务摆在工商联工作更加突出的位置，继续坚持“抓大扶小”工作思路，提高第三方评估质量，抓好年度重点调研，完善政企沟通工作机制，加大政策解读、建言献策、民主监督等工作力度，尤其要在破“三门”、过“三山”方面推动政策落地落细落实，不断扩大政策宣传覆盖面和政策服务受惠面。近年来，我们每年开展年度重点调研活动，这已经成为工商联提高建言献策质量、积极主动作为、扩大社会影响的重要实践，也是一条重要经验，要继续坚持好、总结好、运用好。今年4、5月份，我们将开展制造业民营企业发展状况调研，准确掌握制造业面临的新情况新问题，分析制约产业升级的原因，围绕技术创新、降低成本等提出完善落实政策的意见建议。各地工商联都要积极参与，群策群力，共同把这项调研搞好。

（四）关于非公有制经济人士健康成长的问题

在中央统战工作会议上，总书记作出“两个重大”的重要论断，阐明了“两个健康”的内在逻辑关系。这次总书记再次强调，非公有制经济健康发展的前提是非公有制经济人士健康成长，深刻揭示了非公有制经济健康发展的内在需求和非公有制经济人士的成长规律。长期以来，总书记一直高度重视非公有制经济人士队伍建设。总书记重要讲话明确要求广大非公有制经济人士要加强自我学习、自我教育、自我提升，做合格的中国特色社会主义事业建设者；要求民营企业家积极践行社会主义核心价值观，做爱国敬业、守法经营、创业创新、回报社会的典范。这是对广大非公有制经济人士寄予的新期待，是对激发企业家精神、发挥企业家才能提出的新要求，也为工商联加强和改进新形势下思想政治工作指明了方向、明确了任务。我们必须始终坚持思想政治工作的生命线地位，把坚定“四信”作为主要内容，切实在理想信念教育实践活动“深化”上破题见效。

深化，目标要明确。总书记提出的

“四个典范”，既是对非公有制经济人士的时代要求，也为我们深化理想信念教育实践活动明确了目标。要引导非公有制经济人士做爱国敬业的典范，始终热爱祖国、热爱人民、热爱中国共产党，与党和人民同呼吸共命运，将企业发展与国家发展紧密相联，把个人梦、企业梦与中国梦融为一体，用产业报国的实际行动来谱写人生事业的华彩篇章。要引导非公有制经济人士做守法经营的典范，把守法诚信作为安身立命之本，把守法经营作为任何企业都必须遵守的一个大原则，违法的事坚决不做，亏心的事坚决不做，坚持真心尊法、主动学法、自觉守法、解决问题靠法，切实做到依法经营、依法治企、依法维权。要引导非公有制经济人士做创业创新的典范，弘扬创业创新这一企业家精神最鲜明的特质，坚忍不拔、攻坚克难，把创新理念运用到企业生产经营各个环节，率先实现新常态下的引领型发展。要引导非公有制经济人士做回报社会的典范，致富思源、义利兼顾，自觉履行社会责任，积极投身光彩事业和公益慈善事业，先富带后富，促进共同富裕。

深化，重点要突出。我们要按照总书记要求，在今年的理想信念教育实践活动中，突出守法诚信、坚定信心这个重点。要认真贯彻落实《关于加强工商联法律服务工作的意见》，推动营造公平透明的法治环境，引导民营企业坚守法律诚信底线。要通过多种形式，广泛深入宣传党的十八大以来关于非公有制经济的方针政策，广泛深入宣传总书记关于非公有制经济工作的新思想新观点新论断，广泛深入宣传中央为营造良好发展环境而推出的一系列改革举措，进一步提振坚定发展信心。总书记在中央统战工作会议和这次讲话中两次强调要注重对年轻一代非公有制经济人士的教育培养，要求引导他们继承发扬老一代企业家的创业精神和听党话、跟党走的光荣传统。这就是我们深化理想信念教育实践活动新的着力点。“两会”结束之后，我们马上要开展年轻一代非公有制经济人士教育培养工作调研，深入了解年轻一代的群体特点和成长规律，提出加强和改进年轻一代思想政治工作的任务与措施。各地工商联要积极配合做好调研工作。

深化，方法要科学。总书记提出的“三自”要求，强调了教育特别是自我教育的极端重要性，为我们创新思想政治工作方式方法提供了科学指导。总书记指出，非公有制经济人士不要听到“三自”要求就感到不舒服，金无足赤、人无完人，非公有制经济人士同党政干部都要自强不息、止于至善。这是非常有针对性的。我们非公有制经济人士中确实有少数人听到教育两个字就感觉刺耳。常言道，活到老，学到老，改造到老。教育是人的自我解放和全面发展的基本路径，接受教育反映一个人的志向和境界。理想信念教育实践活动开展以来，我们始终强调活动的主体是非公有制经济人士，注重变“要我参加”为“我要参加”，就是为了发挥非公有制经济人士自我学习、自我教育、自我提升的主体作用。自我教育与引导教育相结合，是我们这些年来思想政治工作取得新成效的有效途径。我们工商联也有少数干部，一说起教育就理不直气不壮。我多次讲过，非公有制经济人士不能拒绝教育，我们也不能放弃教育。目前，我们存在的突出问题是有些活动空洞说教、简单灌输、手段单一、形式呆板，影响了引导教育的针对性和有效性。总书记指出，领导干部对非公有制经济人士要做到多关心、多谈心、多引导，这“三多”与总书记在中央统战工作会议上强调做非公有制经济人士工作“既要关注思想，也要关注困难”“要坚持团结、服务、引导、教育的方针，一手抓鼓励支持，一手抓教育引导”的“两个关注”“两手抓”是一脉相承的，是新形势下做好党的群众工作的根本方法，要求我们见物见人，多做解人困、暖人心的工作，防止“两张皮”。越是困难的时候，我们的关心帮助越能凝聚人心、增进共识。理想信念教育实践活动要拓宽覆盖面、增强渗透力，必须更好发挥商会作用，使我们的工作真正深入到广大非公有制经济人士中。

深化，关键要行动。理想信念教育实践活动根本目的，是为中华民族伟大复兴凝心聚力，关键要在围绕中心服务大局上见行动。总书记充分肯定“万企帮万村”精准扶贫行动，要求工商联抓好落实，抓出成效。农村贫困人口是全面建成小康社会最突出的短板，是脱贫攻坚战最难啃的硬骨头。“万企帮万村”是党中央、国务院直接交给工商联的一项紧迫任务，是今后一个时期工商联系统必须全力以赴、共同攻克的一场硬仗。抓好落实，要求我们把“万企帮万村”精准扶贫行动提到政治高度，摆在突出位置，精心谋划，周密组织，倒排时间，大力推进；抓出成效，要求我们坚持结果导向，在精准上动脑筋，在帮扶措施上出实招，真扶贫、真脱贫，防止“数字脱贫”，决不搞形式主义、表面文章那一套，最终看是否在到村到户到人上见了实效。参与扶贫攻坚是非公有制经济人士先富带后富、促进共同富裕的时代责任；组织民营企业参加“万企帮万村”，是深化理想信念教育实践活动、促进思想教育与实践教育相结合的重要载体。要根据《关于深入推进“万企帮万村”精准扶贫行动实施意见》，做好宣传发动、组织实施，主动协调党政有关部门，为参与行动的企业争取扶持政策。要注重发挥企业家副主席、副会长和常委、执委的带头引领作用，发挥商会的组织优势，发动会员积极投身精准扶贫。认真组织开展好甘肃、云南光彩行活动，引导广大民营企业家做贡献、促发展、受教育。

（五）关于构建新型政商关系的问题

古今中外，政商关系都是一个十分复杂的社会关系。总书记以中国哲学特有的大道至简和深深根植于民间的中国传统文化元素，把新型政商关系精辟而深刻地概括为“亲”“清”两字，提供了政商交往的新标尺。中国传统文化都善用核心概念来阐述和传播。“亲”“清”这两个老百姓语言，言简意赅、富含哲理，意蕴深厚、意味深长，从领导干部和民营企业家两个方面，用“亲”来密切政商关系，用“清”来规范政商关系，使企业家和各级干部放下了思想包袱，明确了界限，知晓了进退。

总书记从推动经济社会发展的必然要求出发，指出领导干部同非公有制经济人士的交往是经常的、必然的，也是必须的。政商关系是一种客观存在，关键看怎么把握。总书记明确要求，不能搞成封建官僚和“红顶商人”之间的那种关系，也不能搞成西方国家大财团和政界之间的那种关系，更不能搞成吃吃喝喝、酒肉朋友的那种关系。过去大家反映较多的是官商勾结，一些人靠不健康的政商关系获取不法资源和不义之财。党的十八大以后，在反腐败的高压态势下，大家普遍感到“三门”现象依然存在，一些基层干部对企业家搞“软拒绝”，出现了“背对背”的新情况。总书记对全面从严治党新形势下的政商关系作了深入剖析，对反腐败阻碍经济发展的错误认识进行了有力驳斥。我们要引导非公有制经济人士正确把握政商关系，看到反腐败斗争既有利于净化政治生态也有利于净化经济生态，理顺市场秩序，还市场以本来面目，引导他们认清

“信权信人信钱不信法”的观念不能再有，打“擦边球”“靠关系”的老路行不通，“勾肩搭背”“官商勾结”“权钱交易”更不允许。

总书记要求领导干部首先做到“亲”，坦荡真诚地同民营企业家接触交往，在民营企业遇到困难和问题的情况下积极作为、靠前服务，帮助解决实际困难，真心实意支持民营经济发展，充分体现了以人民为中心的执政理念。总书记要求领导干部做到“清”，同民营企业家要清白、纯洁，不能有贪心私心，不能以权谋私，不能搞权钱交易。总书记语重心长，对领导干部谆谆告诫。工商联干部作为非公有制经济人士的“娘家人”，应把总书记的要求执行得更严格。要做到“亲”上加“亲”，晓之以理、动之以情帮他们解疑释惑，真心实意、全心全意帮助他们排忧解难；更要做到一“清”二“白”，决不允许以“公谊”之名谋“私谊”之实，决不允许向工作对象索取利益。非公有制经济人士政治安排是工商联工作最大的廉政风险点。各级工商联都要警钟长鸣，落实好“两个责任”，坚决按中央要求做好有关工作。

总书记要求民营企业家也要做到“亲”“清”，“亲”，就要积极主动同各级党委和政府及部门多沟通多交流，讲真话，说实情，建诤言，满腔热情支持地方发展；“清”，就要洁身自好、走正道，做到遵纪守法办企业、光明正大搞经营。这对广大非公有制经济人士来说，既是关心教育也是告诫警示。各级工商联要把引导非公有制经济人士构建新型政商关系作为今年理想信念教育实践活动的重要方面，推动党政部门建立和非公有制经济人士的联系机制，增进政企互信，成为各级干部和民营企业家共同构建新型政商关系的“润滑剂”。

（六）关于工商联自身建设的问题

总书记重要讲话充分肯定了近几年全国工商联的重点工作，说明我们的大方向、总体思路符合党中央要求，符合工商联“两个健康”主题和工作实践。总书记对工商联工作如此了解、如此重视，对我们既是鼓舞也是鞭策，既是动力更是压力。

总书记要求工商联加强自身建设，增强凝聚力、影响力、执行力，重申了中央统战工作会议关于工商联要推动所属商会改革，切实担负起指导、引导和服务职责的要求。工商联工作的基础和活力都在基层，“三力”强不强也要看基层。商会是工商联一切工作的主阵地。推动工商联所属商会改革，既是加强自身建设、抓基层打基础的重点，也是我们当前工作中需要下功夫解决的一个难点。我们要进一步调查研究，及时准确掌握商会发展的新情况新问题，深入分析工商联商会的中国特色、组织特性和时代特征，切实加强顶层设计，按照中央要求抓紧制定改革办法。在研究起草改革办法中，我们要认真贯彻中央对群团工作体现政治性、先进性和群众性的要求，坚持所属商会是工商联基层组织的定位，坚持所属商会“三性”有机统一的基本特征，提出符合社会组织管理体制改革大方向的改革举措，明确工商联的具体职责，真正实现统战工作向商会组织有效覆盖的目标。各地要不等不靠，把握好基本原则，发挥基层首创精神，多探索、多实践，为制定改革办法提供鲜活素材和实践依据。要继续加强县级工商联建设，努力巩固“一个设立、五个有”阶段性成果，积极推进“五好”县级工商联建设，确保实现明年30%的目标。要注重防止中央党的群团工作会议提出的机关化、行政化、贵族化、娱乐化倾向，进一步增强会员队伍的广泛性和代表性，防止发展会员设置资产门槛。

贯彻落实好总书记重要讲话精神，关键在领导班子。党组要发挥领导核心作用，把握工商联工作正确方向，提高科学决策、民主决策、依法决策水平，支持主席工作，发挥党外干部作用，搞好合作共事。领导干部要懂全局、议大事、管本行，增强政治意识、大局意识、核心意识、看齐意识，注重研究当前非公有制经济发展的新形势、新任务，注重解决工作中的新矛盾、新问题，破除惯性思维，不断创新工作思路和工作方法。当前工商联讲核心意识、看齐意识，最集中地就体现在对总书记重要讲话精神的学习贯彻落实上。要不断强化责任担当，积极作为，领着干、促着干、亲自干，不能只是空对空地原则指导。今明两年，各级工商联将陆续换届。要坚持标准、严格程序、认真考察、做好综合评价，选好配强工商联主席和党组书记，把思想政治强、行业代表性强、参政议政能力强、社会信誉好的非公有制经济代表人士推荐出来，把更多具有较高政治智慧、娴熟统战艺术、丰富工作经历和较宽知识面的同志选拔到工商联领导班子中来。

事在人为，人在素质。当前，工商联干部队伍最突出的就是面对新的形势任务无所适从，存在不作为不会为的问题。我们要将总书记重要讲话作为“两学一做”中学习教育的重要内容，用总书记重要讲话来激励干部振奋精神、鼓足干劲、树立好作风，同时针对干部的知识空白、经验盲区、能力弱项，开展精准化培训，立足本职岗位、围绕重点工作加强实践锻炼，全面提升工商联干部整体素质。

这次学习班马上就要结束了，但学习贯彻总书记重要讲话精神是一项长期任务。各级工商联要把学习贯彻落实总书记重要讲话精神作为首要政治任务，紧紧依靠党委统一领导，在统战部的工作指导下，牢牢依托商会组织，结合工商联实际，努力把学习贯彻总书记重要讲话精神不断引向深入。一分部署、九分落实。我们要坚持问题导向、实践导向、基层导向和结果导向，做到情况明、思路清、方法新、举措实，不断开创工商联工作的新局面。

王钦敏同志在全国工商联十一届八次常委会议上的讲话

（2016 年 6 月 28 日）

今年 3 月 4 日，习近平总书记在全国政协十二届四次会议民建、工商联界委员联组会上发表重要讲话。总书记站在党和国家事业全局的战略高度，从坚持完善社会主义基本经济制度、贯彻落实促进非公有制经济健康发展的政策措施、引导广大非公有制经济人士做合格中国特色社会主义事业建设者三个方面，提出了一系列新思想新观点新论断，是党的十八大以来党中央作出的关于非公有制经济和非公有制经济人士工作的最系统最全面阐述，极大地提振了广大非公有制经济人士的信心，在社会各界产生了很好反响。总书记讲话后，全国工商联迅速召开党组会议、主席会议、省级工商联主席党组书记学习班，专题学习领会总书记重要讲话精神，认真研究提出贯彻落实的具体措施。全国31个省（区、市）和新疆生产建设兵团党委通过多种形式学习贯彻总书记重要讲话精神，结合本地实际制定了许多落实举措。本次会议的主要任务是，继续深入学习贯彻落实总书记3月4日重要讲话精神，深化理想信念教育实践活动，在加强年轻一代非公有制经济人士教育培养，推动民营企业提质增效升级，扎实推进“万企帮万村”精准扶贫行动等方面，抓好落实、抓出成效。下面，我讲三点意见。

（一）进一步深化理想信念教育实践活动

今年以来，在党中央、国务院的坚强领导下，国民经济平稳运行、稳中有进，经济增长处于合理区间，产业结构调整继续推进，消费升级趋势继续显现，新动能积聚加快成长，总体符合预期。同时，民间投资增速持续回落，一些民营企业对经济下行压力感到不适应，对市场预期信心不足。我们今年的理想信念教育实践活动，以“守法诚信、坚定信心”为重点，就是要引导广大非公有制经济人士稳定发展预期、坚定发展信心。工商联促进“两个健康”工作的多年实践表明，越在困难的时候，越彰显深化理想信念教育实践活动的重要性和紧迫性。

一是引导民营企业坚定发展信心。民营经济发展已成为关乎我国发展全局的重大问题，信心已成为关乎民营企业可持续健康发展的紧迫问题。坚定信心必须稳定发展预期，核心是坚持中国特色社会主义制度，坚持“一个中心、两个基本点”的基本路线，坚持基本经济制度。改革开放30多年的中国特色社会主义发展实践证明，非公有制经济从小到大、由弱变强，是在党和国家方针政策指引下实现的。企业发展信心来源于党中央国务院的高度重视和对中国特色社会主义的信念。党的十八大以来，关于非公有制经济发展的政策措施更加完善。对当前非公有制经济发展碰到的各种问题，党中央、国务院高度重视。总书记指出，“非公有制经济在我国经济社会发展中的地位和作用没有变，我们毫不动摇鼓励、支持、引导非公有制经济发展的方针政策没有变，我们致力于为非公有制经济发展营造良好环境和提供更多机会的方针政策没有变”，“非公有制经济在稳定增长、促进创新、增加就业、改善民生等方面发挥了重要作用，是稳定经济的重要基础，是国家税收的重要来源，是技术创新的重要主体，是金融发展的重要依托，是经济持续健康发展的重要力量”。总书记的讲话传递了党中央对非公有制经济和非公有制经济人士的关心和支持，为广大民营企业家安心专心用心谋发展吃下了“定心丸”。今年年初，俞正声主席专门就当前经济形势、民营经济发展召开民营企业家座谈会，鼓励民营企业把握新常态，坚定信心、创新发展。前不久，国务院派出9个督查组对民间投资政策落实情况开展专项督查，同时，委托全国工商联等3家单位开展第三方评估，着力解决各项政策落实的“最后一公里”问题。6月22日，李克强总理主持国务院常务会议听取专项督查和第三方评估的工作汇报，要求以不断深化改革调动民间投资的积极性。强大的制度优势是非公有制经济不断发展壮大的有力保障。信心来源于全面深化改革的不断推进。尽管改革进程中险滩、暗礁、激流不断，但“放管服”改革、价格改革、财税改革、国企改革等一系列重大改革举措都在有序推进，特别是党中央提出推进供给侧结构性改革，完成“去产能、去库存、去杠杆、降成本、补短板”这五大任务，必将改变供需结构错配和要素配置扭曲的现状，为中国经济持续健康发展奠定良好基础。这些改革实践势必为非公有制经济发展营造良好环境。信心来源于我国巨大发展潜力和战略机遇。正如总书记指出的："新常态既是挑战，也是机遇，关键看怎样认识和把握，认识到位、把握得好、工作得力，就能把挑战变成机遇"，"我国经济发展韧性强、潜力足、回旋余地大的优势凸显，我国仍然是全球投资机会最好的国家，非公有制经济发展、非公有制经济人士施展才华面临的空间更加广阔、机遇更加充分、前景更加美好，完全可以有更大作为"。要看到，"十三五"规划、国家三大发展战略和区域发展战略等为民营经济发展开辟了广阔空间，其中蕴含着巨大的发展机遇。我们没有理由对国家的未来感到悲观，更没有理由对企业的发展失去信心。

新形势下，各级工商联要充分发挥思想政治工作长效机制作用，把引导民营企业践行新发展理念、坚定发展信心，作为贯彻落实习近平总书记重要讲话精神的重要任务。要通过开展形势宣讲、政策培训、观摩交流等多种方式，引导民营企业正确判断经济形势、准确把握发展机遇，增强良好发展预期。要依托各类调研活动，深入挖掘一批在传统产业技术改造、高端装备制造、核心技术研发、产业链龙头带动、创新创业等领域成效显著、经验可借鉴的典型案例，让广大民营企业家在身边榜样身上看到信心。要密切与有关新闻媒体的合作，充分利用新媒体，发挥正面舆论引导作用，大力宣传民营企业家对经济社会发展的突出贡献，树立一批可信、可比、可学的典型，进一步激发以创新、执着、责任为主要内容的企业家精神。

二是引导民营企业守法诚信经营。总书记强调，民营企业家要洁身自好走正道，做到遵纪守法办企业、光明正大搞经营，并指出各类企业都要把守法诚信作为安身立命之本，依法经营、依法治企、依法维权。企业守法诚信与否，关乎经济生态、政治生态和社会生态。广大民营企业家要充分认识到，守法最安全，是对企业最有效的保护；诚信最珍贵，是企业最有价值的无形资产；只有守法诚信，才能维护以契约为基础的信用关系，发挥市场在资源配置中的决定性作用，降低制度性成本，提高经济运行效率。广大民营企业家要从自身做起诚信守法，为促进法治社会和信用经济建设发挥积极作用。

各级工商联要进一步增强法治宣传教育的实效性，引导广大非公有制经济人士做守法诚信的践行者和捍卫者。要结合"七五普法"，开展"法律进企业"活动，引导民营企业依法经营、依法治企、依法维权，将法治精神融入企业文化，坚决不做偷税漏税、制假贩假的违法事和偷工减料、质次价高的亏心事，自觉抵制利益输送、权钱交易；开展"法律进商会"活动，大力提升商会法治化建设水平和法律服务能力，支持商会建立健全行业规范和行业自律制度；开展"法律进机关"活动，切实增强工商联干部运用法治思维和法治方式开展工作的能力，提升规范化、法治化工作水平。在推动构建"亲""清"新型政商关系的过程中，要积极推动党委政府、司法机关建立完善制度化、经常化的政企沟通机制，通过经常性走访、举办各类座谈会等形式，及时了解诉求，帮助民营企业解决发展困难；引导民营企业主动同党委政府及有关部门沟通交流，做到发现情况不瞒着、遇到困难不掖着、意见建议不藏着。同时，各级工商联干部要始终坚持以"亲""清"二字为标尺，坦荡真诚地同民营企业家接触交往，在民营企业遇到困难和问题时积极作为、靠前服务。

三是加强年轻一代教育培养。年轻一

代已经成为非公有制经济人士队伍的新生力量，是经济领域统战工作的重要对象。引导他们健康成长，已成为我们开展思想政治工作的重要课题。习近平总书记在中央统战工作会议上指出，要引导非公有制经济人士特别是年轻一代致富思源、富而思进，做到爱国、敬业、创新、守法、诚信、贡献。总书记在3月4日重要讲话中进一步强调，要注重对年轻一代非公有制经济人士的教育培养，引导他们继承老一代企业家的创业精神和听党话、跟党走的光荣传统，做合格的中国特色社会主义事业建设者。这既对年轻一代健康成长指明了努力方向，也对工商联提出了进一步加强非公有制经济人士队伍建设的新任务。

为学习贯彻总书记重要讲话精神，今年上半年我们开展了年轻一代思想状况和教育培养工作调研。总的来看，针对年轻一代这个特殊的群体，我们的教育培养工作存在许多不适应，引导教育工作亟待加强和改进。各级工商联要把对年轻一代教育培养作为一项政治任务，深入开展调查研究，摸清他们的思想状况，把握成长规律，把加强年轻一代教育培养作为理想信念教育实践活动新的着力点。要加强党情国情和形势政策教育，通过开展主题教育活动，举办学习班、培训班，组织他们去井冈山、延安、西柏坡等地参观学习，接受革命传统和爱国主义教育，夯实热爱祖国、热爱人民、热爱中国共产党的思想基础。要通过“导师制”和老中青共同培训等方式，做好“传帮带”，引导年轻一代继承光荣传统，崇尚实业，创新发展。要按照“三强一好”标准，适当安排优秀代表人士，宣传年轻一代在坚定理想信念、创业创新、履行社会责任、践行社会主义核心价值观等方面的先进典型，激发他们的创业激情和创造活力。要采取网上网下相结合、互动式体验式相结合等年轻一代喜闻乐见的方式开展活动，增强思想政治工作的针对性和有效性。

四是发挥商会主阵地作用。总书记在中央统战工作会议上指出，统战工作要向商会组织有效覆盖，发挥工商联对商会组织的指导、引导、服务职能，确保商会发展的正确方向。商会是非公有制经济人士自我学习、自我教育、自我提升的实践舞台。充分发挥商会作用，广泛开展理想信念教育实践活动，是推动统战工作向商会组织有效覆盖的重要内容。今年以来，各地工商联指导商会结合行业发展和企业家思想实际，开展了许多富有特色的活动，但不少商会的活动仍未有效开展起来，主阵地作用发挥不明显，工商联的指导推动也不力。

商会开展理想信念教育实践活动的成效如何，决定着活动的深度和广度。各级工商联要在指导上下功夫，把商会开展活动的情况作为衡量工商联工作的重要标准。要抓好商会领导班子这个关键，商会会长、副会长要发挥示范带动作用，特别是在贯彻落实习近平总书记重要讲话精神中，要带头学习、带头宣讲，做守法诚信、坚定信心、创新发展的表率。要引导商会增强服务意识，提高服务能力，做好宣传政策、反映诉求、维护权益、加强自律等工作，帮助企业解决生产经营中的实际困难和问题。要将商会开展理想信念教育实践活动情况作为商会负责人年度考核的重要内容，促进商会不断扩大组织会员企业参加理想信念教育实践活动的覆盖面。要加大对商会负责人理论政策培训教育的力度，集中开展对商会会长、秘书长的培训，帮助他们提高思想政治水平和工作能力。

（二）加快推进民营企业提质增效升级

当前，世界新一轮科技革命和产业变

革正在孕育兴起，国内经济处于速度换挡、结构优化、动力转换的关键阶段。许多民营企业特别是制造业企业在经济下行压力持续加大的情况下，充分发挥创新能力强、机制灵活、市场敏锐的优势，紧紧依靠技术创新、管理创新、模式创新，提质增效升级的意识不断增强，显示了发展活力和潜力，成为中国制造迈向中高端的重要力量。

制造业作为国民经济的支柱和基础，是供给侧结构性改革的主战场和着力点。在今年工作的整体安排中，我们将促进民营企业特别是制造业民营企业健康发展作为一项重点，上半年组织开展了制造业民营企业发展状况调研，目的是引导和服务制造业民营企业正确认识和把握新常态下经济发展大势，提振发展信心，积极参与供给侧结构性改革实践，依靠创新驱动和两化融合，实现转型升级、提质增效、迈向中高端。我们欣喜地看到，当前不少制造业民营企业正在积极寻求转型升级的办法和路径，从供给侧入手破解市场需求疲软的瓶颈。有些企业致力技术创新，瞄准产业发展前沿，研发新产品、创造新需求、开辟新市场，提升产品附加值，实现从价值链低端向高端转变。有些企业主动适应信息化和工业化融合带来的变革，广泛应用“机器人”、“互联网＋”、大数据、云计算等技术，实现生产过程、制造模式的智能化。有些企业把质量视为生命，把品牌作为命牌，不断提高产品质量和信誉，在激烈的市场竞争中赢得发展。有些企业通过自身努力，从最初行业标准的追赶者，到成为行业标准的制定者，引领行业发展方向。有些企业将引进人才与引进智力相结合，在广聚人才、用好人才、成就人才方面下功夫。有些企业通过采用节能环保的生产方式实现绿色制造，做到了环境和效益的有机统一。有些企业积极“走出去”，参与国际合作，通过并购引入先进技术和国际标准，合作规模和层次不断提升，竞争能力不断提高。他山之石，可以攻玉。这些企业的有益探索和成功经验，需要在座的企业家和广大非公有制经济人士认真学习反思、吸收借鉴。

我们也要看到，制造业民营企业依然面临诸多困难，既有市场冰山、融资高山、成本高、标准滞后、知识产权保护不力、政策落实不到位等客观原因，也有转型火山、创新能力不足、人才短缺、管理粗放等主观原因。这些因素叠加，导致制造业民营企业生存发展遇到困难，分化趋势明显，出现了“冰火两重天”的现象。对此，我们要准确研判，区别对待、精准施策。

各级工商联要积极行动起来，按照总书记提出的“民营企业应该发挥主观能动性和创新创造精神，正确认识、积极适应新常态，争取新常态下的新作为、新提升、新发展”的要求，引导制造业民营企业提质增效升级、迈向中高端。

一是引导企业强化技术创新，加快转型升级。技术创新是企业实现可持续发展的生命线。在当今创新制胜的时代，帮助服务企业开展技术创新是促进企业健康发展的关键举措，是工商联义不容辞的责任。要引导传统制造业民营企业加强技术改造，加快推动信息技术在传统产业的应用，淘汰落后生产方式。要引导企业加大研发投入，促进企业与高等院校、科研机构将研发成果、企业产品和市场需求对接，加快科技成果产业化。要充分发挥行业商会作用，推动组建技术创新联盟，突破共性关键技术，带动整体创新能力的提升。要发挥行业龙头企业带动作用，实现产业链上下游企业技术进步和提质增效。要推动完善政府采购和招投标机制，关注产品的技术创新水平，支持国产首台套技术装备、国产高端装备推广应用。要坚持保护知识产权就是保护创新的理念，开展知识产权普法宣传，依托商会开展知识产权申报、维权等方面咨询服务；加强与司法部门的合作，鼓励、支持园区和行业商会等建立知识产权快速维权中心，加大对侵权行为的惩处力度。

二是引导企业完善标准体系，提升质量品牌。标准水平决定着产品和服务的质量。要收集企业关于各个行业标准方面的问题建议，推动建立和完善国家标准体系，提升标准的先进性、有效性和实用性。要在各个行业推动标准的建设和应用，充分发挥行业商会、民营企业和产业联盟在标准制定和实施中的积极作用，鼓励行业领军企业参与行业标准和国际标准的制定修订。要引导企业牢固树立品牌意识，以推动标准的实施严控产品质量，以质量创造品牌，把产品做专做精做优，树立中国制造的良好形象。

三是推动民营企业“走出去”，促进国际产能合作。全球化是企业竞争发展必须面对的现实。要继续做好民营企业“走出去”特别是参与“一带一路”建设的引导服务工作，加强与相关职能部门的沟通协调，整合资源，共同搭建服务平台，为民营企业国际合作修好桥、铺好路。要鼓励有条件、有能力的民营企业，在高端装备制造、核心基础零部件和关键基础材料等方面，通过兼并、收购和引进等方式获得国际领先的技术和装备，提升企业的竞争力。要引导行业领军企业建立中外合作高端装备产业园区，吸引国外高端装备企业来中国投资发展。鼓励企业面向全球引进创新人才，推动降低企业引进高端人才的成本。

四是推动政策落细落地，增强企业的政策获得感。各级工商联及商会要通过政策宣讲等多种方式，让企业了解政策、掌握政策、落实政策。通过重点调研、第三方评估、提案议案、协调座谈等形式，加强与政府有关部门的沟通协调，积极推动相关政策的梳理和完善，多设路标少设路障，解决政策不配套、不协同、不实际等问题；推进“放管服”深化改革，进一步简政放权，放宽市场准入，加强事中和事后的监管，切实保障企业投资主体地位。推动有关部门出台《中国制造2025》的具体实施方案，进一步帮助企业明确转型升级提质增效、迈向中高端的方向和路径。

（三）扎实推进“万企帮万村”精准扶贫行动

“万企帮万村”精准扶贫行动是党中央国务院交给我们的一项重大任务。今年年初，我们召开了推进“万企帮万村”精准扶贫行动全国电视电话会议，与国务院扶贫办、中国光彩会联合印发了《深入推进民营企业开展“万企帮万村”精准扶贫行动的实施意见》。3月4日，习近平总书记在讲话中提出“工商联开展的‘万企帮万村’精准扶贫行动很好，要抓好落实、抓出成效”的新要求。

总书记的充分肯定和更高要求进一步激发了广大民营企业参与行动的热情，企业结合自身优势和扶贫对象的实际，运用产业扶贫、就业扶贫、公益扶贫、电商扶贫、教育扶贫等方式，既有整县推进、整乡推进、包村推进，也有一企帮多村、多企帮一村、一业带多村。随着行动的深入开展，我们也发现了一些制约行动落实和取得成效的问题。主要是，在“帮扶谁”上对接不准，有些地区没有将帮扶力量聚焦到建档立卡贫困村、贫困户身上；在“怎么帮”上项目不准，没有引导企业发挥扶贫优势、建立脱贫长效机制。

据不完全统计，截至目前全国约有2万家民营企业与建档立卡贫困村建立了结对帮扶关系。但是，我们必须认识到，这只是迈出了“万企帮万村”精准扶贫行动的第一步。脱贫攻坚不能搞数字脱贫、概念脱贫，关键是要在“精准”二字上用力，在“实效”上下功夫，帮助实现建档立卡贫困村、贫困户的真正脱贫。各级工商联要认真领会总书记关于“抓好落实，抓出成效”的要求，进一步加大组织推进力度，主动作为、聚焦精准、务求实效。

一是做好精准对接。脱贫攻坚成于精准，败于失准。必须首先解决好帮扶谁的问题。要与各级政府扶贫办等有关部门充分沟通、精准对表，及时掌握贫困村、贫困户建档立卡情况，帮助民营企业做好对接，建立结对关系，努力把企业的帮扶资源和力量精准聚焦到真正的贫困村、贫困户上。

二是抓好产业扶贫。产业扶贫是民营企业的独特优势，关键在于实现优势互补。要注重引导民营企业将自身优势与贫困村的资源禀赋、贫困户的实际需求相结合，与贫困村、贫困户建立个性化的帮扶模式，创造性地与农民建立利益联结机制。

三是依靠能人带动。许多贫困群众想富不会富，要富没门路。激活贫困群众脱贫内生动力的关键，在于要有能人来带动。要引导企业在开展精准扶贫过程中，通过与当地农民专业合作社、致富能人的合作，提高农民的组织化程度，降低项目推进成本。农民专业合作社理事长、返乡创业人员和当地小微企业经营者是农村能人最集中的群体，熟悉本地乡土民情，经受过市场经济的历炼，是精准扶贫必须依靠的关键力量。要在脱贫攻坚战中充分发挥能人的引领示范作用。

四是加大服务力度。建好管理台账，是抓好“万企帮万村”精准扶贫行动的基础工作。全国工商联正在开发统一的台账管理数据库，各级工商联一定要充分重视，指定专人负责，实时跟踪企业对贫困村、贫困户的帮扶进展，确保填报的数据真实可信。要做好行动的跟踪服务，加强与参与行动的企业家的及时联系，为他们排忧解难、鼓劲加油。要定期到企业、到贫困村和贫困户调研了解情况，对企业在帮扶过程中遇到的困难和问题，主动协调有关部门推动解决。要及时掌握、认真研究国家和各地鼓励支持企业参与脱贫攻坚的优惠政策，引导企业用好用足政策。要主动与有关部门沟通协调，降低企业的融资成本，帮助企业获得低息贷款、贴息贷款，减轻企业税负、加大企业奖补力度，切实引导广大民营企业打好脱贫攻坚战。

习近平总书记的重要讲话，为进一步推动工商联事业发展提供了难得的历史机遇。我们肩上的担子越来越重，但是使命光荣。能否交出满意的答卷，取决于我们自身的工作水平和能力。“打铁还得自身硬。”工商联自身建设是决定服务“两个健康”工作成效的基础和保障。习近平总书记要求，工商联要加强自身建设，增强凝聚力、影响力、执行力，推动工商联所属商会改革，切实担负起指导、引导和服务职责。中央对工商联工作关怀备至，是我们不断推动工商联事业向前发展的不竭动力。各级工商联要把深入学习贯彻落实总书记重要讲话精神作为首要政治任务，紧紧依靠各级党委领导和统战部的指导，继续加强基层组织建设和机关建设，抓紧研究制定商会改革办法，配合做好地方工商联换届工作，始终坚持问题导向、实践导向、基层导向，做到情况明、思路清、方法新、举措实，勇于担当、积极进取，创新作为，不断开创促进“两个健康”工作新局面。

全哲洙同志在全国工商联十一届八次常委会议上的讲话

（2016年6月29日）

这次常委会议就要结束了。关于当前工商联深入学习贯彻习近平总书记今年3月4日重要讲话精神的重点工作，钦敏主席已经作了具体部署。下面，我再强调三个问题。

（一）牢固树立“四个意识”

切实增强政治意识、大局意识、核心意识、看齐意识，是在全面从严治党新形势下总书记对全党提出的明确要求。增强政治意识，就要增强政治坚定性、政治敏锐性和政治鉴别力，恪守党的政治纪律和政治规矩，做到政治信仰不变、政治方向不偏、政治立场不移。增强大局意识，就要自觉站在党和国家大局上想问题、看问题，主动把工作放到大局中去思考、定位、摆布，做到正确认识大局、一切服从大局、更好服务大局。增强核心意识，就要坚决维护党中央的绝对权威和集中统一，确保党中央政令畅通，做到党中央部署什么、工商联就做什么，党中央要求什么、工商联就抓什么。增强看齐意识，就要经常主动向党的理论和路线方针政策看齐、向党中央系列重大决策部署看齐，做到思想看齐、行动看齐、狠抓落实。“四个意识”有机统一，从不同角度强调了必须在思想上政治上行动上同以习近平同志为总书记的党中央保持高度一致，这是全党全国各方面工作都必须坚持的首要原则和根本遵循。工商联牢固树立“四个意识”，不能空喊口号，不能搞“两张皮”，必须落实到具体工作中，体现在发挥作用上。

增强“四个意识”，才能深入学习贯彻总书记重要讲话精神。总书记3月4日重要讲话，是党的十八大以来党中央关于坚持我国基本经济制度、促进非公有制经济健康发展和非公有制经济人士健康成长最全面最深刻的阐述，既体现了党的十八届三中四中五中全会精神，又体现了中央统战工作会议和中央党的群团工作会议精神，站位高远、内涵深邃，是新形势下指导工商联工作的纲领性文件。对工商联来说，只有树立“四个意识”，才能贯彻落实好总书记重要讲话精神；也只有深入学习贯彻总书记重要讲话精神，才是对“四个意识”是否增强的检验。各级工商联必须把深入学习贯彻总书记重要讲话精神作为重中之重的政治任务，在前期学习领会、贯彻落实基础上，再动员再部署，再学习再提高，再推动再落实。学习永无止境。要把深入学习贯彻总书记重要讲话精神纳入工商联“两学一做”学习教育中，纳入非公有制经济人士理想信念教育实践活动中，引导广大非公有制经济人士提振信心、凝聚力量。非公有制经济人士中的党员企业家，不是统战成员，而是为党做统战工作的重要力量，都要牢固树立“四个意识”，把总书记重要讲话精神贯彻到企业发展和个人成长具体实践中，真正学在深处、干在实处、走在前列。

增强“四个意识”，必须紧扣“两个健康”工作主题。在中央统战工作会议上，总书记作出“两个健康”既是重大经济问题又是重大政治问题这一深刻论断，明确要求工商联围绕“两个健康”主题履行职责、发挥作用。总书记3月4日重要讲话再次强调指出非公有制经济健康发展的前提是非公有制经济人士健康成长；既直面非公有制经济政策执行层面存在的突出问题，要求增强民营企业政策获得感；又直指非公有制经济人士自身素质上的差距，希望民营企业家自我学习、自我教育、自我提升，争做爱国敬业、守法经营、创业创新、回报社会的典范。工商联增强“四个意识”，就要紧扣“两个健康”主题，既关注思想也关注困难，一手抓鼓励支持一手抓教育引导，做好服务企业和思想引导两个方面的工作。

当前，我国经济发展进入新常态，民营企业生产经营出现许多新情况新问题。特别是今年以来，民间投资虽然结构不断优化，但增速也在明显放缓。最近两个月，中央多次召开会议研究部署促进民间投资工作，国务院开展了民间投资专项督查，委托全国工商联等单位开展第三方评估，就是考虑到民间投资关系到稳增长、保就业，关系到推进供给侧结构性改革、促进新经济成长和产业优化升级，既关乎当前又关乎长远。这就是大局。工商联要紧紧围绕党中央决策部署，善于通过形势政策宣讲引导企业家看大势、抓本质，稳预期、树信心，增强战略定力；善于通过调查研究和建言献策推动非公有制经济系列政策落细落地，增强企业政策获得感；善于依托商会和龙头企业为更多中小微企业提供服务，引导企业抓住技术创新“牛鼻子”，积极参与供给侧结构性改革，增加有效投资、提供有效供给，加快转型升级步伐，推动产业迈上中高端。

总书记强调，意识形态工作是党的一项极端重要的工作。在当前多重压力下，非公有制经济人士思想波动明显增多，同时意识形态领域斗争依然激烈，一些境外敌对势力妄图在非公有制经济人士中与我们争夺人心，这支队伍的思想引导面临更多新的任务。人心是最大的政治，做非公有制经济人士工作就是稳人心的工作。总书记强调要深入开展以“守法诚信、坚定信心”为重点的理想信念教育实践活动，《中国共产党统一战线工作条例（试行）》把开展理想信念教育作为非公有制经济人士工作的首要职责。我们要把理想信念教育实践活动作为一项长期性经常性任务来抓，多做一些解疑释惑的工作，多做一些谈心交心的工作，春风化雨、润物无声，引导教育广大非公有制经济人士保持清醒头脑，积极践行社会主义核心价值观，听党的话、跟着党走，自觉将企业的命运与国家的命运紧密联系在一起，抓住人生出彩的机会，用产业报国的实际行动来谱写人生事业的华彩篇章。各地要在理想信念教育实践活动情况调查摸底基础上，总结推广行之有效的方式方法，查找覆盖面和实效性方面存在的问题，立足实际，从“深化”的角度入手，突出以“守法诚信、坚定信心”为重点，突出年轻一代这一新着力点，突出各类商会主阵地，突出互联网新媒体等新渠道，突出互动式体验式活动等新形式，坚持并完善摸底调查、正面引导、政企沟通、培训互动、协调推进等五个长效机制，进一步把理想信念教育实践活动向广度和深度推进。

在这里，我想特别强调一下政商关系问题。总书记把新型政商关系精辟而深刻地概括为“亲”“清”两字，言简意赅、富含哲理，意蕴深厚、意味深长。政商关系是一种客观存在、长期存在的社会关系，党政干部同企业家的交往是经常的、必然的，也是必须的，关键看健康不健康。构建什么样的政商关系，既取决于党政干部所为，也取决于企业家所为。近一段时间，普遍反映党政干部方面出现“只怕不清不怕不亲”心态和不联系不接触不办事现象；企业家方面也表达“既盼清又盼亲”的心愿，但仍然有少数企业主“信钱信人不信法”，幻想“用钱搞定走老路”。企业家要深入学习领会总书记重要讲话精神，读懂总书记对企业家的拳拳爱护之心和谆谆教诲之意，自觉按照总书记要求做到“亲”“清”。对企业家来说，只有“亲”了，才能坚定信心；也只有“清”了，才是守法诚信。要“亲”，就要积极主动同各级党委和政府及部门多沟通多交流，同心同德一家人，讲真话，说实情，建诤言；还要满腔热情帮助党委政府分忧解难，与党委政府一条心，支持地方稳增长、保就业、促发展。要“清”，就要用法律法规来约束政商交往行为，绝不搞“勾肩搭背”、权钱交易，绝不靠不健康政商关系获取不法资源和不义之财，做到洁身自好走正道，遵纪守法办企业，光明正大搞经营。

增强“四个意识”，就要明确党组政治责任。工商联是党领导的人民团体和商会组织。在工商联设立党组并发挥领导核心作用，是确保党的理论和路线方针政策得到贯彻落实的重要途径和根本保障。作为全面从严治党的重大举措，中央作出巡视全覆盖的重大部署。2014 年 12 月，全国工商联接受了中央专项巡视。目前，有些省级工商联党组接受了巡视，有的正在接受巡视，其他都将陆续接受巡视。巡视是对党组织和党员领导干部的巡视，主要是政治巡视。省级工商联党组要担起政治责任，自觉接受并主动配合巡视。各地要坚持问题导向，把巡视整改作为增强“四个意识”的重要实践，严格按照巡视反馈意见抓好整改落实。要对照“四个意识”找出差距、发现问题，切实增强政治意识、严明政治纪律、严守政治规矩，落实好中央重大决策部署；对照《中国共产党党组工作条例（试行）》，针对领导核心作用问题，严格落实党组主体责任，防控非公有制经济人士政治安排等廉政风险，加强机关党建工作特别是党员干部教育管理；对照中央党的群团工作会议要求，针对联系服务非公有制经济人士问题，克服和防止机关化、行政化、贵族化、娱乐化倾向；对照总书记重要讲话精神，针对工作落实推进问题，着力在深化理想信念教育实践活动、推进民营企业提质增效升级、实施“万企帮万村”精准扶贫行动、推动商会改革发展等重点工作上取得实质性进展。

（二）抓牢基层组织建设

基层处在联系非公有制经济人士和服务民营企业的第一线，基层工作是“促进两个健康”的最直接实践。工商联深入学习贯彻总书记重要讲话精神的大量工作，都要靠基层去落实。抓基层、强基础，本身就是深入学习贯彻总书记重要讲话精神的客观要求和重要任务。各级工商联必须发扬“钉钉子”精神，持之以恒抓基层组织建设，进一步增强工商联组织的凝聚力、影响力和执行力。

继续巩固县级工商联建设成果。基层统战工作重点在县级，县级统战工作两个重点之一就在非公有制经济领域。县级工商联直接承担非公有制经济领域统战工作的职责，其自身建设如何、作用发挥怎样，直接关系到基层统战工作成效。近几年，我们下大力气狠抓“一个设立、五个有”，较好地解决了县级工商联组织“高位截瘫”的问题。但目前受多方面因素影响，有些地方出现“一个设立、五个有”倒退滑坡现象，有的“一个设立”落了空，有的“五有”变“四有”“三有”。截至今年 5 月底，未完成“一个设立、五个有”目标的县级工商联数量不降反增，由2014年年底的112个增加到223个。“一个设立、五个有”，是我们加强县级工商联建设的一项重要举措，与中央党的群团工作会议强调力量下沉、重心下移要求一致。下半年，中央统战工作领导小组将对中央统战工作会议精神落实情况进行调研检查。各省级工商联要主动向党委请示汇报，在统战部指导下，加大县级工商联建设力度，组织开展“一个设立、五个有”回头看，巩固已有成果，防止问题反弹，力求“一个都不能少”。

建立健全党组是加强县级工商联建设的首要问题。“一个设立”，就是设立党组。从我们了解的情况看，现在仍有91个县级工商联没有党组，19个县级工商联有党组但没有党组成员。要坚持党委的统一领导，抓住今明两年工商联换届的契机，把选好配强主席和党组书记作为县级工商联换届工作的重点。党组书记必须把主要时间和精力放在工商联工作上，切实肩负起第一责任人责任，抓班子、带队伍。党组既要充分发挥领导核心作用，又要支持主席开展工作，支持党外副主席按照工作分工履行职责，注重发挥兼职企业家副主席和常委执委作用，搞好合作共事，齐心协力建设一个强有力的领导班子和领导机构。

各地民营经济发展阶段不同，“五有”的具体条件不同，存在的现实问题也不尽相同。当务之急是实事求是，因地制宜，缺什么补什么。省级工商联要摸清情况，找准本地“一个设立、五个有”建设中的问题及原因，有针对性地加强具体指导，对一些新情况新问题要及时反映上报。一具体就深入，不具体就落空。全国工商联、省级工商联都要按照中央统战工作会议和中央党的群团工作会议精神要求，在工作谋划和部署中更多考虑基层实际，切实帮助县级工商联解决实际困难和问题。同时，各地要加快“五好”县级工商联建设，争取明年完成30%的建设目标。

要促进商会改革发展。总书记明确要求工商联推动所属商会改革，切实担负起指导、引导和服务职责，实现统战工作有效覆盖商会组织。这是工商联所属商会改革发展的总要求。我们必须把牢商会是工商联基层组织这个定位，把牢商会“三性”有机统一基本特征，把牢商会“两个健康”工作主题，用改革创新的思路和办法加强商会建设。一要选好配强会长秘书长。会长要符合非公有制经济代表人士思想政治强、行业代表性强、参政议政能力强、社会信誉好的“三强一好”标准，热心商会工作，公道正派；秘书长要政治上可靠，热爱商会工作，有较强的协调能力、服务能力和组织落实能力。加强会长秘书长考核是工商联指导、引导、服务商会的具体职责。会长的选配要纳入综合评价体系，确保考核结果全面真实公正。二要加强商会思想政治工作和企业服务。统战工作是否有效覆盖，主要看能否融入渗透到商会活动和商会服务中，关键看非公有制经济人士是否坚定听党话、跟党走。我们要适应新形势新要求，把商会作为工商联一切工作的主阵地，善于在政治引导、企业服务、社会治理等工作中给商会交任务、压担子，指导商会做好会员思想政治工作和企业服务。各类商会要把开展理想信念教育实践活动、推进民营企业提质增效升级、组织企业参加“万企帮万村”精准扶贫行动等工作作为做好会员思想政治工作的主要载体，通过组织各类活动吸引和联系更多会员，在活动中引导广大非公有制经济人士增强“四信”；要在宣传政策、提供服务、反映诉求、维护权益、加强自律等方面发挥作用，探索承接政府转移职能，打造形成一批服务品牌，增强会员获得感。三要推动商会党建。商会党建是实现统战工作有效覆盖的重要任务。各级工商联党组要支持和配合有关部门做好所属商会党组织组建工作，探索推动成立行业性或者区域性党组织，推动商会将党的建设写入商会章程；要明确责任部门，指导商会党组织开展党的工作，为商会党组织开展活动、发挥作用创造条件，更好发挥党组织战斗堡垒作用和党员先锋模范作用，努力扩大党的组织覆盖和工作覆盖。

现在，我们正在抓紧协调有关部门，研究制定工商联所属商会改革办法。这是一项具有复杂性和创新性的工作。下一步，要按照中央统战工作会议精神和《中国工商业联合会章程》规定，注重处理好一般职能和特殊职能的关系，在实现统战工作有效覆盖上着力；处理好社团法人和基层组织的关系，在发挥工商联工作主阵地作用上着力；处理好自主办会和综合监管的关系，在履行工商联指导、引导、服务职责上着力。

（三）切实做好换届工作

总书记指出，对有贡献的非公有制经济人士做适当政治安排，要坚持标准，严格程序，认真考察，做好综合评价工作。今年下半年，市县级工商联进行换届。明年上半年，省级工商联将完成换届。工商联换届特别是非公有制经济人士政治安排事关全局，政治性和政策性都很强，党中央和各级党委高度重视，非公有制经济人士非常关心，社会各方面普遍关注。各级工商联党组要增强“四个意识”，按照党中央统一部署，严格执行相关换届政策和程序，在各级党委领导下，配合统战部做好非公有制经济代表人士人选推荐提名、组织换届选举等工作。

非公有制经济人士是指以经营管理为主要职业的非公有制企业主要出资人。非公有制经济代表人士人选应符合“三强一好”的标准。各级工商联党组在配合做好有关人选推荐提名工作时，要结合本地实际细化“三强一好”标准，必须把政治素质放在首位，防止简单以票取人、以资产规模和投资捐款数额划线定人；对年轻一代非公有制经济代表人士政治安排要实事求是，符合条件的可适当吸收；认真细致做好思想工作，引导非公有制经济代表人士讲政治、顾大局、守规矩，正确对待个人进退留转，自觉服从组织安排；对届满不再安排的非公有制经济代表人士，仍要加强联系，继续发挥好作用。

在政治安排中，必须做好人选的推荐、考察、公示工作，慎而又慎、细而又细严格每一项程序。综合评价是做好非公有制经济代表人士推荐使用的基础性工作。不久前，中央统战部、全国工商联等中央14个部门联合印发了《关于加强和改进非公有制经济代表人士综合评价工作的意见》。各级工商联要按照“一个入口、一套标准，凡进必评”要求，把好综合评价这一关口。非公有制经济代表人士人选都必须经过综合评价，凡未经综合评价或综合评价不合格的不予推荐使用。考察人选需在一定范围内进行民主推荐，根据工作需要和人选条件，综合考虑平时了解和一贯表现等情况集体研究确定。个人向组织推荐初始人选，必须写出推荐材料并署名，对推荐人选情况负责，所推荐人选必须经过综合评价和民主推荐，符合条件的由组织统筹考虑是否推荐提名，坚决抵制打招呼、批条子等现象。各级工商联要积极配合做好人选考察工作，切实履行征求多方意见、审核企业情况、严格综合评价等考察程序，防止出现考察监督流于形式。对拟安排进工商联领导班子的非公有制经济代表人士人选，要在一定范围内公示，提高选人用人的透明度和公认度。

换届工作必须严格遵守党的干部工作原则和组织人事工作纪律，认真执行换届纪律，做到公道正派、清正廉洁。对不履行相关工作程序的要及时纠正并追究责任，对违反换届纪律的发现一起查处一起，坚决杜绝选人用人上的违纪违法行为。非公有制经济人士要把政治安排当作为人民服务、为国家发展建言出力的“责任状”，绝不允许搞权钱交易，确保换届工作风清气正。

今年工商联工作大事要事多，任务重时间紧，高频率、高强度更需要高质量。我们要聚焦、聚神、聚力抓好总书记3月4日重要讲话精神的学习贯彻落实，坚持问题导向、实践导向、基层导向，全面提高工商联围绕中心服务大局的能力和水平，努力开创工商联事业新局面。

王钦敏同志在全国工商联十一届五次执委会议上的工作报告

（2016年12月22日）

（一）2016年工作总结

针对世界经济结构正在发生深刻调整，国际市场有效需求急剧萎缩，国内经济发展面临“四降一升”，特别是民营企业信心不足等问题，今年3月4日，习近平总书记在全国政协十二届四次会议民建、工商联界委员联组会上发表重要讲话。总书记站在党和国家事业发展全局的战略高度，从坚持完善社会主义基本经济制度、贯彻落实促进非公有制经济健康发展的政策措施、推动广大非公有制经济人士做合格中国特色社会主义事业建设者三个方面，提出了一系列新思想新观点新论断，澄清了社会上一些关于民营经济的错误认识和陈旧观念，给广大民营企业家安心专心用心谋发展吃了一颗“定心丸”，社会反响强烈，广大非公有制经济人士和工商联干部备受鼓舞。总书记的重要讲话是党的十八大以来，党中央关于非公有制经济和非公有制经济人士工作的最全面最系统阐述，是中国特色社会主义理论体系和中国特色社会主义政治经济学的创新成果，是总书记治国理政思想在非公有制经济领域的深化发展，是当前和今后一个时期指导工商联服务和促进“两个健康”的纲领性文件。我们先后召开党组扩大会和主席会议认真学习，专门组织省级工商联主席、党组书记集中学习讨论，结合工商联实际研究谋划贯彻落实措施。在十一届八次常委会议上，又以“深入学习贯彻习近平总书记重要讲话精神，切实促进‘两个健康’”为主题，对学习贯彻落实总书记重要讲话精神进行了集中的研究和再部署。各级工商联把学习贯彻落实总书记重要讲话精神作为首要政治任务，共组织231期培训班，培训约3万人次，通过加大宣传培训力度，引导非公有制经济人士深刻理解讲话精神实质。同时，积极推动各地党委政府出台贯彻落实举措。

一年来，各级工商联将学习贯彻总书记重要讲话精神贯穿工作的各个方面、各个环节，围绕中心、服务大局，坚持“两个健康”主题，坚持问题导向，深入开展以“守法诚信、坚定信心”为重点的非公有制经济人士理想信念教育实践活动，按照中央要求和工作部署开展一系列重点调研，积极引导民营企业以新发展理念适应经济发展新常态，着力推进“万企帮万村”精准扶贫行动，加强基层组织建设，各项工作取得新成效。

1. 深化引导教育，促进非公有制经济人士健康成长

为贯彻落实总书记关于深入开展理想信念教育实践活动、注重年轻一代教育培养、构建新型政商关系的新要求，我们进一步深化对非公有制经济人士的引导教育，与中央统战部联合下发通知，对以“守法诚信、坚定信心”为重点深入开展理想信念教育实践活动进行部署。

加强对年轻一代教育培养工作。与中央统战部开展了年轻一代非公有制经济人士思想状况专题调研，总结分析了年轻一代的思想状况、主要特点，找出他们对国情缺乏了解和正确认识、缺少吃苦耐劳精神、对接班的心理压力大、社会责任意识不强等一些不容忽视的问题，提出了教育培养的工作举措。在调研中，通过一对一个别访谈的方式，面对面向年轻一代宣传党的大政方针政策，特别是注重解读总书记3月4日重要讲话精神。俞正声主席对调研报告给予充分肯定。一些地方工商联制订了年轻一代教育培养计划，以“传承红色基因、坚定理想信念”“听党课·进军营”“踏寻革命足迹，做科学发展接班人”等为专题开展教育实践活动，组织他们参与精准扶贫、光彩事业和各类公益事业，引导年轻一代非公有制经济人士继承发扬老一代民营企业家的创业精神和听党话、跟党走的光荣传统，着力打造政治上明方向、发展上有追求、责任上勇担当的新一代企业家队伍。

开展构建新型政商关系调研。与中央统战部开展了构建新型政商关系调研，赴8省市与300多名党政干部、民营企业家和商会会长秘书长进行深度访谈，针对政商关系存在不作为不会为、办事难办事繁、反腐倡廉向基层传导不够、政企沟通规则不清渠道不畅以及部分企业家依然信权信钱信人不信法等突出问题，深入分析了产生的原因，提出了要以“亲”“清”为标尺，构建界限清晰、交往规范、渠道畅通、廉洁清白新型政商关系的建议。各地工商联积极落实总书记提出的新要求，密切与党政部门的联系，推动出台有关文件，目前全国已有7个省出台了关于构建新型政商关系的文件。

增强民营企业家守法诚信意识。为依法保障和促进非公有制经济健康发展，1月初与最高人民检察院召开座谈会，征求非公有制经济人士意见建议；就推动落实《关于充分发挥检察职能依法保障和促进非公有制经济健康发展的意见》，与高检院开展联合调研，曹建明检察长对调研报告给予高度肯定并作出重要批示。我们专门举办法律教育培训班，引导非公有制经济人士增强法律风险意识。各地工商联结合实际，积极开展法律宣传、服务活动。有的举办“学法尊法守法用法”主题活动，以案释法，开展警示教育，帮助企业家认清红线底线；有的举办民营企业“守法诚信、廉正兴业”学习教育，推动企业廉政建设；有的与司法部门合作，成立维权调解中心，建立矛盾纠纷多元化调解机制，为企业提供法律援助；有的开展会员企业信用等级评定，建立企业信用档案；有的与专业机构合作，指导和帮助所属商会设立法律顾问，为会员发展提供法律保障。

发挥商会主阵地作用。围绕学习贯彻总书记重要讲话精神，深化理想信念教育实践活动，推动统战工作向商会组织有效覆盖，举办了4期全国及省级工商联直属商会会长培训班和2期秘书长培训班，培训商会负责人近1500人。不少地方工商

联制定下发了所属商会深入开展理想信念教育实践活动的通知，有的通过举办直属商会会长、秘书长学习活动给予具体指导；有的采取驻会领导分片指导商会开展活动，督促商会不懈怠、不松劲；有的组织开展“党课进商会”宣讲活动；有的帮助商会制订党建工作实施方案和工作制度；有的开展“守法诚信”示范商会、“优秀商会示范点”创建活动。在各地的探索推动下，商会已逐渐成为非公有制经济人士自我学习、自我教育、自我提升的主阵地。

2. 围绕坚定信心，促进民营经济健康发展

针对民营企业普遍关注的“玻璃门”“弹簧门”“旋转门”及遭遇“市场的冰山”“融资的高山”“转型的火山”等问题，按照总书记关于“推动各项政策落地落细落实”“增强政策获得感”“争取新常态下的新作为新提升新发展”的要求，我们把握全局、抓住重点，在坚定民营企业发展信心、推进供给侧结构性改革上下功夫。

年初，精心筹备俞正声主席主持召开的民营企业家座谈会，俞主席在讲话中重申党中央鼓励支持引导民营经济健康发展是坚定不移的，就如何认识和把握经济发展新常态，践行新发展理念、守法诚信经营、共同构建新型政商关系等方面与企业家们进行深入交流、提出殷切希望，鼓励民营企业坚定信心，增强攻坚克难的勇气。

促进民间投资。针对今年以来民间投资下滑过快的问题，受国务院委托，组织开展了促进民间投资第三方评估，在评估报告中指出了市场准入和资源配置不公平、政策落细落地难、融资问题更加凸显、简政放权仍不到位、政商关系出现扭曲等阻碍民间投资的主要问题，提出的“召开促进民营经济发展会议”“抓好政策落细落地”“开展金融服务整治行动”“加大典型宣传力度”等建议均被国务院采纳。为引导民营企业参与长江经济带建设，与安徽省政府共同举办了“全国知名民营企业推动长江经济带战略发展洽谈会”。为有效拉动民间投资，与国家发展改革委共同召开民营企业投资 PPP 项目推介研讨会；在今年常委会议期间，举办了民营企业助推山西转型创新发展大会；全年共举办十余次经贸活动，助推了地方经济发展。为贯彻落实京津冀协同发展战略，在这次会议期间，将举办全国知名民营企业助推河北协同发展大会。为支持东北振兴，配合国家发展改革委开展调研，联合出台《关于推进东北地区民营经济发展改革的指导意见》，并协助选择若干城市开展改革示范工作。为推动民营企业参与“一带一路”建设，认真参与筹备中央召开的推进“一带一路”建设工作座谈会，精心准备民营企业代表的发言，9 家民营企业和 9 家国有企业参会；在第五届中国—亚欧博览会期间主办了首届“丝路工商合作论坛”；与国家发展改革委、商务部联合举办了民营企业参与“一带一路”建设培训班；举办了外事服务民营企业“走出去”培训班暨我驻外使领馆与民营企业面对面活动。

助推提质增效升级。今年上半年，开展了制造业民营企业发展状况调研，总结了依靠技术创新、两化融合、质量品牌、人才保障、“走出去”实现转型升级的典型经验，指出了政策落实不到位、成本高负担重、标准滞后、人才不足等突出问题，提出了加快公共服务平台建设，加强和改善制造业中小微企业的金融服务，增强标准的先进性、协同性和时效性，营造优质优价、优质优先的市场机制，大力弘扬工匠精神的意见建议。李克强、俞正

声、马凯、孙春兰等中央领导同志对调研报告作出重要批示。按照中央领导同志批示精神，工业和信息化部商有关部委，针对报告指出的问题和提出的建议，逐条研究，提出整改措施；积极配合中宣部，通过8家中央主要新闻媒体，对20家制造业民营企业转型升级、提质增效的典型进行了集中宣传报道，发挥示范引领作用。按照俞正声主席的批示精神，今年8～9月份开展了民营企业知识产权保护状况调研，对知识产权侵权易发多发，侵权代价低、维权成本高等问题进行了深入分析，就完善知识产权法律法规、深化司法为主导的体制机制改革、强化综合执法、培育规范中介服务、加强企业培训等方面，特别是建立针对恶意侵权、多次故意侵权的惩罚性赔偿制度提出了意见建议。李克强、俞正声、孙春兰等中央领导同志对调研报告作出重要批示，要求有关部门认真研究落实。

推动军民融合。在今年的政协联组会上，我们提出“一年举办一次军民融合展”的建议，总书记表示赞同。根据总书记的指示，与中央军委装备发展部、教育部、工信部、国防科工局共同举办了第二届军民融合发展高科技成果展览暨高层论坛，参展的167家单位中有87家民营企业。总书记和其他中央政治局常委亲临现场，在京中央政治局委员、中央书记处书记，国务委员、中央军委委员以及社会各界3万余人参观了展览。总书记在参观时作出重要指示，为军民融合进一步发展指明了方向。军民融合展和高层论坛的成功举办，标志着民营企业已经成为我国军工领域的生力军，有力推动了民企参军，对于企业加快科技创新步伐、有效扩大民间投资具有重要意义。还与工信部、国防科工局共同举办了首届中国军民两用技术创新应用大赛。

3.“万企帮万村”精准扶贫行动取得积极进展

按照总书记提出的“要抓好落实、抓出成效”新要求，我们把推进“万企帮万村”精准扶贫行动作为一项重大政治任务来抓。

广泛动员部署。年初，与国务院扶贫办、中国光彩会联合印发了关于推进“万企帮万村”精准扶贫行动的实施意见，召开了推进“万企帮万村”精准扶贫行动全国电视电话会议，对行动进行全面动员、纵深部署，提出了思想上要高度重视、帮扶上要突出优势、工作上要狠抓落实的明确要求，46400余人参加会议，统一了思想，提高了认识，使行动在全国迅速铺开。为扎实推进行动，与国务院扶贫办、中国光彩会联合开展专题调研，针对发现的问题及时指导，宣传调研发现的先进典型。孙春兰、汪洋等中央领导同志对调研报告作了重要批示。今年10月，国务院扶贫开发领导小组在湖北省黄冈市召开“万企帮万村”精准扶贫行动现场会，国务院副总理、国务院扶贫开发领导小组组长汪洋同志在讲话中充分肯定了行动取得的显著成绩，详细阐述了深入开展行动的重大意义，提出了“提高认识、精准施策、市场导向、政策落实、典型带动”的具体要求。

积极服务支持。为帮助民营企业解决精准扶贫融资问题，与国务院扶贫办、中国光彩会和中国农业发展银行签订并联合印发了《政策性金融支持“万企帮万村”精准扶贫行动战略合作协议》，为争取政策性金融资源支持民营企业参与行动打下了良好基础。结合行动的推进，在中国光彩事业“庆阳行”“德宏行”活动中，紧扣精准扶贫实施公益项目。各地工商联结合本地区和企业实际，总结了不少好经验和好做法。在产业扶贫上，探索了土地集约提升型、能人大户带动型、金融机构助推型等方式；在就业扶贫上，采取了定向招工、订单培训、基地吸纳等方式；在公益扶贫上，实践了资产收益扶贫等新模式。在帮扶贫困人口、助力脱贫攻坚的过程中，参与行动的企业家既作出了贡献，也接受了教育。

4. 基层组织建设取得新成效

按照总书记提出的“增强工商联组织的凝聚力、影响力、执行力，推动工商联所属商会改革，切实担负起指导、引导、服务职责”的要求，我们以作用发挥为出发点，加强基层组织建设。

进一步巩固县级工商联建设成果。为进一步夯实组织基础，开展了县级工商联“一个设立、五个有”回头看，并到部分问题较为突出的县级工商联蹲点调研，各地以未完成任务的县级工商联为重点开展督查，协调各方力量，现场反映和督办发现的问题，帮助基层解决实际困难。继续深入推进“五好”县级工商联建设，制定下发了2016年“五好”县级工商联建设实施方案，开展“五好”县级工商联建设互查，推动各地加强学习交流。已确认657个2015年度全国“五好”县级工商联，占县级工商联总数的23.1%，2016年度确认工作已经启动，总体进度达到预定建设目标。

切实加强商会工作。为推进工商联所属商会改革，聚焦重点难点问题开展针对性调研，就有关问题主动沟通汇报、广泛征求意见。按照中央统战工作条例和《关于加强和改进非公有制经济代表人士综合评价工作的意见》精神，对全国工商联四家换届的直属商会会长、秘书长人选进行综合评价，认真考核、严格把关。按照应建尽建原则，集中推进直属商会党组织组建工作，目前全国工商联31家直属商会已有26家成立了党组织，有效推进了党的组织和党的工作覆盖。

过去的一年，工商联工作是高频率、高强度、高质量的一年。各级工商联继续加强和改进机关建设，深入调查研究，推动作风转变，进一步提升广大干部的“四种能力”，工商联的凝聚力、影响力、执行力得到了明显提高。但也要看到，面对新形势、新任务和新要求，我们的工作还有许多差距，主要是在理想信念教育实践活动中商会主阵地作用没有得到充分发挥；部分地区基层组织建设仍存在薄弱环节；机关干部的能力建设还有待加强。对于这些问题，我们必须高度重视，采取有效措施加以解决。

（二）准确把握中央经济工作会议精神

刚刚闭幕的中央经济工作会议，对党的十八大以来，以习近平同志为核心的党中央关于经济形势的重大判断、经济工作的重大决策、经济工作思想方法的重大调整作了回顾，明确提出初步确立了适应经济发展新常态的经济政策框架。一是作出经济发展进入新常态的重大判断，把认识、把握、引领新常态作为当前和今后一个时期做好经济工作的大逻辑。二是形成以创新、协调、绿色、开放、共享等新发展理念为指导、以供给侧结构性改革为主线，引导我国经济朝着更高质量、更有效率、更加公平、更可持续方向发展的政策体系。三是贯彻稳中求进工作总基调这一治国理政的重要原则和做好经济工作的方法论。稳是主基调，稳是大局，在稳的前提下要在关键领域有所进取，在把握好度的前提下奋发有为。新常态下的经济政策框架，经受了实践检验，是符合实际的。当前，在世界经济仍然复苏乏力、部分国家“逆全球化”思潮上扬的环境下，我国经济运行仍存在产能过剩和需求结构升级矛盾突出，经济增长内生动力不足，金融风险有所积聚，部分地区困难增多等问题。在统筹推进“五位一体”总体布局和协调推进“四个全面”战略布局的伟大历史进程中，必须贯彻落实好经济政策框架，切实破解经济发展的突出矛盾和问题，稳定民营企业家信心，推动我国经济发展向形态更高级、分工更优化、结构更合理的阶段演进。

民营企业要积极投身供给侧结构性改革。供给侧结构性改革，最终目的是满足需求，就是要深入研究市场变化，理解现实需求和潜在需求，在解放和发展社会生产力中更好满足人民日益增长的物质文化需要。主攻方向是提高供给质量，就是要减少无效供给、扩大有效供给，着力提升整个供给体系质量，提高供给结构对需求结构的适应性。根本途径是深化改革，就是要完善市场在资源配置中起决定性作用的体制机制，深化行政管理体制改革，打破垄断，健全要素市场，使价格机制真正引导资源配置。民营企业要自觉推进“三去一降一补”，加强创新，注重用新技术新业态全面改造提升传统产业，着力破解企业自身的结构性矛盾和问题，增强内生发展动力，提高全要素生产率。

民营企业要坚定不移发展实体经济。我国从低收入国家变成中等收入国家，成为世界第二大经济体，靠的是实体经济，今后要跨越“中等收入陷阱”、进入高收入国家也只能和必须依靠实体经济。这一战略思想必须坚定不移，不能有丝毫的动摇。在推进供给侧结构性改革的过程中应向实体经济聚力、用力，要坚持以提高质量和核心竞争力为中心，坚持创新驱动发展，树立质量第一的强烈意识，开展质量提升行动，扩大高质量产品和服务供给。要形成自己独有的比较优势，发扬“工匠精神”，加强品牌建设，培育更多“百年老店”，增强产品竞争力。要重视优化产业组织，提高企业素质，在市场准入、要素配置等方面条件不断优化的情况下，更好参与市场公平竞争。

民营企业要充分认识中央对保护产权的高度重视。有恒产者有恒心，经济主体财产权的有效保障和实现是经济社会持续健康发展的基础。中共中央、国务院刚刚发布的《关于完善产权保护制度依法保护产权的意见》（以下简称《意见》）指出，产权制度是社会主义市场经济的基石，保护产权是坚持社会主义基本经济制度的必然要求；进一步强调了公有制经济财产权不可侵犯，非公有制经济财产权同样不可侵犯。中央经济工作会议就进一步贯彻落实《意见》精神作出具体部署，明确要求加强产权保护制度建设，抓紧编纂民法典，加强对各种所有制组织和自然人财产权的保护；坚持有错必纠，甄别纠正一批侵害企业产权的错案冤案。这一系列中央精神和政策举措彰显了党中央、国务院对保护产权的高度重视，必将为民营企业安心专心用心谋发展创造更加有利的制度环境，有利于进一步激发和保护企业家精神，更好发挥企业家这个“关键少数”的作用。

（三）2017 年的主要工作

2017 年是实施“十三五”规划的重要一年，是供给侧结构性改革的深化之年。面对新的形势和任务，2017 年工商联工作的总体要求是：全面贯彻落实党的十八大和十八届三中、四中、五中、六中全会精神，深入学习贯彻习近平总书记系列重要讲话精神和中央经济工作会议精神，在以习近平同志为核心的党中央坚强领导下，坚持稳中求进工作总基调，紧紧围绕中心服务大局，牢牢把握“两个健康”主题，按照总书记 3 月 4 日重要讲话精神要求，持续深化理想信念教育实践活动，着力振兴实体经济，扎实开展“万企帮万村”精准扶贫行动，不断加强基层组织建设，精心做好工商联换届工作，以优异成绩迎接党的十九大胜利召开。

1. 持续深化以“守法诚信、坚定信心”为重点的理想信念教育实践活动

开展“四信”为主要内容的非公有制经济人士理想信念教育实践活动是工商联的根本任务。要以“守法诚信、坚定信心”为重点，牢固树立政治意识、大局意识、核心意识和看齐意识，在深化上着力，在覆盖上见效。

一要聚焦守法诚信，推动构建新型政商关系。各级工商联必须把党的十八届六中全会精神贯彻落实到非公有制经济领域，着眼净化政治生态、经济生态，推动形成政商双方交往规范、良性互动、共促发展的生动局面。要抓好《中共中央国务院关于完善产权保护制度依法保护产权的意见》的贯彻落实，广泛了解民营企业家依法保护产权的意见诉求，引导他们稳定预期、增强信心。注重弘扬法治精神和保护企业家精神，继续开展法律“三进”活动，加强法律宣讲、法律实践和法律服务，构建和谐劳动关系，引导企业家践行“亲”“清”政商关系，杜绝利益输送等违法违纪行为，真正做到依法经营、依法治企、依法维权。密切跟踪非公有制经济人士思想动态，特别是在意识形态领域要强化教育引导工作。有针对性地开展教育培训，着力提高政治把握能力，以学习贯彻党的十八届六中全会、中央统战工作会议、中央经济工作会议精神和总书记3月4日重要讲话精神为重点，以新任市县两级工商联主席、党组书记和商会会长、秘书长为主要对象，确定好培训内容，创新培训方式，提高培训质量和实效。分析总结一批政商关系典型案例，引导教育企业家真正做到洁身自好走正道，遵纪守法办企业，光明正大搞经营。要让商会活起来、动起来，充分发挥主阵地作用，指导商会开展特色活动。

二要引导年轻一代，做合格的中国特色社会主义事业建设者。年轻一代已经成为非公有制经济人士队伍的新生力量，是经济领域统战工作的重要成员，也是深化理想信念教育新的着力点。要深入贯彻习近平总书记重要讲话精神和俞正声主席重要批示精神，针对年轻一代思想状况、特点和成长规律，抓好教育培训，强化他们对我国基本国情、基本政治制度、基本经济制度的深入理解；抓好服务发展，把政治上的引导、教育、关心与帮助企业做精做强结合起来，寓于日常的联系服务之中；抓好代表人士培养，建立年轻一代非公有制经济代表人士库，按照思想政治强、行业代表性强、参政议政能力强、社会信誉好（以下简称“三强一好”）标准，逐级建立后备梯队；抓好商会建设，发挥商会团结引导年轻一代的积极作用；抓好正面宣传，大力宣传年轻一代创业创新的先进事迹和对经济社会发展的贡献，营造良好舆论氛围。拟于明年5月份召开全国年轻一代民营企业家理想信念报告会。各地要把教育培训与实践活动相结合，组织年轻一代到井冈山、延安、西柏坡等地接受革命传统教育；组织他们深入到连片特困地区、革命老区、少数民族地区和边疆地区参与扶贫；开展新老企业家共同参加的学习交流活动，发挥老一代企业家的“传帮带”作用。

三要围绕坚定信心，服务实体经济发展。在经济企稳向好基础仍不牢固的情况下，坚定信心尤为重要。信心坚定才能更好地认识、把握、引领经济发展新常态，才能增强贯彻新发展理念的自觉性，才能贯彻落实好稳中求进工作总基调。广大民营企业要充分认识到我国经济发展仍是东风浩荡，理应坚定信心。着力振兴实体经

济是明年深化供给侧结构性改革的重点任务之一。当前，实体经济成本高依然十分突出，是民营企业反映强烈的问题。明年，我们要开展降低实体经济企业成本重点调研，针对制造业、生产性服务业等领域，深入了解企业生产经营中税费、审批、中介、用能、物流等成本特别是制度性交易成本方面存在的问题，提出有针对性的意见建议。同时要推动民营企业眼睛向内，依靠创新、挖潜降本增效，努力发展智能制造。要认真贯彻落实总书记在推进“一带一路”建设工作座谈会上的重要讲话精神，以守法诚信经营、风险防范为重点，引导服务民营企业参与“一带一路”建设，召开民营企业参与“一带一路”建设工作座谈会，进一步落实好《全国工商联关于引导服务民营企业参与“一带一路”建设的若干意见》，继续办好民营企业参与“一带一路”建设培训班和“我驻外使领馆与民营企业面对面”活动。按照国务院统一部署，做好第三方评估。与有关部门合作，做好第三届军民融合成果展筹备工作。以举办民营企业助推宁夏创新发展大会为重点，继续做好支持地方经济发展活动。通过会议传达、调研座谈、专题培训、深度访谈等方式，对非公有制经济人士进行形势政策宣讲，特别是要对经济发展新常态、新发展理念、供给侧结构性改革进行深入阐释，坚定他们的发展信心、增强政策获得感。

2. 扎实开展“万企帮万村”精准扶贫行动

明年是“万企帮万村”精准扶贫行动的推进关键期，重点是贯彻落实中办印发的《关于进一步加强东西部扶贫协作工作的意见》精神、“万企帮万村”精准扶贫行动现场会精神和中央扶贫开发工作会议精神，把精准贯穿行动全过程，让更多的中小企业广泛参与进来，着力在产业扶贫项目上提质，在贫困群众脱贫上增效。

一要抓好台账管理。台账管理是落实精准扶贫行动的基础性工作，既是检验民营企业真扶贫、扶真贫的指标，也是检验各级工商联工作成效的指标，必须高度重视、精心部署、狠抓落实，做到精准识别，绝不能搞“数字脱贫”。要认真落实“万企帮万村”精准扶贫行动台账管理电视电话会议精神，真实、全面、准确地反映民营企业在精准扶贫中的贡献，做好核实核查和数据更新工作，建立帮扶企业和帮扶对象动态调整机制，及时跟踪掌握投入额度和脱贫进度，同步实施跟进指导，加强督查，避免虚报、延报、漏报、重报，杜绝进度浮夸、数据造假等现象，确保扶贫项目的相关数据真实准确。

二要抓好东西部协作。积极协助推进东西部协作扶贫是工商联发挥独特优势的重要抓手。为贯彻落实总书记在东西部扶贫协作座谈会上的重要讲话精神，在刚刚召开的“万企帮万村”精准扶贫东西部扶贫协作座谈会上，强调要引导东部企业树立新发展理念，与西部被帮扶地区开展产业合作，发展劳动密集型产业加强劳务协作，积极参与对口帮扶地区助学、修路、救灾等公益扶贫，把资金、人才、技术、经验等要素有效配置到贫困地区，激发贫困地区发展的内生动力。各级工商联要抓好政策落实、投融资、项目跟踪等支持服务，做好检查落实工作。要依托各类异地商会，引导会员企业积极返乡扶贫。把光彩行、定点扶贫等工作纳入东西部协作扶贫统筹考虑，开展好光彩“凉山行”活动。要尊重市场规律、自然规律，既不能搞形式主义，也不能打着产业扶贫的幌子转移高耗能和污染环境的产业。

三要抓好典型宣传。做好活动宣传和典型挖掘总结工作，深入扶贫一线发现一批扶贫新点子、帮扶新方式、脱贫新经验，善于总结一批积极参与行动的企业家典型，一批深化产业带动、组织劳务输出、强化村企联动等帮扶方式的先进企业典型，一批中小企业带动贫困群众“双创”脱贫的先进典型，一批通过创新、人才、技术、经验等全要素参与扶贫的先进企业典型，一批把握供需关系、根据市场优势互补推动资源有效配置的先进企业典型。通过观摩项目、交流经验等方式，发挥典型的示范带动效应。

3. 不断加强基层组织建设

基层组织建设特别是商会建设，不仅是工商联自身建设的基础工程，更是工商联工作的重要内容，必须坚持不懈、久久为功地抓下去。

一要高标准高质量抓好县级工商联建设。县级工商联处在服务促进“两个健康”的第一线，在工商联组织体系中具有十分重要的地位。明年是实现30%以上全国县级工商联达到“五好”标准的最后一年，要发扬钉钉子精神，在推进县级工商联建设上下更大功夫。加强督促检查，建立台账，推动尚未建立党组的县级工商联都建立起来。针对一些有一定工作基础、但还没有达到“五好”标准的县级工商联，重点帮助他们查找问题，督促制定具体改进措施，努力达到“五好”标准。抓住县级工商联换届契机，在认真总结开展“一个设立、五个有”和“五好”县级工商联建设经验的基础上，研究阶段性目标完成后如何持续推进基层组织建设的思路举措。

二要注重推进商会建设。坚决贯彻落实中央统战工作条例，推进统战工作向商会组织有效覆盖，切实履行好工商联对所属商会指导、引导、服务的职责，积极推动工商联所属商会改革。引导商会围绕当地经济社会发展、所在行业发展、工商联重点工作开展特色活动，提供有针对性的服务。支持商会承接政府职能转移，积极参与行业标准制定，促进行业发展健康有序。推进商会人民调解工作，在改进和提高商会人民调解水平和能力上着力。针对有些商会在思想政治工作、服务发展、自律管理、班子建设等方面存在的问题，从明年开始，将在各级工商联所属商会中，围绕建好商会班子、加强团结教育、提高服务能力、强化自律规范等方面，搭建有效载体，树立一批商会典型，发挥示范带动作用，进而提升商会建设总体水平。明年初将对此作出具体部署。

4. 精心做好工商联换届工作

工商联换届是非公有制经济领域统战工作的一件大事，也是明年的重要工作。党中央高度重视工商联换届，中共中央办公厅转发工商联换届文件。要增强核心意识、看齐意识，认真学习领会《中共中央办公厅转发〈中央统战部关于工商联（民间商会）2017年换届工作的意见〉的通知》（中办发〔2016〕61号）精神。在此基础上，深入调查研究、广泛听取意见，就过去五年工作实践、当前面临的新形势新任务新要求、未来五年工作的整体思路和科学布局，总结经验做法、探索规律性认识，为起草好工作报告、修订好章程提供实践和理论依据。要严守政治纪律和政治规矩，坚持“三强一好”标准和“凡进必评”原则，始终把政治表现放在首位，坚决防止简单以捐款多少、企业规模大小作为选人用人标准。发挥党组织的领导和把关作用，严格程序，认真考察，配合党委统战部门做好非公有制经济代表人士的政治安排工作。把思想政治教育贯穿换届全过程，在代表候选人协商推选、领导机构和领导班子成员人选推荐、选举等环节，周密部署，精心组织，严防不正之风和腐败现象，引导非公有制经济代表人士讲政治、明法治、懂规矩、守底线。

要围绕贯彻落实党的十八届六中全会精神和总书记重要讲话精神狠抓机关建设。注重在实践中培养锻炼干部，努力提高机关干部“四种能力”。加强机关信息化建设，提高整合共享能力，探索建立“网上工商联”。狠抓重点工作和规章制度的督查落实，切实形成抓之必精、落之必实，有令必行、有禁必止的机关风气。关于机关建设，明天哲洙同志还将在讲话中进一步强调。

各位执委，同志们，新形势下，我们面对的挑战比以往更多，工作任务将更加繁重。让我们紧密团结在以习近平同志为核心的党中央周围，改革创新、埋头苦干、求真务实、坚定信心，以优异的工作业绩，迎接党的十九大胜利召开！

全哲洙同志在全国工商联十一届五次执委会议上的讲话

（2016年12月23日）

全国工商联十一届五次执委会议圆满完成各项议程，就要结束了。昨天上午，王钦敏主席作了工作报告，我们要结合各地实际，认真研究，抓好落实。下面，就进一步学习贯彻党的十八届六中全会和中央经济工作会议精神，做好明年各项工作，我讲三点意见。

（一）坚定贯彻“四个意识”

党的十八届六中全会对全面从严治党进行专题研究部署，是在我国进入全面建成小康社会决胜阶段召开的一次十分重要的会议。学习贯彻十八届六中全会精神，关键是要牢固树立并坚定贯彻政治意识、大局意识、核心意识和看齐意识，自觉在思想上政治上行动上同以习近平同志为核心的党中央保持高度一致。正式确立习近平总书记在党中央、在全党的核心地位，是十八届六中全会的重大历史贡献。党的十八大以来，习近平总书记以强烈的历史责任担当、深沉的使命忧患意识、顽强的意志品质，团结带领全党全军全国各族人民在改革发展稳定、内政外交国防、治党治国治军等方面取得一系列巨大成就。坚持把党的领导贯彻到党和国家工作的方方面面，充分发挥总揽全局、协调各方的领导核心作用；把战略谋划落实到各个领域，经济建设、政治建设、文化建设、社会建设、生态文明建设“五位一体”总体布局和全面建成小康社会、全面深化改革、全面依法治国、全面从严治党“四个全面”战略布局扎实推进；把人民利益始终放在心中最高位置，全面建成小康社会决战迈出坚实步伐；把全面深化改革紧紧抓在手上，重要领域和关键环节改革取得突破性进展；把管党治党责任牢牢扛在肩上，全面从严治党不断向纵深推进。广大非公有制经济人士要深刻认识到，推进中国特色社会主义伟大事业必须坚定拥护党的领导，拥护党的领导必须坚决维护习近平总书记这个核心，积极投身改革开放和现代化建设伟大事业，努力做合格的中国特色社会主义事业建设者。

坚定贯彻“四个意识”特别是核心意识和看齐意识，既要深刻地反映在我们的高度政治自觉上，又要现实地体现在我们的出色工作实践中。坚持中国共产党的领导，坚定不移听党话跟党走，是老一代民营企业家的光荣传统。对非公有制经济人士而言，是否真正贯彻核心意识和看齐意识，归根结底是看能否自觉听党话跟党走。非公有制经济发展历程早已证明，没有党的正确领导，没有改革开放的总方针总政策和社会主义初级阶段基本经济制度，就不可能有非公有制经济今天这样的成就和将来的可持续发展。习近平总书记把促进非公有制经济健康发展、非公有制经济人士健康成长摆在重大经济问题和重大政治问题的战略高度，作出系列重要讲话和重要指示。特别是总书记在今年 3 月 4 日全国政协十二届四次会议民建、工商联界委员联组会上的重要讲话，最集中、最系统、最深刻地论述了“两个健康”和工商联工作，民营企业家吃了“定心丸”，工商联工作有了“定盘星”。对各级工商联和广大非公有制经济人士来说，贯彻核心意识和看齐意识，就是要把总书记重要讲话作为新形势下关于“两个健康”和工商联工作的纲领性文件，学习好、领会透，不折不扣抓好落实。党的十八大以来，党中央对经济形势作出重大判断，对经济工作作出重大决策，对经济工作思想方法作出重大调整，经受了实践检验。刚刚闭幕的中央经济工作会议对明年经济工作作出全面部署，深刻指出稳中求进工作总基调是治国理政的重要原则，也是做好经济工作的方法论；强调坚持以提高发展质量和效益为中心，以推进供给侧结构性改革为主线，以“三去一降一补”五大任务为抓手，促进经济平稳健康发展和社会和谐稳定；强调坚持社会主义市场经济改革方向，建设法治化的市场营商环境，深化创新驱动，着力振兴实体经济，提高大企业素质，使中小微企业更好参与市场公平竞争；强调加强预期引导，稳定民营企业家信心，保护企业家精神，支持企业家专心创新创业。我们要准确把握党中央这些重大决策部署，深刻认识到党中央坚持基本经济制度坚定不移、加强产权依法平等保护坚定不移、完善落实促进非公有制经济健康发展的政策措施坚定不移，引导非公有制经济人士在党中央确立的适应经济发展新常态的经济政策框架下，牢固树立和贯彻落实新发展理念，积极参与稳增长、促改革、调结构、惠民生、防风险各项工作，不断增强对中国特色社会主义的信念、对党和政府的信任、对企业发展的信心、对社会的信誉，努力成为爱国敬业、守法经营、创业创新、回报社会的典范。年轻一代非公有制经济人士要致富思源、富而思进，把老一代民营企业家听党话跟党走的光荣传统发扬好，使之代代相传。

党的十八届六中全会从净化政治生态和经济生态的角度，围绕全面从严治党提出系列具体举措，既是对党政领导干部以“亲”“清”为标尺构建新型政商关系的进一步制度性安排和更严格硬性约束，也要求广大非公有制经济人士加强自我学习、自我教育、自我提升，把守法诚信作为企业经营必须遵守的一个大原则。对非公有制经济人士而言，增强“四信”、满腔热情支持地方发展是最基本的“亲”，依法经营、依法治企、依法维权是最基本的“清”，只有“清”了才能真正“亲”、长久“亲”。非公有制经济人士政治安排是工商联工作中的一个重要廉政风险点。明年，省级工商联和全国工商联将先后换届。换届纪律就是政治纪律。全国工商联正在开展换届纪律专题教育，查找换届期间廉政风险点。各省级工商联在这次会后，都要组织开展换届纪律专题教育，制定换届廉政风险防控措施，确保形成风清气正的换届环境。各级工商联都要坚决贯彻落实总书记关于做好非公有制经济人士政治安排和民营企业守法经营的重要指示，引导非公有制经济人士把政治安排看作为国家发展建言出力的责任状，绝不能搞权钱交易、利益输送；要把守法作为最大的安全和最好的保护，自觉以“亲”“清”为标尺，洁身自好走正道，遵纪守法办企业，光明正大搞经营。

全面从严治党对加强民营企业党建提出了新要求。实践证明，党建工作做实了就是内动力，做强了就是竞争力，做细了就是凝聚力。对企业党建工作重视不重视、支持不支持，是衡量一个民营企业家思想政治素质强不强、“四个意识”牢不牢的重要问题。广大非公有制经济人士要重视和支持所在企业按照党中央要求开展党建工作。党员企业家不但要以高度政治责任感抓好本企业党建工作，而且要带头做好本领域、本行业非公有制经济人士的思想教育和凝心聚力工作，在更高层次上把团队建好、把党员带好、把企业办好。

（二）精心打造工作品牌

工作品牌是支撑工作、提升质量、扩大影响、发挥作用的价值体现。经过各级工商联组织的共同努力，我们逐步形成了理想信念教育实践活动、“万企帮万村”精准扶贫行动、政府委托第三方评估、民企助推地方经济发展、年度重点调研、民企500强发布、基层组织建设等一系列符合中央要求、发挥自身特色、赢得地方认可、具有社会影响的工作品牌，有些被写进有关党内法规和中央文件之中。回顾这些工作实践，我感到，品牌就是作为，品牌就是影响力。现在，党中央国务院交给工商联的工作任务越来越重，习近平总书记对工商联工作提出新的更高要求，我们需要努力推出更多“精品”和“拳头产品”，才能巩固和发展工商联在促进“两个健康”中的不可替代优势，才能以更有为赢得更有位。

1. 始终坚持三性有机统一和“两个健康”主题

这是打造工商联工作品牌的立身之本。统战工作条例明确规定，工商联具有统战性、经济性、民间性有机统一基本特征，强调工商联应当围绕“两个健康”主题履行职责、发挥作用。三性有机统一，根本在于统战性问题。统战性就是政治性，决定工商联工作的政治方向、政治地位和政治功能。坚持三性有机统一，最紧要的是坚持统战性放在首要位置不淡化，坚持统战性融入经济性和民间性不分离，说到底是要坚定正确的政治方向，牢牢把握统战性，充分发挥经济性，切实体现民间性。割裂三性有机统一，统战性就会弱，经济性就会虚，民间性就会偏。“两个健康”主题是坚持三性有机统一实践探索的必然结果。在中央统战工作会议上，总书记集中阐述“两个健康”，作出“两个重大”科学论断，提出既关注思想也关注困难的“两关注”、一手抓鼓励支持一手抓教育引导的“两手抓”等一系列新举措。坚持“两个健康”主题，必须站在“两个重大”的战略高度，真正把“两个健康”作为工商联全部工作的出发点和落脚点。我们部署“一个设立、五个有”县级工商联建设工作，其中设立党组这“一个设立”管总，体现的就是政治性；我们明确商会同样具有三性有机统一基本特征、同样聚焦“两个健康”主题，强调工商联所属商会具有区别于一般商会和西方商会的中国特色，部署推动统战工作向商会组织有效覆盖，根本上也是强调政治性。特色就是优势，主题就是导向。基层组织建设能成为工商联的工作品牌，就在于我们始终坚持用三性有机统一特征和“两个健康”主题来把握自身建设特别是基层组织建设的正确方向。

三性不是抽象的，而是具体的；主题

不仅是理念，更是实践。坚持三性有机统一首要的是坚持统战性，促进非公有制经济健康发展前提是促进非公有制经济人士健康成长。这决定了工商联工作本质上是做人的工作，也就是凝心聚力的工作，必须牢牢抓住非公有制经济人士思想政治工作这条生命线。为贯彻落实党的十八大关于广泛开展理想信念教育的要求，我们组织开展非公有制经济人士思想状况调研，提出在非公有制经济人士中开展以“民营企业家与中国梦”为主题、以民营企业家为主体、以增强“四信”为主要内容的理想信念教育实践活动。总书记充分肯定调研报告对促进“两个健康”具有指导作用。今年，我们组织开展了年轻一代思想状况和构建新型政商关系调研，明确了下一步深化理想信念教育实践活动的工作着力点。三年多来，在各级统战部和工商联共同努力下，非公有制经济人士理想信念教育实践活动成为工商联工作最为响亮的品牌。统战工作条例把开展理想信念教育，引导非公有制经济人士增强“四信”作为一项长期任务；总书记要求工商联深化以“守法诚信、坚定信心”为重点的理想信念教育实践活动；十八届六中全会把在非公有制经济人士中开展以“守法诚信、坚定信心”为重点的理想信念教育实践活动和对非公有制经济人士开展综合评价，作为一项重要工作进行了总结。它之所以最响亮，就在于它真正贯穿了工商联工作各方面和全过程，真正体现了思想政治工作的生命线地位。

2. 始终坚持围绕中心服务大局

这是打造工商联工作品牌的基本站位。工商联工作是党的统一战线工作和经济工作的重要内容。只有懂全局、议大事，才能管本行；只有胸怀大局、把握大势，才能找准位置、积极作为。党的十八届六中全会把党在社会主义初级阶段的基本路线作为党内政治生活正常开展的根本保证，充分表明我们党自改革开放以来经济建设这个中心任务始终没偏离，发展这个执政兴国第一要务始终没动摇。当前和今后一段时期，稳是主基调，稳是大局。工商联围绕中心服务大局，就必须始终坚持基本经济制度、坚持“两个毫不动摇”长期方针，不断激发非公有制经济的活力和创造力，服务引导广大民营企业按照党中央关于经济工作的重大决策部署，在稳的前提下积极进取，在把握好度的前提下奋发有为，为我国经济社会发展作出积极贡献。

自国际金融危机以来，经济下行压力持续加大，稳增长、调结构、惠民生、防风险成为中央经济工作的重心，特别是当前振兴制造业、稳定和扩大民间投资尤为重要。这些年来，我们先后与安徽、广东、贵州、云南、甘肃、广西、黑龙江、山东、吉林、江西、山西、河北等省级政府联合举办民营企业助推地方经济发展活动，在服务地方党委政府中心工作方面起到直接促进作用，得到了各地党委政府的高度重视和协同合作。这也是我们在经济建设第一线含金量很高的服务品牌。国内外正反两方面经验告诉我们，大国强大，要靠实体经济；实体经济的主战场在制造业，任何时候都不能放弃。几年来，我们始终围绕实体经济这个坚实基础，紧扣制造业转型升级这个主攻方向，突出中小微企业这个绝大多数，自 2011 年起连续开展中小企业状况、小微企业保生存谋发展、企业技术创新、制造业民营企业、企业知识产权保护等系列年度重点调研活动，自 2013 年起先后受国务院委托开展民间投资 36 条及其实施细则、小微企业 29 条、促进民间投资等 7 次政策落实情况第三方评估，形成的调研报告和评估报告分别得到习近平总书记、李克强总理、俞正声主席等中央领导同志的重要批示，在推动政策落地、落细、落实，营造民营企业发展的良好政策环境方面起到了积极的促进作用。在国务院常务会议第一次听取工商联评估报告时，李克强总理就高度评价第三方评估是本届中央政府的重要工作机制创新。年度重点调研和第三方评估这两个工作品牌，就是在工商联发挥政府管理和服务非公有制经济助手作用的过程中逐步确立并坚实凝结而成的。中央经济工作会议在降成本方面提出降低各类交易成本特别是制度性交易成本、减少审批环节、降低各类中介评估费用、降低企业用能成本、降低物流成本、提高劳动力市场灵活性等一系列具体措施。明年，我们要针对实体经济企业降成本这个“老大难”，聚焦破解政策落实障碍、增强企业政策获得感来组织开展年度重点调研。

确保到2020年农村贫困人口实现脱贫，是全面建成小康社会最艰巨的任务。去年10月，我们按照党中央关于调动社会力量参与脱贫攻坚的要求和总书记关于引导非公有制经济人士积极履行社会责任的指示，与国务院扶贫办、中国光彩会联合启动“万企帮万村”精准扶贫行动，这一行动被写进《中共中央国务院关于打赢脱贫攻坚战的决定》之中。总书记3月4日重要讲话指出，工商联开展的“万企帮万村”精准扶贫行动很好，要抓好落实、抓出成效。今年10月，国务院扶贫开发工作领导小组在湖北黄冈召开“万企帮万村”精准扶贫行动现场会，国务院副总理、国务院扶贫开发工作领导小组组长汪洋高度肯定“万企帮万村”精准扶贫行动势头很好、成绩喜人，殷切希望工商联将其打造成“中国品牌”，为全球减贫事业提供“中国经验”。这一行动给我们的新启示，就是只有围绕中心、服务大局，拉高标杆、站上高位，打造品牌才能实现高起点开局，赢在起跑线上。

3. 始终坚持贴近基层实际和企业需求

这是打造工商联工作品牌的活力之源。实践是大课堂，基层和企业是老师。新形势下，工商联工作中的新情况、新问题层出不穷，新经验、新成果不断涌现。只有做到了“两个贴近”，深入基层、深入企业，察实情、听真话、拿第一手材料，工商联工作才能把立足现实和着眼长远结合起来，把解决思想问题和解决实际问题结合起来，打造出一批坚持问题导向、符合基层实际、反映企业需求、充满生机活力的高质量品牌。

基层和企业处于实践第一线。只有往下沉、接地气，工作品牌才能成为实打实的“硬货”。民营企业500强发布之所以越来越得到地方党委政府的重视和企业家的关注，正是在于我们坚持多年来自下而上真实记录上规模民营企业发展历程，发布结论对各地了解民营经济状况尤其是民营大企业素质、在比较中看到自身差距从而加快民营经济发展，提供了帮助。工商联是民营企业的“娘家”。企业的呼声是我们工作的第一信号，企业的需求是我们工作的重要任务，企业的期待是我们工作的努力方向。这些年的许多重点调研报告之所以受到中央领导重视、起到决策参考作用，正是在于我们急企业之所急，想政府之所想，调研提出的“中小企业难，难在小微企业”“民营企业融资难融资贵”“企业碰到三门、发展面临三山”“小富即安、大富不安”等问题就是企业反映最集中的现实困难，提出的“增强四信”“大力发展混合所有制经济”“加大对实体经济的金融支持”“推动有关非公有制经济政策措施的落实与完善”“加强企业产权和企业家财产权保护”等建议就是企业和基层产生共鸣的“原声带”；一定程度上也在于我们摸索出的深度访谈、案例剖析等新的调研方法，吻合了非公有制经济人士的群体特点和个性特征，他们感受到了我们的尊重，更愿意说心里话，更乐于讲自己的故事，才使我们能够向中央及时报告许多真实情况。

打造工作品牌不可能一蹴而就，更不可能一帆风顺，需要迎难而上、开拓进取、付出艰辛、善作善成。品牌来自具体工作项目，必须依托项目来培育，没有项目化就谈不上品牌化。项目就是工作任务，就是突出问题。推进工作项目化需要“杂技”般的技能，思路要搞清、重点要找准、任务要抓实，一项一项地往前推进。一要选准项目。问题就是短板，是差距也是潜力。项目化是找准问题、破解问题的过程。我们这些年确定重点工作和重点调研选题的历程一再证明，立项就是坚持问题导向、实践导向、基层导向特别是结果导向，在吃透上情、把握下情、了解外情的结合点上实现共振。当前，国际形势复杂多变，国内改革发展稳定任务艰巨繁重，“两个健康”领域的问题也是新老交织。在这种情况下，我们必须分清轻重缓急，抓住那些关系到党和政府中心大局、关系到“两个健康”工作的主要矛盾和矛盾的主要方面，在党委政府重视、民营企业急需、社会各界关注、工商联履职尽责的坐标图上找准切入点，突出重点、突破难点，具体地抓、细致地落，一个问题一个问题解决，一步一个脚印推进。调研是选准项目的必经阶段，理想信念教育实践活动、“万企帮万村”精准扶贫行动、基层组织建设等工作品牌，无一不是从调研中发现并列入工作重点的。搞调研，绝不能浮皮潦草、粗制滥造，要上接天线、下接地气，发扬民主、群策群力，把问题找准，才能把项目选准。二要执着坚守。品牌的最终形成要靠时间来积累和印证，打造工作品牌是一个复杂的、要品尝酸甜苦辣的实践过程。这需要有功成不必在我的宽广胸怀和长远眼光，一拨人接一拨人沉下心来，坚持一张蓝图绘到底，发扬钉钉子精神，瞄准一个重点项目盯住不放，连续抓、连贯抓，持之以恒、久久为功。我们抓基层组织建设和服务实体经济转型升级等，都是很好的例子。要防止黑熊掰苞米，项目“烂尾”，更要防止“豆腐渣”工程，不进反退。三要精益求精。真金需要火炼，品牌需要锻造。推动项目成就品牌，要有一种勇于探索的闯劲，又要有一股精益求精的韧劲。要始终保持积极向上的工作状态，发扬工匠精神和创新精神，反复打磨、精雕细刻，追求极致、力求完美。抓项目关键要抓具体，一具体就深入，一具体就精细。抓项目还要善于就老内容做新文章、更新改造，与时俱进、不断创新，学会因时因势而变，不断凝结新的结晶，避免同层面停滞、低水平重复。四要形成合力。品牌建设是系统工程。落实一个项目，打造一个品牌，不是哪一个部门哪一级工商联能独家完成的，要大家合力来做。要明确责任，也要分工不分家，坚决摒弃各自为战现象和功利主义观念，树立上下一盘棋思想，发挥系统合力啃硬骨头，上下联动、左右协调，同频共振、共同探索，聚沙成塔、握指成拳，释放“洪荒之力”，一心一意推进我们的事业不断前进。

（三）切实加强自身建设

打铁还需自身硬。习近平总书记要求工商联加强自身建设，增强工商联组织的凝聚力、影响力、执行力。现在，工商联工作呈现出高频率、高强度、高质量的特点，要高标准完成党和政府交给的各项任务，争取更大作为，迫切需要我们深入贯彻落实中央统战工作会议和总书记 3 月 4 日重要讲话精神，在组织机构、运行机制、工作方式、干部管理等方面大胆探索，向改革要动力，在抓自身建设上自我加压，务求更大成效。

1. 抓牢基层组织建设

基层建设是一项强本固基的基础性工程，永远没有终点。这些年来，我们坚持重心下移、力量下沉，抓基层、打基础，在加强县级工商联建设、激发县级工商联活力和加强商会建设、推动商会发挥主阵地作用方面做了大量工作。目前，县级工商联建设要密切关注“一个设立、五个有”局部反复甚至滑坡现象，抓住县级工商联换届契机，继续争取党委政府领导和指导，按照统战工作条例和中央换届文件要求，选好配强县级工商联主席和党组书记，做好新任县级工商联主席党组书记的任职培训。要推出一批先进典型，巩固扩大“一个设立、五个有”成果，加快推进“五好”县级工商联建设，力争明年完成30%的阶段性目标。

统战工作条例明确工商联所属商会是工商联的基层组织，赋予工商联对所属商会的指导、引导和服务职责。总书记在中央统战工作会议上强调工商联同商会不能切断工作渠道，提出统战工作要向商会组织有效覆盖；在3月4日重要讲话中再次要求推动工商联所属商会改革，目标和任务都是一致的。当前，关键是要把工商联对商会的指导、引导、服务职能落到实处，善于通过考核商会负责人抓商会班子建设，通过举办教育培训开展会员思想政治工作，通过支持配合做好党组织组建推进商会党建工作，通过指导会员发展扩大商会会员覆盖面。在社会组织管理制度改革深入推进的新形势下，工商联所属商会要通过提升服务能力，更多吸纳中小微企业入会，更多吸纳创新型成长型企业入会，防止以资产多少、规模大小设置入会门槛的贵族化倾向。明年深化理想信念教育实践活动必须在发挥商会主阵地作用上动真格、见实效，指导商会多做一些政策宣传解读等工作，帮助坚定民营企业家信心；多以商会组织渠道出面沟通有关部门，帮助解决企业遇到的实际困难，在建立政企沟通机制上多做推动工作，在构建新型政商关系上多发挥“黏合剂”和“隔离带”的特殊作用。我们要加大商会改革政策机制研究，加强与有关中央部委的沟通协调，抓紧推动工商联所属商会改革发展；积极探索加强商会建设的有效载体，力争创造新经验，为商会改革发展厚植土壤、打牢根基。

2. 抓严机关党建工作

加强机关党建是工商联坚持党的领导、落实全面从严治党要求的题中应有之义。目前，各级工商联机关不同程度存在“两个责任”落实不力的问题，存在党员意识和党的观念比较淡薄的问题。总书记强调，无论哪一层级、哪一领域的党组织，都应该严肃认真对待党赋予的职责，按要求对党员进行严格的组织管理。各级工商联党组要切实发挥领导核心作用，严格落实“两个责任”，聚焦落实党内政治生活准则和党内监督条例，强化政治纪律教育、换届纪律专题教育，切实防止“灯下黑”。党组书记是第一责任人，要切实担当负责，务必把主要精力主要时间放在工商联工作上，带头坚持民主集中制，搞好党外同志合作共事。各级工商联机关的党组织，要认真贯彻落实十八届六中全会精神，规范党内组织生活，加强党内监督，当前要特别重视党风廉政建设，严格执行中央八项规定，切实守牢廉洁自律底线。小事不能小视，否则必出大事。要加强对干部日常教育，及时抓早抓小、防微杜渐，推动工商联机关形成良性政治生态。

3. 抓实干部能力提高

总书记在中央统战工作会议和中央党

的群团工作会议上对包括工商联干部在内的统战干部和群团干部提出殷切希望，在党的十八届六中全会上明确要求党员干部提高专业素养，并深刻指出专业素养不是简单的专业对口，而是专业知识、专业能力、专业作风、专业精神的统一。这些年来，全国工商联把干部能力建设的着力点放在政治把握能力、调查研究能力、群众工作能力、落实推进能力这“四种能力”上，强调树立战略思维、创新思维、辩证思维等科学思维方式，拓展学习培训、参与重点工作、立足岗位实践、深入企业和基层挂职锻炼等成长路径，细化局级干部“专家权威”、处级干部“行家里手”、一般干部“应知应会”等分级培养目标，树立正确的选人用人导向，在机关初步形成了想干事、敢干事、会干事的良好氛围。“四种能力”作为选配工商联专职领导干部的能力标准，已写入 2017 年工商联换届文件。“四种能力”，就是新形势下工商联干部的专业素养。要想把我们来之不易打造形成的工作品牌持之以恒地坚持和发展下去，真正做强、做新、做响，必须不断提高干部的“四种能力”。要根据工商联职能任务确定干部培养方向，把教育管理监督与选拔使用激励结合起来，落实好干部能上能下的要求，充分调动干部干事创业的积极性，形成一池活水，让干部多经风雨、多方锤炼，多些“热锅上的蚂蚁”经历，培养出更多的“多面手”。

2017 年是实施“十三五”规划的重要一年，是供给侧结构性改革的深化之年。真抓才能攻坚克难，实干才能梦想成真。让我们更加紧密地团结在以习近平同志为核心的党中央周围，勠力同心、砥砺奋进，求真务实、埋头苦干，以优异的成绩迎接党的十九大胜利召开！

第四部分　调研报告

民营企业知识产权保护状况调研报告

为了贯彻落实中央领导同志重要指示精神，8 月下旬至 9 月上旬，全国工商联分赴北京、上海、广东、江苏、四川、安徽等六地调研民营企业知识产权保护状况，同时委托辽宁、福建、山东、湖北、重庆、陕西等 6 地工商联自行开展调研。期间，召开有关政府部门、司法机关、商会和中介组织及企业座谈会 24 场，实地走访知识产权部门、法院及企业 28 家，与 101 位企业相关人员进行一对一深度访谈，回收有效调查问卷1 394份。现将调研情况报告如下。

（一）基本情况

调研表明，自 2008 年国家知识产权战略实施以来，民营企业在知识产权创造运用方面取得了积极进展，实现了从无到有、从少到多、从弱到强的转变，有的甚至成长为知识产权强企，拥有了行业话语权，增强了核心竞争力。2015 年全国企业发明专利授权量前 10 名中有 6 家是民营企业，国内企业通过专利合作协定（PCT）申请受理量 10 强中有 9 家是民营企业。深圳华为公司高度重视技术研发，截至 2015 年已累计申请 52 550 件国内专利和 30 613 件外国专利，专利申请总量位居全球第一。上海杰事杰新材料集团在战略性新兴产业领域投入大量人力物力进行基础研究，共申请发明专利 1 451 件，其中 376 件已获得授权。苏州东菱振动试验仪器有限公司认为只有用先进科技才能保持企业的领先地位，已申请 309 件专利，其中 243 件已获得授权。企业无论大小，知识产权的创造运用都为企业转型升级提供了强大动力。

调研表明，随着企业知识产权创造运用能力的逐步提升，知识产权保护的重要性日益凸显，我国知识产权保护工作不断加强，取得了一系列新成效。

1. 知识产权保护的法律政策体系逐步建立

目前，已建立起以《中华人民共和国专利法》《中华人民共和国商标法》《中华人民共和国著作权法》等法律为主体的比较完整的知识产权法律体系。2008 年 6 月国务院颁布《国家知识产权战略纲要》，将知识产权工作上升为国家战略。2015 年国务院颁布《关于新形势下加快知识产权强国建设的若干意见》，建立了由国务院领导担任召集人的知识产权战略实施工作部际联席会议制度，加强知识产权相关工作的组织领导和统筹协调。安徽、四川制定了落实知识产权强国战略的政策文件，广东、江苏提出建设知识产权强省的目标，北京、广东、江苏制定《知识产权战略行动计划》，安徽修订出台《安徽省专利条例》，各地知识产权保护体系进一步健全完善。

2. 司法保护的主导作用初显

近年来，法院、检察、公安等司法、行政部门加强协作、以审判体制、机制改革为突破口，不断创新，知识产权司法保护主导的局面初步形成。北京、上海、广州三地知识产权法院自成立至今，已受理各类知识产权案件2.6万余件，审结1.6万余件，通过聘请科学技术和知识产权咨询专家，建立了知识产权审判专业“智库”。各地法院在审判知识产权案件时，创新工作机制、提升工作成效。江苏、上海法院实行知识产权民事、行政、刑事案件“三审合一”模式，有效整合司法资源，统一裁判标准。安徽省高院对社会高度关注的案件进行公开审理，并对庭审进行网上“微播”。四川省高院结合个案情况，为企业防范知识产权风险提出个性化司法建议书。各级检察机关依法履行司法监督职能，严厉打击侵犯知识产权犯罪。北京市检察院对没有标价或者无法查清实际销售价格的侵权产品，按照市场中间价计算认定侵权数额，实施批捕起诉。上海市检察院在全国率先探索推行侵犯知识产权案件权利人告知工作，2015年全市各级检察院向被侵权权利人告知的案件有89件，告知率达66.9%。各级公安经侦部门对知识产权犯罪始终保持高压严打态势。上海市公安局坚持“打团伙、摧网络、端窝点”的集群战役打击模式，去年共立假冒侵权案件1 184起，破案975起，抓获犯罪嫌疑人1 909人，打掉团伙30余个、摧毁窝点60余处。安徽省公安厅组织开展节假日期间集中打击整治涉民生的假冒伪劣犯罪行动，共破案63起，抓获犯罪嫌疑人98人，涉案价值6 130万元。

3. 行政执法保护进一步加强

各地注重建立知识产权行政执法协作机制。北京市建立了由分管副市长任召集人、42个委办局参与的知识产权办公会议制度，初步形成全市联动、部门互动、上下协动的保护工作机制；上海浦东、江苏苏州高新区探索专利、商标、版权“三合一”管理模式；广东省知识产权局通过与有关省市签订合作协议及备忘录等方式，推进建立泛珠三角区域专利行政执法协作机制。广东省在产业集聚区设立知识产权维权援助中心，实现“一站式”快速维权。各地结合当地知识产权侵权实际情况，加大执法整治力度。上海市知识产权局在大型国际展会、大型商场以及互联网等流通领域，对高新技术产品、食品、药品等开展集中检查和整治活动。四川省知识产权局设立展会知识产权保护工作站，会同商务部门对全省40家重点电子商务企业销售平台进行网上执法检查。广东省知识产权局探索建立互联网知识产权保护措施和长效机制，支持建设电商领域知识产权保护平台。北京市工商局针对重点地区、重点业态、重点商品，开展大规模保护商标专用权行动。各地加强“两法衔接”，加大打击力度。上海市工商局与市公安局、市检察院建立联席会议制度，明确案件移送标准，2010年以来累计移送涉嫌商标犯罪案件或线索313件。安徽省由省双打办、检察院、公安厅、财政厅牵头，建成覆盖省、市、县三级的信息共享平台，共录入行政处罚案件3.48万条，移送案件182件。

4. 企业知识产权保护意识和能力不断增强

当前，加强知识产权保护日益成为企业发展的内在动力和迫切需要。问卷调查显示，有54%的受访企业设立了知识产权部门或有专职工作人员。在发展实践中，不少企业经历了从忽视知识产权到重视知识产权的过程，保护意识逐步提高。广东万和新电气股份有限公司1992年发明超薄型水控式全自动燃气热水器，但因当时缺乏知识产权意识，其核心技术未申请专利，成为行业通用技术，企业痛失商机，而今公司对知识产权战略规划和管理应用高度重视。董事长叶远璋感慨：不懂知识产权让企业吃尽了苦头，学会知识产权运用和保护让企业尝到了甜头。成都松川雷博机械设备有限公司曾因对知识产权管理保护不善，遭遇离职员工侵权，现将企业知识产权工作交由成都天嘉专利事务所托管，满足了企业在专利战略、布局预警、检索分析等方面的需要，有效规避了专利风险，公司因此与美国通用磨坊食品公司等国外客户建立了长期牢固的合作关系，公司总经理薛博勋感慨道："我十分享受知识产权。"企业知识产权保护能力有所提高。广东金发科技公司在"走出去"过程中遭遇竞争对手德国科莱恩公司的专利侵权诉讼，公司采取诉对方专利无效及在国内提起专利侵权诉讼等手段维权并胜诉，使竞争对手主动要求和解并支付给金发公司500万元专利许可费。北京东方雨虹防水公司建立起贯穿生产经营各环节的科学、标准化知识产权内部管控，实现知识产权的创造、管理、运用和保护，保障企业的可持续发展。神州数码集团建立内部知识产权管理办法和电子系统，对现有及新增的知识产权进行统一管理，提高知识产权保护能力。

（二）主要问题

调研表明，尽管各级司法、行政部门在知识产权保护方面做了大量工作，但当前知识产权侵权案件仍易发多发，举证难、认定难、周期长、赔偿低、效果弱的"两难一长一低一弱"问题仍然比较突出。

1. 举证难

问卷显示，63.5%的企业认为举证难，占比最高。企业遭遇知识产权侵权时，无论是向行政机关举报投诉还是向人民法院提起诉讼，大多需权利人自行举证，权利人举证往往遭遇"两难一险"。一是证据难采集。侵权行为基本上发生在侵权方控制的企业内部或作业现场，没有公权力介入一般很难采集到。江苏沁恒公司负责人介绍，侵权方往往在出货前才贴标，而取证必须到现场查验，除非是公权部门，一般人根本进不了厂区仓库。上海美钻石油钻采系统有限公司怀疑某企业侵犯其专利技术，但侵权设备用于海上钻井平台的水下作业，因此根本无法取证。许多企业反映，侵权产品作为证明侵权事实的最直接证据，往往需要权利人自行提供，采集证据的费用也很高。上海乾享机电科技公司一高管离职后另立门户仿冒公司的包装机械产品，公司负责人讲，初始型号一台设备20多万元，企业为取证还买得起，后续型号每台价格都在百万元左右，不可能每种型号都买。二是取证风险大。企业维权取证，多采取"卧底侦查""假装交易"等手段，很容易产生法律问题，有的还存在人身安全等风险。四川南充嘉美控股集团派人去山东某侵权企业调查取证时受到恐吓，调查人员人身安全受到威胁，不得不无功而返。自行取证往往遭遇非法证据排除，很难被法院采信。江苏奇力康皮肤药业公司2012年发现被侵权，侵权企业注册地在武汉，生产地在广东，企业采取派人卧底打工、假装代理商购买侵权产品、了解侵权企业账号包括负责人个人账号、摸清实际销售情况和渠道等手段拿到了证据。另一方面，以严重侵害他人合法权益、违反法律禁止性规定或者严重违背公序良俗方法形成或获取的证据，也不能作为认定案件事实的依据。三是证据难保全。实践中，权利人为了增强采集证据的证明力，往往不得不依赖公证机构的证据保全。但广东多家律师事务所反映，因为收入少风险大，大多数公证处不愿从事知识产权案件证据保全业务。同时，企业也反映，向法院申请证据保全、调查取证或诉讼禁令很难获得批准。广州知识产权法院数据分析显示，权利人申请证据保全或调查取证的比例不足 10%，7 000多个案件中仅发出律师调查令数十份，而且申请人多为国外企业或外商独资企业，民营企业极少。

2. 认定难

调研表明，知识产权特别是发明专利技术性强，导致知识产权侵权行为具有很大隐蔽性，认定侵权事实、侵权行为和侵权损失都很难。一是侵权主体难确定。四川华体照明公司生产智能路灯，发现一些地方的市政路灯与公司产品外观相似，怀疑其外观设计专利被侵权，遂向市政招标方了解生产企业信息，要么不被理睬，要么被各种理由回绝。有的侵权主体地域分散、遍布全国甚至境外，特别是借助电商平台，辐射范围更广、波及面更大，确认侵权主体更难。二是技术问题难鉴定。知识产权侵权案件中，发明专利、软件著作权、商业秘密等技术性问题鉴定难度大。苏州检察院在办理一起假冒他人专利刑事案件中，由于办案人员与鉴定机构就技术问题缺乏有效沟通，致使历经三次鉴定才最终被采信，而此时犯罪嫌疑人已被羁押 1 年，为避免超期羁押只好当庭释放。广州白云电气集团广西分公司遭遇公司内部技术团队恶意盗取公司技术研发图纸，公司以商业秘密被窃为由报警，案件由公安机关移交检察院，但是检察院仅仅认定企业研发创新部分的投入成本作为企业损失，而不是整个研发项目的投入，并以证据不足退回，公司至今还在补充证据鉴定损失。三是侵权损失难评定。主要是由于知识产权价值很难评估。广东香雪制药公司认为，目前统一规范的知识产权交易市场尚未形成，达成的知识产权交易很少，即使有交易但其价值往往被低估。截至 2016 年 8 月底，广州知识产权交易中心挂牌项目仅 6 901 项，达成交易的更少，涉及金额仅 7 500 多万元。由于交易市场不完善，致使许可费标准难以形成，法院无法按照许可费的倍数标准计算赔偿数额。知识产权价值低估，必然导致认定损失偏低。

3. 周期长

问卷显示，61.33% 的企业认为维权周期长。企业打专利侵权官司，从向法院起诉开始，经常会遇到侵权方向国家专利复审委申诉专利无效，对复审决定不服可以向法院提起行政诉讼，不服法院一审判决可上诉，最终有可能又回到专利复审委，如果专利复审委做出相反决定，就会引发新一轮程序，形成“诉讼—无效—诉讼”的循环。这种制度客观上为一些侵权企业提供了生存空间。苏州莱克电气公司负责人无奈地说：“打知识产权官司，必须钱要多、命要长。”广东东鹏公司于 2008 年就洞石实用新型专利及洞石发明专利开展维权，经过北京、广东、山东等多地法院和国家专利复审委反复审理，最终胜诉，但却耗时 8 年之久。四川欧邦药业集团于 2009 年申请注册“太平洋”商标，初审公告期间某企业提出异议，国家商标评审委员会驳回异议后，商标获准注册，该企业又提起行政诉讼，经中院、高院二审终审，至 2016 年 6 月才判定商标归属欧邦，前后历时 7 年。上海万得信息技术公司于 2012 年起诉某公司著作权侵权和不正当竞争，历经两次主审法官变更、10 次庭前准备会议，至今仍处于被告要求的司法鉴定阶段，审结遥遥无期。

4. 赔偿低

由于举证难、技术问题鉴定难、价值评定难，大多数企业都感到知识产权维权得不偿失，与研发投入、预期盈利、维权费用等相比，即使维权成功，也不过是一桩“亏本买卖”，企业戏称为“赢了面子，输了里子”。一是实际损失赔偿难以实现。虽然法律规定了侵权损害赔偿方式有实际损失、侵权获利、许可费合理倍数、法定赔偿等四种，但据企业反映和法院统计数据表明，法定赔偿正成为各地法院主要适用方式。广州知识产权法院数据分析显示，专利权和商标权案件法定赔偿使用率超过95%。四川法院2015年审理知识产权案件中，法定赔偿适用方式占99%。苏州莱克电气公司发现产品被侵权后进行维权，公证费、律师费、诉讼费支出80多万元，但判赔只有20万元。四川中光防雷科技公司几个离职员工将商业秘密和专利技术一并带走，并原封不动“克隆”公司产品销售，公司采取劳动仲裁、工商执法、行政处罚、窃取商业秘密刑事报案等方式寻求保护，共花费300多万元，最终侵权方被法院判实刑1年，附带民事赔偿仅20多万元。二是判赔数额与诉求存在较大差距。安徽省2014年以来判决57件专利民事纠纷案，其中发明专利、实用新型专利、外观设计专利侵权纠纷平均判赔额分别为20万元、3.6万元和2.3万元，确定的赔偿数额与权利人的请求差距很大。据江苏某律师事务所对近5年代理的发明专利侵权诉讼纠纷判赔案件的分析，21起案件诉求总额667.92万元，平均31.8万元，赔付总额225.6万元，平均10.7万元，判赔占比只有33.78%。广州知识产权法院数据分析显示，判赔数额只有权利人赔偿请求的30%，每案平均不超过3万元，许多律师事务所反映连支付律师费都不够。三是行政干预侵权赔偿。山东一起侵权案件中，由于侵权人为当地较有影响的企业，某中院在判决的过程中受到各方的压力与干扰，判决赔偿后，企业又以停止侵权行为会导致工人下岗为由向地方政府施压，地方政府以被告作出停止侵权承诺为条件，要求原告放弃赔偿，原告只能无奈接受。此外，如果权利人选择向行政执法部门投诉或举报进行维权，虽然认定侵权事实更为快捷、取证成本相对较低，但行政罚款与企业获赔没有任何关系。

5. 效果弱

调研表明，知识产权保护的实际效果与保护企业创新成果、激发企业创新活力还存在较大差距。一是侵权行为难以得到及时制止。企业普遍反映，一般只有经过行政确认或司法判决生效后，才能制止侵权行为，维权期间企业只能坐视侵权横行，承受损失，即使赢了官司也会丢了市场。南京三超新材料公司2011年发现其核心技术被离职人员窃走使用，立即报案，2014年法院作出有罪判决，历时3年，该产品价格已由2010年的3元/米，降至0.6元/米，企业损失巨大。二是打击威慑效果差。企业普遍反映，现行司法保护对侵权企业威慑力不够。江苏公安机关曾处理一起假冒香奈儿耳环案件，制造假耳环材料成本只有3元，卖到美国15元，造假的丰厚利润与打击力度不成正比，导致此类案件屡打不绝。打过民事官司的企业都认为，没有惩罚性赔偿，加之判赔还普遍面临执行难，等于放纵了侵权行为。企业还反映，行政罚款数额低，加之以罚代刑现象普遍，入刑难，打击力度远远不能让侵权企业丧失再次侵权的能力。上海市人民检察院统计，2012年至2015年，已判决的知识产权犯罪案件中各有99.84%、93.47%、95.3%、70.4%只适用了罚金刑。2013年，安徽全省行政执法机关共立案查处案件 26 174 件，移送司法机关处理仅 115 件；2014 年共立案查处案件 10 020 件，移送司法机关处理仅 41 件。三是反复侵权行为多发。不少企业反映，由于侵权代价低，侵权人恶意侵权、重复侵权屡见不鲜。广州立白企业集团的产品加酶洗衣液、洗衣露成为“仿冒专业户”瞄准的制假贩假对象，企业开展自主打假、行政投诉与司法诉讼等多种方式维权，但因侵权门槛低，仿冒侵权行为打不死、打不怕，时常出现“打一枪换个地方”继续仿冒的情况。成都松川雷博机械设备公司一经理离职另立门户，5 年间 3 次恶意侵犯企业专利权。广东省海关介绍，以企业为唯一侵权主体这种认定方式，客观上让侵权方更容易金蝉脱壳，甚至成为“侵权专业户”。

产生上述“两难一长一低一弱”现象的主要原因有以下几个方面：

一是法律法规有待进一步协调、健全。在知识产权各专门法的立法及修订过程中，由于系各相关部门启动程序，因部门利益的原因，实践中存在衔接不畅、条文冲突、“真空地带”等问题。反映比较集中的惩罚性损害赔偿制度，目前仅商标法做了规定，但赔偿基数难以确定和主观构成要件不明确导致缺乏可操作性。广州知识产权法院审理的商标权案件中，还没有适用过惩罚性赔偿。实践中饱受企业诟病的专利法定赔偿 100 万元上限、著作权 50 万元上限，在不少案例中就连权利人的开发成本和维权成本都不够，很难实现损害赔偿的立法初衷。对定牌加工、平行进口等行为如何认定，日渐增多的从自贸区内或者通过跨境电商平行进口的行为是否构成侵权，展会、电子商务平台的知识产权侵权，商业模式知识产权保护等相关立法还没有跟上。

二是司法保护主导作用有待强化。北京、上海、广州三地知识产权法院试点面临着诸多困难，亟待破解，如“案多人少”矛盾依然突出，北京知识产权法院今年以来，44 名法官受理各类知识产权案件6 347件，人均 144 件；广州知识产权法院 2014 年 12 月建院以来，20 多位法官已受理 7 806 件案件，人均 350 多件。司法裁判标准如何统一把握，还缺乏统一的上诉法院监督。此外，各地法院在知识产权案件审判中，对如何适用商标法规定的惩罚性赔偿制度、运用知识产权侵权诉讼证据规则、审查比对专利技术问题、适用禁令等存在较大差异。专利侵权民事诉讼与专利无效行政诉讼并行的二元制程序在客观上降低了维权效率，损害了司法权威。同时，由于民事诉讼规定的“谁主张、谁举证”的基本原则，在一定范围还存在法官业务素质能力不能满足需要的现象，过度依赖公证等机构，证据采信唯“公证化”，对企业申请证据保全、调查取证或诉讼禁令的请求不予支持，或者不进一步指导当事人查明实际损失和侵权获利，而是简单以法定赔偿作为主要的损害赔偿方式。在知识产权司法保护中，如何发挥检察机关和公安机关的作用，加强与人民法院的协作配合，也有待于进一步从体制机制上加以明确。

三是行政执法体制有待理顺。我国知识产权管理涉及十多个部门，各自为战的现象严重，被称为“九龙治水”。用安徽省公安厅经侦总队总队长薛跃的话说：“目前这种状态、这种机制，我们 365 天不睡觉、不吃饭也打不完。”各地知识产权局纷纷反映，专利行政执法既无职权也没手段更没队伍，连统一制服都没有，群众甚至搞不清谁执法谁违法，如同“没有牙齿的老虎”。调研反映，专利执法队伍特别是基层专利执法力量薄弱问题尤为突出，不少地市的知识产权局只有一两名工作人员，很多区县专利工作都是科技局的业务科室代管，基本上处于“无机构无人员无经费”的三无状态。

四是社会化服务体系建设有待完善。知识产权是无形的财产权，评估、鉴定、交易往往需要借助专业机构进行。但不少企业反映，知识产权运营公共服务平台还不完善，达成的知识产权交易量很小。知识产权交易机构大多由政府出资，运作机制呆板、效率不高。一些法院反映，目前国内专业知识产权评估事务所主要是为企业获取产权登记、资质、证明等单方申请的小型评估，一般不涉及技术分析和侵权实际损失的评估。整体上看，知识产权中介服务机构素质参差不齐，有的评估结论互相矛盾，有的只顾向客户收取知识产权咨询管理费，甚至有的恶意利用客户疏于对知识产权领域了解的弱点乱收费，有的专业水平不高导致专利权利要求书出现漏洞造成企业损失，提供国际化服务的能力则更差。

五是企业知识产权素质有待提高。调研表明，绝大多数中小企业特别是小微企业的知识产权意识较弱。一方面，企业已经成为创新主体，但许多企业自我保护能力较低，有的甚至还没有基本的保护意识，有待加强培训帮助。有企业坦言“没有几个企业家会像重视房产证一样保管好自己的知识产权证书”。同时，很多企业由于对知识产权保护状态感到不满，觉得维权是“赔了夫人又折兵”，不想、不愿、怠于行使自己的权利，这种心态客观上又助长了知识产权侵权行为的蔓延。另一方面，一些中小微企业以仿冒假冒求生存，守法诚信意识薄弱，对他人知识产权缺乏必要的尊重，对侵权获利不仅不以为耻反以为荣，有待加强教育引导。

（三）意见建议

当前我国正处在经济保持中高速增长、产业迈向中高端水平的关键阶段，加大企业知识产权保护力度，对于支持和鼓励企业参与知识产权强国战略，以技术创新为支撑参与供给侧结构性改革，推动转型升级、创新发展，具有非常重要的现实意义。

1. 高度重视企业知识产权保护工作

企业是知识产权创造、运用的主体，是实施知识产权强国战略的重要力量。保护知识产权就是保护创新、激励创新。应充分发挥国务院知识产权战略实施工作部际联席会议牵头统筹规划和协调作用，加强顶层设计，突出解决重点难点问题，形成工作合力；尽快将知识产权指标纳入国民经济和社会发展规划，将推动知识产权创造运用保护情况纳入党政领导综合考核评价指标体系。各级政府要把知识产权管理、保护、服务的注意力更多地转移到企业上来，把能不能激发企业的创新热情作为制定相关政策的出发点、检验工作成效的重要标准。进一步把国家有关知识产权法律法规和政策文件落细、落地，增强企业获得感；加强知识产权保护宏观战略对策研究，增强企业知识产权涉外应对能力，服务企业“走出去”；广泛开展知识产权法治宣传，把恶意侵犯知识产权行为纳入统一的社会信用记录，把知识产权法律法规列入“七五”普法重要内容，努力营造全社会尊重、崇尚和保护知识产权的氛围；深化开展以“守法诚信、坚定信心”为重点的非公有制经济人士理想信念教育实践活动，引导非公有制经济人士提高知识产权创造、运用、保护的意识和能力。

2. 完善知识产权法律法规

在经济全球化背景下，将知识产权保护与国际相关法律有序接轨，统筹推进专利法、著作权法、反不正当竞争法等法律法规的修订进程，建立公平合理的损害赔偿制度和对恶意侵权、多次故意侵权的惩罚性赔偿制度，适应当前经济社会发展需要提高法定赔偿上限、取消下限。完善知识产权诉讼程序，研究解决民事侵权诉讼与行政无效申请“二元制”所引发的循环诉讼问题，建立法院在授权确认的行政诉讼和民事侵权诉讼中审查知识产权效力的司法机制，以及可根据案件情况，适用简易程序和独任审制，提高审判效率。健全证据规则，强化被控侵权人的证据披露义务。加快研究制定商业秘密保护法。

3. 深化司法为主导的知识产权保护体制机制改革

①深化知识产权审判体制改革。总结推广试点经验，在知识产权密集、案件多发地区增设知识产权法院，在企业园区、产业集聚区等企业集中区域设立派出法庭，相对集中布局专利等技术类知识产权案件的审判管辖；设立国家级的知识产权高级法院，作为技术类知识产权案件的上诉终审法院；按照民事、行政、刑事案件“三审合一”模式，扩大知识产权法院案件受理范围，统一司法标准。②加强法院、检察、公安等司法和行政执法机关的协调配合，完善工作机制。研究制定技术事实调查制度，建立多元化技术事实查明机制，实现技术调查官制度与专家辅助人、技术鉴定、专家陪审员、专家咨询等制度的有效衔接。加大证据保全和行为保全适用力度，出台政策鼓励和引导公证机构积极参与知识产权侵权案件的证据保全工作。以市场价值为主要参照确定侵权赔偿数额，建立符合市场规律的损害赔偿计算机制。

4. 强化知识产权行政综合执法

积极探索整合专利、商标和版权等行政执法力量，破解知识产权执法“九龙治水”局面，有效发挥市（区、县）基层行政管理部门在专利市场监管方面的作用和优势。充实执法队伍，加大培训力度，推动执法工作专门化、专业化，提升知识产权特别是专利行政执法人员的能力和水平。健全协作机制，利用电子政务信息化手段加强信息共享，进一步强化打击知识产权侵权、违法、犯罪的衔接机制，提升监管效率和打击合力。

5. 积极培育和规范中介服务

注重政府引导基金的投入力度和引导方向，吸引社会资本建设一批市场化服务平台，为知识产权信息发布、评估交易提供高效服务。按国际化标准加快培育知识产权评估、交易、鉴定类中介服务机构，加强引导、扶持建立有影响力、具备较强专业能力的知识产权维权组织，引导专利代理、评估、咨询、预警监控、法律维权等中介服务机构健康发展，规范服务行为，提高服务质量和效能。

6. 加强企业知识产权培训

企业是最具活力的创新主体，利用知识产权保护自身创新成果的愿望最为急切，提高他们尊重知识、尊重法治的任务迫在眉睫。要把培训作为加强企业知识产权保护的重要手段，建立由政府主导，司法行政机构、中介机构、行业组织参加的面向企业的培训体系，引导企业增强知识产权意识和法治意识，健全企业知识产权相关制度，加大对知识产权人、财、物的投入，真正通过技术创新而不是仿冒抄袭实现企业转型升级。进一步发挥工商联所属商会在知识产权保护中的作用，加大政府购买服务力度，鼓励有条件的行业商协会成立知识产权工作部门，开展知识产权业务培训、风险预警、维权援助、技术鉴定、价值评估、纠纷调解等服务。

（研究室）

县级工商联蹲点调研报告

为深入贯彻落实中央统战工作会议精神，深入了解各地县级工商联建设的新情况新问题，纠正部分地区出现的“一个设立、五个有”倒退滑坡问题，按照全国工商联十一届八次常委会议部署，全国工商联会员部在2016年8月组织4个调研组到山西、云南的9个县（市）开展蹲点调研，到工作开展较好的湖北发现和总结县级工商联建设的好做法好经验。会领导对这次蹲点调研高度重视，全哲洙书记、杨启儒副主席对开展调研提出了具体要求。会员部多次进行研究，制订调研方案，针对不同地区明确调研重点，细化调研安排。现将调研情况报告如下。

（一）“一个设立、五个有”倒退滑坡的主要问题

根据到山西、云南调研了解的情况，“一个设立、五个有”倒退滑坡主要表现在以下三个方面：

一是党组建设缺位。云南省安宁市工商联原任党组书记2012年退居二线后，这个职位就实际处于空缺状态，党组会议连续三年没有召开。2015年12月，山西省交城县委根据上级党委文件精神，清理了工商联党组。2016年7月，交城县委根据省委组织部要求，恢复设立了工商联党组，但还没有任命党组书记和党组成员。吕梁市离石区工商联党组还没有设立，山西省工商联正在督促协调区委尽快设立工商联党组。

二是工作保障不足。受经济下行压力加大、财政收入减少的影响，山西部分县级工商联经费不增反减，如阳曲县工商联2015年财政预算只有6 000元，满足基本办公支出都有困难，开展工作更无从谈起。山西调研的6个县级工商联中，年工作经费最高的只有7万元，有4个在3万元以下。云南省安宁市工商联工作经费从1995年到2016年的21年间一直就是每年2万元，县工商联原为4个行政编制，后减少为3个行政编制，在最近一次编制调整中又调整为2个行政编制和1个事业编制，实有工作人员长期只有1人，工商联工作基本没有开展。德钦县工商联2015年后工作人员充实为4人，但1人作为工作队长长期驻村，其他2人每年有近3个月要驻寺帮助维稳，1人长期病休，访谈中有工商联干部说：“每年工商联都要关门两个月。”

三是工作明显弱化。云南省安宁市工商联已3年未召开过执委会议、常委会议和主席会议，只是每年召集企业家执委开一次座谈会，宣传学习党委政府的有关政策。香格里拉市工商联也没有按章程每年召开执委会议，议事制度、会议制度、机关工作制度等基本制度均没有建立。山西、云南蹲点调研的9个县的工商联，其主要工作还是停留在一般性的企业联谊活动上，对解决企业实际困难有实质性帮助和推动的工作不多，与党委政府有关部门没有建立联系沟通机制，发挥作用的广度和深度都不够，在当地经济社会发展中缺少“话语权”。

（二）部分县级工商联建设倒退滑坡的原因探析

湖北省县级工商联工作一直走在全国前列，2013年6月全省103个县级工商联就已经完成了“一个设立、五个有”。近年来，湖北省各级工商联坚持重基层、打基础，落实了不少推动工商联改革发展的新思路、新举措，县级工商联建设水平又上了新台阶，探索出许多值得借鉴的经验做法。把湖北和部分地区的县级工商联工作综合分析，我们认为以下四方面是影响县级工商联建设的主要因素，如果做得好，就可以像湖北省县级工商联那样，各方面工作都能取得较好成绩；如果工作不到位，就会使县级工商联建设停滞不前甚至倒退滑坡。

1. 千方百计争取党委政府的重视和支持

争取党委政府支持是做好县级工商联建设的重要保证。首先是省市两级工商联要积极争取、着力推动。在湖北省工商联争取下，早在2009年7月，湖北省委办公厅、省政府办公厅就印发了《关于加强县级工商联工作的意见》。中央16号文件下发后，湖北省在全国率先出台了由省委组织部、省委统战部、省编办、省民政厅、省财政厅、省人社厅、省工商联等7个部门联合出台的《关于加强县级工商联建设的实施意见》，对县级工商联编制、经费作了硬性规定，县级工商联工作经费不但能列入财政预算，而且基本上都建立了经费正常增长机制，从制度上解决了县级工商联有人办事、有条件办事的问题。荆门市由市委组织部等7部门制订下发《关于推进县级工商联建设的实施方案》，把县级工商联建设纳入当地党委政府政绩考核范围，由市委督导室和统战部、工商联一起到各县（市、区）考核检查工商联工作。同时我们也看到，部分地方党委政府没有出台专门加强县级工商联建设的文件，有的县级工商联经费未纳入财政预算，有的县级工商联无编制或编制尚未确定。

2. 不断加强对县级工商联的指导和帮助

县级工商联建设是工商联自身建设的薄弱环节，推进县级工商联建设离不开上级工商联的指导和帮助。湖北省工商联根据本地区县级工商联建设实际，在“五好”县级工商联基础上加上制度建设好，要求把制度建设这个带有根本性、稳定性和长期性的问题放在突出位置，确保县级工商联工作持续向好发展。武汉市工商联班子成员分片和13个区工商联对口联系，定期调研指导，对于发现的人员编制不足、办公条件差、工作经费少等难点问题，由主要领导出面联系各区委区政府领导商议解决。宜昌市工商联结合县级工商联换届工作，加强对县级工商联领导班子建设的指导，换届后全市13个县级工商联的主席，除4位企业家主席外，其余9位全部由人大副主任、副县（市、区）长、政协副主席担任。与此同时，有的地方的省市工商联对指导和帮助县级工商联建设也作了大量工作，但总体上指导的针对性还不够强，没有建立和完善推动县级工商联建设的长效机制，市级工商联的具体指导作用发挥不够充分，对于个别县级工商联工作长期薄弱的“角落”没有充分重视，帮扶和支持困难县级工商联的力度还要进一步加大。

3. 围绕县域经济发展充分发挥作用

有为才能有位，县级工商联只有在县域经济发展中找准位置、主动作为，真正与党委政府的中心工作同频共振，才能得到党委政府的重视、支持和会员企业的拥护，从而形成良性循环。湖北省荆门市东宝区工商联根据当地经济发展实际，向区委区政府提出关于打造东宝光电信息产业园的建议，得到了区委区政府高度重视和肯定，区长亲自担任园区筹备组组长，区工商联负责招商等园区建设工作，目前有20多家光电产业入驻园区，提升了东宝区产业发展层次，促进了当地经济健康发展，因此，东宝区工商联也得到区委区政府的大力支持，工作条件得到很大改善，目前，区工商联办公面积达800平方米，每年的经费有121万元。长阳土家族自治县工商联结合全国“万企帮万村”精准扶贫行动，组织39家非公有制企业与39个贫困村建立了结对帮扶关系，通过产业扶贫、就业扶贫、公益扶贫等方式，促进贫困村加快脱贫进度，得到了当地党委政府的高度肯定。有的县级工商联虽然也作了不少具体工作，但受工作条件、干部能力水平等方面影响，围绕当地党委、政府中心工作开展工作意识还不够强，工作内容和当地经济社会发展实际和非公有制企业需求的结合也不紧密，解决企业实际困难的能力欠缺，不少干部在工作中常有“心有余而力不足”的感觉。由于作用发挥有限，这些县级工商联在党委政府和会员心目中地位都不太高，凝聚力也比较弱。

4. 持续加大自身建设力度

打铁还需自身硬，不断加强自身建设是县级工商联开展好工作的基础。一是加强领导班子建设。湖北省沙洋县工商联建立了党组议事决策制度、党组民主生活会制度、党组政务公开制度等，重大事项先由党组会议研究，充分发挥党组的领导核心作用。二是加强商会建设。湖北省全省约有三分之一的县级工商联实现了乡镇（街道）商会的全覆盖，荆门、宜昌等地在全市范围实现了乡镇（街道）商会全覆盖。枝江市工商联每年年底组织一次对基层商会的交叉考评，并把结果通报给各乡镇街道党委。武汉市青山区工商联专门制定下发关于组建基层商会的指导意见，按照“一街一特色、一行业一品牌”的要求组建了12家商会。三是加强会员队伍建设。宜昌市夷陵区工商联把90%以上的规模企业发展加入了工商联，汉川市、荆门市东宝区、宜昌市夷陵区工商联建立了翔实、完备的会员资料库，日常活动要建档保存。我们在一些地方调研时，发现蹲点调研的县级工商联自身建设存在不少问题。有的工商联机关议事决策制度也不健全，私营企业会员只占当地私营企业的2%，个体工商户会员只占个体工商户总数的0.7%。有的地方私营企业会员占当地私营企业数的比例不到2%。有的县级工商联一家商会都没有建立，有的以非公有制企业和非公有制经济人士为主体的商会要么由统战部直接管理，要么挂靠在工商局等部门，工商联和他们很少联系，致使工商联工作没有依托，工作开展不起来，影响力非常有限。

（三）做好下一步工作的思考和建议

根据调研了解的情况和基层同志的意见建议，我们对进一步加强县级工商联建设有如下思考和建议：

1. 高度重视中央统战工作会议精神在基层的贯彻落实

当前，各地正在认真贯彻落实中央统战工作会议精神和《中国共产党统一战线工作条例（试行）》要求，这也是进一步推动县级工商联建设的良好契机。一是各级工商联要积极向党委汇报，把加强县级工商联建设列入当地落实中央统战工作会议精神的重要工作，争取为基层解决一些具体困难和问题。二是要抓好换届工作。省市工商联要根据工商联换届文件要求，协调县级党委和有关部门，把选好配强县级工商联领导班子尤其是主席和党组书记，作为落实中央统战工作会议精神的重要着力点，为工商联事业长期发展奠定基础。三是要高度关注一些地方理解中央统战工作会议精神有偏差，在贯彻落实中削弱工商联组织，使工商联工作出现倒退滑坡的问题，及时研究解决，不可任其发展蔓延。

2. 把“一个设立、五个有”作为县级工商联建设的底线

“一个设立、五个有”是工商联作为一个组织发挥作用的基本条件，有县级工商联党组书记就形象地说，“‘一个设立、五个有’就是县级工商联吃饭的家伙，没有这个，县级工商联就不能称为一个独立的组织。”近两年来，随着全国大部分地区县级工商联“一个设立、五个有”任务的完成，不少省市工商联有了完成任务歇口气的思想，在抓“五好”县级工商联建设时，忽视了“一个设立、五个有”的问题，这也是部分地区县级工商联“一个设立、五个有”倒退滑坡的重要原因。我们认为，在县级工商联建设工作中，要把“一个设立、五个有”明确为县级工商联建设的底线，作为每个县级工商联都应达到的标准。全国和省市工商联，都要定期对县级工商联“一个设立、五个有”情况作摸底调查，建立工作台账，发现问题要及时予以解决，确保“一个设立、五个有”在既有基础上继续巩固发展。

3. 以“五好”建设带动“一个设立、五个有”

“一个设立、五个有”和“五好”是县级工商联建设过程中前后相继的两个阶段，“一个设立、五个有”是基础，“五好”是新的目标和要求，它们不是割裂的关系，没有“一个设立、五个有”就谈不上“五好”，不求“五好”，县级工商联工作就会停留在低层次、低水平上。县级工商联建设不是一蹴而就的，也不是一劳永逸的，“五好”和“一个设立、五个有”必须抓“常”、抓“长”，在经常和长远上下功夫，常抓常新。要加强“五好”县级工商联的示范引领作用，树立一批可信、可比、可学的县级工商联典型，总结他们的经验做法，通过交流会、现场会等方式转化为可学、可用的工作措施，帮助其他地区提高县级工商联建设水平。要通过组织开展赴“五好”县级工商联观摩交流、干部互相挂职交流等具体措施，搭建学习交流平台，帮助落后地区县级工商联领导和机关干部查找不足，开拓视野，提高县级工商联工作整体水平。

4. 要把调研指导与帮助基层解决实际困难相结合

注重把调研与帮助解决困难相结合，是这次调研的重要特点。在调研中我们专门设立反馈环节，要求县级党委负责同志参加调研组的反馈会。在反馈会上，不但指出当地工商联工作中的突出问题，提出改进工作的具体意见建议，还注重宣传中央统战工作会议关于加强工商联工作的重要精神以及全国工商联加强基层组织建设的有关要求。对于反馈意见，县级党委都高度重视，表示按照调研组要求抓好整改，会后专门召开会议研究整改工作，制订了具体整改方案。根据德钦县工商联的要求，我们帮助他们与对口帮扶地区上海嘉定区工商联取得联系，商谈了加强合作的事宜。协调宣教部为交城县工商联加强培训提供师资方面的帮助，这些工作都得到了基层好评。我们在今后调研中也要坚持这种做法和思路，不但在面上摸清实际情况、找准突出问题，也要在点上帮助基层解决实际困难，在推动工作上取得实实在在的成果，把调研与促进工作相结合，把调研作为机关干部了解基层、帮助基层的过程。

（会员部）

年轻一代非公有制经济人士思想状况调研报告

为贯彻落实习近平总书记在中央统战工作会议和全国政协十二届四次会议民建、工商联界委员联组会上的重要讲话精神，根据中央统战工作领导小组2016年工作要点的部署，中央统战部、全国工商联今年开展了两个多月的年轻一代非公有制经济人士（以下简称“年轻一代”）思想状况专题调研。7个调研组赴14个省份实地调研，召开56场分别由企业家、党政干部、工商联和商会负责人参加的座谈会，与562位非公有制经济人士进行个别访谈，在31个省、自治区、直辖市和新疆生产建设兵团向年轻一代发放了3 229份调查问卷。现将情况报告如下。

（一）年轻一代基本情况和特点

近年来，改革开放初期发展起来的民营企业相继进入新老交接时期，许多老一代企业家的子女开始接班。同时，大批大学毕业生、留学归国人员、企业年轻管理技术人员及务工人员等自主创业。年轻一代已经成为非公有制经济人士队伍中一支有生力量，在经济社会发展中的作用日益显现。

从企业接班群体看，他们普遍有较高学历。问卷显示，有大专以上学历的占96.1%，有海外留学经历的占46.7%。接班群体企业规模多为大中型，有较强的经济实力和影响力。目前31个省区市和新疆生产建设兵团工商联（民间商会）1 309位企业家副主席（副会长）所在企业已经交接班和准备交接班的有590位。自主创业群体大多数为年轻一代，所在企业以小微企业为主。从2013年商事制度改革到今年6月底，全国私营企业从1 253.86万户增加到2 098.23万户，增长67.34%；全国个体户从4 436.29万户增加到5 880.74万户，增长32.6%。这些新增企业负责人和个体户大多是年轻创业者。“70后”从事制造业、传统服务业的较多，“80后”和“90后”在生产性服务业、互联网、文化创意等新兴领域所占比例较大。

调研表明，年轻一代思想上更活跃、行为上更独立，对企业发展、政商关系、社会责任等方面的理解和表现方式与老一代不尽相同。总体上是好的，主流积极向上。

1. 拥护党的领导和改革开放

问卷显示，85.2%的人认为企业成功源于党的改革开放和富民政策，82.6%的人对我国全面建成小康社会充满信心，75.5%的人表示个人梦是中国梦的一部分。他们对以习近平同志为总书记的党中央衷心拥护，对党的十八大以来党和国家取得的新成就深感自豪。总书记今年3月4日在全国政协民建、工商联界委员联组会上的重要讲话后，年轻一代欢欣鼓舞。重庆孺子牛文化传媒公司总经理蒋维胜说，“总书记对民营企业非常了解，指出的‘三门’‘三山’问题切中要害，让我们很感动”。他们对总书记提出的构建“亲”“清”新型政商关系普遍认同，认为“亲”“清”二字既是他们与政府打交道的“标尺”，也是“两个健康”的重要保障。访谈中可以感受到年轻一代大多数具有较强的爱国情怀和民族自豪感。重庆睿诚实业集团总经理助理何宇曾在意大利留学，他说，“国家制度是当今世界最重要的竞争力，中国制度非常适合我们国情，每次回国都会看到新变化，我非常看好国家发展前景”。北京91金融董事长许泽玮谈起自主创业经历时非常感恩政府的扶持，公司创建之初就提出“为祖国繁荣富强而奋斗”，在与台湾公司商谈合作时最先问的是对方赞同不赞同一个中国。曾在国外留学多年的深圳瀚森集团总经理陈满新说，“选择回国到企业接班主要是对国家的发展充满信心，对共产党的执政能力充满信心。这么好的政策、资源，这么巨大的市场机会，没有理由不在国内发展”。宁波华光精密仪器公司副总经理崔浩迪说，“公司生产系列显微镜已经20多年，产品多是销往国外，党中央提出的‘一带一路’倡议，为企业提供了蛮多的市场机会”。

2. 创业创新热情较高

问卷显示，对本企业未来发展表示会“坚持主业、做强做大”的占70.8%。面对经济下行压力，很多年轻一代能够理性看待。浙江任浪鞋材公司总裁陈光宁说，“经济慢下来其实也是机会，能让企业家静下心来好好整理思路，思考发展方向、管理方式等以前来不及思考的问题，练好内功、积蓄力量，创新探索一条转型升级之路”。江苏润源经纶机械控股集团董事长王占洪说，“企业经历了一个完整的春夏秋冬，感觉未来市场要求越来越高，原来粗放型的经营肯定要被淘汰，需要大大提高企业研发能力和管理水平”。访谈中，大部分年轻一代认为，创新是企业家精神的重要内涵。有的老一代企业家也讲到，现在年轻人和我们不一样，不是为了吃饱饭逼着下海的，他们顾虑少、敢挑战，对新理念、新技术、新事物接受快、应用快，更富有激情。深圳光启创新技术公司董事长刘若鹏，2010年从美国留学回国自主创业，在深圳建立超材料研发基地，短短几年申请专利超过3 000项，其中超材料领域占全球申请量的86%。江苏苏嘉集团公司董事长龚育才，2001年留学归国后担任总经理，在国际金融危机期间企业面临困难时，父亲决定完全放手让其接班，经过3年的努力，带领企业完成从耐火材料、普通钢管生产到新型材料、精密钢管生产的转型，同时向养老和大健康产业拓展。

3. 比较注重规则

问卷显示，79.5%的人遇到经济纠纷时会选择通过法律途径解决，61.7%的人认为“诚信”是企业家必备的品质。访谈中，许多年轻一代说，我们希望遇事按法律规则办，不要事事找关系送人情。贵州中黔电器集团董事长陈律宇说，“办企业要有防范法律风险意识，企业设有法务处，配备专职律师，参与管理决策全过程，把法律风险降到最小，企业每年与客户签订300多份合同，没有一次违约，也没有出现一次纠纷”。天津市正方工业公司总经理于学军说，“以前我们老一代遇到红灯往往是绕过去，现在年轻人会等到绿灯亮了再走”。长沙大班智造装饰工程设计公司是几个80后的年轻人组成的团队，去年营业收入5 000多万元，近3年增幅均在15%以上，董事长杜帆说，“我们在设计、采购、施工等每个环节都讲诚信，我们的商业模式是诚信模式”。年轻一代更关注运用现代企业制度经营管理企业。东莞市振兴纸品公司董事长张玉其说，“孩子们干得比我好，女儿大学毕业后进企业12年了，更注重制度建设和精细化管理。原先我们讲亲情，现在女儿讲管理制度、讲依法办企”。

4. 认同老一代企业家优秀品质

问卷显示，认为与老一代企业家可以经验互补的占81.2%，认为需要老一代指点迷津的占58.1%。访谈中，年轻一代表示，老一代企业家“走遍千山万水、说尽千言万语、想尽千方百计、尝遍千辛万苦”的艰难创业、艰苦奋斗精神值得弘扬。厦门益乐家具公司有30多年的历史，副总经理陈黎锋从国外回来时对家族从事的家具行业不感兴趣，在了解到爷爷和父亲艰苦创业的经历后深受感动，觉得自己有责任把企业更好地传承下去。湖南金龙国际集团董事长毛铁接班后，把传统的废旧金属回收加工企业向平台化、精细化、信息化发展，7年时间实现企业产值从30亿元上升到100亿元以上。他说，“父辈们创业的方式与我们不同，但他们的创业精神永不过时。我们不仅要传承父辈的企业和财富，还要弘扬他们听党话、跟党走的优良传统”。

5. 自我提升的意愿较强

许多被访者都读过工商管理硕士和高级管理人员工商管理硕士，参加过相关机构组织的各种研讨班、进修班及学习考察活动。湖北宜昌生态源商贸公司董事长向贵明说，“自己一直在不停地充电学习，向标杆企业学，向老一代企业家学，经常去大城市考察交流”。许多年轻一代积极参加统战部、工商联组织的井冈山、延安等革命老区教育实践活动。上海乐仪彩色印刷公司总经理孙玉林说，“到井冈山参加培训，学员们被先烈的精神所震撼，有的感动地跪在烈士墓前。这是开展理想信念教育的好方式”。许多年轻一代愿意参加一些力所能及的公益活动。成都刘家花园餐饮娱乐管理公司总经理刘建国成立残疾人关爱中心，安置30名残疾人就业，并为想创业的残疾人提供帮助。安徽亳州春雨公司所办驾校每年高考期间都停课，组织“爱心送考”，80多台车备上水和药品全部用来接送考生。总经理陈新耀认为，“做企业也就是做人，企业做到一定程度就应该回报社会”。

（二）主要问题及原因分析

这次调研也了解到，年轻一代中存在一些不容忽视的问题，主要有以下几个方面。

1. 对国情缺乏了解和正确认识

问卷显示，39.6%的年轻一代认为自己对党情国情了解不多，“70后”“80后”“90后”认为坚持和发展中国特色社会主义“没有必要”和“不好说”的分别占5.6%、5.7%、9.3%。一些年轻一代对国情不了解，对党和政府缺乏信任，对改革开放认识模糊，对传统道德理解不深。北京知诚中小企业发展促进会执行会长任壮说，“从国外回来时，与社会接不上，有不良反应，很烦躁”。天津太平洋医药科技集团董事长宋德成说，“现在的年轻人缺乏对党的认识，对没有共产党就没有今天的改革开放成就感受不深，不知道民营企业是怎么发展起来的，认为都是父母给的”。重庆华森制药公司董事长游洪涛对当年辞职下海创业的艰辛很有感慨，他认为，“许多年轻一代没有经历过吃不饱、穿不暖的苦日子，不清楚改革开放好在哪里，共产党好在哪里”。个别访谈中，有的年轻一代在认识上比较片面和偏激，盲目向往西方政治制度，对中国特色社会主义制度缺乏内心认同。陕西一名年轻一代认为，“企业家找不到价值感、存在感、尊重感，主要是因为缺少西方的民主、自由、公平、正义和司法独立”。湖南一名年轻一代表示，“自己在意的是企业发展，至于是何种社会制度并不重要”。个别人把爱党和爱国对立起来，认为“爱国不爱党”。在经济下行压力较大的情况下，有些人对发展环境抱怨较多，担心政策会变。问卷显示，年轻一代担忧“鼓励非公有制经济的政策变”“发展环境不公平”“财产权和创新收益不能得到有效保护”的分别占47.4%、44.2%、41.3%。北京一名年轻一代说，“这几年企业越来越难做，现在父母健在离不开，以后父母不在了就移民到国外去”。

2. 缺少吃苦耐劳精神

问卷显示，39.1%的人认为自己缺乏老一代企业家的艰苦创业精神。不少年轻一代说，自己与父辈相比缺乏不放弃的劲头，缺乏勤奋、坚毅和执着，做事想法多但韧性不够。福建连捷投资集团公司总经理许清水认为，“有的企业接班者沉溺于优越环境，平庸保守，丢失了老一辈那样的奋斗激情”。上海东方投资监理公司常务副总经理印捷欧坦言，“父亲总是不放心自己，主要原因就是自己不肯吃苦，没有达到父亲制定的肯吃苦、敢担当、善谋划、会创新的标准”。天津雅兴杰旅游用品公司总经理苏振国说，“老一代以苦为乐，年轻一代以乐为乐。自己虽然对企业经营也很上心，但做不到像父亲那样吃苦耐劳，吃住都在企业”。接班群体中，有的认为继承父业做实业太累太苦不赚钱，更愿意搞资本运作，赚快钱，只想干“有意思”的事，不愿意干“有意义”的事。辽宁营口日捷集团副总经理刘刚说，“这些年经济下行，制造业利润微薄，普遍难做，一些年轻一代对坚守制造业信心不足，后继无人将是中国制造业发展面临的危机”。调研中，一些企业家反映，少数接班子女存在炫富、挥霍等不良行为，影响了年轻一代群体的整体形象，引发社会反感。

3. 对接班的心理压力大

问卷显示，24.3%的接班者与老一代企业家在观念上有冲突。北京博古斋文化产业集团副董事长邢枫说，与老一代创业多关注“挣不挣钱”相比，我们这一代更关心“开不开心”。有的年轻一代说，宁可放下家产，也要做自己喜欢的事。不少家族企业的子女不愿意接班，成为一些老一代企业家的心病。陕西一位企业家的儿子不喜欢搞企业，家里给了很大压力，他以剁掉手指的极端方式来抗争。不少已经接班的对能否把企业承接好感到焦虑，他们背负着“干好了理所当然，干不好是败家子”的精神压力，总觉得只能赢、不能输。深圳成星自动化系统公司总经理彭立基抱怨，“父亲对我的标准总是莫名其妙，服从不情愿，不从又不行”。济南趵突泉酿酒公司总经理邢宪卿说，“企业发展重任在肩，办不好不仅是把老底给败了，还会害了员工，坑了社会”。访谈中，许多接班者反映，父辈对年轻一代始终不放心，舍不得放手，担心企业偏离了自己设想的轨道。福州龙川集团总裁林凡原来是名警察，不愿回家接班，父亲威胁说不接就将资产裸捐，答应会放手让他干，回企业后却没有真正放权，他非常痛苦。一些老一代企业家希望重视民营企业的接班问题。他们说，现在组织上关心培养我们的下一代，比关心我们更加重要，更有意义。

4. 社会责任意识不强

问卷显示，“70后”“80后”“90后”认为“财富来源于社会，应该回报和用于社会”的只有37.8%、34.6%、28.5%。访谈中，有的年轻人直言，组织上动员开展的扶贫救助、抗灾赈灾等活动是一种“逼捐”行为，不愿意参加。广东惠州市恒盛纸业公司总经理林水清说，“我们这里很多年轻一代社会责任感不强，只关注自身企业，对公益事业热情不高”。有的老一代企业家说，“少数含着‘金钥匙’出生的人，把得到的一切都视为当然，没有感恩之心，缺少家国情怀和社会责任感”。

当前年轻一代存在的问题，主要是由个人经历、社会环境、组织引导等多种因素相互叠加影响所致。

一是成长经历的局限。与老一代在改革开放初期艰苦环境中摸爬滚打的创业经历不同，年轻一代各方面条件相对优越，特别是接班群体继承父辈企业已有较好发展基础。这种成长路径的不同，使得年轻一代与老一代在政治思想和行为方式上表现出明显的差异。老一代在“穷则思变”的创业实践中深刻感受到没有党的改革开放政策就没有企业的今天，普遍对党有感恩之心，对社会有先富带后富、促进共同富裕的责任感。有些年轻一代对社会进步、企业发展历程缺乏切身体验和比较，对困难群体感受不深，主动承担社会责任的意识不强；不少人在“蜜罐”里泡大，经受挫折少，面临更加复杂的环境、更加激烈的竞争，特别是在接班重担、市场重压、转型重任“三重”叠加的情况下，容易产生思想波动和抱怨情绪，缺少攻坚克难的韧劲。

二是错误思潮影响。在当前意识形态领域斗争激烈复杂的背景下，有些年轻一代缺乏政治鉴别力，西方普世价值、新自由主义、历史虚无主义等对他们产生了潜移默化的影响，造成信仰缺失、思想迷茫。许多年轻一代喜欢在网上获取信息，追捧网络“大V”，一些主流声音被网上杂音“屏蔽”。一些体制外的社会组织良莠不齐，也争相吸引年轻一代参加各种活动；一些商业化的社会培训内容鱼龙混杂，对年轻一代的思想影响不容忽视。一些有留学经历的年轻一代遇到问题时习惯与西方简单比较，盲目推崇西方价值观。浙江一名年轻一代说，“我们看不上国内的培训课程，建议多到国外培训，多请国外学者来授课”。

三是教育引导滞后。这些年来，各地在年轻一代教育培养方面做了一些积极探索。但总体来看重视不够、研究不深、覆盖不广，工作内容和方式方法缺乏针对性有效性。厦门总商会青委会主任陈朝宗说，“社会不要总用异样眼光看我们，要少指责、多指点，给年轻人多一些机会”。工商联一些基层干部反映，“我们与年轻企业家沟通的方法单一，共同语言不多，找不准年轻人的痛点”。目前17个省级、234个市县级工商联成立的青年企业家“商会”“联谊会”“俱乐部”“沙龙”等在联系年轻一代方面发挥了一定作用，但往往偏重吸收父辈影响较大、企业规模较大的年轻一代，关注“双创”群体不够。主流媒体缺乏对年轻一代的影响力，有些新媒体对年轻一代存在猎奇、低俗和娱乐化现象，正面宣传不够，不利于年轻一代健康成长。

（三）工作打算及建议

当前我国经济发展进入新常态，既是民营经济转型发展的重要时期，也是对年轻一代加强引导教育的关键时期。认真贯彻落实习近平总书记关于“要注重对年轻一代非公有制经济人士的教育培养”的重要指示精神，事关促进非公有制经济健康发展和非公有制经济人士健康成长这个重大经济问题和重大政治问题，必须从战略和全局出发，树立抓年轻一代就是抓未来的理念，把年轻一代作为深化非公有制经济人士理想信念教育实践活动新的着力点，引导年轻一代富而思源、富而思进、富而思报，继承发扬老一代企业家的创业精神和听党话、跟党走的光荣传统，不断增强对中国特色社会主义的信念、对党和政府的信任、对企业发展的信心、对社会的信誉，做合格的中国特色社会主义事业建设者。具体工作打算和建议如下。

1. 抓教育培训

采取年轻一代喜闻乐见的方式，引导他们自我学习、自我教育、自我提升。依托社会主义学院、高等院校举办年轻一代专题培训班，组织他们深入学习习近平总书记系列重要讲话精神，开展中国近代史、党史、中华人民共和国史、改革开放史学习教育和形势政策、法律法规教育，强化年轻一代对我国基本国情、基本政治制度、基本经济制度的深入理解，引导他们始终热爱祖国、热爱人民、热爱中国共产党。要多安排优秀企业家授课，围绕企业发展和个人成长分享创业经历和对党的感恩情怀，结合实际交流互动。开展“走进老区、走进军营、走进社区”教育实践活动，组织到井冈山、延安、西柏坡等地接受革命传统教育。动员更多年轻一代参与光彩事业、“万企帮万村”精准扶贫行动和公益慈善事业，通过扶贫济困的互动实践，增进对困难群体的感情，树立社会主义核心价值观，增强先富帮后富、促进共同富裕的责任感。

2. 抓服务发展

以推动政策落细落实为重点，切实增强政策获得感。加强政策宣传，主动到企业送政策，邀请党政干部、专家学者等及时解读有关政策措施，提高政策知晓度，引导年轻一代创新创业。各级主管部门要及时深入企业进行调查研究，了解企业发展中的困难，为企业技术创新、投融资、市场开拓、维权、人才等方面提供有效服务，让年轻一代切实感受到党和政府的重视和关怀，增强企业发展信心。搭建交流协作平台，依托优秀企业、创新型中小企业和经济、科技、管理专家学者，开展技术创新、管理创新等方面的交流，促进年轻一代相互学习和合作发展。要把政治上的引导、教育、关心与帮助企业做精做强结合起来，寓于日常的联系服务之中。

3. 抓代表人士培养

按照思想政治强、行业代表性强、参政议政能力强、社会信誉好的标准，逐级建立年轻一代后备代表人士梯队，进行跟踪联系和重点培养，对特别优秀的代表人士在各级人大、政协和工商联作适当安排。把政治标准放在首位，坚持“凡进必评”，推荐人选都应综合评价，既要看行业代表性和企业成长性，更要看政治表现，不能谁的父辈影响大、企业规模大就安排谁，防止政治安排上搞“代际传承”。加强对代表人士的培养管理，引导他们履职尽责，在广大年轻一代中发挥示范引领作用。

4. 抓商会建设

坚持工商联所属商会统战性、经济性、民间性有机统一，密切工商联与商会的组织关系和工作联系，加强对商会的指导引导服务，推动商会围绕“两个健康”主题，关注年轻一代思想和困难，发挥商会在年轻一代教育培养中的主阵地作用。更加关注关心“双创”群体，把更多年轻一代吸纳到工商联各类商会组织中。在商会中发挥老一代企业家的“传帮带”作用，开展新老企业家共同参加的学习交流活动，传承老一代爱国爱党、艰苦奋斗、创新发展的优良品质。对地方成立的青年企业家“商会”“联谊会”“俱乐部”“沙龙”等组织，在深入调查研究的基础上，进一步完善规范其组织形式、职能作用和活动方式，引导健康发展。

5. 抓正面宣传

主流媒体要加大正面宣传力度，大力

宣传年轻一代创业创新的先进事迹和对经济社会发展的贡献。努力在全社会形成推动年轻一代坚持守法诚信、增强发展信心、积极回报社会的舆论环境和社会氛围。宣传、网信部门加强对各类媒体炒作年轻一代负面新闻的管控。在明年适当时候召开全国年轻一代先进典型事迹报告会。激励年轻一代坚定理想信念、发扬企业家精神，为实现中国梦贡献力量。

年轻一代教育培养工作是一项重要的社会工作，涉及多个领域和部门，必须加强领导，整合资源，形成合力。建议将年轻一代教育培养纳入各级党委统战工作领导小组重要议事日程，研究制订年度工作计划。发挥党委统战部门牵头协调作用和工商联桥梁纽带作用，联合党政有关部门和工会、共青团等人民团体，形成各司其责、密切协作的年轻一代教育培养工作格局。

（宣教部）

促进民间投资第三方评估报告

按照国务院统一部署，全国工商联5个评估调研组，赴天津、江苏、浙江、山东、河南、湖南、广东、重庆、四川、陕西等省（市）开展了促进民间投资第三方评估。期间，共召开民营企业座谈会52场，参会企业292家；召开政府部门、金融机构座谈会14场；实地走访企业61家；与54位企业家进行了一对一深度访谈；通过各省（区、市）工商联发放并回收有效调查问卷2 513份，同时利用全国工商联民营企业信息直报系统对6 064家企业进行了网上调查；组织15家直属商会和50家重点企业参加评估。现将评估情况报告如下：

（一）影响民间投资的主要问题

广大民营企业认为，党中央、国务院高度重视民营经济发展和促进民间投资工作，出台了一系列政策措施，着力推进简政放权、放管结合、优化服务，对形成良好的政策环境和社会氛围、激发民间投资活力、增强民间投资信心起到了积极推动作用。但自去年以来，受多重因素影响，特别是政策落地效果不好、落实走样，“玻璃门”“弹簧门”“旋转门”现象大量存在，民间投资增速持续快速下降。评估调研中，民营企业反映的主要问题是：

1. 市场准入和资源配置不公平

一是准入不平等令民营企业“心痛”。问卷调查显示，46.4%的企业认为在投资时有隐性歧视或被排除在外，让民营企业觉得犹如“二等公民”。目前，从政策角度对民营企业进入大多数行业是鼓励的，但在具体操作层面，“非禁即入”很难落地。成都某公司反映，《国务院办公厅关于促进社会办医加快发展若干政策措施的通知》指出，将社会办医纳入医保定点范围，执行与公立医疗机构同等政策，但公司在四川射洪县建设肿瘤专科医院，县卫计局以未出台具体实施细则为由，拒绝将该医院纳入医保。陕西某公司反映，根据现行政策，承担武器装备科研生产任务的单位应获得四项资质，其中包括国军标质量管理体系认证，但初次申请的企业，申请书上需请军方用户签署认证推荐意见并盖章确认，对于初次民参军的企业很难办到，从而形成了一个死循环：申请国军标得先有军品合同，要有军品合同得先通过国军标认证。

二是竞争不平等令民营企业“心酸”。在一些领域，民营企业无法公平参与竞争。江苏某集团反映，《国务院办公厅关于加快电动汽车充电基础设施建设的指导意见》发布后，国家发改委也出台了一些配套政策，企业本打算投资充电桩领域，但发现电网公司已经“跑马圈地”，抢占好地段却又不建设。陕西某公司反映，2010 年与三家国有大型企业共同竞标某型运兵突击车研制项目，以技术和产品优势中标，原总装备部指定其与一家国有企业共同承担研制任务。而该国企觉得招标败给民企丢了面子，处处设卡，该国企应提供的 1 363 张零部件和全套图纸只给了 1 张底盘总图，导致项目拖延两年之久。2015 年终于实现产品设计定型，而此时早已丧失市场竞争力，造成只定型无订货，企业几千万元研发投入打了水漂。

三是待遇不平等令民营企业“心寒”。问卷调查显示，52.8% 的企业投资时因民企身份而有附加条件。民营企业在资源分配、政策扶持、融资贷款等方面遭受不平等待遇，造成竞争过程中“民企带着枷锁与国企赛跑”。民营企业反映，为撬动民间投资，由国开行和农发行负责投放专项建设基金，但在具体执行中对民营企业项目采取区别化对待，要求企业提供地方财政担保，甚至在项目筛选时直接将民营企业剔除，使得民营企业无缘享受该项政策。河南某公司的智慧家居养老项目，经国家发改委审核，获批 3 000 万元的专项建设基金，但国开行却要求企业在 4 天之内，找国有企业入股或者取得政府担保，企业不得不放弃此项目。陕西某集团在西安投资 3.7 亿元的一个营养餐项目，在申报专项建设基金时，地方在落实政策时规定“非政府投资项目必须由地方政府对投资回购出具兜底承诺，并指定政府投融资平台公司或部门作为实施主体”，由于地方政府无法给民营企业出具兜底承诺，企业连续三次申请均未获批。

四是政府与社会资本合作项目“变味走样”。问卷调查显示，仅有 10.7% 的企业参与过 PPP 项目。全联城市基础设施建设商会反映，当前 PPP 项目呈现出“接洽多、签约少，意愿强、落地难”的局面，今年一季度末，全国 PPP 项目库的项目总数为 7 110 个，总投资规模约 8.3 万亿元，而实际开工项目却只有 597 个，落地率约占 8.4%。民营企业反映，现在很多 PPP 项目就是为国有企业“量身定做”的，很少有民企参与的份儿，有的地方直接告知“优先考虑国企”“不和民营企业合作”。西部某省专门成立国有环保产业集团，凡是省内的环保 PPP 项目，均以打包形式与该企业签订框架协议，民营企业根本无法参与。江苏某集团反映，很多地方 PPP 项目招标设置资质条件，有的明确要求特级资质，还有一些项目要求企业资产或银行存款达多少亿元，即使一些大的民营企业也很难达到要求，实际上是通过设置一些显性或隐性门槛把民营企业挡在了门外。

2. 政策落细落地难

一是有些政策法律不配套。问卷调查显示，53.2% 的企业认为政策配套措施不同步，缺乏实施细则和操作办法。重庆某集团反映，《国务院办公厅关于促进通用航空业发展的指导意见》由于没有具体可操作的实施细则，且通用航空领域涉及军方、民航、地方等多部门，协调难度大，获得感变成失落感，现在只能观望等候。浙江省财政厅反映，《国务院办公厅转发财政部发展改革委人民银行关于在公共服务领域推广政府和社会资本合作模式指导意见的通知》提出，要采用多种方式保障PPP项目用地，但国土部门并没有出台配套的操作性文件。全联民办教育出资者商会反映，《中华人民共和国民办教育促进法》规定，“国家鼓励金融机构运用信贷手段，支持民办教育发展”，但现行的《中华人民共和国担保法》以及《中华人民共和国物权法》对民办教育机构的资产合理抵押的限制性条款，却成为制约民办学校融资的法律障碍。

二是有些政策不协同。天津某集团反映，公司《危险化学品经营许可证》已经接近换证日期，安监部门表示该公司已经具有《港口经营许可证》，不需要再办理《危险化学品经营许可证》，但商务部门颁发成品油批发经营资质需要《危险化学品经营许可证》作为年检的审批要件，《危险化学品经营许可证》办不下来，严重影响企业日常经营。全联新能源商会反映，多地国土部门将光伏电站的配套设施，如升压变电设施、综合管理区等用地认定为建设用地，建设用地调整规划时间短则半年，长则三五年，而光伏电站建设指标的有效期普遍仅为一年，两者周期严重不匹配，导致很多光伏电站建设项目无法落地。济南某民营医院反映，现行政策规定卫计部门出具设置医疗机构批准书，名称只能登记为“×××医院”，而工商局营业执照登记名称，又只能登记为“×××有限公司”，由于登记主体名称不一致，企业无法通过资本市场融资。

三是有些政策“多变”。问卷调查显示，37.1%的企业认为有些政策变化太快影响稳定预期。全联医药业商会反映，由于国家医药政策的不确定性和不连续性，民营企业害怕因政策变化使企业数千万元的投资打水漂，导致许多民营企业不想扩大投资。江苏某公司反映，工信部以前对特种变压器企业生产高效节能产品出台过补贴政策，但只执行一年就停了。去年工信部《配电变压器能效提升计划（2015—2017年）》又提出补贴支持到2017年年底，但企业2017年年底前难以完成技术改造，无法获得补贴，使企业进退两难。多家民营企业反映，企业搞“园中园”建设，2014年前一般工业用地允许产权分割到户，2014年出台政策规定只有工业研发用地才能产权分割到户，到2015年年底则全面禁止，导致很多在2014年前取得工业用地的企业陷入困境，投资回收遥遥无期。

四是有些政策难落地。问卷调查显示，39.6%的企业认为有政策但不落地。天津某集团反映，发电用5 000大卡的沫煤，已由2012年的730元降低到今年的425元，而每度电价只降低了一分五到一分八，这种降价幅度对减轻企业负担来说是杯水车薪。成都某公司反映，2013年以来国家发改委4次调整非居民用天然气价格，明确了最高门站价格标准，而企业实际支付价格为2.55元/立方米，高于1.65元/立方米的门站价格。企业负责人称，如能按国家发改委的标准下调，企业每年可减少240万至270万元的支出。浙江某集团反映，财政部2013年9月组织第五批可再生能源电价附加资金补助项目申报之后，就停止了相关申报。截至目前，全国已有超过25GW光伏项目未能获得补贴资金，拖欠金额近200亿元。

3. 融资问题更加凸显

一是抽贷断贷压贷让民营企业“失血”。不少民营企业反映，近两年，银行对民营企业抽贷、断贷和压贷现象很普遍。湖南某公司董事长说起2014年企业因受当地3家医药公司倒闭牵连，银行抽贷60%，企业几乎灭顶的遭遇，几度哽咽，并说“银行抽贷就像勒紧捆在我们脖子上的绳子”。有些银行采用虚假承诺让企业还贷。山东某集团反映，2014年8月，某银行济南分行为了让企业提前还一笔1亿元的贷款，出示了承诺续贷的正式文件，而还贷后却找出种种理由拒绝续贷，企业向当地银监局反映也没有解决。有不少生产经营本来很正常的企业，由于银行“一刀切”式的抽贷断贷而备受影响。山东某公司从2015年开始，每月都被抽贷，到目前总共被抽贷1.1亿元，旗下一家有300名工人的工厂因流动资金枯竭已经关门。

二是获得贷款难让民营企业“缺血”。企业普遍反映，银行现在越来越不愿意贷款给民营企业。一些民营企业为了融到资希望重新戴上“红帽子”。天津某集团就通过引入国企中商投，由其控股60%，不仅化解了融资难题，并且很轻易就发行了企业债，渡过了发展难关。有些银行对民营企业，特别是中小民营企业的贷款条件远远严于国有企业。河南某集团董事长说：“目前民营企业得到商业银行贷款必须要过‘三关’，一是企业资产抵押，二是第三方担保，三是投资人负连带担保责任。”陕西红星美羚乳业公司反映，企业抵押的东西在银行那儿越来越不值钱了，100万元取得的土地实际只能贷25万至30万元，这两年机器设备也不允许抵押了。

三是融资成本高让民营企业“贫血”。民营企业普遍反映，银行给民营企业的贷款，往往都是一年期短期贷款，企业只好高息过桥、短贷长投，融资成本居高不下。广东惠州某公司反映，企业续贷的过桥日息2‰，1亿的贷款每天利息就要20万元，抵押也得年年做，手续最快都要一星期，长则半月以上，费钱又费力。存贷挂钩、中介收费等现象也显著增加了企业融资成本。天津某集团反映，本该给企业5 000万元的贷款，银行为了完成存款和贷款双增加的指标，先给企业5 000万元承兑，要求企业立即贴现出来存到银行，然后银行再给5 000万元承兑，企业如要使用需再贴现，相当于两轮贴现，企业实际贷款成本显著增加。一些民营企业无法从银行融到资，通过小额贷款公司、信托等方式获得的资金成本更高达15%～20%，个别企业借用一些民间融资方式，利率就更高了。

4. 简政放权仍不到位

一是行政审批仍存在手续繁、周期长、效率低的问题。问卷调查显示，仅有12.9%的企业认为简政放权已经到位，认为行政效率没有明显改善的占32%。据杭州娃哈哈集团不完全统计，企业新建一个项目要办理行政审批90多项，涉及30多个部门，如果要增加新产品，有些还需重新立项审批；而日常经营审批就有57项，涉及30多个部门。重庆某公司反映，公司投资建设新厂房的手续复杂烦琐，须取得相关部门约60多个审批盖章，企业跑了一年才盖了28个。为此，企业绘制了一张报建流程图和报验流程图，从签订项目合作协议到工程开工，需要办理82项手续，工程完工预验收后到办理房产登记，还需要办理20项手续，严重影响了企业的投资进度。

二是下放的权力基层接不住。问卷调查显示，企业认为在办理投资业务时最需要改进的政府部门中，地市级政府部门和县区级政府部门分别占到35.5%和35.2%。浙江某集团反映，有的审批事项下放之前还能办，下放到县里后，由于基层业务人员素质跟不上却办不了。同时，基层审批的制度化和规范化滞后，受干部个人因素影响较大，碰到各方面掣肘更多，导致审批更难更慢。重庆某集团反映，投资的汽车生产项目需要进行环评，项目材料报到重庆市环保局，被答复项目金额大，需要环保部批；当把材料报到环保部时又被告知审批权限已下放到省级。

三是各种收费仍然较高。尽管国务院已开展“红顶中介”的清理整顿，但民营企业对此依然反映强烈。湖北某公司反映，中介机构与政府脱钩后，服务价格不降反增，以前项目环评只要7万至8万元，现在起价30万元。陕西某集团反映，西安市政府为推进治污减霾工作先后于2013年、2014年发文，由市热力总公司向房地产企业收取集中供热管网建设费，文件规定98元/平方米，而热力公司实际收取135元/平方米~160元/平方米，企业负担加剧。重庆南方集团反映，办理施工许可证的相关费用及要求让房地产企业不堪重负，以建设1万平方米房屋为例，前期需要缴纳配套费、安全文明施工费、农民工工资保证金、综合服务费、人防费用、散装水泥费、合同公证费等共计383.16万元。

5. 政商关系出现扭曲

一是对民营企业“怕”字当头。问卷调查显示，51.7%的企业认为政企沟通交流的渠道不畅通，49%的企业认为不清楚政商交往的边界。某省发改委重点办干部在座谈时说，我们现在不敢去民营企业，只能用会议落实会议，用文件落实文件，企业干企业的，政府干政府的，互相没关系。还有些地方政府部门干部说，他们现在有“三怕”，怕与民企接触、怕招人议论、怕办事追责。天津某集团反映，公司和一家银行合作多年，有次企业负责人顺道想去拜访该行行长，因巡视组要来，行长拒绝见面，并解释说如果你是国有企业负责人，见面就没问题。广东银达融资担保公司反映，政府干部以保官为第一位，不愿作为的现象明显增加，企业想与政府合作以PPP模式建立资金池，申请在政府部门转了两个月不了了之，让人感到心很冷。

二是民间投资遭遇干部作风的“软钉子”。问卷调查显示，35.4%的企业认为干部懒政、不作为、不主动服务等状况近年来没有改善，甚至更加严重。企业普遍反映，以前地方政府对民间投资很关心，把企业的事当成自己的事来办，积极帮助协调解决问题，现在都要停一停、等一等，表现为心态上“懒”、效率上“拖”、责任上“推”。天津某集团反映，去年天津港爆炸事故以后，市交通运输委和天津港就安装工程质量监督问题和施工图审查批复问题相互推脱，始终没有明确的说法，导致企业在建的码头罐区项目至今无法取得安装工程施工许可证，目前企业十几亿元的工程资金搁置在账上，每天光利息支出就达几十万元，企业心急如焚、求告无门，其他投资的项目也都停滞。

三是政府失信企业无奈。政府承诺多、兑现少，招商合同变成一纸空文。山东某集团反映，2014年与济南市历城区政府签约建设腾辉国际城项目，约定土地出让成本为每亩133.3万元。企业已投入3 000多万元进行前期工作。2015年3月，区政府突然通知土地熟化受益主体由区政府变为济南市轨道交通集团，轨道交通集团提出土地出让价要提高到每亩400万元。因土地成本大幅飙升，将使投资出现巨额亏损，项目已陷入停滞。新官不理前政，当前面临地方党委政府换届，民营企业更不敢贸然投资。深圳某集团在辽宁辽阳市投资30亿元建设文化旅游社区项目，因领导和管理体制变动，招商承诺不能兑现，目前已造成几亿元的亏损，企业失去继续投资的信心。

（二）影响民间投资的主要原因

当前影响民间投资增速既有经济因素，也有非经济因素；既有体制机制因素，也有政策执行因素；既有客观环境因素，也有主观认识因素。这些因素相互叠加、共同作用，使民营企业政策获得感不强，投资安全感不高，办事便捷感不佳。

1. 成本高企，比较优势下降，利润薄回报低，民间投资意愿不强

市场需求严重萎缩，一些行政、行业垄断尚未破除，市场进入困难重重。生产要素成本不断上涨，税费负担依然较重，制度性成本居高不下，投资、生产经营的比较优势明显下降。很多制造业企业反映利润已经少得犹如“干毛巾里拧水”。有投资能力的民营企业“持币观望”较为普遍。问卷调查显示，58.7%的企业认为市场需求萎缩，风险加大；44.7%的企业认为投资预期不确定性增强；49.2%的认为投资信心不足。

2. 融资的“高山”严重制约民间投资，金融体制机制改革亟须进一步深化

在经济下行、市场疲软、企业转型的关键时期，银行对民营企业特别是中小企业不是雪中送炭，而是雪上加霜，企业家对此反映极为强烈，认为银行不给力拖了民间投资的后腿。银行普遍认为贷款给国有企业政治上不会出问题，愿意贷给国有企业和政府平台；因怕担责，或怕被认为有私人关系、拿好处费，而不愿意贷给民营企业，即便贷了，一有风吹草动就会立即抽贷、压贷、断贷，完全不顾民营企业死活。民营企业发展越是遭遇困难，银行越是急着“抽血”，断绝了民营企业复苏的希望，从而形成恶性循环。

3. 民营企业面临转型升级的“火山”

当前，许多民营企业在技术创新、管理水平、人才储备、融资能力等方面存在明显不足，转型升级仍然方向不明、路径不清，投资怕血本无归，制约了民营企业的投资能力和动力，使他们不想投、不敢投。问卷调查显示，30.2%的企业认为能力不足直接影响未来两年投资。

4. 对发展民营经济的认识依然存在偏见

有些干部对中国特色社会主义基本经济制度理解上有偏差，甚至说，我们的基本经济制度是以公有制为主体，理所当然应该发展国有企业，而不是支持民营企业。由于认识存在偏见，导致政商关系出现扭曲，破坏了经济生态和政治生态，表面上似乎是“清”了，不见面了、不吃饭了，但背靠背、不接触、不联系多了，只怕不“清”，不怕不“亲”。目前，政企沟通渠道不畅，职责权限边界不清，一些干部“多一事不如少一事，事不关己高高挂起”，不作为慢作为乱作为现象突出，致使大量项目无法落地，打击企业投资信心。

5. 企业家普遍缺乏安全感

有些企业家怕翻旧账，“大富不安，小富难安”。由于缺乏安全感，影响了企业家既有恒产又有恒心，有些企业通过购买房产、酒庄等不动产或以虚假贸易等方式向境外转移资产。知识产权保护不够、打击假冒伪劣不力、侵犯财产权、新官不

理前政等现象大量存在，也使民营企业投资、创新心有余悸。

（三）促进民间投资的建议

1. 召开促进民营经济发展会议

深入学习贯彻习近平总书记3月4日重要讲话精神，进一步解放思想、统一认识，彻底摘掉所有制歧视的“有色眼镜”，毫不动摇坚持我国基本经济制度，破除体制机制障碍，稳定预期、坚定信心，对民营经济发展和促进民间投资工作进行全面部署和落实。

2. 开展金融服务整治行动，深化金融体制改革

着力解决对民营企业抽贷、压贷、断贷和高息过桥等突出问题，开展金融服务整治行动，下大力气优化金融环境。进一步加快金融领域改革步伐，加大对实体经济转型升级、创新发展的支持力度，增加金融产品，拓宽民营企业融资渠道。按有关文件加快推进民营银行建设，适度放宽“一行一点”和吸收同业存款的限制。推动设立中小企业政策性银行。

3. 多设路标少设路障，切实抓好政策落细落地

对促进民间投资政策进行梳理完善，解决不配套、不协同、不实际等问题，建议对涉及税收、用地、环保等13个有关政策文件做修改完善。应切实加强政府诚信建设。深化“放管服”改革，注重降低制度性交易成本，切实落实好降成本行动，在供给侧结构性改革中支持民营企业技术改造、设备更新、研发投入。加强政府与社会资本合作的立法，清理歧视性准入门槛，破除行政垄断和行业垄断，使民间资本真正成为PPP项目的实施主体。

4. 建机制明权责，推动构建“亲”“清”新型政商关系

建立完善制度化、经常化的政企沟通机制，积极推广企业评议政府政务及营商环境的做法。明确责任和权力边界，制定党政干部责任清单和权力负面清单。对懒政、怠政、庸政行为予以严肃追责。

5. 营造良好的民营经济发展舆论环境

加大主流媒体对民营企业攻坚克难、转型升级、创业创新、履行社会责任先进典型的宣传力度，表彰先进，营造良好的舆论环境。深入开展以守法诚信、坚定信心为重点的非公有制经济人士理想信念教育实践活动。激发企业家精神，发挥企业家才能，充分发挥民营企业在促进投资、稳定增长中的重要作用。

（经济部）

全国工商联关于制造业民营企业发展状况的调研报告

为贯彻落实党的十八届五中全会和中央经济工作会议精神，特别是习近平总书记在全国政协十二届四次会议民建、工商联界委员联组会上的重要讲话精神，积极推动供给侧结构性改革，落实制造强国战略，引导制造业民营企业提质增效升级、坚定发展信心，全国工商联将推动制造业民营企业发展作为年度重点工作，今年上

半年组织开展了制造业民营企业发展状况调研①。调研表明，制造业民营企业分化趋势明显，那些转型升级早、创新能力强、管理水平高、质量品牌优的企业，驶入了迈向中高端的快车道；那些依靠低价格、低质量、低水平、粗放式发展的企业步履艰难，或面临淘汰。这种分化是市场化和优胜劣汰的必然过程，是经济转型和结构调整的必经阶段。现将有关情况报告如下：

（一）主要成效

在党中央、国务院制造强国战略、《中国制造2025》、“十三五”规划等系列方针政策指引下，许多制造业民营企业主动适应把握经济发展新常态，践行新发展理念，坚定信心，攻坚克难，紧紧依靠技术创新、管理创新、模式创新，抓住两化融合新机遇，加快提质增效升级，显示了较强的生机和活力，成为推动我国制造业迈向中高端的重要力量。

1. 依靠技术创新，提升企业竞争力

近年来，我国制造业低成本优势递减，处于价值链低端的产品竞争日趋激烈，许多制造业民营企业把技术创新作为提质增效升级的关键，紧紧围绕市场需求，不断提高产品的技术含量和附加值，向产业链中高端迈进。浙江中亚机械股份有限公司是一家液态产品智能化包装设备制造企业，1992年成立以来，一直专注于包装机生产。公司把加强研发投入、开发技术领先产品作为企业的生存发展之道，研发投入连续四年占销售收入的7%以上，研制出了世界领先的能生产4万瓶/小时无菌包装的设备，去年公司净利润1.3亿元，乳品包装机械国内市场占有率第一。济南圣泉集团首创了以农作物秸秆为原料的生物质石墨烯制备技术，并利用石墨烯特性研发出几十种新材料新产品。由于制备生物质石墨烯所用材料为价格低、数量多的农作物秸秆，产量和价格优势明显。南京宝色股份有限公司是从事大型特材压力容器和管道管件研发、设计、制造、安装的企业，始终瞄准产业前沿开展技术创新，在一些国内外企业不愿做、不敢做、不能做的领域钻研，通过自主创新、集成创新以及引进消化再创新形成了多项核心技术，其中大型钛钢复合板氧化反应器制造技术达到了国际先进水平，2011年以来企业每年净利润增长超过20%。浙江盾安集团有限公司产品涵盖高端装备、新能源、新材料等多个领域，公司把具有较高技术门槛作为产业发展的必要条件，每进入一个新产业，首先成立研究院，通过持续研发提高产品技术含量和附加值，达到行业领先地位。公司空调截止阀市场占有率全球居首，四通阀、电子膨胀阀居世界第二位；核级冷水机组国内市场占有率达90%，是国内仅有的两家具备核电空调暖通系统总包资格的企业之一。

2. 依靠两化融合，提升智能制造水平

信息化与工业化的深度融合，正在引发新的产业革命。很多制造业民营企业主动适应这一变革，广泛采用“互联网+”、大数据、云计算、机器人等技术，实现生产过程、制造模式智能化。常州五洋纺织机械有限公司积极开展数字化智能化转型，利用大数据和通信技术对企业进行整合、改造，建成了行业内首个数字工厂，改变了传统的单机生产方式，生产效率大幅提高。青岛红领集团主要生产中高

---

① 调研情况：赴天津、河北、辽宁、江苏、浙江、山东、湖北、广东、陕西等9省市开展调研，召开17场政府部门和企业座谈会，走访考察90家制造业民营企业。回收2 056份调查问卷。9省市工商联和4家直属商会参与了调研。

档西服，2003 年以来开始探索“互联网+个性化定制”的产业实践，经过十多年努力，建立了 C2M（消费者对工厂）模式，实现了制造模式的智能化，实时接收的消费者定单进入数据库后，自动转化为生产数据，按照标准化流水线作业，经过 420 道工序生产出产品。这一模式既能满足服装个性化定制需求，又能实现大规模工业化生产，解决了个性化和高效率的矛盾。无锡贝斯特精密机械有限公司是一家主要为汽车、信息产业生产精密零部件的企业，通过对生产线进行信息化改造，将在线自动测量补充系统、数据采集分析系统和相关信息技术嵌入自动生产线，实现无人化自控生产，同时还开辟了智能生产线的新领域，由生产加工零部件拓展到自动生产线集成。广州白云电气集团对自动化程度低的成套开关设备总厂进行改扩建，通过装备智能机器人和自动生产线，并融合企业信息化协同设计与制造技术，制造工艺经历了标准化、模块化、自动化、数字化四个阶段，实现了从“制造工厂”向“数字工厂”的转变。

3. 依靠质量品牌，提升制造品质

一些制造业民营企业把质量视为生命，把品牌作为“命牌”，不断改进生产制造工艺、提高质量标准、实施品牌战略，以质量创造品牌、赢得市场。山东九阳股份有限公司在健康饮食电器领域瞄准中高端消费群体，开发了米饭口感很好的铸铁内胆电饭煲，2015 年实现对日出口 1 亿元人民币；瞄准“80 后”年轻消费者，2015 年下半年开发了一键自动操作的“懒人”炒菜机，深受市场欢迎，并申请了专利。浙江天马轴承有限公司通过原材料创新和生产装备改造提升产品质量，与多家科研院所联合，研发出用于轴承的特种钢；通过并购齐齐哈尔第二机床厂，改造升级生产设备，其轴承产品为多家世界 500 强公司的工程机械产品配套。无锡微研有限公司是从事精密备品备件及精密模具生产的企业，将技术改造的重点放在各种精密冲压模具上，自主设计、开发、集成自动组装及包装线、三次元机械手、高速自动视觉检测设备等自动化设备，实现了一批高端精密零部件的国产化。山东鲁泰纺织股份有限公司着力打开海外高端消费市场，采用先进的纺纱方式，选用优质原材料，增强了纱线品质，企业产品 80% 出口，占全球高档色织面料市场的 18%。济南玫德铸造有限公司是管路连接件制造企业，凭借先进的制造装备和工艺流程提高产品质量，产品销往全球 130 多个国家和地区，年出口近 4 亿美元，占营业收入的 70% 以上，公司的“迈克”商标在 100 多个国家进行了注册。

4. 依靠人才保障，提升智力支撑

许多制造业民营企业把人才作为企业创新发展的第一资源，在人才培养使用上下功夫，为企业提质增效升级持续提供智力支持和人才保障。问卷调查显示，90% 的制造业民营企业对关键岗位人才建立了激励机制。南京德朔实业有限公司主营电动工具制造，积极践行开放的人才观，在北美、欧洲等地设立研发中心，组建了行业领先的人才“多国部队”，2015 年出口超过 3 亿美元。江西赣锋锂业股份有限公司从事锂及锂化合物研发、生产和经营，他们通过成就激励、财富激励与事业激励等方式吸引人才、激发人才的创新热情。仅 2015 年就引进院士、博士等锂行业专家 10 多名，引进和培养中高级人才 40 多名。公司已获发明专利 28 项，2015 年营收 13.45 亿元，同比增长 54.7%，其中新产品销售收入占 40% 以上。北京握奇数据系统有限公司是一家从事智能卡设计制造的企业，根据企业需求和人才特点，为员工设计了专业人才、管理人才、通用人才3条职业发展路径，有效凝聚了人才队伍。无锡金鑫集团为满足高铁配件产品稳定、安全、精细的质量需要，用多年时间培养了一批专业技术人才，其中技术工人250人，占员工总数的60%，特别是培养了一批获得国际认证的“国际工匠”，包括国际焊工30人、焊接工程师4人、焊接技师3人等，极大提升了企业制造实力。

5. 依靠“走出去”，提升国际化水平

许多制造业企业坚持“走出去”和“引进来”相结合，积极参与“一带一路”建设，通过在海外建立研发中心、制造基地和并购等开展技术合作、产能合作和对接先进标准，不断提高利用两种资源和两个市场的能力和水平。新疆特变电工公司在塔吉克斯坦等国家承接了电网、火电站、太阳能发电站等工程项目，把技术标准带出国门，提高了中国电力装备在国际市场的竞争力。江苏亨通集团2015年并购了印度尼西亚、西班牙、葡萄牙、南非、莫桑比克等5国的光纤、电力企业，加快以“一带一路”国家为重点的国际化发展布局。吉利汽车通过并购沃尔沃，迅速提升了企业实力，在2015年国内乘用车市场不景气的情况下，吉利全年销量同比增长约26%，今年一季度销售额增长超过30%。公司董事局主席李书福说：“沃尔沃在中国落地生根，才有可能把国际上最顶尖的设计师、工程师请到吉利、请到中国，这些人不是用钱能请来的，他们是冲着沃尔沃的品牌来的。”天津赛象科技公司是橡胶轮胎生产装备的提供商，通过对接国际先进标准有效提升了制造品质。董事长张建浩说：“邓禄普、米其林等国际知名轮胎制造厂商对装备的标准要求非常高、近于苛刻，赛象通过与这些企业合作，大幅改进生产工艺，提升产品质量。”

（二）主要问题

调研表明，制造业民营企业既面临市场低迷、融资困难、成本高、标准滞后、知识产权保护不力、政策落实不到位等客观原因，也面临转型路径不清、创新能力不足、人才短缺等主观原因。这些因素叠加，使制造业民营企业特别是中小制造业民营企业依然面临诸多困难和问题。

1. 政策落实和服务平台建设仍不到位

一是有的政策在执行中存在所有制歧视。广东金发科技公司等多家民营企业反映，由国开行和农发行负责投放的专项建设基金，在具体执行中对民营企业项目采取区别化对待，除要求民营企业以项目土地、法人财产抵押，且法人承担无限责任外，还要求地方政府兜底，对国有企业则没有这么多的要求。由于地方政府不可能违规承诺兜底，许多民营企业项目无缘享受该项政策。全国工商联科技装备业商会反映，原总装备部给陕西省某会员企业下达了旋翼机研制任务后，向国防科工部门发了条件保障、技术改造通知，但省国防科工局却回复只有国有军工企业可以享受条件保障、技术改造投入，民营企业不能享受，要企业自筹经费。二是降成本政策落实难。湖南某市地税局反映，一些税收优惠政策要求过于复杂，不仅需要企业准备备案材料，还要进行预缴申报，不少企业宁可放弃。该市2014年至2016年一季度，仅落实高新技术企业优惠35户次，固定资产加速折旧政策490户次，研发费用加计扣除政策24户次。浙江省4月出台降低实体经济成本的文件，提出从2016年1月1日起降低电价，但调研中企业均表示没有接到降价通知。辽宁一些企业反映，由于地方财政吃紧，今年辽宁省关于首台套、先进适用技术的奖励政策都被取消了；已经停征两年的河道工程修建维护费今年又恢复征收。三是服务平台的建设有待加强。问卷调查显示，有80%以上的企业在共性技术、实验、加工、产品设计等方面没得到过公共技术平台服务，有57%以上的企业没有得到质量检测、信息资讯平台服务。无锡中电互感器制造有限公司反映，由于市场竞争激烈，不少共性技术重复研发，使企业难以集中精力针对产品特定性能进行研发突破。

2. 成本高、负担重依然突出

一是融资难融资贵、社保负担重。制造业民营企业融资难、融资贵问题依然凸显，小微企业尤为严重，短贷长投、高息过桥现象普遍。民营企业反映，过桥日息高达3‰至7‰。一些银行抽贷、断贷、压贷问题突出，使一些正常经营的企业陷入困境。江苏澄星集团反映，一个月被抽贷25亿元，一天最多被抽贷13亿元。许多民营企业反映，尽管社保缴费率在降低，但因社会平均工资在上涨，减负效果不明显，社保费用占工资总额的40%左右，企业不堪重负。二是制度性交易成本高。简政放权尚未到位，审批难、审批繁、审批贵的问题依然存在。沈阳奥拓福科技股份公司研发了一款具有自主知识产权的新型抢险救援车，技术研发仅用了3年，但办理进入市场手续已超过4年还未办妥。多家制造业民营企业反映，一些政府部门不作为、慢作为的问题比较突出，抬高了企业成本。天津鸿发投资集团反映，企业投资的圣翰石化码头罐区项目，开工前的各项行政审批事项已基本完成，但由于市交委和天津港有关部门在工程质量监督和施工图审批的问题上相互推诿，致使企业不能取得工程施工许可证。目前审批权限被移交至滨海新区，由于缺少专业人员，无法进行有关审查，企业仍未得到施工许可，十几亿元的工程资金搁置在账上，每天利息支出几十万元。三是应收账款问题突出。问卷调查显示，有36%的制造业民营企业认为资金回笼困难是影响企业投资信心的主要因素。河南上蝶阀门公司反映，去年企业产值1.5亿元，但应收账款就高达7 000万元。长沙众诚机械公司生产环卫车辆，去年产值2.4亿元，但是公司应收账款接近4 000万元，企业负责人说，“合同对于小企业来说是法律约束，对大企业来说就是白纸一张，大企业把小企业当成了没有利息的提款机。”四是物流成本高。浙江传化集团反映，我国物流发展滞后，企业供应链管理水平不高，物流成本占生产成本30%左右，很大一部分利润被物流吃掉了。

3. 标准滞后、执行不力已成为严重制约

一是标准的制定和修订跟不上创新步伐。成都阿尔刚雷科技有限公司自主研发出颠覆性的绝缘连电技术，解决了“漏电、短路、电弧”三大难题，但由于产品突破了现有标准，拿不到3C认证，无法进入市场。天津安达集团2003年即与法国公司合作引进先进的中置轴车辆运输车生产技术，但因产品与落后的国家标准不符而不能上路。该集团自2012年起与有关部门合作研究修改标准，历经四年的努力，今年下半年才有可能颁布实施。公司董事长感慨说，“我们一直是拿着金饭碗讨饭吃”。二是部分现行标准起不到引领作用。浙江天马轴承有限公司反映，我国工业产品质量差和现行标准太低有关系，国内轮轴使用寿命仅有国际平均水平的1/3，主要来自国企的标准制定者思路还是照顾弱者。南京顺豪玻璃有限公司反映，欧洲将玻璃制品能耗系数定为 1.1，国内企业已经能够达到该标准，但国家标准还定在更宽松的 1.6，影响了整个行业的技术创新进程。三是标准的推广应用不够。闪联信息技术工程中心有限公司总经理说，目前产业政策与标准的制定没有很好衔接，许多标准都是建议标准，并且缺少推广的激励举措。南京美耐家具有限公司反映，国家制定了一系列家具产品质量标准，对板材的甲醛释放量等环保指标有明确规定，但超过 80% 的板材制造企业未按标准生产。

4. 鼓励创新的市场导向机制还不完善

一是低价中标让创新企业市场开拓难。政府采购或招投标中采用的“低价中标”规则，让许多创新型民营企业很难中标。宁波天生密封件有限公司反映，有些产品招标，技术项只占 6 分，但是成本项却占 60 分，最后中标的只能是价格低廉的产品，技术先进的产品反而没有竞争优势。天津国威给排水设备有限公司也反映，公司的专利产品研发投入大，低价中标原则把公司优质的节能环保产品挡在门外，创新和工匠精神没有得到应有尊重。二是对创新成果保护不力。湖南省有关部门反映：“我国对知识产权案件判罚是赔偿性的，而不是惩戒性的，目前平均赔偿金额仅为 8 万元，还不够企业打官司的成本。”天津赛象科技有限公司反映，轮胎设备行业内相互模仿、低质低价竞争非常严重；公司申请了 216 项专利，其重要考量是防止被别人诉侵权。山东华凌电缆公司历时四年研制出高性能长寿命的电线电缆，推向市场后，出现了大量假冒、仿冒产品，企业面临巨额投入无法收回的困境。公司董事长说：“公司不是没有创新的能力，而是缺乏创新的动力。”辽宁沈阳斯沃电器公司反映，该公司生产的“斯沃 SIWO”牌自动转换开关在市场上被大量假冒，有的企业甚至用相似商标和名称扰乱市场秩序，给企业造成很大损失。

5. 核心部件和高端装备制造能力弱

一是核心基础零部件、关键基础材料制造能力不足。问卷调查显示，有 32% 的制造业民营企业核心零部件依赖进口。吉利等汽车制造商反映，虽然我国汽车工业有了很大进步，但用于高端乘用车的发动机、变速箱、电控系统等进口依赖度仍然很高。北京零度智控智能科技有限公司反映，尽管我国企业在无人机系统集成、制造方面处于国际领先地位，但芯片来自国外，严重制约了行业的长远发展。常州铭赛机器人科技股份有限公司反映，在自动化生产设备领域，控制器、减速机、伺服电机等核心配件都依赖进口。无锡微研、无锡杭亚等企业的核心技术创新都是模具设计与制造，但其模具所使用的高端钢板基本上依靠进口。二是高端装备仍是短板。调研中，很多民营企业反映，有些高端设备不是国内没有，而是生产精度和稳定性不够。在许多制造业民营企业的车间、实验室、检测中心和研发中心，所使用的高端设备基本上是进口产品。

6. 制造人才不足

一是技能型人才缺乏。问卷调查显示，37% 的制造业民营企业认为当前最急缺的人才是技工。浙江希望包装公司反映，设备更新后面临的最大问题就是缺少技术工人，原来的老员工素质跟不上，不会操作数字化设备，愿意到工厂一线工作的大学生很少。受“重学历，轻技能”人才观的影响，技术工人的社会地位、工资待遇不高，是技能型人才缺乏的重要原因。浙江省有关部门反映，世界技能大赛被誉为“世界技能奥林匹克”，许多国外获奖选手在本国得到了和奥运会冠军一样的礼遇，我国选手在2015年的第43届比赛实现了零的突破获得4枚金牌，但在国内却没有引起太大反响。同时，受用工政策和员工流动性大的影响，许多制造业民营企业急功近利，不愿意花较大投入培养技能型人才。二是浮躁的心态不利于工匠精神的培育。工匠精神的培育需要长期的实践磨砺以及环境熏陶。天津重钢机械装备股份有限公司董事长说：“如果心里长了草，是做不好制造业企业的。”许多民营企业反映，社会上普遍存在浮躁心态和投机心理，影响了年轻人的职业选择。辽宁营口日捷集团有限公司董事长刘刚反映，这几年制造业普遍难做，年轻一代对坚守制造业大都信心不足，不愿从事制造业，这将成为中国制造业发展最大的危机。

（三）意见建议

实施制造强国战略、落实《中国制造2025》，离不开广大制造业民营企业。要深入贯彻落实习近平总书记在全国政协十二届四次会议民建、工商联界委员联组会上的重要讲话精神，进一步落实政策、优化环境，切实增强企业的政策获得感、投资安全感和办事便捷感。

一是抓好政策落细落地，加快公共服务平台建设。开展政策文件的“清改废”，解决政策不配套、不协同、不实际等问题。围绕制造业共性需求，采取政府与社会合作等方式，加快技术研发、检验检测、技术评价、质量认证、人才培训等行业性、区域性公共服务平台建设。支持行业龙头企业牵头组建技术创新联盟，并给予政策扶持。

二是加强和改善制造业中小微企业的金融服务。积极开展与中小微企业相适应的金融产品和服务创新，改进完善统计办法，切实落实“三个不低于”的要求，实施差别化监管政策，提高银行业金融机构服务的针对性、有效性。完善直接融资市场，发展融资租赁服务，拓宽融资渠道，支持制造业中小微企业加快技术改造和装备升级。

三是增强标准的先进性、协同性和时效性。开展标准清理完善行动，对不适应产业发展、阻碍技术进步的标准予以废止，对缺失的标准抓紧组织制订，对落后、不完善的标准尽快修改。组织实施制造业标准提升计划，与国际先进标准对标，增强标准的先进性、协同性和时效性。充分发挥具备条件的行业商会和龙头企业在标准制定中的重要作用，推进团体标准试点工作，鼓励企业建立产品和服务标准公开承诺和自我监督制度。加强标准的应用与监督，强化标准执行和责任追究。鼓励采用先进标准，引导企业把产品做专做精做优，树立中国制造品牌。

四是加强知识产权保护，营造“优质优价”“优质优先”的市场机制。树立保护知识产权就是保护创新的理念，将“惩罚性赔偿”引入知识产权保护的有关法律法规，加大对侵权行为的打击力度，建立侵权企业黑名单。提升知识产权司法保护和行政执法水平，鼓励支持建立知识产权快速维权中心。按照“优质优价”“优质优先”的原则，加大技术创新和品牌等指标的权重，完善政府采购和招投标机制。

五是重视技能型人才培养，大力弘扬工匠精神。建立完善政府、社会和企业合力培养工匠等技能型人才的机制，整合职业技能培训资源，制定实施各行各业培养计划。加大宣传表彰力度，营造崇尚一技之长的社会氛围。引导民营企业建立健全人才评价和激励机制，提高企业凝聚力。

（经济部）

2016年中国民营企业500强调研分析报告

2015年我国国内生产总值达67.7万亿元，同比增长6.9%。经济结构调整取得积极进展，服务业在国内生产总值中的比重上升到50.5%，首次占据“半壁江山”，消费对经济增长的贡献率达到66.4%，高技术产业和装备制造业增速快于一般工业。绿色低碳战略持续发力，单位国内生产总值能耗比上年下降5.6%。作为民营经济的先锋，2015年，中国民营企业500强的收入、利润和资产规模稳步增长，社会贡献持续加大；企业研发投入不断增加，自主创新能力显著提升，品牌建设步伐加快，500强企业由产业链低端向中高端演进的趋势更加明显；企业积极参与国家发展战略，投资战略新兴产业和PPP项目，转型升级成效凸显。与此同时，人才引进困难、用工成本上升、税费负担重、资金成本高、资金筹集难等“老大难”的问题依旧在一定程度上影响着民营企业的健康发展。

（一）2015年民营企业500强整体规模稳步增长

民营企业500强的入围门槛继续提升并突破百亿大关。2015年，民营企业500强入围门槛为101.75亿元，较2014年增加了6.66亿元。增速为7%，较2014年增速提升了2.76个百分点（见表1、图1）。

2015年，民营企业500强营业收入总额达到161 568.57亿元，户均323.14亿元，增速为10.06%，较上一年降低了1.14个百分点（见表1、图2）。

表1　2014～2015年民营企业500强收入情况

项目指标		2015年	2014年	增长率（%）
入围门槛（亿元）		101.75	95.09	7.00
营业收入（亿元）	总额	161 568.57	146 915.71	10.06
	户均	323.14	293.83	

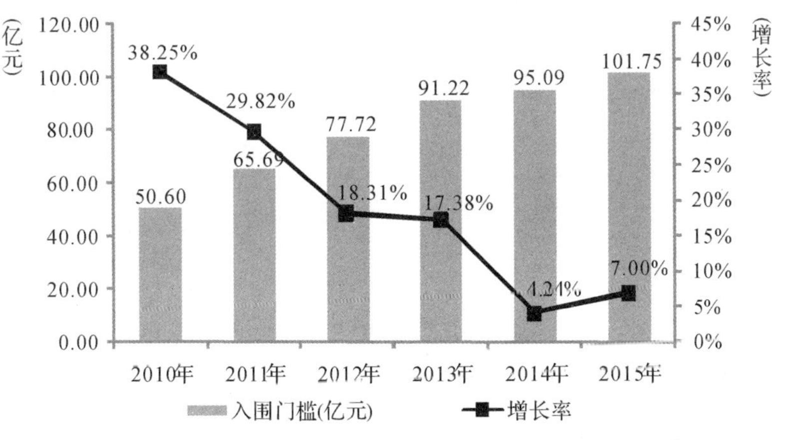

图1　2010～2015年民营企业500强入围门槛变化情况

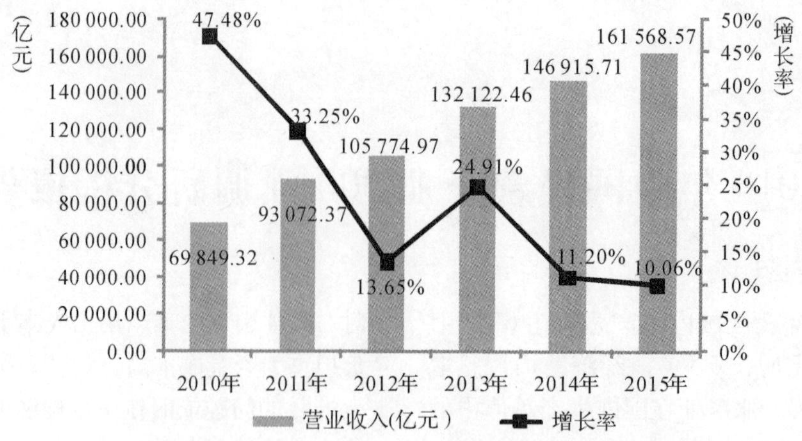

图 2　2010～2015 年民营企业 500 强营业收入变化情况

民营企业 500 强的资产总额增长较快，增速略有回落。2015 年民营企业 500 强的企业资产总额为 173 004.87 亿元，户均 346.01 亿元，增幅为 25.16%，比上年降低了 0.24 个百分点；固定资产 28 494.69亿元，户均 56.99 亿元，较上一年增长 14.25%；净资产 56 749.75 亿元，户均 113.50 亿元，较上一年增长 22.46%（见表 2）。资产总额的增长率大于营业收入的增长率。

超大型企业的数量持续增加。2015 年，有 22 家企业营业收入总额超过 1 000 亿元，比 2014 年增加 5 家，增加了 29.41%。华为投资控股有限公司营业额位居榜首，为 3 950.09 亿元（见表 3）；45 家企业营业收入总额在 500 亿元至 1 000亿元，比 2014 年增加 7 家，增加了 18.42%（见表 3、表 4）。

表 2　2014～2015 年民营企业 500 强资产情况

项目指标		2015 年	2014 年	增长率（%）
资产总额（亿元）	总额	173 004.87	138 227.40	25.16
	户均	346.01	276.45	
固定资产（亿元）	总额	28 494.69	24 938.19	14.25
	户均	56.99	49.88	
净资产（亿元）	总额	56 749.75	43 338	22.46
	户均	113.50	92.68	

表 3　2015 年民营企业 500 强营业收入前 20 家

2015 年排名	2014 年排名	企业名称	所属行业	省、自治区、直辖市	2015 年营业收入总额（亿元）	2014 年营业收入总额（亿元）
1	2	华为投资控股有限公司	计算机、通信和其他电子设备制造业	广东省	3 950.09	2 881.97
2	3	苏宁控股集团	零售业	江苏省	3 502.88	2 829.42
3	4	山东魏桥创业集团有限公司	有色金属冶炼和压延加工业	山东省	3 332.38	2 819.31

续表

2015年排名	2014年排名	企业名称	所属行业	省、自治区、直辖市	2015年营业收入总额（亿元）	2014年营业收入总额（亿元）
4	1	联想控股股份有限公司	计算机、通信和其他电子设备制造业	北京市	3 098.26	2 894.76
5	5	正威国际集团有限公司	有色金属冶炼和压延加工业	广东省	3 003.64	2 687.12
6	7	大连万达集团股份有限公司	房地产业	辽宁省	2 901.60	2 424.80
7	8	中国华信能源有限公司	批发业	上海市	2 631.51	2 139.95
8	9	恒力集团有限公司	化学原料和化学制品制造业	江苏省	2 120.80	1 635.28
9	6	江苏沙钢集团有限公司	黑色金属冶炼和压延加工业	江苏省	2 058.43	2 485.36
10	11	万科企业股份有限公司	房地产业	广东省	1 955.49	1 463.88
11	30	京东集团	互联网和相关服务	北京市	1 812.87	723.00
12	10	浙江吉利控股集团有限公司	汽车制造业	浙江省	1 653.04	1 539.53
13	13	海亮集团有限公司	有色金属冶炼和压延加工业	浙江省	1 401.61	1 300.31
14	12	美的集团股份有限公司	电气机械和器材制造业	广东省	1 393.47	1 423.11
15	14	恒大地产集团有限公司	房地产业	广东省	1 331.30	1 113.98
16	19	泰康人寿保险股份有限公司	保险业	北京市	1 323.13	983.89
17	20	苏宁环球集团有限公司	房地产业	江苏省	1 263.75	971.01
18	22	碧桂园控股有限公司	房地产业	广东省	1 132.23	845.49
19	21	三胞集团有限公司	零售业	江苏省	1 080.70	850.68
20	17	新疆广汇实业投资（集团）有限责任公司	零售业	新疆维吾尔自治区	1 050.37	1 008.20

表4　2014～2015年民营企业500强营业收入结构表

营业收入总额标准	项目指标	2015年（家）	2014年（家）	增长率（%）
1 000亿元以上	企业数量	22	17	29.41
	占500强比重（%）	4.40	3.40	
500亿～1 000亿元	企业数量	45	38	18.42
	占500强比重（%）	9.00	7.60	
100亿～500亿元	企业数量	433	431	0.46
	占500强比重（%）	86.60	86.20	
100亿元以下	企业数量	—	14	—
	占500强比重（%）	—	2.80	

从资产规模的分布来看，民营企业500强资产实力稳步提高。2015年企业资产总额突破1 000亿元的共有34家企业，比2014年增加13家，增加了61.9%，其中大连万达集团股份有限公司以9 033.57亿元的规模蝉联资产总额榜首；2015年有287家企业的资产规模在100亿元至1 000亿元之间，比2014年增加2家，增加了0.7%；99家企业的资产规模在50亿元至100亿元之间（见表5、表6）。

表5　2014~2015年民营企业500强资产总额结构表

资产总额标准	项目指标	2015年	2014年	增长率（%）
1 000亿元以上	企业数量	34	21	61.90
	占500强比重（%）	6.80	4.20	
100亿~1 000亿元	企业数量	287	285	0.70
	占500强比重（%）	57.40	57.00	
50亿~100亿元	企业数量	99	108	-8.33
	占500强比重（%）	19.80	21.60	
50亿元以下	企业数量	80	86	-6.98
	占500强比重（%）	16.00	17.20	

表6　2015年民营企业500强资产总额前20家

2015年排名	2014年排名	500强排名	企业名称	所属行业	省、自治区、直辖市	2015年资产总额总额（亿元）	2014年资产总额总额（亿元）
1	1	6	大连万达集团股份有限公司	房地产业	辽宁省	9 033.57	7 320.54
2	4	15	恒大地产集团有限公司	房地产业	广东省	7 510.35	4 744.62
3	3	10	万科企业股份有限公司	房地产业	广东省	6 112.96	5 084.09
4	2	16	泰康人寿保险股份有限公司	保险业	北京市	5 698.83	5 275.01
5	8	1	华为投资控股有限公司	计算机、通信和其他电子设备制造业	广东省	3 721.55	3 097.73
6	7	18	碧桂园控股有限公司	房地产业	广东省	3 619.56	2 680.32
7	5	202	包商银行股份有限公司	货币金融服务	内蒙古自治区	3 401.82	3 028.68
8	6	4	联想控股股份有限公司	计算机、通信和其他电子设备制造业	北京市	3 062.43	2 928.23
9	-	345	东莞农村商业银行股份有限公司	货币金融服务	广东省	2 996.26	2 582.31
10	-	414	广东顺德农村商业银行股份有限公司	货币金融服务	广东省	2 259.14	2 004.34
11	10	2	苏宁控股集团	零售业	江苏省	1 982.66	1 676.41
12	-	42	阳光保险集团股份有限公司	保险业	广东省	1 921.69	1 289.16
13	-	84	广州富力地产股份有限公司	房地产业	广东省	1 837.33	1 718.40
14	9	58	上海复星高科技（集团）有限公司	综合制造	上海市	1 777.88	1 852.06

续表

2015年排名	2014年排名	500强排名	企业名称	所属行业	省、自治区、直辖市	2015年资产总额总额（亿元）	2014年资产总额总额（亿元）
15	11	3	山东魏桥创业集团有限公司	有色金属冶炼和压延加工业	山东省	1 756.48	1 451.79
16	–	104	华夏幸福基业股份有限公司	房地产业	河北省	1 686.23	1 139.64
17	13	20	新疆广汇实业投资（集团）有限责任公司	零售业	新疆维吾尔自治区	1 649.41	1 411.32
18	14	12	浙江吉利控股集团有限公司	汽车制造业	浙江省	1 612.94	1 301.33
19	22	38	百度公司	互联网和相关服务	北京市	1 478.53	992.08
20	15	95	重庆龙湖企业拓展有限公司	房地产业	重庆市	1 425.38	1 289.94

（二）2015年民营企业500强利润水平有所提升

2015年民营企业500强在企业规模增长的同时，利润水平有所提升，经营效益和效率较2014年略有回落。2015年民营企业500强税后净利润为6 976.60亿元，增长率为17.67%，比2014年减少1.45个百分点（见表7）。

表7　2014～2015年民营企业500强盈利情况

项目指标		2015年	2014年	增长率（%）
税后净利润（亿元）	总额	6 976.60	5 928.95	17.67
	户均	13.95	11.86	
销售净利率（%）		4.32	4.04	0.28
资产净利率（%）		4.03	4.29	-0.26
净资产收益率（%）		13.32	14.04	-0.72

2015年民营企业500强中共有15家发生亏损，比2014年增加4家，增加了36.36%。亏损企业分别属于金属制品业、计算机、通信和其他电子设备制造业以及黑色金属冶炼和延压加工业等（见表8）。

表8　2014年民营企业500强亏损企业

年份	亏损企业数量	亏损总额（万元）	户均亏损（万元）
2015	15	1 278 896	85 259.70
2014	11	528 754	48 068.55

从经营效率看，除人均利润外，民营企业500强的人均营业收入、总资产周转率均有下降。2015年民营企业人均营业收入为195.37万元，近六年首次出现下滑，较2014年降低0.18万元；人均利润为11.21万元，上一年相比增加0.61万元；500强总资产周转率为100.53%，与2014年相比降低14.77个百分点（见表9、图3）。

表9　2014～2015年民营企业500强运营情况

项目指标	2015年	2014年	增长幅度（%）
总资产周转率（%）	100.53	115.30	-12.81
人均营业收入（万元/人）	195.37	195.55	-0.09

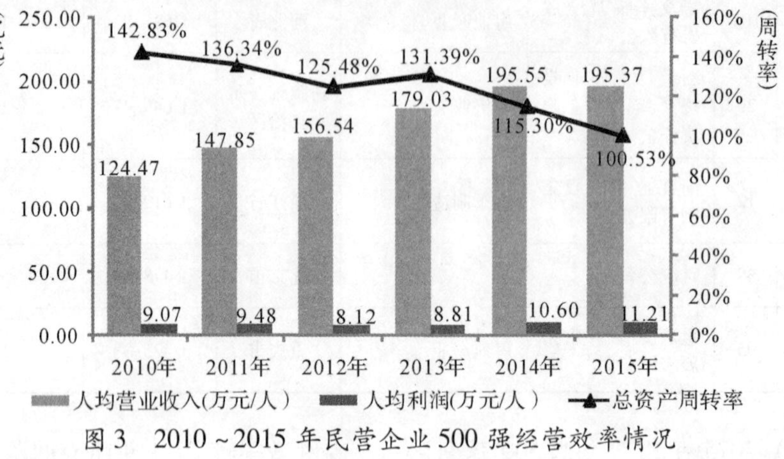

图3　2010～2015年民营企业500强经营效率情况

（三）民营企业500强社会贡献继续加大

从纳税总额看，民营企业500强纳税总额呈上升趋势，占全国税收的比重继续增加。2015年，民营企业500强纳税总额达到6 420.58亿元，比上年增长了12.10%，占全国税收的比重为5.14%，比上年升高了0.33个百分点（见表10、图4）。

表10　2013～2014年民营企业500强税收情况

<table>
<tr><td colspan="2">项目指标</td><td>2015年</td><td>2014年</td><td>增长率（%）</td></tr>
<tr><td rowspan="2">纳税（亿元）</td><td>总额</td><td>6 420.58</td><td>5 727.51</td><td rowspan="2">12.10</td></tr>
<tr><td>户均</td><td>12.84</td><td>11.46</td></tr>
</table>

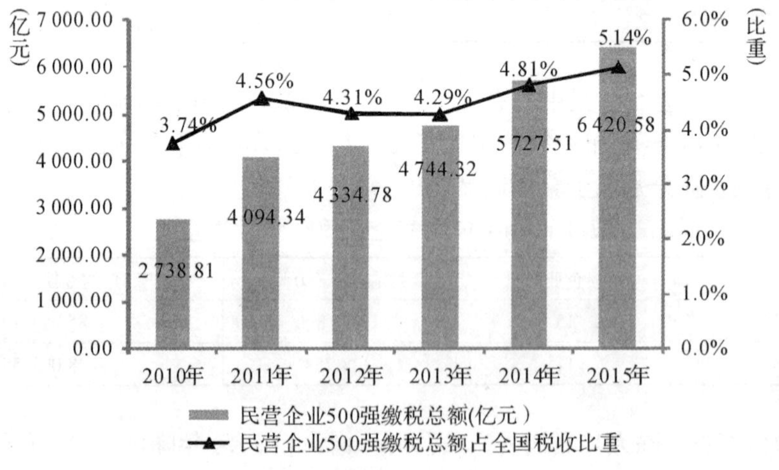

图4　2010－2015年民营企业500强纳税情况

＊注：全国税收数据来源于国家统计局网站统计公报。

从纳税额结构分布看，纳税1亿元以上的民营企业500强数量为457家，占比91.4%。2015年有55家民营企业500强纳税规模在20亿元及以上，比2014年增加4家，增加了7.84%，占民营企业500强的11%。纳税总额位居第一的是华为投资控股有限公司，为460亿元。万科企业股份有限公司、大连万达集团股份有限公司和恒大地产集团的纳税总额均超过200亿元，分别为311.87亿元、302亿元和200亿元（见表11、表12）。

表11　2014～2015年民营企业500强纳税额结构分布

纳税总额	2015年		2014年	
	企业数量（家）	占500强比例（%）	企业数量（家）	占500强比例（%）
20亿元以上	55	11	51	10.20
10亿～20亿元	101	20.20	80	16.00
1亿～10亿元	301	60.20	322	64.40
1亿元以下	43	8.60	47	9.40

表12　2015年民营企业500强纳税前20家

2015年排名	2014年排名	500强排名	企业名称	所属行业	省、自治区、直辖市	2015年缴税总额（亿元）	2014年缴税总额（亿元）
1	1	1	华为投资控股有限公司	计算机、通信和其他电子设备制造业	广东省	460.00	337.00
2	2	10	万科企业股份有限公司	房地产业	广东省	311.87	276.09
3	3	6	大连万达集团股份有限公司	房地产业	辽宁省	302.00	274.20
4	4	15	恒大地产集团有限公司	房地产业	广东省	200.00	171.00
5	8	12	浙江吉利控股集团有限公司	汽车制造业	浙江省	175.63	91.66
6	6	4	联想控股股份有限公司	计算机、通信和其他电子设备制造业	北京市	166.25	130.17
7	5	18	碧桂园控股有限公司	房地产业	广东省	150.00	130.18
8	7	14	美的集团股份有限公司	电气机械和器材制造业	广东省	108.00	99.00
9	16	3	山东魏桥创业集团有限公司	有色金属冶炼和压延加工业	山东省	78.58	54.84
10	-	84	广州富力地产股份有限公司	房地产业	广东省	73.78	69.29
11	17	38	百度公司	互联网和相关服务	北京市	71.61	53.45
12	-	104	华夏幸福基业股份有限公司	房地产业	河北省	68.83	42.05

续表

2015年排名	2014年排名	500强排名	企业名称	所属行业	省、自治区、直辖市	2015年缴税总额（亿元）	2014年缴税总额（亿元）
13	10	95	重庆龙湖企业拓展有限公司	房地产业	重庆市	64.51	79.54
14	14	21	TCL集团股份有限公司	计算机、通信和其他电子设备制造业	广东省	60.77	59.60
15	15	70	杭州娃哈哈集团有限公司	酒、饮料和精制茶制造业	浙江省	56.35	59.15
16	18	58	上海复星高科技（集团）有限公司	综合制造	上海市	56.18	45.19
17	11	8	恒力集团有限公司	化学原料和化学制品制造业	江苏省	54.64	38.03
18	24	27	比亚迪股份有限公司	汽车制造业	广东省	50.30	36.36
19	13	88	雅居乐地产置业有限公司	房地产业	广东省	49.49	31.78
20	22	2	苏宁控股集团	零售业	江苏省	48.76	39.97

就业是民生之本、和谐之基、安国之策。2015年民营企业500强员工人数为826.98万人，同比增加10.08%，占全国就业人员比重为1.07%，比2014年增加0.1个百分点（见表13）。比亚迪股份有限公司首次成为员工人数最多的民营企业，员工人数达19.6万人。

表13 2014～2015年民营企业500强就业情况

项目指标		2015年	2014年	增长率（%）
员工人数（万人）	总额	826.98	751.28	10.08
	户均	1.65	1.50	

（四）民营企业500强产业结构进一步优化

2015年，民营企业500强行业结构中第二产业仍占主体地位，但第三产业占比进一步增大，入围企业数量持续增加。随着民营企业500强产业结构调整进一步深化，2015年民营企业500强第一产业入围企业数量与上年持平。第二产业入围企业数量为357家，较上一年减少7家，下降幅度为1.92%。第三产业入围企业数量为137家，较上一年增加7家，增长幅度为5.38%（见表14）。

表14 2014～2015年民营企业500强产业分布情况

项目	2015年	2014年	增长率（%）
第一产业（家）	6	6	0
第二产业（家）	357	364	-1.92
第三产业（家）	137	130	5.38

2015 年，民营企业 500 强中制造业仍占主导地位，民营企业 500 强有 291 家制造业企业，与上年持平。制造业企业营业收入占民营企业 500 强比重同比降低 0.08 个百分点，资产总额占比同比降低 4.98 个百分点，税后净利润占比同比降低 2.38 个百分点；缴税总额占比同比提高 0.42 个百分点，从业人员占比同比降低 1.88 个百分点，研发费用占比同比则提高 0.71 个百分点，高达 86.42%。调研显示，在经济下行压力加大的背景下，民营企业 500 强中的制造业企业持续增加研发费用，为后续发展奠定良好的基础。

2015 年，民营企业 500 强前 10 大行业共包含 321 家企业，较上年增加 7 家。连续多年保持不变的行业分布出现变化，电子计算机、通信和其他电子设备制造业跻身前 10 大行业。批发业与有色金属冶炼和压延加工业并列第 4 位，计算机、通信和其他电子设备制造业与石油加工、炼焦和核燃料加工业并列第 9 位，前 10 大行业数量为 11 个。建筑业、黑色金属冶炼和压延加工业、有色金属冶炼和压延加工业、批发业、零售业入围企业数量均出现不同程度的减少。房地产业，电气机械和器材制造业，电子计算机、通信及其他电子设备制造业等行业入围企业数量则有明显增加，前 10 大行业结构变化反映民营企业 500 强由传统产业向新兴产业调整的趋势。

2015 年民营企业 500 强行业经营效益存在明显差异。货币金融服务、租赁、房地产、互联网和相关服务业的销售净利率、资产净利率和净资产收益率相对较高；制造业领域如化学纤维制造业、通用设备制造及黑色金属冶炼和压延加工业等，经营效益则较低。

从销售净利率来看，2015 年民营企业 500 强的平均销售净利率达 4.32%，较 2014 年上升 0.28 个百分点。共有 24 个行业的平均销售净利率高于平均水平，其中有 7 个行业的销售净利率高于 10%，比 2014 年增加 3 个行业。货币金融服务行业销售净利率继续居于首位达 20.44%，比 2014 年上升 6.33 个百分点；租赁业达 14.17%，较 2014 年提高 2.54 个百分点；互联网和相关服务业达 10.30%，较 2014 年提高 0.18 个百分点；房地产则较上年下降 0.32 个百分点（见表 15）。

表 15　2015 年民营企业 500 强中销售净利率超过 10% 的行业

所属行业名称	企业数量（家）	营业收入（亿元）	税后净利润（亿元）	销售净利率（%）
货币金融服务	3	494.38	101.04	20.44
燃气生产和供应业	1	138.06	21.71	15.73
租赁业	1	106.07	15.03	14.17
房地产业	35	16 110.61	1 688.34	10.48
互联网和相关服务	2	2 476.74	255.15	10.30
航空运输业	1	122.85	12.61	10.26
铁路、船舶、航空航天和其他运输设备制造业	1	276.88	27.73	10.02

从资产净利率看，2015 年民营企业 500 强资产净利率为 4.03%，较上年的 4.29% 下降了 0.26 个百分点，较 2013 年下降了 0.49 个百分点，反映近年来，受整体经济环境影响，我国民营企业单位资产投入的盈利能力有所下降。2015 年有 5 个行

业资产净利率在10%以上，分别为畜牧业，酒、饮料和精制茶制造业，皮革、毛皮、羽毛及其制品和制鞋业，邮政业，互联网和相关服务业。与2014年相比，资产净利率在10%以上的行业分布出现较大变化，除酒、饮料和精制茶制造业、互联网和相关服务业资产净利率仍在10%以上外，上年度的租赁业、软件和信息服务业、食品业均未达到10%（见表16）。

表16　2015年民营企业500强资产净利率超过10%行业

所属行业名称	企业数量（家）	资产总额（亿元）	税后净利润（亿元）	资产净利率（%）
畜牧业	3	448.07	72.47	16.17
酒、饮料和精制茶制造业	4	692.14	88.26	12.75
皮革、毛皮、羽毛及其制品和制鞋业	2	102.15	12.35	12.09
邮政业	1	61.87	7.17	11.59
互联网和相关服务	2	2 330.19	255.15	10.95

（五）民营企业500强投资领域不断扩大

2015年，有53家民营企业进行了境内外直接上市，企业数量较上年明显增多。2015年民营企业500强上市事件中，新三板上市占比达到52.94%，主板上市占比21.57%、境外上市占比15.69%、创业板占比7.84%及中小板上市占比1.96%。可见在主板、中小板及创业板上市申请条件相对较高、申请流程较为复杂的情况下，民营企业更多选择申请条件较为宽松、申请流程相对容易的新三板上市（见图5）。

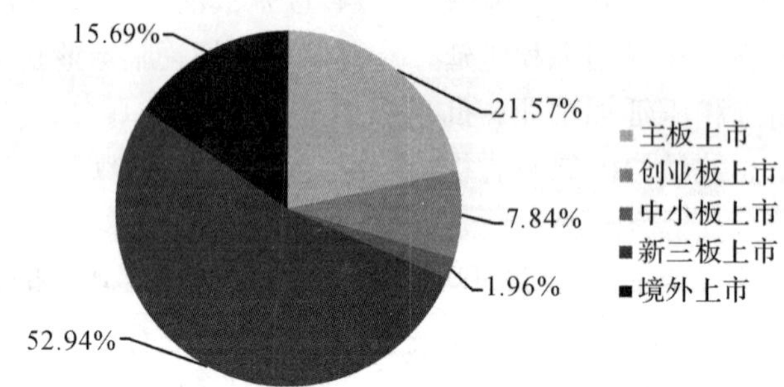

图5　2015年民营企业500强发生重大事件情况

数据显示，截至2015年年底，民营企业500强中有211家整体上市或有控股子公司上市，占比达42.20%，有106家企业有参股上市企业，占比21.20%（见表17）。

表17　2015年民营企业500强上市公司情况

有控股上市企业的500强企业数量（家）	占500强比例（%）	有参股上市企业的500强企业数量（家）	占500强比例（%）
211	42.20	106	21.20

*注：控股上市包括企业整体上市、控股子公司上市，统计数据来源于企业填报与上市公司信息披露公告。

2015 年，各级政府出台了一系列政策，鼓励在公共服务及公共基础设施建设领域开展 PPP，各地水利、高速公路、城市轨道、农业等各类 PPP 项目加速推出，参与 PPP 项目的企业数量明显增多，由上年的 58 家上升至 98 家，增长率为 68.97%；打算参与 PPP 项目的企业达到 164 家，较上年增长 28 家，增长率为 20.59%，民营企业参与 PPP 项目的意愿进一步加强（见表 18）。

表 18　2015 年民营企业进入公共服务及基础设施建设与运营领域的情况

参与 PPP 项目意向	2014 年参与企业数量（家）	2015 年参与企业数量（家）	500 强占比（%）
未参与但不确定是否参与		74	14.80
未参与也不打算参与	242	99	19.80
未参与但打算参与	136	164	32.80
已参与	58	98	19.60
无意见		64	12.80

2015 年，随着政策环境不断完善，企业实力不断增强，民营企业 500 强战略性新兴产业发展总体上呈现良好态势。2015 年有 396 家民营企业 500 强投资各类战略性新兴产业，投资各战略新兴产业的企业数量与 2014 年比均有不同程度的增加（见图 6）。

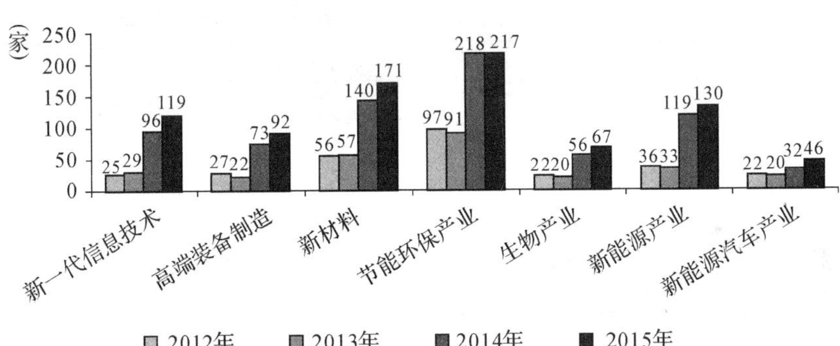

图 6　2012－2015 年民营企业 500 强投资战略新兴产业的情况

数据显示，汽车制造业、黑色金属冶炼和压延加工业、电气机械和器材制造业等行业中企业投资战略新兴产业的占比较多。其中，房屋建筑业、房地产业、钢铁业多投资于节能环保产业；有色金属冶炼和压延加工业、化学原料和化学品制造业多投资于新材料产业；石油加工、炼焦和核燃料加工业多投资于新能源产业。可见 500 强企业投资战略新兴产业与原有产业结合较为紧密（见表 19）。

表 19　2015 年民营企业 500 强投资战略新兴产业的行业分布

排序	所属行业名称	投资企业数量（家）	该行业入围企业总数（家）	占比（%）
1	房屋建筑业	45	59	76.27
2	黑色金属冶炼和压延加工业	32	37	86.49
3	房地产业	27	35	77.14
4	综合	22	29	75.86

续表

排序	所属行业名称	投资企业数量	该行业入围企业总数	占比（%）
5	有色金属冶炼和压延加工业	21	30	70.00
6	电气机械和器材制造业	21	26	80.77
7	批发业	19	30	63.33
8	化学原料和化学制品制造业	17	21	80.95
9	汽车制造业	15	16	93.75
10	石油加工、炼焦和核燃料加工业	14	18	77.78
	合计	233		

（六）民营企业500强品牌建设与技术创新力度加大

2015年年民营企业500强拥有的国内外商标总量达到87 510个，其中国内商标数为65 358个，国外商标数为22 152个。国内外商标总量较2014年均有较大幅度的提升。2015年，平均每个企业拥有商标数量175个，同比增加21.53%，民营企业的品牌保护与建设意识日渐提高。

2015年，民营企业500强自有品牌产品对总收入的贡献出现积极变化，拥有自有商标的企业数量达370家，较上年增长12家，增长率为3.35%，其中自有品牌产品收入占总收入比重大于60%的企业数量增加9家，增长率为10.47%（见表20）。

表20　2010～2015年民营企业500强自有商标产品占总收入比例

自有商标产品占总收入比例	自有商标的企业数量（家）				
	2015年	2014年	2013年	2012年	2011年
=100%	230	230	232	231	242
≥60% <100%	95	86	98	84	82
≥30% <60%	17	18	11	10	12
<30%	28	24	26	19	18
总计	370	358	367	344	354

2015年，民营企业500强共申请国内外专利181 430项，较上年增长13.87%；其中，国内专利155 313项，较上年增长13.86%，国际专利26 117项，较上年增长13.94%，国际专利申请数量增速高于国内专利增速（见表21）。

表21　2013～2015年民营企业500强申请专利的情况

	2015年	2014年	2013年	增长（%）
国内专利（项）	155 313	136 408	116 801	16.11
国际专利（项）	26 117	22 921	14 931	24.75
合计	181 430	159 329	131 732	17.09

2015年，研发费用投入最多的华为投资控股有限公司，以38 825项专利总量再次蝉联民营企业500强专利数量首位，美的集团股份有限公司、比亚迪股份有限公司分别以21 244项和9 647项分居专利数量第二、第三位（见表22）。

表22 2014～2015年民营企业500强有效专利数量前三的企业

企业名称	有效专利数量（项）		发明专利		所在行业	所在省市
	2014年	2015年	2014年	2015年		
华为投资控股有限公司	38 825	38 825	35 835	35 835	计算机、通信和其他电子设备制造业	广东省
美的集团股份有限公司	15 668	21 244	1 042	1 483	电气机械和器材制造业	广东省
比亚迪股份有限公司	9 228	9 647	3 135	3 614	汽车制业	广东省

2015年，民营企业500强积极参与国家、行业标准的制订，牵头或参与国家、行业标准制订数量相较上年总体保持稳定。2015年，牵头制订国际、国家或行业标准的企业达134家，较去年减少6家；参与制订国际、国家或行业标准的企业有234家，同比增加8家，增长率为3.54%（见表23）。

表23 2015年民营企业500强制订国际、国家或行业标准情况

内容	2015年	2014年	2013年	2012年增长
牵头制定国际、国家或行业标准（家）	134	140	125	-4.29%
参与制定国际、国家或行业标准（家）	234	226	214	3.1%

（七）民营企业500强“走出去”力度明显加大

2015年，受外需低迷，国际经济总体复苏乏力，全球贸易进入深度调整期影响，我国出口增长受到抑制。2015年我国出口总额及民营企业500强出口总额均出现较大程度的下降。民营企业500强出口总额为1 099.61亿美元（见图7）。

2015年民营企业500强的海外投资项目数量继续保持增长，从2014年的1 061项增加到1 328项；新增海外投资项目为267项，增加了25.16%；投资总额达288.635亿美元。民营企业500强进行海外投资的企业数量从2009年的117家发展到2015年的201家，民营企业500强的国际化水平快速提升（见图8）。

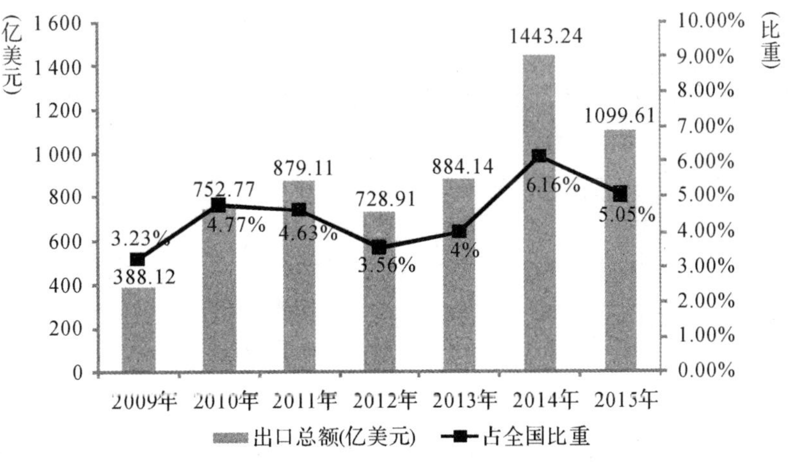

图7 2009－2015年民营企业500强出口情况

＊注：1. 全国出口额数据来源于国家统计局网站统计公报。

2. 汇率数据来源于中国人民银行网站2015年12月31日公布的人民币汇率中间价公告。

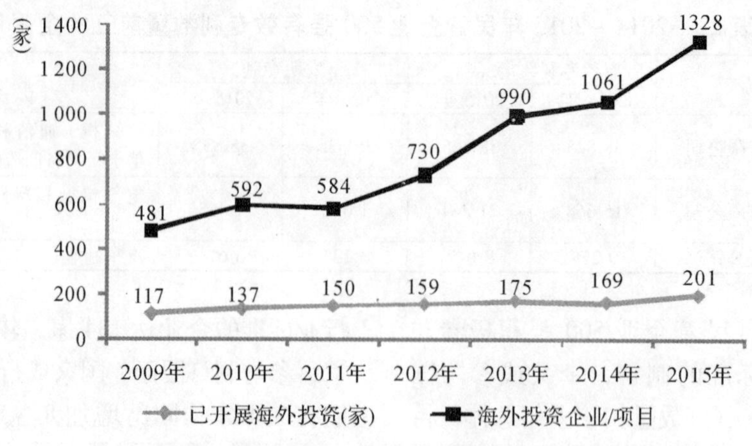

图8　2009~2015年民营企业500强海外投资状况

随着"一带一路"倡议不断落实，中国企业参与海外发展不断深化。2015年，民营企业500强中有126家企业参与"一带"，有86家企业参与"一路"，参与"一带一路"的积极性显著提高（见表24）。

表24　2013~2015年民营企业500强"一带一路"的投资状况

	2015年	2014年	2013年
"一带"（家）	126	106	53
"一路"（家）	86	89	53

2015年民营企业500强"走出去"最主要的动因是拓展国际市场，其次是获取品牌、技术、人才等战略要素和获取国外原材料等资源，优势产能转移和利用当地劳动力等要素降低产品成本也是民营企业500强"走出去"的动因。与上年相比，拓展国际市场，获取品牌、技术、人才等战略要素资源占比有较大提高。民营企业500强"走出去"的动因更加注重市场拓展与要素资源的优化配置(见表25)。

表25　2015年民营企业500强"走出去"的主要动因

动因	企业数量（家）	500强中占比（%）	占实际填报企业数量比（%）
拓展国际市场	344	68.8	90.29
获取品牌、技术、人才等战略要素	201	40.2	52.76
获取国外原材料等资源	143	28.6	37.53
优势产能转移	117	23.4	30.71
利用当地劳动力等要素降低产品成本	86	17.2	22.57
实际填报企业数量	381		

（八）民营企业500强企业治理和法治建设情况分析

根据调研数据，大部分民营企业已建立现代化企业制度。2015年民营企业500强已建立现代化企业制度的企业数量为482家，占民营企业500强的比重为96.4%，较上一年相比增加6家，增长率为1.26%（见图9）。

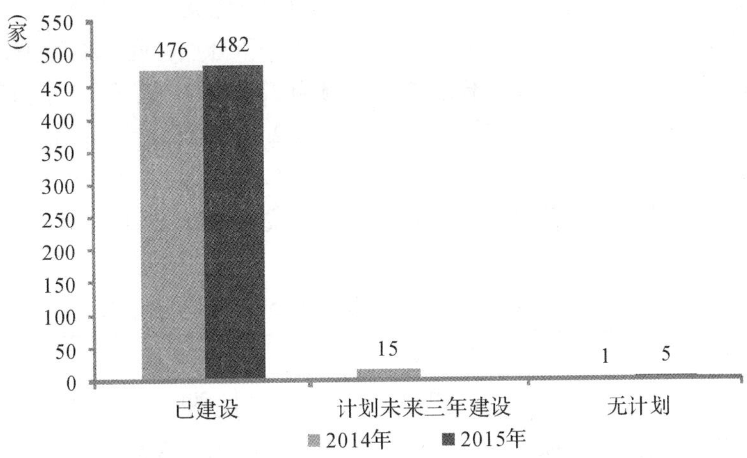

图 9　2014～2015 年民营企业 500 强现代企业制度建立情况

数据显示，2015 年民营企业 500 强中已涉及混合所有制的企业共有 188 家，占比 37.6%，比上一年增加 31 家，增长率为 19.75%；有意向参与混合所有制的企业共有 147 家，占比 29.4%（见图 10）。

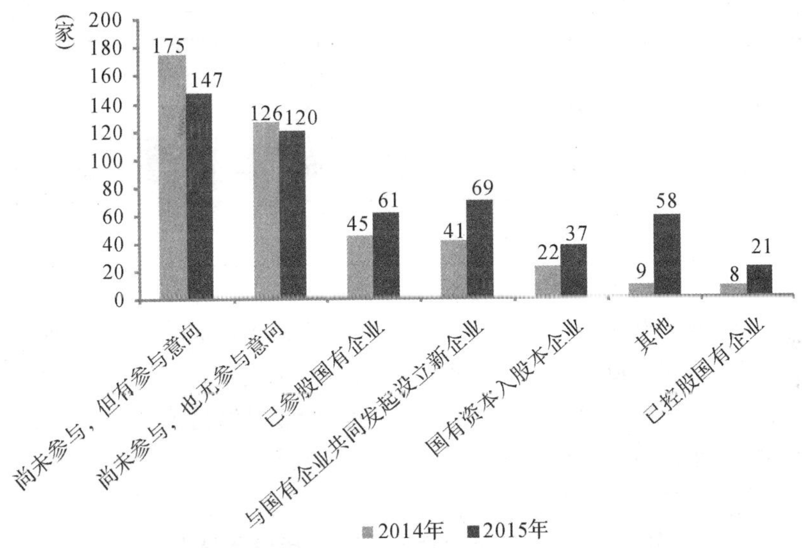

图 10　2014～2015 年民营企业 500 参与混合所有制改革情况

（九）民营企业 500 强区域分布情况分析

在 2015 年入围的民营企业 500 强中，东部地区企业为 392 家，同比增加 8 家，增加了 2.08%；中部地区企业 51 家，同比减少 5 家，减少了 8.93%；西部地区企业 48 家，同比减少 3 家，减少了 5.88%；东北地区企业 9 家，与上一年持平。东部地区企业数量仍占主导优势。

从营业收入总额占比来看，2015 年中国民营企业 500 强中，东部地区民营企业营收总额达到 130 569.31 亿元，占比 80.81%，同比增长 0.88 个百分点；中部地区民营企业营收总额为 11 341.36 亿元，占比 7.02%，同比减少 0.62 个百分点；西部地区民营企业营收总额为 14 877.24亿元，占比 9.21%，同比减少 0.41 个百分点；东北地区民营企业营收总额为4 780.66亿元，占比2.96%，同比增加0.14个百分点。

从资产总额占比来看，2015年东部地区民营企业资产总额为129 351.07亿元，占比74.77%，同比增加3.35个百分点；中部地区民营企业资产总额为9 206.60亿元，占比5.32%，同比减少1.01个百分点；西部地区民营企业资产总额为23 246.71亿元，占比13.44%，同比减少2.03个百分点；东北地区民营企业资产总额为11 200.48亿元，占比6.47%，同比减少0.31个百分点(见表26)。

表26　2014～2015年民营企业500强地区分布

地区		入围企业数（家）		收入规模（亿元）		资产规模（亿元）	
		2015年	2014年	2015年	2014年	2015年	2014年
东部	数量	392	384	130 569.31	117 523.09	129 351.07	98 728.81
	占500强比重	78.40%	76.80%	80.81%	79.93%	74.77%	71.42%
中部	数量	51	56	11 341.36	11 220.61	9 206.60	8 745.07
	占500强比重	10.20%	11.20%	7.02%	7.64%	5.32%	6.33%
西部	数量	48	51	14 877.24	14 129.86	23 246.71	21 379.05
	占500强比重	9.60%	10.20%	9.21%	9.62%	13.44%	15.47%
东北	数量	9	9	4 780.66	4 142.14	11 200.48	9 374.47
	占500强比重	1.80%	1.80%	2.96%	2.82%	6.47%	6.78%

（十）民营企业500强转型升级专题

2015年，民营企业500强中，75%的企业加快了转型升级进度，较上一年相比增加了24家，增长率为6.84%；有11.4%的企业启动了转型升级。民营企业转型升级进度进一步加快。但也有部分企业对转型升级持慎重态度，进度与去年持平（见表27）。

表27　2015年民营企业500强转型升级进度

转型升级进度	2015年企业数量（家）	占500强比重（%）	占实际填写企业数比（%）	2014年企业数量（家）	占500强比重（%）	占实际填写企业数比（%）
明显加快	375	75.00	80.99	351	70.20	76.81
刚刚启动	57	11.40	12.31	80	16.00	17.51
有所放缓	17	3.40	3.67	17	3.40	3.72
尚未启动	14	2.80	3.02	9	1.80	1.97
实际填写企业数	463			457		

数据显示，2015 年民营企业 500 强中，75.40%的企业为做强做大而主动选择转型升级，较上一年相比增加 2.8 个百分点；43.6%的企业因为政策支持引导而走上转型升级的道路，政府政策的支持也是民营企业加快转型升级步伐的重要原因（见表 28）。

表 28　2015 年民营企业 500 强转型升级的动因

转型升级动因	2015 年			2014 年		
	企业数量（家）	占 500 强比重（%）	占实际填写企业数比（%）	企业数量（家）	占 500 强比重（%）	占实际填写企业数比（%）
做强做大企业的愿望	377	75.40	81.60	363	72.60%	79.43
国内经济增长趋缓	281	56.20	60.82	238	47.60	52.08
产品技术升级换代	220	44.00	47.62	205	41.00	44.86
政策支持引导	218	43.60	47.19	—	—	—
成本负担上升	194	38.80	41.99	—	—	—
行业产能过剩	190	38.00	41.13	170	34.00	37.20
企业生存的压力	167	33.40	36.15	144	28.80	31.51
现有模式不可持续	141	28.20	30.52	116	23.20	25.38
国际市场持续低迷	128	25.60	27.71	96	19.20	21.01
其他	9	1.80	1.95	—	—	—
实际填写企业数	462			457		

数据显示，人工成本是制约民营企业发展的最大成本负担，另有超过一半的企业认为融资成本和缴税负担重也是影响企业发展的重要成本因素（见表 29）。

表 29　2015 年影响民营企业 500 强发展的成本因素

排名	影响企业发展的因素	企业数量（家）	占 500 强比例（%）	占实际填写企业数比（%）
1	人工成本	341	68.20	74.95
2	融资成本	310	62.00	68.13
3	缴税负担	264	52.80	58.02
4	原材料成本	209	41.80	45.93
5	社保成本	153	30.60	33.63
6	物流成本	141	28.20	30.99
7	缴费负担	133	26.60	29.23
8	土地成本	133	26.60	29.23
9	能源成本	102	20.40	22.42
10	制度性交易成本	44	8.80	9.67
11	其他	15	3.00	3.30
	实际填写企业数	455		

（经济部）

推进“万企帮万村”精准扶贫行动专题调研报告

为贯彻落实习近平总书记关于“工商联开展的‘万企帮万村’精准扶贫行动很好，要抓好落实、抓出成效”的重要指示精神，今年上半年，全国工商联、国务院扶贫办、中国光彩会组成3个联合调研组，分赴安徽、江西、河南、湖北、湖南、广西、四川、重庆、贵州、陕西、甘肃、宁夏12个省（区、市），就“万企帮万村”精准扶贫行动的推进情况开展专题调研，现将有关情况报告如下。

（一）调研基本情况

此次联合调研采取实地考察与座谈交流相结合的形式，深入31个市县的41个建档立卡贫困村、43家民营企业实地走访，先后召开26场座谈会，与近300名参与行动的民营企业负责人进行了面对面的交流。

就调研所到省份看，“万企帮万村”精准扶贫行动已在省一级全面启动，各地均已成立由同级工商联主席或党组书记任组长的行动领导小组，初步形成了工商联、扶贫办、光彩会三方联合工作机制。当前，各级行动领导小组正积极引导民营企业到签约结对村开展实地考察、协商合作形式、落实帮扶项目。据不完全统计，全国约有2.2万多家民营企业同2.1万个贫困村建立了结对帮扶关系（见附件一）。

调研中，很多企业家反映，通过参与“万企帮万村”行动，受到深刻的国情民情教育。湖南青年企业家商会、上海市浙江青年企业家协会组织本地“创二代”青年企业家深入贫困村考察调研，写出了感人的调研日记，他们普遍认为此次行动，完善了自己的人生阅历，对中国国情和中国农村加深了了解。安徽省池州市矿业商会会长李建村说，通过到结对帮扶的贫困村考察，了解到近在咫尺的本市依然有这么贫困的群众，对我们的会员是一种震撼，许多原本持观望态度的会员企业马上决定参与行动。

（二）推进行动的主要措施

1. 党委政府高度重视高位推动。调研所到的省份，都把“万企帮万村”精准扶贫行动作为当地脱贫攻坚的重要组成部分，党委政府主要领导通过作批示、参加启动仪式等形式推进行动的开展。各地将行动与党委政府部门的定点扶贫、美丽乡村等工作内容相结合，加快了行动的深入推进。

2. 组织发动工作深入充分。各地都开展了形式多样的宣传发动工作。四川省向民营企业家发出行动倡议书，江西省举办了新闻发布会，为了确保组织发动到位，许多省市都将行动启动与工商联常委会议执委会议、光彩会理事会相结合。广西壮族自治区引入了区委统战部、区非公经济组织和社会组织党工委共同发起行动，安徽省引入省农业银行共同发起行动。通过这些行之有效的宣传发动工作，广大民营企业家积极响应党中央国务院关于打赢脱贫攻坚战的号召，踊跃参与行动。目前还有不少民营企业陆续来电来函咨询，主动申请参与行动。

3. 充分发挥小微企业精准扶贫作用。县域小微企业和农民专业合作社熟悉乡土乡情，对本地发展潜力和瓶颈掌握全面，产业与当地资源结合紧密，能与贫困户结成更紧密的合作关系，在行动开展中作用逐步凸显。贵州省望谟县光秀生态食品有限公司带动周边16个合作社种植9.5万亩板栗，带动5 119名建档立卡贫困群众增收脱贫。贵州省盘县普古彝族苗族乡银湖农业合作社，通过针对社员开展科技知识、劳动技能培训，打造贵州娘娘山高原湿地生态农业示范园，带动1 161名建档立卡贫困群众增收脱贫。

4. 商会成为行动重要参与力量。各级工商联所属的行业商会和异地商会在发挥组织主体作用的同时，作为帮扶主体积极参与行动。西安市工商联所属的汽车商会积极参与西安市工商联对口帮扶蓝田县的工作，根据会员企业特点，综合运用产业、就业、创业和公益捐赠多种方式参与行动。安徽省池州市针对当地大企业少、小企业多的特点，把组织商会参与精准扶贫作为工作重点，池州矿业商会结对帮扶青阳县新中村，通过扶持产业、安置就业、培训技能、公益捐赠等综合举措开展帮扶。江西省江苏商会结对帮扶瑞金市仰山村，采取商会包村、会长包户、理事会成员帮助完善交通设施、会员帮助解决饮用和灌溉水等措施多企帮一村，取得了很好的效果。

（三）企业参与的主要形式

1. 结对形式多样。民营企业因企制宜，根据企业实力和产业特点，探索开展了整县、整乡推进，包村结对，一企帮多村、多企帮一村、整村带动等形式多样的帮扶形式。

在整县推进方面，恒大集团结对帮扶贵州省毕节市大方县，拟三年投入扶贫资金30亿元，实现2018年年底整县脱贫的目标。万达集团计划投入14亿元，与贵州省丹寨县签订带动丹寨整县脱贫扶贫协议。在整乡推进方面，陕西荣民集团结对帮扶陕西省定边县海则梁乡、白泥井镇，拟在“十三五”期间捐款1.5亿元，面向建档立卡贫困户实施“四大工程”（蔬菜10万亩、土豆20万亩、养鸡10万只、家庭农场10万亩），实现免费医疗、扶持贷款和户均一个蔬菜大棚的“三个全覆盖”，使两个乡镇人均年收入达到5万元以上。在包村推进方面，贵州兴伟集团结对帮扶贵州省普定县秀水村，开创了“秀水五股”分配模式；无偿捐助3.77亿元，帮助该村修建通村公路、为全体村民新建住房，帮助打造特色农业、乡村旅游两大产业，预计两年内村级集体经济产值可达1亿元以上，农民人均可支配收入可提高10倍。在一企帮多村方面，湖北凯迪生态环境科技股份有限公司，通过把贫困户纳入生物质能源产业链，使农民“从砍柴做饭变砍柴卖钱”“从烧秸秆变卖秸秆”，计划与1 000个村的贫困户建立利益共同体，带动增收脱贫。在整村带动方面，湖南开源浏阳河农业产业集团在武陵山片区推行“结对一个行政村，组建一个合作社，培植一个产业，帮助一批贫困户，兴旺一块经济”的模式，共投入资金2亿多元，组建专业合作社21个，带动9县14村2万多农户户均增收1 800元以上。

2. 帮扶方式多元。广大民营企业家围绕产业扶贫、就业扶贫、公益扶贫，创新了很多精准扶贫的模式。

（1）产业扶贫。广大民营企业按照精准扶贫的新要求，将合作对象向建档立卡贫困户倾斜，结合结对村的资源禀赋因地制宜，通过流转土地、集中整治、打造产业、反租倒包、就地就业等方式，提升农业生产效率，帮助和带动贫困户脱贫增收。同时，根据精准脱贫阶段的新形势新特点，创新了不少帮扶模式。

能人大户带动模式。福耀玻璃工业集团股份有限公司通过河仁慈善基金会与福建、湖北、贵州的7县（市）32个贫困村签订“联村帮扶”协议，2016～2018年，将捐赠9 000万元，通过与当地能人大户合资成立合作社，支持贫困村实施一批发展生产脱贫项目，带动建档立卡贫困户脱贫增收。

金融机构助推模式。湖北名羊农业科技公司在湖北省罗田县打造山羊特色养殖业，以企业为平台，政府出政策（贴息），银行向贫困户放贷款，保险机构提供保险，公司提供技术服务并负责市场销售，带动全县近2 000多户贫困户通过养羊脱贫。

专项扶贫资金入股模式。江西井祥菌草科技有限公司，帮助井冈山市厦坪村组建连心食用菌种植合作社，将该村贫困户全部吸收为社员，财政专项扶贫资金帮助合作社建设大棚，公司负责提供菌种、技术服务和保护价回收产品，贫困户既可以从合作社分红又可以参与生产获得劳务收入，掌握种菌技能后可以自已在家种植，户均可实现年增收1万元以上。

电商扶贫模式。四川天泰集团利用旗下食哈哈电商平台，在绵阳市的65个贫困村建立村级服务点，教授贫困户电子商务知识，包装特色农产品提升附加值，通过互联网解决销路问题。苏宁集团计划在苏宁易购电商平台上线100家“地方特色馆”，未来三年建设100家苏宁易购直营店或服务站，促进农副产品、民族手工艺品等上网、进城。京东集团选择200个贫困县作为电商扶贫示范县，瞄准建档立卡贫困人口精准发力，预计带动200万建档立卡贫困人口实现稳定脱贫。

（2）就业扶贫。山东东海伟业集团，在贵州省织金县投资建厂，吸纳周边1 400多建档立卡贫困人口就业，每月工资不低于2 000元，实现“一人就业全家脱贫”。京东集团结合自身发展需要，计划“十三五”期间每年吸纳2万名建档立卡贫困人口就业，五年累计帮扶10万名贫困人口通过转移就业实现脱贫。

（3）公益扶贫。许多工业企业因自身产业难以与“三农”直接结合，往往选择公益捐赠的形式参与行动。

中国泛海集团发起了“泛海助学行动”，计划从2016年至2020年，捐赠15亿元资助30万名大学生，在山东、湖北、广西、重庆、贵州、陕西6省份，每年分别捐赠5 000万元，资助1万名建档立卡贫困家庭的应届高考大学新生。

陕西宇田石油工程有限公司，返乡帮扶定边县朱尔庄村，投资2 000多万元为60户村民新建住宅、修建通村水泥路、绿化村组道路、新建村两委办公场所，安装太阳能路灯、建设文化活动广场。福耀玻璃工业集团股份有限公司为结对帮扶的32个贫困村因病、因灾、因残致贫人口每人购买一份防病防灾保险。

（四）存在问题

1. 推进不平衡。调研发现，省份之间尤其是市县之间依然存在重视程度、推进力度不均现象。凡是党委政府主要领导作批示或者亲自参与启动仪式的地区，民营企业的参与积极性更高，行动推进的相对比较扎实。有的地方党委政府主要领导仅仅将行动视为工商联、扶贫办和光彩会三家单位的活动，关心指导不够，往往造成企业参与的积极性相对较低。另外，虽然此次调研没有涉及东部发达地区，但依然能够发现，贫困程度越深的地区，党委政府和民营企业越重视扶贫，行动开展的越好，而相对较好的地区，一方面对精准扶贫重视不够，另一方面对行动的推进停留在表面，还没能形成东部帮西部全国一盘棋、上下一条心的局面。

2. 认识不到位。一是地方党委政府对行动的认识不准确。有些地方在推进行动中依然沿用招商引资的惯性思维，希望工商联、光彩会帮助引进大企业、大项目，发展区域经济，增加财政收入，或者希望民营企业效仿恒大集团、万达集团的帮扶模式，开展整县整村包干推进，使民营企业畏而却步。二是地方工商联、扶贫办和光彩会对行动理解不全面。有些工商联、扶贫办、光彩会习惯沿用引导民营企业参与社会主义新农村建设、区域扶贫开发活动的老经验、老办法，引导企业帮的是一般农村一般农户，没能引导企业将帮扶力量聚焦到建档立卡贫困村、贫困户身上。三是有的民营企业家对行动认识有偏差。有的企业认为签约结对帮扶就意味着要包干扶贫，需要承担法律责任，不敢签帮扶协议；还有的企业认为发展产业、吸纳就业、帮助贫困群众建立脱贫长效机制的扶贫项目太麻烦，宁愿通过捐资助学、修路搭桥等更省事易公开的方式开展帮扶。

3. 政策难落地。一是宣传不到位。比如《中共中央国务院关于打赢脱贫攻坚战的决定》（以下简称《决定》）中明确提出“吸纳农村贫困人口就业的企业，按规定享受税收优惠、职业培训补贴等就业支持政策”。调研中，大部分民营企业不了解这方面的政策，调研所到企业没有一家享受过相关补贴。二是政策不落地。比如《决定》中提出，鼓励引导各类金融机构加大扶贫开发的金融支持，增加贫困地区信贷投放，但地方未能及时出台具体的实施规定，严格按照抵押、担保风险防控体系对企业融资进行审核，由于在贫困村的帮扶项目基本上没有土地证，地面附着物无法抵押，使得很多参与村企帮扶的企业在融资方面依旧困难重重，求助无门，享受不到扶贫再贷款和优惠贴息贷款等政策性金融支持。三是政策难获得。调研中民营企业普遍反映，国家关于公益捐赠税前扣除资格的规定不易操作，无论捐赠金额大小，都需要通过政府部门或有资质的基金会转赠，捐赠给基层政府后，往往被“整合、打包”与政府扶贫资金一起使用，企业不情愿，同时还需要提供收据、完税证明等要件，程序复杂耗时耗力，企业往往难以或不愿自证，没能达到预期的激励目的。

4. 合力未形成。行动的本意在于构建政府、市场、社会协同推进的大扶贫格局，帮助贫困地区建立脱贫长效机制，形成政府扶贫与社会扶贫的合力。但调研中发现：一是存在专项扶贫与企业社会扶贫各自为政、整合不够的问题。不少扶贫部门干部反映，由于政府涉农部门较多，扶贫专项资金往往“戴帽”下来，投入分散，很难与民营企业的扶贫资源进行有效整合以发挥更大效应。二是存在政府承担的扶贫任务转给民营企业的现象。有的地方党委政府在引导民营企业参与结对帮扶中，仍将易地搬迁、交通水利、医疗教育等基础设施建设任务转给民营企业，导致企业的思想负担和经济负担过重，影响了参与行动的积极性。三是基层干部在政策把握上有顾虑。调研中不少基层扶贫干部反映，知道民营企业参与扶贫是做贡献，也看到企业扶贫的效果很好，愿意从政策上给予扶持帮助，尽管国务院下发文件允许贫困县整合涉农资金，但将政府的钱用到民营企业的项目上，一方面怕群众不理解，另一方面哪些企业能帮、哪种项目能帮、能帮多少都没有清晰界定，担心审计时“说不清”。

5. 贫困群众脱贫内生动力不足。调研中不少基层干部和企业家反映，一些贫困群众依然存在“等靠要”的依赖思想，认为民营企业的“大老板”来了就该给钱给物，让他们家立刻“旧貌换新颜”。同时怕承担风险，不愿参与产业扶贫项目。个别贫困地区，甚至存在争当贫困户，怕脱了贫就没人帮了，不愿尽快脱贫的现象。安徽天方茶业集团结对帮扶石台县莲花山村，拟通过流转土地、组建股份合作制公司吸收贫困户以茶山入股的形式参与行动，按照规划可带动贫困户人均年增收3 000元，但在项目推进过程中，企业反映有不少贫困户认为“凭什么让企业用我的地赚钱”，宁愿让自己的茶山荒着也不愿入股，企业原定打造的连片茶产业旅游项目也因此推进缓慢。

（五）下一步工作建议

1. 传达学习习近平总书记在东西部扶贫协作座谈会上的重要讲话精神。组织“万企帮万村”精准扶贫行动各级领导小组传达学习习近平总书记在东西部扶贫协作座谈会上的重要讲话精神，与非公有制经济人士理想信念教育实践活动有效结合，使广大民营企业家进一步增强参与脱贫攻坚战的使命感、紧迫感、荣誉感，动员更多的东部地区民营企业，依托“万企帮万村”精准扶贫行动，积极参与东西部扶贫协作，与对口扶贫协作的西部地区贫困村结对帮扶。

2. 召开交流推进会。为总结行动阶段性成效，交流研讨行动的组织推动和企业的帮扶举措上取得的初步经验，建议今年10月，以国务院扶贫开发领导小组名义召开“万企帮万村”精准扶贫行动交流推进会，邀请汪洋副总理出席会议并做重要讲话，进一步指导推进行动深入开展。

3. 加大政策支持力度。为促进专项扶贫、行业扶贫和企业扶贫互为补充形成合力，地方党委政府应主动为民营企业实施帮扶项目做好水电路气等基础设施配套，帮助企业解决土地流转等实际困难和问题；针对民营企业开展贫困户培训以及吸纳贫困家庭劳动力就业的社保负担，地方政府应尽快出台相关优惠政策的细化方案；应推动《中共中央国务院关于打赢脱贫攻坚战的决定》相关政策尽快落地落细，加大宣传力度，降低申请门槛，简化审核程序，提高政策获得的便捷性。

贷款难贷款贵，在贫困村的帮扶项目难以获得贷款支持，是调研中企业反映最集中的问题。建议各地从扶贫再贷款、扶贫贷款贴息总额度中，列支一定比例，专项用于支持参与行动的民营企业；对企业在贫困村实施精准扶贫产业项目所投入的资金，应等额或按比例置换为信用贷款额度，实现金融资源向精准扶贫的转移支付。

4. 大力宣传表扬。为讲好中国扶贫故事传递民营企业的正能量，应加大主流媒体对行动的宣传力度，特别是对典型案例、先进事迹的个案宣传，为广大民营企业树立一批可学可比可借鉴的榜样，示范带动更多民营企业参与到行动中来；要加大对民营企业参与脱贫攻坚的表彰表扬，在各级的扶贫专项表彰中，增加针对民营企业的表彰比例；建议以国务院扶贫开发领导小组名义，对行动中做出突出贡献的民营企业每年通报表扬，充分激发民营企业的参与热情。

附件

各省（区、市）结对帮扶数统计

（截至 2016 年 5 月 20 日）

省（区、市）	结对企业数	结对村数
河北	890	890
山西	41	83
内蒙古	97	97
辽宁	1 161	1 161
吉林	121	121
黑龙江	227	46
安徽	779	779
福建	439	401
江西	1 382	1 382
山东	1 038	1 038
河南	1 035	1 010
湖北	1 280	1 280
湖南	2 100	2 100
广东	261	238
广西	3 390	3 382
海南	70	48
重庆	1 049	871
四川	1 273	1 318
贵州	1 899	1 899
云南	386	386
西藏	113	113
陕西	440	440
甘肃	1 456	1 255
青海	188	188
宁夏	66	31
新疆	630	630
新疆生产建设兵团	211	72
合计	22 022	21 259

关于全国工商联代表团赴沙特、阿曼、巴林出访情况的报告

应海湾合作委员会国家商工联合会、阿曼工商会、巴林经济发展委员会的邀请，以中央统战部副部长，全国工商联党组书记、常务副主席全哲洙为团长的全国工商联代表团，于2016年4月20日至29日圆满完成对沙特、阿曼和巴林三国的出访任务。此次出访旨在深入贯彻落实习近平总书记在全国政协十二届四次会议民建、工商联界委员联组会上的重要讲话精神和就"一带一路"建设做出的一系列指示要求，落实习近平总书记今年1月出访中东时取得的重大成果，考察了解中东投资环境和民营企业在三国"走出去"的现状和问题，深化与三国政府相关部门、商会和企业间的交流与合作，拓展民营企业参与三国在能源、基础设施、工业园区建设和产业投资领域开展优势产能合作的渠道，进一步推动民营企业深度参与"一带一路"建设。

（一）出访的基本情况和主要收获

访问期间，全哲洙分别会见了沙特图尔基·本·阿卜杜拉·阿萨德亲王、巴林王国副首相谢赫·哈利德·本·阿卜杜拉·阿勒哈里发，以及阿曼商工部、阿曼商工会、阿曼投资促进和出口发展署、巴林经济发展委员会、巴林工商旅游部、巴林工商会等政府部门和商会的负责人，就加强双边经贸合作，推动务实、互惠、共赢发展进行了深入交流与探讨。代表团还分别拜会了中国驻沙特、阿曼和巴林大使馆，在三国召开了中资企业座谈会，先后调研了沙特苏戴尔工业园、中兴通讯沙特代表处、中国铁建沙特分公司承建的沙特内政部军营项目、北京江河创建集团沙特阿卜杜拉国王金融区和王国大学城幕墙项目、华为（阿曼）公司、杜库姆经济特区管委会、马斯喀特知识绿洲IT产业园、华为中东地区总部和巴林代表处、巴林龙城（中国商品城）、巴林国际投资园区，深入了解中资企业在三国的生产经营情况、融入当地社会的经验做法、遇到的困难和问题，以及对中国企业"走出去"参与"一带一路"建设的意见建议。沙特图尔基亲王、巴林王国副首相谢赫·哈利德在与代表团会谈时表示，中国国家主席习近平提出的"一带一路"倡议充满了智慧，他们非常希望与中国开展各个领域的合作，也非常欢迎中国企业前来投资。

一是全面提升双边关系，为民营企业赴中东投资合作奠定了坚实基础。在2014年6月5日召开的"中阿合作论坛"第六届部长级会议上，习近平总书记明确提出中阿要在"一带一路"框架下构建"1+2+3"的合作格局。今年1月习近平总书记出访中东三国，既为中东发展注入新动力，又有力提升了我国在该地区的亲和力和影响力，为我国企业开辟中东市场创造了有利条件。

二是中东地区"向东看"政策与我"一带一路"倡议有效对接。中国的"一带一路"倡议与中东国家"向东看"的

发展思路吻合，反映了中国同中东国家的双向需求。沙特、阿曼和巴林位于“一带一路”向西发展的重要支点，与中国关系一贯友好，可辐射中东3亿、海湾4 000万人口市场。

三是当前民营企业“走出去”投资发展进入加快阶段与阿拉伯国家经济转型时期需要大量引资相契合。近几年，我国对外投资呈高增长态势，2015年非金融类对外投资同比增长14.7%，今年1－4月同比增长大幅提升到71.8%，我国企业已经进入加快“走出去”发展的新阶段，其中民营企业已经成为“走出去”的重要力量。这次出访的三国加快了经济结构改革步伐和经济多元化转型。三国对中国的产业合作需求，正与民营企业在传统制造业和一部分中高端制造业的优势产能形成互补，如能与中东的能源、投融资领域优势相结合，将有助于推动双方经济转型升级。

（二）民营企业在三国投资发展的主要做法

在三国投资的中资企业虽然数量不是很多，但也积累了不少好的经验和做法。

1. 通过投资建厂实现产业转移，规避贸易壁垒，赢得竞争优势。在国内制造业成本不断攀升，产能过剩，市场竞争日趋激烈的形势下，选择在沙特建厂，既可降低成本，又可实现产业转移产能合作。番禺珠江钢管有限公司是一家专注于大口径石油、天然气输送用直缝焊管生产的龙头企业。2013年4月，该公司与沙特阿布哈迪·阿卜杜拉·艾尔－高赫塔尼父子公司在达曼成立了生产、销售直缝埋弧焊管和高频电阻焊管的合资公司，总投资2亿美元，2015年6月正式投产，计划年生产能力为50万吨。这种钢管是耗材，在使用30到35年后必须更换。沙特很多管线都建于20世纪70年代，目前更换管线的需求较大，预计未来5年采购量为300多万吨。该企业制造钢管的钢材大部分采购于国内，采购后向沙特工厂供货、加工。值得一提的是，沙特政府鼓励承包型企业在当地采购包括钢管、幕墙、钢筋、水泥等材料，并给予生产型企业直接投资优惠政策。温州星德投资有限公司在沙特成立了沙特精美工业公司，并在沙特苏戴尔工业园区开办了生产瓷砖的工厂，厂房10万平米，精美工业公司占80%的股份。他们引进中国先进的陶瓷工艺和技术，集研发、生产、营销和服务为一体，努力打造沙特最大的陶瓷生产基地。公司投产后预计日产量三万平方，年利润增幅将达30%，比在中国的利润高一倍多，同时避免从中国进口需缴纳12%的关税。此外，他们生产的瓷砖除满足沙特本地需求外，还销往巴林、卡塔尔和科威特等海合会成员国，既规避了关税，又享受了沙特当地对直接投资企业的优惠政策。

2. 通过提供高品质产品和服务，成为政府、运营商、客户不可替代的战略合作伙伴。多年来，许多中东国家已经形成对欧美产品、设计的依赖心理和惯性需求，坚持欧美标准。针对中东国家设置的高技术门槛，通过十几年的努力，中资企业从改进服务入手，不断提升项目的交付能力、合同的履约能力，突破了一个个客户群，积累了品牌效益，以及时高效的服务增强了与西方国家的市场竞争力。华为分别于1999年、2000年、2004年进入沙特、阿曼、巴林市场，包括外籍员工在内分别有员工1 000人、360人、120人。华为公司的战略定位是国家层面的信息通信技术规划师，战略目标是成为政府、运营商和客户不可替代的战略合作伙伴。为达到这个目标，华为一是通过与当地电信监管机构、交通通信部门合作，进行深度交流，将华为的先进技术理念引入当地产业政策制定之中，通过展示华为核心价值，争取得到当地政府部门支持。随着沙特通信网络技术的发展，沙特政府加大对国内农村通信网络项目的投资，华为公司抓住机遇，在政府部门的支持下，成为该项目的承建单位，截至目前，已连续11年承建该项目。二是助力运营商转型。目前三国运营商的传统业务收入已基本达到“天花板”，面临从传统模式向新模式转型问题。华为公司通过带给客户新产品、精品网项的用户体验，帮助客户解决技术难题等方式成为客户不可替代的合作伙伴。沙特每年都有三四百万人聚集在一起参加朝觐活动，以往其他厂家的设备承受不了朝觐期间高话务量的冲击，出现瘫机现象。华为通过与沙特电信合作，攻破了这个难题，成功保障了朝觐期间通信网络的正常使用。迄今为止华为已连续11年提供朝觐期间的通信网络保障服务。沙特电信、阿联酋投资的Mobily和科威特投资的Zain这三大运营商到现在为止都是华为非常重要的合作伙伴。沙特2/3人口每天使用华为公司的通信网络，数据流量高于中国移动流量。阿卜杜拉国王金融区是沙特国王阿卜杜拉登基以来重点打造的国际化金融区。2010年6月，北京江河创建集团承建的资本市场管理局大楼玻璃幕墙项目高385米，是阿卜杜拉国王金融区最高的核心地标项目。该集团为增加产品的精度和质量，把工地安装幕墙的烦琐工序转移到国内工厂进行集约化生产，产品海运到沙特，以确保单元板块的幕墙精度、水密性能和气密性能。同时他们利用利雅得光照充足的地理优势，设计光伏幕墙系统，每年将产生3.5万千瓦电能，成为中东地区大型商业建筑光伏应用示范工程，引领了沙特地区建筑光伏节能应用潮流。

3. 通过品牌宣传、培养代理商，成功进军中东市场，企业获取更大发展空间。三一集团作为中国工程机械制造商，积极实施品牌化国际战略，拓展三一产品在中东的销售市场。该集团2003年进入沙特市场，在销售中聚焦高质量产品，注重培养代理商对三一集团品牌的认可度、忠诚度，与代理商建立起长期互相依赖，相互看好未来的业务关系；注重提升代理商对客户的服务能力和营销渠道建设，帮助代理商将所代理的三一集团产品成为主营业务，将主要精力放在代理三一集团产品上，取得很好成效。目前GLOBEMOTORS，ALJOMAIH和ALAREEDAH等三家代理商分别代理其港口设备、挖掘机和起重机。三一集团在中东地区销售业绩增长平稳，2015年在沙特销售收入达1.5亿美元。

4. 通过园区建设，聚集中小企业发展。三国的经济特区、工业园区有较好的优惠政策，招商引资力度较大，对中国企业是很好的机遇。在沙特政府规划的六大经济城、35座已建成和在建工业城、两个专属工业区内，外商直接投资可享受政府提供的更为优惠的地区性投资优惠待遇，能够获得包括廉价能源供应、廉价项目用地、优惠劳工措施、减免企业所得税、免除原材料及设备进口关税等在内的一系列优惠措施，并自2015年9月起，允许外资企业成立100%全资公司从事经营。阿曼全境遍布工业区，目前正重点打造苏哈尔自贸区、马斯喀特、杜库姆、萨拉拉港物流网线布局，特别是大力推进杜库姆经济特区的建设和招商，有望于2016年开始在经济特区执行100%外资设立公司、进出口无关税、企业经营利润可以自由汇出、五年期免除企业营业税，之后每五年延续等优惠政策。巴林不设立自由免税区，在全国各地包括工业园区执行在97%的行业外资企业可以享有100%所有权，无需缴纳企业所得税、个人所得税、增值税和资本利得税等投资优惠政策，且对调回资本、利润或红利无任何限制。

目前，中国企业主要集中在阿曼的杜古姆经济特区和巴林龙城。阿曼的杜古姆经济特区位于阿曼中部省的东南部，占地面积1 777平方公里，海岸线长80公里，相当于部级政府机构。杜古姆特区管理局全面负责杜古姆经济特区的总体规划、法规制定、招商引资、项目建设和运营管理，为入园企业提供公用、基础设施和一站式服务。2015年9月，宁夏回族自治区政府同杜古姆经济特区管委会达成协议，组织企业在该经济特区内建中阿产业园，占地面积12平方公里，目前已有16家企业拟投资入驻，总投资300亿元。巴林龙城由巴林迪亚公司投资3亿美元填海建造，占地10万平方米，由中国中东投资贸易有限公司在巴林的全资子公司巴林龙城管理公司策划、招商和运营。巴林龙城管理公司为入园企业提供一系列包括贸易融资服务和其他类别的增值服务，与当地政府签署了包括所有龙城入驻企业拥有100%贸易公司的所有权等协定。自2015年12月27日投入使用以来，已入驻500家企业。巴林龙城集转口贸易、批发和零售为一体，初期以零售带动批发，未来将辐射到沙特、科威特、卡塔尔等中东地区，是帮助中国中小民营企业有组织、抱团“走出去”的平台。

5. 通过注重当地宗教习俗、实行本土化和履行社会责任，树立中国企业的良好形象。在实地调研中兴通讯沙特公司时，代表团看到该公司专为沙特女员工设立独立办公区。公司负责人胡兴介绍说，公司尊重当地风俗习惯，注重保证当地员工工作期间的祈祷时间。山东科瑞集团阿曼分公司是一家以大型钻井设备、抽油机、高端井口及采油树等石油设备的销售和服务为主的民营企业。2010年进入阿曼，努力推行本地化战略，不仅注重雇用当地员工，还注意给他们提供技术含量高的工作岗位。该公司现有25名员工中阿曼籍员工7名，其中3名为高管，他们在资源、行业背景上具有优势，更容易被当地企业所认可。特别是在该公司进行投标时，都会成为加分项。2013年，公司完成了3套1 500马力陆地钻机和1台2 000马力陆地钻机的销售合同，累计实现销售额4.2亿元人民币。2014年，公司销售了5套1 000马力陆地钻机，销售额突破5亿元人民币。公司在交付每一套设备前，免费把阿曼员工送到中国进行为期两个月的培训，共培训了200人次的阿曼员工。华为阿曼公司重视员工本土化率，当地员工占比28%。公司还支持当地举办一些公益活动，2014年支持阿曼电信奥林匹克运动会，与阿曼学生会组织“微笑希望”活动；2015年举办业务学术论坛等，充分展现了中国企业对外投资中的良好形象。

（三）中国企业在三国投资存在的困难和问题

从此次出访情况来看，中资企业尽管在开拓三国市场方面取得了一定进展，但也面临不少困难和问题。

1. 技术标准和市场准入仍是最大壁垒。长期以来中东一些国家经济和市场受欧美影响很大，习惯于欧美的高标准、高门槛、高服务，由此带来了一系列标准认证、资质认定、业绩认定、长期服务认定方面的问题，按照欧美的生产制定和管理运营规范，中国的技术和标准存在对标问题，较难挤进中东市场，使准入问题成为直接的壁垒。如沙特政府对国外承包商和投资者设置了严格的技术壁垒，制定了资格预审制度，中国企业较难通过。中国土木集团在沙特承建的铁路和市政项目，在永久性工程材料使用方面遭遇贸易壁垒，沙方不认可中国的工程材料，对中国产品和服务的认可度都较低。山东电力建设第二、第三工程公司在沙特总承包的电站项目，根据业主阿美石油公司的要求，所有的设备主机和主要工程材料只能选择欧美标准和欧美厂家，而能够进入合格供应商名单的中国厂商寥寥无几。新疆特变电工公司在特高压技术方面世界领先，在与三国能源、电力大型企业和政府有关部门进行对接后，发现当地有巨大的市场需求和空间，但企业很难拿到当地的标准认证和资质认证。

2. 不同形式的保护主义仍较严重。由于全球经济复苏乏力，保护主义不同形式变本加厉，推进国际产能合作也面临严峻的政策风险、市场风险，特别是签证难、用工难问题十分突出。从对外资企业监管看，沙特对企业劳动力管理严格，通过《劳工法》严格约束企业的用工行为，保障劳工权利，根据不同行业，要求沙化率从 10% 到 60% 不等，不达标的企业无法办理政府相关手续。还通过《环境法》等对企业环保水平进行约束。在阿曼，阿曼籍员工的雇佣比例还要高过沙特，石油上游企业的阿曼籍员工雇佣比例要达到 90% 以上，工程服务公司也要达到 80%，最低的建筑类企业也要达到 35%，高科技企业要达到 25%，但阿曼员工的职业素质和专业技能普遍不高，这对投资企业的属地化和经营管理是很大困扰。三国中资企业普遍反映，其使用本地员工比例是否达到规定标准，往往与国内派出员工的签证发放挂钩。由于所在国宗教和文化习俗与中国存在较大差异原因，当地员工不适应外国公司的管理模式，工作时间无法保证，或者来公司光拿钱不干活，多数属于“吃空饷”，而中东国家对于雇用当地员工一般都有最低工资要求，无形中增加了人工成本。

3. 政策预期波动和政策执行尚有一定风险。受石油价格暴跌影响，中东国家普遍财政收入锐减，赤字率大幅上升，投资乏力，政策预期开始出现不明朗。有关税收优惠和配套融资有的难以兑现，工程款支付不到位，项目发包收紧。中东国家尤为不愿意提供主权担保，给一些计划中的重要合作项目制造了困难，也可能导致项目需要更长时间才能盈利。如海默科技阿曼有限公司是一家为石油天然气上游工业的客户提供多相计量整体解决方案的公司，受石油行业不景气的影响，客户服务量缩减，直接导致收入降低；中国铁建在沙特承建的内政部军营项目因为沙方工程预付款迟迟未到，导致项目开工延迟，影响收益；山东电力建设在沙特原来规划建设的电站项目不断推迟，2016 年部分项目甚至取消。此外，中东国家虽然为应对当前经济形势而制定了经济转型政策，但缺乏具体执行政策的能力、准备和经验，以致有些政策无法落地。水、电、油、运成本以及生活成本也有上升趋势。以巴林为例，汽油价格今年上涨了 60%，折算人民币由 1 元涨到 1.6 元；工业用电由每度 0.39 元涨到 0.49 元；天然气价格每年上涨 1.6 元；单次入境签证费由 85 元提高到 425 元。

4. 企业“走出去”还缺乏资源上的配套与整合。访问中发现，在中东的中资企业较少，国有企业和大型民营企业大多以合作项目、工程承包、基础设施建设为主，民营中小企业以贸易类为主，呈现单打独斗、小而散状态，没有形成规模效应。国内产能过剩的结构性矛盾增强了一些企业“走出去”的紧迫性，在海外市场的恶性竞争拉低了中国企业的整体盈利水平。项目盈利能力差导致企业缺乏融入当地社会、履行社会责任的积极性。此外，由于国内劳动力成本的迅速上升以及人民币升值，市场议价能力降低。人民币的国际结算程度还不能覆盖中东区域，项目过程中的流动资金短缺需要国内母公司的贷款支持，进入中东国家需要通过美元兑换，造成资金使用成本的上升。2016年比2015年上升了5%左右。国际人才匮乏、国际融资能力低也已成为制约企业“走出去”的突出问题。

5. 签证难的问题突出，影响企业经营。工作签证是所有进入沙特企业都面临的最大问题。番禺珠江钢管有限公司于2014年1月开始申请工作签证，16个月后才得到批准。主要原因一是需要逐级申请，每一级都要求提供、更新和补充申请材料，有时还会遇到经办人度假，无人经办的问题；二是电子系统不成熟，资料录入系统后，经常遇到系统无缘无故锁上的问题，需要逐个部门查找被锁原因。导致真正申请程序的时间不长，但拖的时间太长。沙特精美工业有限公司反映，在建设过程中需要中国技术工人过来，但厂建好之前，沙特不给工人工作签证。技术工人需要工作三五个月，但两个月一定要回国再申请签证，很麻烦。而商务签证有效期为一个月，只能续签一个月。阿拉伯时代塑料厂、华为沙特公司等也同样遇到签证问题。阿曼杜古姆特区中阿产业园、山东科瑞集团阿曼分公司反映，签证周期很长，一方面阿曼审核时间长，特别是对女性审核时间很长；另一方面中国政府要求出境时必须在阿曼使馆做一个认证，海关才放行。

（四）几点建议

国内企业对中东地区普遍不是很了解，而这一地区对于“走出去”的企业是一片亟待开拓的洼地，为此建议：

1. 加强顶层设计，加快研究中国企业进入中东市场的步骤和布局。一是结合我国对阿拉伯国家政策文件提出的“1+2+3”战略格局，特别是结合“十三五”期间供给侧结构性改革和深入推进国际产能合作的重点任务，利用中东国家对扩大基建投资需求强烈的机遇，重点布局优势产能合作和工业园区建设，推出高端产能合作、高端装备和高端服务，抢占制高点，在中东地区谋篇布局。二是加快推进中国—海合会自由贸易区谈判，尽早建成中国—海合会自由贸易区。发挥好亚洲基础设施投资银行在中国企业参与国际产能和装备制造合作项目中的金融支持作用。

2. 加大宣传和支持力度，为民营企业参与国际产能合作提供舆论和政策支持。一是利用高层访问、经贸谈判、展览展会等多种机会宣传中国技术、中国标准，宣传民营企业的优势产能和装备水平。同时针对中东市场的高标准、高门槛、高服务特点，培育中国制造业和生产性服务业企业走中高端路线，改变中国企业“走出去”重建设、轻运营、赚快钱的做法。二是将有优势的大型民营企业纳入国家推进国际产能和装备制造合作的领军企业储备，将民营企业开展和拟开展的国际产能和装备制造合作项目纳入国家项目库，在推进“一带一路”建设重点项目实施滚动方案中注意吸收民营企业重大项目。三是要全面宣传中东地区的政策和环境，改变人们对中东国家战火频仍的习惯认识。

3. 进一步畅通民营企业“走出去”便利化服务渠道。一是外交部、商务部等部门在我推进产能合作的重点国家和地区，应进一步加大与相关国家商签针对持用因私护照人员的互免签证或简化签证手续协议力度，通过商签合作备忘录、建立签证直通车等方式，尽可能给予对外投资合作中的管理人员和劳务人员办理商务签证或工作签证提供便利，解决签证难、劳务难问题。二是从政策上鼓励和支持有资质的国内中介服务机构在海外设立分支，开展海外业务，与我驻海外使领馆一道，整合投资线索和风险信息，为中国企业进入当地市场提供咨询、运营、维权等服务。

4. 重视发挥工商联和商会组织服务企业“走出去”的民间外交作用。加强外交部与全国工商联的工作联系，进一步疏通民营企业与我驻外使领馆的联系渠道，使我驻外机构及时了解掌握民营企业在外投资发展动态。一是要鼓励支持中资企业规范组建商会组织，注重发挥中资商会的作用。二是支持工商联加强与我驻外使领馆经商处建立直接联系机制，及时获取中东地区经济规划和政策调整信息、国别信息和产业指导目录，了解投资机会及投资风险。三是支持工商联加强与包括中东国家在内的“一带一路”沿线国家商会组织和驻华使馆、商务机构的联系，充分发挥工商联民间外交优势和组织、企业资源优势，实现市场和商机的对接，发挥好桥梁纽带作用。

全国工商联代表团赴德国、英国、荷兰出访报告

应德国工商大会、英国工业联合会、荷兰雇主协会的邀请，以全国政协副主席、全国工商联主席王钦敏为团长的全国工商联代表团，于2016年6月1日至10日圆满完成对德国、英国和荷兰三国的访问。此次出访旨在落实习近平主席访欧成果，加深与德国、英国和荷兰三国相关政府机构和商会组织的联系，考察中国民营企业海外投资发展和境外工业园区情况，推动中欧制造业创新合作，聚集优势资源，助推民营企业转型升级。

（一）出访的基本情况

访问期间，代表团出席了由英国中华总商会主办的以“投·创未来——全球产业整合新时代”为主题的第二届中英企业家峰会。王钦敏主席在开幕式致辞中表示，中英两国作为新兴经济体和发达经济体的代表，合作基础好、潜力大，要在推动全球经济稳定均衡和可持续发展中发挥示范引领作用，希望两国工商界珍惜来之不易的良好发展机遇，不断开拓企业间、行业间合作的新领域，通过沟通对话了解彼此诉求，解决合作中的分歧，共同抵制各种形式的贸易保护主义，实现共同利益的最大化。英国工业联合会主席保罗·德雷克斯勒、英国东亚委员会主席罗恩·丹尼斯在中英企业家峰会交流时也表示，当前英中两国都将创新、技术驱动确定为基础增长动力，两国企业要抓住英中关系进入“黄金时代”的机遇，加强产业间的互补融合，实现合作共赢。峰会还安排了产融合作—产业革命中的资本力量、新经济时代下的消费升级探索、金融的创新与合作、“中国制造2025”与“英国制造2050”——技术革命与制造业升级等专题讨论。

在三国访问期间，王钦敏分别会见了德国联邦经济和能源部国务秘书马蒂亚斯·马赫尼希、英国迈克尔亲王、荷兰外贸与发展合作大臣莉莉安娜·普璐曼等，

以及德国工商大会、德国北威州州政府、德国勃兰登堡州州政府、英中贸易协会、荷兰经济部、荷兰雇主协会等政府部门和商会组织的负责人，就加强双边经贸合作，推动务实、互惠、共赢发展进行了深入交流与探讨。代表团还分别拜会了中国驻德国、英国、荷兰大使馆和中国驻德国杜塞尔多夫总领事馆，在三国分别召开了中资企业座谈会，深入了解企业的生产经营情况、融入当地社会的经验、遇到的主要问题，以及大家对中国企业“走出去”及参与“一带一路”建设的意见建议。为深入了解和研究欧洲企业与中资企业合作情况及中资企业在三国投资发展情况，代表团先后调研了华为欧洲总公司、正泰集团德国太阳能工厂、三一重工欧洲产业园、吉利英伦出租车公司、永泰集团考普莱装配有限公司、英国普罗派乐卫视、迈凯伦全球技术中心、三胞集团弗莱莎百货及哈姆雷斯玩具店等。

代表团通过此次出访，有以下几方面的体会：

1. 中国与三国关系发展良好为民营企业赴欧投资合作奠定坚实基础。习近平主席于 2014 年 3 月和 2015 年 10 月对德国、荷兰和英国进行了成功访问，推动中国与三国关系迈上新台阶：中德两国将双边关系定位提升为全方位战略伙伴关系，积极推进“中国制造 2025”与德国“工业 4.0”的对接；中英两国领导人共同开启了中英全面战略伙伴关系的“黄金时代”；中荷双方决定共同建立开放务实的全面合作伙伴关系，良好的政治关系为中国与三国企业开展互利共赢的合作创造了有利条件。同时，习近平主席提出的“一带一路”倡议与欧盟的“容克计划”在共建互联互通平台、基础设施建设及联手拓展第三方市场等方面具有高度契合性，通过加强务实合作可以实现多方共赢。代表团此次出访积极推进落实习近平主席访问成果，积极宣传介绍中国民营经济发展情况，并在中欧企业务实合作上进行了实质性推动，搭建中欧企业合作的桥梁，得到了三国政府、商会和工商界的广泛认同和欢迎。英国皇室成员约克公爵安德鲁王子专门接待代表团一行，表现出对于促进中英企业家交流的高度重视。

2. 中国对欧投资合作正处于关键的战略机遇期。当前，中国经济已深度融入全球经济，走国际化道路成为很多中国企业的必然选择。而欧洲金融危机的深层次影响尚未消除，经济缓慢复苏，迫切需要吸引外国投资促进经济发展，对待外资的态度也更加开放。从调研中看，很多中国企业赴欧投资看重的是德国、英国、荷兰具有的技术、研发、品牌和人才优势，通过股权并购获得知识产权，提升企业自身核心竞争力，因此投资并购及技术合作的意愿强烈。欧洲具有科技创新优势，产业结构调整成效也在逐渐显现，低成本海外并购的战略机遇期不可能永远开放，中国民营企业要抓住机会，积极在欧洲开展对制造业和生产性服务业的投资并购和技术合作，促进企业转型升级，形成跨国产业体系。

3. 中国与欧洲都面临家族企业传承问题。欧洲的创新技术绝大多数都是掌握在中小企业手中，一些企业已有一两百年历史，是很多细分领域行业的“隐形冠军”。但是随着劳动力的匮乏，工业人口下降，很多中小家族企业都面临没有继承人的情况，为我国企业在欧投资和并购优质资产提供了机会。代表团在英国考察了考普莱国际控股有限公司，这是一家有 120 余年发展历史的企业，永泰集团董事长尤学中介绍说由于企业原来的所有者去世，子女不愿意接班才收购的。德国北威州州政府联邦、欧洲、媒体事务部部长弗兰兹也表示很多北威州家族企业在第二、第三代都不再由子女继承，原因在于多数德国创业者认为如果子女能力不行、不适合做创业管理，那就宁可卖掉或是聘请职业经理人。

4. 民营企业在“走出去”实践中更加趋于成熟，“走出去”的脚步迈得更加稳健。座谈中许多民营企业不仅反映了对并购后管理团队整合、文化融合方面遇到的问题，还针对问题提出了自己的思考和解决方法。华为公司针对德国媒体“中国威胁论”的报道，于2012年和2014年连续发布《中国与德国—认知与现实》调查报告，对2 600位中德民众进行了问卷调查。调查显示，大多数德国受访者认为德中经济关系的重要性甚至超过德美经济关系，但有不少民众甚至企业界、政治界人士仍对中国企业在德发展疑虑重重，怀疑中方来德的目的是为了“偷走”技术、转移生产并将裁减当地就业岗位，一些相对成功的收并购案例、双方成功的合作经验则未受到充分关注和报道。报告通过翔实的数据对中德之间的文化差距进行了客观分析，对中国企业和产品形象进行了正面舆论宣传，在德国社会引起了较好的反响，很多德国媒体纷纷引用转发报告研究成果，增进了中德之间的相互了解。

（二）民营企业在三国投资发展的主要做法

代表团走访调研了在三国投资的中资企业，主要做法如下。

1. 通过建立海外研发基地，实现产品提质增效。在重型机械领域，欧洲市场占全球市场的近四分之一，但因为欧洲的技术壁垒较高，中国的重型机械产品很难在欧洲打开市场销路。三一集团投资1亿欧元在德国建设欧洲产业园，邀请欧洲的客户、机械操作手试用挖掘机和港口机械设备，根据客户需求进行研发试制，成功研制出“欧版空箱堆高机”等港口机械新产品，不仅符合欧洲CE认证要求，在安全性、操作舒适性、环保方面都有较大提升，顺利打开欧洲市场并辐射周边北非、中东等市场，并将技术带回国内批量生产后推向全球市场。伊利集团于2014年3月与荷兰瓦赫宁根大学签订了合作协议，在荷兰的“食品谷”成立研发中心，与全球乳制品行业的顶尖研究机构开展创新合作，收集欧洲科研院所在营养健康、食品加工技术、新品开发、质量安全、专利保护、法规标准等方面的最新技术和成果，不断开发创新产品，再反向回流到中国市场满足中国本土市场需求，帮助企业站在“巨人的肩膀”向着最具增长力的方向发展。

2. 通过并购海外工厂，规避贸易壁垒。2013年，正泰集团收购德国知名光伏企业Conergy工厂，获取了Conergy公司优质的客户群、包括机器人在内的高度自动化生产线和先进的实验室测试设备。德国工厂生产的高品质太阳能组件产品主要服务于欧洲客户，无需缴纳欧盟的高额关税，不受欧洲对中国大陆生产的太阳能组件进行“双反”的影响，节约了企业成本。借助德国工厂，正泰实现了光伏组件生产的国际化，原本在国内传统流水线上需要上百人作业才能实现的产能，现在只要十来个人就能完成，企业整体智能制造水平也大大提升。同时，正泰还陆续从中国工厂派出技术、生产、信息等方面的员工到德国工厂学习，将德国先进的制造经验引进本土，为智能制造注入新活力。

3. 通过资源整合，提升技术创新能力。2013年，吉利集团以1.1亿元人民币全资收购了伦敦出租车生产商英国锰铜（伦敦出租车有限公司）；2014年又成功收购英国电动车制造商绿宝石汽车公司；2015年3月，吉利集团又投资2.5亿英镑，在考文垂兴建一座集研发和组装为一体的新工厂，生产新一代电动和超低排放的伦敦出租车TX5，这款出租车集中了吉利（中国）、吉利（英国）、吉利沃尔沃、绿宝石等吉利集团最强研发能力进行开发，并使用吉利集团中最高端的供应链进行生产，预计将在2017年上市。在新能源战略的目标定位下，吉利集团将英国出租车旧厂定位于研发和终试、新厂瞄准包括英国在内的第一世界和第二世界市场，同时在浙江义乌投资72亿元人民币建设集汽车核心零部件制造、新能源汽车研发制造及整车生产于一体的汽车产业园，对英国出租车的车身轻量化技术和增程式混动技术进行本地化改造，瞄准第三世界市场推广销售，实现吉利全球资源与全球市场的有效整合。

4. 通过以小并大，实现借力发展。山东永泰集团在转型升级过程中通过靠大树乘凉、找技术发展，实施了“‘走出去’并购”“跨出去合作”和“引进来发展”举措。2013年，永泰并购了英国一家具有120余年发展历史的世界知名汽车的供应商——考普莱国际控股有限公司；2015年又全资收购了日本本田汽车旗下的UYT工厂，并更名为考普莱装配有限公司，通过两次并购与世界知名汽车企业制造商成功“联姻”，完善了汽车配件生产、装配产业链，推动企业实现了技术创新、规模创新和市场扩张。2015年，永泰又将英国先进的技术和质量控制体系、研发成果和市场渠道“嫁接”回国内，在山东东营建成了考普莱中国工厂，产能是考普莱英国的8倍，可实现年产高端汽车车身板件5 400万件，实现了汽车零部件产业制造的“走出去、引进来”转型发展。

5. 通过技术合作，寻求合作共赢。2012年，比亚迪公司开始自主研发适合英国市场的产品，并与伦敦交通局达成了试运行协议。在习近平主席访问英国期间，比亚迪公司与英国最大的客车生产商亚历山大邓尼斯有限公司（ADL）签署了正式的合作协定，计划共同生产纯电动大巴，比亚迪利用核心驱动技术优势提供电池与底盘，ADL制造车身，此次合作的第一个项目是伦敦51台12米单层电动大巴的订单，这也是欧洲最大的电动大巴订单。比亚迪通过技术合作改变了中国企业过去只是输出产品的印象，提升了中国产品的品牌影响力；而与在技术上和品牌上有竞争力的本土公司合作也能帮助比亚迪更快适应当地文化，了解行业规范，拓宽在欧洲的销售渠道。

6. 重视本土化经营管理，积极履行社会责任。调研发现，很多民营企业保持并购企业管理层的稳定性和经营的独立性，避免出现因并购带来的大幅裁员造成企业空心化。三胞集团收购英国最老牌的百货企业House of Fraser后坚持“一个不裁，一个不派”，在国内专门设立对接团队，促进并购企业与母公司的业务融合和共同发展。澳优乳业于2011年出资收购荷兰百年乳企海普诺凯乳业集团，收购四年多来，工厂的荷兰雇员数从155人增加到了398人，同比增长276%人；销售毛利润从7 714万元增加到26 060万元，同比增长237%，获得荷兰政府及当地民众的好感与认同。北威州中资企业协会在德国杜塞尔多夫市遭遇严重飓风灾害后，积极组织会员企业向杜塞市民“爱心植树活动”踊跃认捐，树立了和睦相融、守望相助的中国企业良好形象。

7. 境外中资企业商会为企业提供了交流服务平台，提高了中资企业“走出去”的组织化程度。在驻德国、英国、荷兰使领馆的支持下，三国都已成立中资企业商会，商会在搭建交流平台、反映企业诉求、维护企业合法权益等方面发挥了积极作用。德国北威州中资企业协会成立于2010年6月，理事会常设秘书处设立在杜塞尔多夫市，有专职秘书处负责协会的日常工作，现有会员单位80多家。为促进中资企业与德国政府与工商界的沟通交流，协会与北威州州政府、杜塞尔多夫市政府及机械、钢铁、电子等行业协会建立了定期交流机制，通过反映企业诉求帮助企业解决在德国经营发展中遇到的共性问题；协会还定期邀请会计师事务所、律师事务所、移民局、劳工局、海关、警察局、保险公司等单位为会员举办法律、财税、劳工、海关、安全、保险等各类专题讲座，帮助中国企业更好融入德国社会。自美的集团宣布准备收购德国库卡的消息后，个别德国媒体进行了过度渲染的不实报道，德国政府相关部门也对此进行了政治性干预。对此，德国中国商会专门发布观点性声明，指出本次收购行为是在市场经济条件下正常的企业行为，对欧洲和德国出现的贸易保护主义势头表示担忧，并希望德国政府有关部门尊重市场经济原则，让商业投资行为按市场规律运行，不施加额外的政治影响。

（三）民营企业在三国投资发展遇到的新问题

出访发现，虽然欧洲投资环境、市场条件和法律制度成熟，民营企业在德国、英国、荷兰投资并购规模和数量越来越多、投资影响力也逐渐上升，但是仍存在一些问题，主要有以下方面：

1. 民营企业“走出去”的组织化程度较弱，境外中资商会作用发挥还不够充分。当前一些传统产业遭遇发展瓶颈，希望以发展战略新兴产业为契机，借助并购欧洲资产引领产业转型升级，但一些民营企业并购不是考虑立足本行业向外发展，而是对海外叫得响的著名品牌和热门行业一哄而上，并购后由于本身专业基础不足使企业规模扩张和业绩增长无法达到预期，造成两败俱伤。这也反映出对“走出去”企业的组织性引导不足。目前境外中资商会在政府支持下都已挂牌，但会员还是以国有企业为主，只有个别商会设有专职人员，在协调企业内外关系、推进信息共享、规范行业管理、共同拓展市场、参与国际行业标准、贸易规则制定、提供维权法律服务、跨国人才培养等方面作用发挥还不充分，商会的市场化运作和服务能力还不够成熟。

2. 信息不对称、风险防范缺乏的情况依然存在。欧洲市场虽然是仅次于美国的大市场，但不是一个单一的大市场，是几十个分割的小市场，有各自的法律法规、各自的语言，而民营企业对劳工、环保、人才、文化差异、汇率等方面的风险往往事先准备不足。比如，德国劳动法内容庞杂，涵盖了就业政策、工作条件、社会保障、工资制度以及劳动关系、劳动监督管理等方面。对于解雇雇员也有专门的法律规定，雇佣双方必须在雇佣协议中规定解雇通知期限，最短通知期限为4周，雇员工作年限越长，提前通知的期限越长。北威州中资企业协会会长、五矿集团德国公司副总经理贝学其反映北威州的会员企业在与德国员工签订雇佣合同的时候，都需要把包括工作范围、工作时间、解雇通知期限，甚至什么时间需要向谁汇报工作等细节条款列明在合同上。有一个中资企业的德国员工出现了工作错误，但由于企业对德国劳动法规和文化了解不深入，没有在15天之内给员工发送解雇通知函，在一个月后希望解雇员工时被员工以违反劳动合同为由予以拒绝。

3. 缺乏有效的公关与舆论应对经验。随着中国企业在欧洲投资的持续升温，欧洲各界对中国企业的关注度越来越高，但部分媒体关于中国企业在欧投资的报道却不尽客观。我驻德国使馆和中资企业都反映虽然中国企业在德国并购项目增速较快，但中国对德投资的总量很小，仅相当于德对华投资的1/10。根据德国联邦银行2015年的数据，2013年年末，中国对德直接投资存量仅占德吸引外资总额的0.25%左右，而且与中国对美国、英国和法国的投资相比有较大差距，仅相当于美国在德投资的2.7%，部分德国媒体过分渲染“中国威胁论”对中德经贸合作，尤其是中资企业在德投资带来负面影响。面对舆论风险，很多企业缺乏有效应对的经验和措施，习惯于采取回避、低调的策略，给企业发展造成了不利的影响。安邦保险于2015年收购了荷兰Vivat保险公司，正式进入荷兰保险市场，收购后安邦对Vivat保险公司原来的管理层进行了大刀阔斧的整改，并裁减了部分员工，引发了荷兰媒体的大片质疑之声，纷纷报道“中国人来了大幅裁员”，造成了很大的社会反响，给企业的收购整合造成了很多麻烦。后来安邦保险通过主动跟荷兰金融监管部门、媒体、同业者沟通才消除了影响。

（四）几点建议

1. 积极探索境外中资企业商会发展，提升民营企业“走出去”的组织化程度，增强国际话语权和影响力。境外中资商会是中国企业在西方发达国家建立自己商会组织的尝试，为中国企业加强相互交流、更好地融入当地社会建立了重要平台，也增加了中国企业在欧投资的透明度。鼓励支持有条件的民营企业在驻外使馆和经商处的指导下，按照市场化运作模式牵头成立境外民营企业商会，加强与境外中资企业商会的联系与合作，主动应对欧洲政府贸易保护主义和媒体舆论关于损害中国的不实报道，积极发声传递中国经济发展信心，做好典型案例宣传，使社会各界真正了解中国企业为当地经济发展、增加就业做出的贡献；呼吁中欧双方进一步营造更加公开、透明和可预见的投资环境，共同搭建中欧经贸合作桥梁、投资服务平台和民间化解摩擦的协调通道，推动中欧关系持续、健康、快速发展。

2. 抓住对欧投资并购的关键战略机遇期，引导民营企业加快赴欧投资步伐。当前，世界经济处于产业结构调整的关键时期，科技创新正在推动人类社会生产、生活方式的深刻变革。特别是信息技术和制造技术的融合，大数据、云计算、3D打印、新能源、新材料等技术的重大突破，对制造业生产方式、发展模式带来颠覆性、革命性影响，并将重塑全球制造业发展格局，中国在这场变革中第一次与西方发达国家站在了同一起跑线上。要引导民营企业借助全球产业转移之机主动“走出去”开展并购和技术合作，将国外技术与中国市场和中国制造业完备基础嫁接，嵌入全球产业链中，实现中国制造转型升级和弯道超车。

3. 整合资源，建立合作机制，为“走出去”企业搭建信息沟通平台。建议以德国为试点，支持工商联建立与我驻德国使馆商务处的联系机制，及时获取德国及欧洲重点投资国的政治经济情况、投资政策和项目信息，了解投资机会及投资风险。同时保持与三国政府机构、商会组织、重点企业的工作联系，做好“走出去”民营企业的信息统计和资源整合工作，保持出访成果的后续跟踪，建立常态化的沟通联络机制交流，为促进行业交流和更深层次合作搭建平台。

（联络部）

全国工商联代表团赴俄罗斯、蒙古出访报告

应俄罗斯联邦工商会、蒙古国工商会的邀请，以全国工商联副主席杨启儒为团长的全国工商联代表团，于2016年10月25日至11月1日圆满完成对俄罗斯、蒙古的访问。此次访问旨在更好地引导服务民营企业参与“一带一路”建设，考察两国投资环境、调研市场，有针对性地在基础设施、能源、矿产、林业、农业、旅游、经贸园区建设等领域，寻找合作机会，扩大相互投资，开展跨境产业链合作。

（一）基本情况和主要收获

访问期间，代表团先后会见了俄罗斯斯维尔德洛夫斯克州（简称斯州）副州长瓦列利耶维奇、中乌尔发展公司总经理德米特里、俄罗斯联邦工商会副主席巴达尔克、远东吸引投资和支持出口署署长舍拉哈耶夫；蒙古国雇主联盟执行主席钢巴特尔、能源部部长冈呼、矿业与重工业部部长达希道尔吉；拜会了中国驻俄罗斯、蒙古国大使馆和驻叶卡捷琳堡总领事馆；在俄蒙两国分别召开了中资企业座谈会；先后调研考察了俄罗斯中国商务园区、叶卡捷琳堡中国大市场、力帆俄罗斯公司、莫斯科格林伍德国际贸易中心、新博远公司蒙古国松子加工厂、中铁四局蒙古国残疾儿童康复中心项目工地等企业，达成了一些投资意向，了解了中资企业特别是民营企业对俄、对蒙投资取得的成绩，掌握了投资中存在的主要问题。

1. 发现了一批成功扎根当地发展的中资企业

（1）建设园区，树立中国商品和商人形象。莫斯科格林伍德国际贸易中心是中国在俄联邦及东欧地区规模最大、档次最高、功能最全的中国品牌商品交易平台和园区。2008年9月，位于莫斯科市的八个仓库里存有来自中国的6 000多个货柜的商品被扣，次年6月切尔基佐夫斯基市场被关闭，华商的灰色清关和大市场销售的贸易形式受到了根本的冲击，中国商人形象一落千丈。为维持华商在俄罗斯的市场份额和客户群体，扭转俄罗斯人对中国商品假冒伪劣、中国商人诚信缺失的看法，重塑中国品牌和中国商人形象，格林伍德国际贸易中心项目应运而生。建成以来，园区致力于打造质量高、竞争力强、品牌优的中国形象，坚持做一个项目树立一个品牌，短短几年就重新在俄罗斯为中国企业树立起诚信榜样，积累了丰富的政府资源和客户资源，在激烈的市场竞争中步步为营，赢得了人心。目前，中国银行、华为、海尔、三一等中资企业都在这里设立了办公、展示或售后服务中心。

（2）调整发展战略，通过投资建厂实现海外布局。海隆石油技术服务有限公司是一家专门从事国内外石油工程技术服务的民营企业，其钻具涂层产品于2007年进入俄罗斯市场。海隆公司结合斯州石油资源丰富的特点，主动响应俄罗斯政府的进口替代政策，对公司经营模式进行战略性调整，将此前在俄销售产品转为投资建厂。2012年，公司在斯州成立子公司并建厂兴业。今年7月，海隆俄罗斯公司位于叶卡捷琳堡市的生产线正式投产运

营，采用国际先进标准制造和生产钻杆，以优势产品在俄罗斯市场站稳脚跟，实现了国内国际同步发展的良好局面。

（3）立足自身优势，稳扎稳打求发展。新博远国际贸易有限公司是来自黑龙江的民营企业，进入蒙古国之后，最初从事废旧钢铁回收和冶炼。随着公司对当地资源、环境的不断了解，公司又进入了房地产、松子加工等产业。2016 年年初，公司在蒙古国开办了医院，通过引进韩国和中国台湾地区的医生，为蒙古国民众提供医疗服务。新博远公司坚持“小而多”“小而精”的原则，从自己最擅长的行业入手，不盲目贪图做大做强，逐步扩展到利用当地资源发展壮大，进入的每一个行业都获得了稳定的回报。

（4）实行本地化经营，注重人才培育。力帆汽车于 2007 年进入俄罗斯市场，目前有经销商网络 160 余家，直接和间接促进就业 1 500 余人。在发展过程中，力帆一直强调并践行本地化经营，即雇佣本地员工、建立本地化营销网络、采用本土化营销模式、产品本地组装。同时，公司注重对本土人才的培养，在店内设立“力帆鲁班工坊”，为员工做好技术讲解和传授。在美国通用汽车因俄罗斯经济形势下滑、退出俄罗斯市场时，立即抓住机会，吸引人才，一举扩大了人才和经销商网络。

（5）树立互利双赢、惠及民生的理念。中国银行蒙古办事处把在蒙中资企业团结起来，成立了中蒙文化基金会和中蒙社会发展基金会，开展“希望之星”“雏鹰计划”“卓越之星”“栋梁计划”等面向蒙古国大中小学生的公益活动。经过两年多努力，基金会已收到捐款 360 多万，捐助 40 多次，累计捐款 313 万元。蒙古国多家主流媒体对基金会进行了正面报道，展示了中国企业良好形象，成为两国人文交流的有生力量。

2. 达成了一批深入和务实的合作意向

此次出访，民营企业家都感到很有收获，他们从不同领域看到或找到了投资发展的商机。如，全联旅游业商会会长、北京中华民族博物院院长王平，北京中青旅置业有限公司董事长孙权永对开发中国游客俄罗斯深度游、打造以中国的“年文化”为主题的旅游项目表现出浓厚兴趣；北京京奥港集团董事长王子华对在蒙古国乌兰巴托建设城市燃气管道网络，为当地生产生活和冬季供暖提供天然气有合作意向，并表示回国后将尽快派出专业团队再次赴乌兰巴托考察；全联基础设施商会会长、大通投资集团有限公司董事长李占通与莫斯科格林伍德国际贸易中心形成共识，考虑在莫斯科合作投资中草药加工项目；李占通还表示，商会愿意组织会员企业来蒙古国考察，如有合适项目可与已经先期在蒙古国投资的中资企业一起开发；北京东方雨虹有限公司董事长李卫国对于在乌兰巴托投资集收集、运输、无害化处理、焚烧发电等于一体的城市垃圾处理项目很有兴趣；全国工商联家具装饰业商会会长、月星集团主席丁佐宏有意与蒙方企业共同投资建设乌兰巴托城市商业综合体项目。

（二）几点体会和启示

中国与俄罗斯、蒙古保持着长期睦邻友好关系，高层互访频繁，已经建立了高水平政治互信。中国提出“一带一路”建设倡议之后，俄、蒙两国作为“一带一路”沿线的重点国家，都积极响应共建丝绸之路经济带的倡议，为中蒙俄企业开展互利互惠务实经济合作提供了坚实的基础。此次访问虽然时间短，代表团对俄蒙两国投资环境有了较深刻的体会，得到了不少有益的启示，主要有以下几方面：

1. 两国政府、工商界欢迎中国民营企业投资

此次出访，所拜会的政府部门和机构均对代表团的到访做了悉心准备，根据代表团成员的产业特点，邀请相应的行业商会和企业负责人参会，现场积极做好合作引荐和对接，表现出了同中方合作的强烈意愿。在会见时，俄罗斯有关政府机构和工商社团负责人表示，俄中两国合作是战略性的，进一步丰富合作内容、加强两国商会之间的协作是双方共同的任务，俄罗斯历来重视中资企业在俄投资兴业，一直积极推动并跟进中方项目进展，期待双方合作取得更多实质性进展和突破；俄工商会还表达了与全国工商联签订战略合作框架协议的愿望。在蒙古国访问期间，代表团了解到，过去几年蒙古民主党执政期间，蒙古国经济低迷、外债剧增。蒙古国政府有关机构负责人表示，新政府虽然成立不久，但有着丰富的执政经验，迫切希望改变当前低迷的经济现状和提升民众生活水平，新政府已经提出了一系列改善投资环境的设想，引进外商投资是其中必不可少的途径。当前，与中国发展战略对接已经成为蒙古国各界人士普遍的共识，除在传统领域继续保持合作外，蒙古国在新能源、矿产、铁路、城市综合体等方面也有非常大的开发潜力和合作诉求，热烈欢迎中资企业来蒙投资。

2. 中国与俄罗斯、蒙古经贸合作前景广泛

俄罗斯矿产、油气、林业资源丰富，中俄两国在市场、资金、技术、资源、人才等方面互有合作需求。当前，中俄两国都处在经济结构调整期，中国正在加快产业调整和转型升级，加速实施“走出去”战略，俄罗斯正在努力扩大基础设施和高科技术产业投资，推进再工业化和创新发展。代表团在访问俄罗斯期间了解到，受西方制裁、卢布大幅贬值、国际油价暴跌等多重因素影响，俄罗斯经济陷入困境，但俄仍然具有很大的发展潜力。为推动本国经济发展，俄罗斯正在大力推动实施进口替代、支持中小企业发展和吸引外资等一系列政策措施，希望借此拉动俄罗斯开启再工业化之路，重振工业制造业，使经济逐步走出困境。为此，联邦政府已经对《俄联邦外国投资法》做了多次修订，颁布了《俄联邦租赁法》《俄联邦经济特区法》等多部法律法规；创建经济特区，特别是将发展俄远东地区作为俄罗斯的优先战略之一。这一系列举措均旨在从总体上改善俄罗斯投资环境。蒙古国地广人稀，经济欠发达，基础设施薄弱，资金缺乏，但矿产资源丰富，畜牧业发达。中蒙两国的经济结构、金融实力、科技人才、资源分布、人口数量等方面差异明显，两国企业可以在基础设施建设、资源和农产品开发、金融合作、科技交流、人才培训、劳务输出等方面开展务实合作，充分利用双方经贸合作互补的潜能，实现共赢发展。蒙古国能源部和矿业部都表达了希望短期内在能源和矿业领域达成投资意向，以此带动其他行业发展，助推蒙古摆脱经济困境的想法。

3. 加强民间交流沟通、增进互信是促进双边经贸关系的重要渠道

民间友好交流是国家整体外交的重要组成部分，也是提升双边、多边战略协作水平的重要渠道。建立民间不同层次和不同领域的沟通渠道，既有利于贸易合作的协商和推动，也有利于消除俄罗斯、蒙古国民众对中国的误解和敌意。这次代表团中的民营企业家既能在宏观层面、长远发展上提出见解，同时也可以在务实合作上进行实质性推动，让俄、蒙工商界近距离了解中国改革开放后成长起来的民营企业家，赢得了尊重。

4. 中资企业在俄蒙两国投资中需要注意的主要问题

中国企业在俄罗斯和蒙古投资经营中虽然已有较为丰富的经验，但由于受两国政治、法律、市场、人文环境的影响，仍面临一些问题。

（1）投资政策的连续性较差，法律体系还不完善。从社会治理和开放程度来看，俄罗斯和蒙古国均落后于中国，特别是蒙古国的国家治理比较滞后。在俄罗斯一些地区，由于政府官员调整，“新官不理旧政”，导致企业项目无法正常进行；蒙古国政府稳定性不强，每届政府新成员上任后对上届未实施的决议都要重新审议，这为中资企业在蒙投资增加了较大的不确定性。在法律体系方面，虽然俄罗斯法律环境逐渐向更加国际化靠拢，但不少法律只有框架，没有实施细则，且法律条款多变，甚至有时半年或一年就要更新调整；蒙古国的法律环境也有着复杂和不稳定特点，修订频繁，给企业正常经营带来不少障碍。此外，俄罗斯今年还大幅下降了外籍劳工配额。

（2）企业缺少融资渠道，汇率浮动大。民营企业普遍反映，很难得到金融机构的直接支持，流动性资金已经成为制约其做大做强的原因之一。据蒙古国中华总商会介绍，蒙古金融业还处于起步阶段，目前整个蒙古国内银行业总贷款不足60亿美元，本地贷款利率超过20%，美元贷款利率一般要14%，且外国企业在蒙古贷款受到银行多方面的限制。此外，受国际油价、矿产品价格大幅下跌影响，俄罗斯卢布和蒙古蒙图格里克近年来均出现了大幅度贬值，而民营企业抗风险能力还较弱，汇率变动给企业生产经营带来很大的不确定性。

（3）非经营性因素成为不可忽视的障碍。调研中，企业普遍反映还缺少熟悉地区情况、具有国际化视野、懂经营、会管理的复合型人才；两国部分民众对中资企业在当地发展壮大心存疑虑，中国企业和华人在当地民众中的好感度还有待提高。同时，两国还存在个别政府官员腐败、政府行政效率低下的问题。比如，蒙欣公司水泥项目生产线建设还是耗费8年时间，而同样的生产线在中国国内仅需9个月。

（三）相关建议

1. 引导民营企业扎实参与国际产能合作

工商联要引导民营企业抓住“一带一路”建设、俄罗斯“欧亚经济联盟”建设、蒙古国“草原之路”战略、中蒙俄经济走廊建设实施的机遇，积极在基础设施、矿产、能源、林业、农业、房地产、旅游等多方面开展投资合作。特别是，要以俄罗斯再工业化和蒙古大力发展本国经济为契机，充分利用其在科技、土地、资源上的优势，在大型机械制造、油气和矿业开发上开展国际产能合作。同时，也要清醒地意识到，现阶段“一带一路”倡议和蒙古国“草原之路”战略的对接还处于谋划探索阶段，蒙古国的发展还有不确定性，要引导民营企业循序渐进，小火慢炖，切忌盲目铺摊子。要引导企业在开展经贸合作尤其是大型项目合作时，采取资源开发与深加工相结合、投资与贸易相结合、工程承包与生产合作相结合等多种合作方式并举，在企业实现持续健康发展的基础上，促进所在国的经济发展和产业升级。

2. 积极推动中蒙俄中小企业合作

中小企业是经济发展的有力引擎，中蒙俄均高度重视中小企业发展。要在稳步推进中俄、中蒙大项目合作的同时，继续推动中小企业开展合作交流，特别是要发挥黑龙江、内蒙古等边境省份的独特优势，引导中小民营企业参与边境贸易、林业开发、资源利用、技术合作等。工商联要充分利用中国中小企业博览会、中俄中小企业实业论坛和中俄博览会等平台，组织中小企业参会参展，积极拓展合作发展空间。

3. 要引导民营企业不断提升素质

要引导民营企业增强本地化经营意识、弱化外国企业意识，做到产品制造、营销和人力资源本地化；要守法诚信经营，加强对企业管理人员和外派劳务人员的培训，增强依法经营意识，照章纳税；要重视环保，把环境问题放在首位，资源开发、产能合作不能以破坏环境为代价；要积极融入当地社会，热心参与社会公益事业，履行社会责任，同时也要做好宣传工作，传递中国企业正能量；要做项目，树品牌，以诚信经营和高质量产品赢得所在国的赞扬和当地民众的信任，树立中国企业良好形象。

4. 发挥民间外交作用，积极搭建双边合作平台

以民间渠道加强与国外工商界之间的沟通交流，有助于淡化政治因素干扰，易于被国际社会所接受。要发挥全国工商联及其直属商会民间性特征，通过其民间团体和商会角色，配合政府有关部门参与双边、多边经贸交流合作，反映工商界诉求，推动和谐经贸关系。要发挥“走出去”民营企业作用，动员他们做好当地政府和民众的工作，使外方真正了解中国企业为当地经济社会发展、增加就业、改善民生做出的贡献。

5. 建立与我驻外机构工作联系机制，提高工商联的服务能力

现阶段，民营企业同我驻外使领馆和商会之间尚未建立起有效的沟通渠道，很多企业到投资国后还没有主动和使领馆建立联系的意识。另外，当地中资企业商协会会员多以国有企业为主，民营企业在商协会的话语权还得不到充分体现。工商联和民营企业要逐步与主要国家驻外使领馆建立有效的沟通机制，加强信息交流，提高民营企业对外投资的针对性、可靠性，降低风险，提高投资成功率。

（联络部）

检察机关、工商联依法保障和促进非公有制经济健康发展调研报告

自今年年初最高人民检察院、全国工商联共同召开依法保障和促进非公有制经济健康发展座谈会以来，特别是最高人民检察院发布《关于充分发挥检察职能依法保障和促进非公有制经济健康发展的意见》（以下简称“高检十八条”）后，各级检察机关、工商联不断加强协作，共同推进非公有制经济健康发展的保障和促进工作。为进一步引导非公有制经济人士“守法诚信、坚定信心”，推动落实“高检十八条”，为非公有制经济健康发展营造良好法治环境，今年下半年，全国工商联法律部与高检院办公厅、反贪总局四局对湖北、甘肃两省检察机关、工商联依法保障和促进非公有制经济健康发展情况开展调研，现将调研情况汇报如下：

（一）主要工作情况

截至2016年9月，河北、浙江、湖北、湖南、广东、四川、陕西、贵州、云南、甘肃、福建、新疆维吾尔自治区等12省（自治区）检察院和工商联已共同召开了服务和促进民营经济健康发展座谈会并出台本地区配套实施意见，江苏、山西、内蒙古自治区、广西壮族自治区等4省（自治区）检察院出台了相关实施意见，重庆市检察院与工商联联合召开了座谈会。湖北、甘肃两省检察机关和工商联结合本地实际，围绕工作主题，开展了一系列扎实有效工作。

1. 密切双方联系交流

2015年7月，甘肃省工商联与省检察院会签《关于在服务非公有制经济发展中加强协作配合的规定》，提出建立服务平台、联席会议制度、信息交流通报制度、联合调研制度的“一平台三制度”。按照“平台建在工商联、联系放在各商会、服务面向各企业”原则，2015年10月9日，甘肃省检察院在省工商联设立检察服务室，成为全国检察机关中在省级工商联设立的第一个检察服务室。截至7月底，甘肃省检察机关已设立联系服务非公有制经济检察服务室70个（市级12个，县级58个）。今年5月31日，甘肃省检察院和省工商联联合下发《关于建立领导干部联系商会工作机制的通知》，由省检察院和省工商联领导共同对16个商会直接进行包联服务。今年3月23日，湖北省工商联和省检察院组织共同组织召开了“依法保障和促进非公有制经济健康发展”座谈会，对检察机关依法履职尽责服务非公有制经济健康发展提出了意见建议，推动加强检察机关与工商联的联系、建立机制性沟通平台、加强对非公企业的法治宣传教育。截至8月份，湖北全省各级检察机关已会同工商联或单独召开企业家座谈会386次，走访非公有制企业1 724家。湖北咸宁市检察院邀请统战部、工商联组织召开非公有制企业家代表座谈会，由检察长专门为企业家代表宣讲“鄂检十条”，受到与会企业家好评。

2. 抓紧细化落实

今年3月20日，湖北省检察院印发《湖北省人民检察院关于充分发挥检察职能依法保障和促进非公有制经济健康发展的十条措施》（以下简称“鄂检十条”），打造“高检十八条”湖北版，从坚持平等保护、依法保护非公有制企业合法权益、准确把握法律政策界限、改进方式方法四个方面出发，提出“十个更加注重”，找准服务非公有制经济发展的切入点和着力点。湖北省检察院专门召开三级电视电话会议部署开展为期一年的“侵犯非公有制企业合法权益违法犯罪专项法律监督工作”，制订下发实施方案，梳理非公有制企业关切的5个方面18项重点工作，成立专项工作领导小组，由检察长亲自抓，加大对专项工作的组织领导、统筹协调，实施专项统计、专项检查、专项考评。各级院检察长将其作为“一把手工程”亲自谋划，全省14个市州分院、100多个基层院均结合本地实际研究具体措施，制订本地专项工作实施方案。湖北省检察院审查批捕和侦查监督部门下发了《审查批捕和侦查监督部门贯彻落实“鄂检十条”的意见》，明确应当加强案件审查的非公有制企业法定代表人、实际控制人、主要经营管理负责人和关键岗位工作人员的“四类人员”、抓住“七个重点”、保障工作落实“六项硬性措施”，增强了工作的针对性和可操作性。8月10日湖北省检察院专门召开“湖北检察机关依法保障和促进非公有制经济健康发展”新闻发布会，向社会通报了专项工作进展情况。9月初，湖北省检察院先后在襄阳、荆门、黄石等地召开专项工作推进会，听取各地情况汇报，针对当前突出问题，研究部署下一阶段工作。甘肃省检察院于2015年5月25日出台《关于服务非公有制经济发展的意见》，今年7月15日，《甘肃省人民检察院关于充分发挥检察职能依法保障和促进非公有制经济健康发展的实施意见》（以下简称《实施意见》）颁布实施，省检察院专门召开《实施意见》新闻发布会，并在《甘肃日报》全文发布，还向社会公布了检察机关设立在省检察院和各市州分院的18部监督电话，印刷三万册《实施意见》单行本发送到各地。

3. 共同开展法律服务

甘肃省检察机关、工商联依托检察服务室平台为企业开展法律服务，增强了服务针对性，提升了服务效果。驻省工商联检察服务室对受理诉求研判梳理后，将与检察职能有关的案件反映到省检察院，省检察院对案件进行调查、协调和跟踪，帮助企业解决生产经营中的困难和问题。检察室已先后帮助解决兰州万通房地产经营开发公司与甘肃兰驼集团股权转让纠纷，协助临洮宇兴商贸公司解决临洮县东门蔬菜市场建设中农民工工资拖欠问题。自去年10月会宁县检察院在县工商联设立检察服务室以来，双方共同召开联席会议2次，开展法律咨询13次，法律宣传10场次，转送刑事案件线索1起，帮助企业整章建制2件，开展行贿档案查询177次。今年以来，酒泉市工商联已举办预防职务犯罪依法治企培训班3场次，培训商会和企业负责人200余人。截至今年8月份，湖北省检察机关已向企业提出预防检察建议136件，开展警示教育、预防宣传767场次，提供涉企行贿档案查询80 509次。湖北襄阳市检察院提出打好“知企、护企、安企、助企、暖企”五张牌，为企业营造良好发展环境。湖北当阳市检察院开展“一企一警”活动，每名干警联系一家企业，开展送法上门，对口帮扶。

4. 加强依法平等保护，打击涉企刑事犯罪

湖北省检察机关在“专项法律监督工作”中严厉打击对非公有制企业敲诈勒索、吃拿卡要、收取“保护费”、强买强卖等犯罪行为，截至8月份，共批准逮捕各类犯罪272件384人，提起公诉335件527人，监督公安机关对企业内部人员侵占企业财产等刑事犯罪案件立案侦查19件。黄冈麻城市检察院对犯罪嫌疑人凌某、邹某等六人恶势力团伙采用暴力威胁手段意图垄断石材工业园石材废料运输业务、强迫企业交易的涉嫌犯罪案件，积极提前介入，引导侦查取证，依法准确批准逮捕6名犯罪嫌疑人，净化了企业周边环境。黄石大冶市检察院对违法制造印有劲牌“毛铺”注册商标标识的酒盒外皮纸2.4万余件的犯罪嫌疑人黄某实施快捕快诉，有力保护了企业品牌。甘肃省临泽县检察院在联系走访企业过程中获知一些不法经营者在不具备相关资质的情况下，违法参与玉米制种、扰乱行业秩序后，积极与公安局经侦大队联系，督促公安机关对非法制种行为重点监控，先后查办非法制种案件9件，涉案10人，有力净化了当地制种市场。甘肃瓜州县检察院建议工商部门将假冒“虎派”咖啡案件移交公安机关立案侦查，同时跟踪督促案件侦办，使案件尽快报捕，保护了当地知名商标。查办侵害企业权益职务犯罪。湖北省检察机关依法惩治国家工作人员利用市场准入、项目审批职务之便，向企业索贿、受贿以及不作为、乱作为等贪污贿赂、失职渎职行为，共立案146件157人。武汉市青山区检察院立案查处了利用贷款业务审核权对中小企业“吃拿卡要”受贿78.6

万元的某国有银行小企业金融业务部原经理袁某，为企业融资清障。十堰市房县检察院依法查办该县原农业化机械管理局局长代某滥用生产监管职权，违规向多家农机经销企业索要收取管理费100万元的重大职务犯罪案件。黄石检察机关立案侦查阳新县原副县长魏某向10家企业负责人索贿、受贿130余万元案件。酒泉市检察院帮助协调解决了甘肃大禹节水集团公司新疆分公司副经理赵某截留公司工程款案件的管辖问题，使案件顺利办理。履行司法监督职能。湖北省检察机关对确有错误的民事判决和裁定提出抗诉9件，对审判活动违法发出检察建议1件；对非公有制企业“四类人员”经审查后依法不批准逮捕61人，决定不起诉20人；在职务犯罪侦查中依法不采取羁押性强制措施15人，依法变更羁押性强制措施16人。监督公安机关对侵害非公有制企业合法权益犯罪案件立案侦查6件，开展羁押性必要审查，建议侦查机关变更强制措施或释放5人，纠正超期羁押4人。武汉三星建工集团项目经理韩某伪造公司印章，以公司名义对外借款2 000余万元，涉嫌犯罪但未被追究刑事责任，武汉新洲区检察院及时督促公安机关开展立案侦查。湖北十堰市张湾区检察院坚持宽严相济刑事政策，对涉嫌非法吸收公众存款的企业主管兰某等三人依法不批准逮捕，保障了企业的正常经营。湖北襄阳市高新区检察院对涉嫌交通肇事罪的企业法人代表王某进行羁押必要性审查，提出变更强制措施的建议得到采纳，保障了企业正常运转。甘肃会宁县检察院依据驻县工商联检察服务室的申请，督促公安机关对甘肃群业科技工程公司购买设备被骗案立案侦查，帮企业挽回了损失。

（二）初步成效和企业反映情况

调研发现，检察机关、工商联实施的各项举措赢得企业普遍肯定。保护了企业合法权益。湖北秦龙投资公司董事长秦如保说，检察机关主动联系企业，话题放到桌面上说，把门打开了，不再总担心民营企业有这事那事了。湖北九州通集团董事局主席刘宝林介绍，公司和检察院搞共建，请检察官讲课，开展犯罪预防宣传，员工犯罪率也大幅度下降。甘肃大禹节水集团董事长王栋说，检察服务室真抓实干，一是帮助企业赴全国5省市完成回款近150万元；二是帮助企业补充证据材料，使企业避免了因设备纠纷造成的不必要损失；三是帮企业挖出倒卖公司产品谋取私利、侵吞工程款的多名隐藏蛀虫，四是安排服刑人员为员工现身说法，起到了很好的警示作用，增强了企业发展信心。湖北顺驰化工有限公司总经理许先金说，检察院千方百计为企业解决实际困难，犹如为我们注入了一股“强心剂”。湖北九州通集团董事局主席刘宝林说，检察长亲自向我们企业家征求意见，我们很受感动，“鄂检十条”措施非常具体，实实在在，基层检察院也已经有了这方面的意识，而且很明显，全省支持非公有制经济发展的大氛围已经形成。湖北华琪生物科技集团董事长邹仲华说，检察机关速度快、反应快，层层传达、贯彻落实，检察长亲自到我们企业开展调研，重视程度确实高。兰州兰雅集团董事长宋艾芳说，“高检十八条”的颁布实施，为我们民营企业撑了腰、长了精神，我们都在点赞。张掖市浙江商会执行会长夏友青说，“高检十八条”让我们民营企业在法律上有了靠山。企业家对此项工作给予高度评价的同时，对今后工作更报以更高期盼：

一盼严厉打击侵害企业合法权益的犯罪行为。企业家希望检察机关重拳打击犯罪，净化企业生产经营环境。湖北九州通集团董事局主席刘宝林说，有些媒体敲诈企业，企业不合作，就威胁手里有“炸弹”，搞你、举报你。兰州海鸥房地产公司董事长段鸿奇说，房地产企业最怕一些社会人员打着农民工旗号，动不动就搞群体性聚集，造成企业停工，损失大还无法维权。

二盼进一步加强犯罪预防。企业家希望检察机关进一步加强涉企犯罪打击和预防，强化法律监督针对性和实效性。湖北华琪生物科技集团董事长邹仲华说，检察院要用好“两只手”，一只手伸在前面，一只手伸在后面，事前预防、事后惩治。湖北九州通集团董事局主席刘宝林说，企业全部员工近2万人，案件较多，职务犯罪应付不过来，希望检察机关能在企业设立一个检务室。湖北远升集团董事长李家庚说，有的人认为侵犯老板的财产不犯法，只有侵犯国家财产才犯法，这种错误观念必须扭转。咸宁市福建商会常务副会长陈施文说，有的企业老板认为自己是大股东，公司事都说了算，只要没占国家的就没事，企业家不但要懂法律，还要懂法务。

三盼强化检察监督。企业家希望检察机关依法履行监督职责，纠正错误司法行为。咸宁广东商会会长苏建志介绍了会员企业合法占地，但因为政府部门没有履行相应手续，被森林公安以非法占用林地罪错误逮捕的案例，建议检察机关加强对公安机关的执法监督。咸宁市工商联法律顾问、市律师协会会长朱晓明介绍了某公司6 000万元资产被法院错误查封3年，企业损失无法主张的案例，建议检察机关加强对法院审判行为的监督。湖北华琪生物科技集团董事长邹仲华说，这些政策措施不光企业要学习，职能部门也要学习，一线办案的人有些还不知道这些东西，要摸清情况，找准问题，对症下药。

四盼理性执法。企业家希望司法机关既严格依法办案，又重视方式方法。甘肃大禹节水集团董事长王栋说，司法机关应该慎重处理非公有制企业尤其是上市企业的涉法涉诉案件，即便是很小的事情，但被媒体盯上，就会引起连锁反应，企业很可能就垮掉了。湖北华琪生物科技集团董事长邹仲华说，对资信好的企业应该慎重使用扣押、羁押等硬性强制措施，避免好的被搞坏，坏的被搞死。

五盼形成良好法治氛围。企业家希望加快营造良好法治环境。孝感茶业商会会长乐子华说，应该加强工作宣传，对企业这么好的文件，应该让更多企业知道，让全社会都知道。咸宁市咸安区政协副主席、区工商联主席雷春说，现在还处在少数部门单打独斗阶段，要加强各部门联动，例如纳入到地方党委中心组学习内容，让所有部门都知道。湖北大禹电气董事长王怡华建议，信誉的压力有时比法律更厉害，应该建立企业员工失信黑名单，让侵害企业利益的人没人聘用他。

（三）意见建议

为更好发挥检察机关、工商联工作合力，推动“守法诚信、坚定信心”为重点的理想信念教育实践活动，进一步为非公有制经济健康发展保驾护航，提出如下意见建议：

1. 加强领导和统筹

建议各级检察机关继续将此项工作作为重要专项工作，落实工作力量，加强对下检查、指导和考核。各级工商联要主动与检察机关加强联系和配合，将此项工作作为理想信念教育实践活动的重要组成部分，抢抓机遇，加强力量配备，加强对下检查、指导和督促。

2. 强化犯罪预防

建议检察机关结合办案总结非公有制企业职务犯罪动态和规律，深入剖析典型案件，建立检察官以案释法制度，充分运用检察建议、法治宣传、调研咨询等方式开展有针对性预防工作，帮助企业家尊法学法守法用法，促进依法治企，提高企业经营管理法治化水平。各级工商联要将法治宣传和预防工作纳入以“守法诚信，坚定信心”为重点的理想信念教育活动中，联合检察机关共同为非公有制企业开展法治培训和宣讲，加强以案说法，帮助企业提高法治意识、预防法律风险。

3. 强化检察监督，改进执法办案

建议检察机关加大对公安机关、法院、执法部门涉企执法、司法活动的法律监督力度，主动倾听企业诉求，核查案件线索，重点监督、纠正执法不严、违法办案和司法不公行为。建议检察机关不断总结推广涉企办案好经验、好方法，更加注重改进办案方式方法，在法律允许的最大范围内维护企业声誉，减少对正常经营活动的影响。

4. 深入互动合作，形成整体合力

工商联、检察机关要针对非公有制企业特点，综合运用主流媒体、新媒体、自媒体等多种手段，加大信息推送和宣传力度，加大经验和典型宣传。各级工商联要增强工作主动性，主动联系检察机关，积极发挥检察室和联系机制作用，共同推动落实保障和促进非公经济发展的各项法律和政策的落实。建议进一步总结推广检察机关驻工商联检察室的成功经验，以适当方式进行推广。建议明年最高检、全国工商联对各地贯彻“高检十八条”情况进行再调研、再推动。

（法律部）

关于推进商会人民调解工作的调研报告

为落实司法部、全国工商联合作机制工作要求，深入推进商会人民调解工作，2016 年，全国工商联法律部与司法部基层工作指导司有关同志赴四川成都、眉山、广元，浙江诸暨、义乌、宁波等地开展了商会人民调解联合调研。现将有关情况报告如下：

（一）商会调解工作情况

1. 商会调解组织覆盖面较广

浙江、四川两省商会组织活跃，为开展商会人民调解奠定了组织基础。截至 2015 年 12 月，浙江省工商联所属商会 2 669个，其中行业商会 670 个，乡镇商会 527 个，街道商会 293 个，异地商会 667 个，还有园区、市场、楼宇等不同形态商会。四川商会组织快速发展，截至 2015 年 12 月，四川省工商联所属商会1 962个，其中行业商会 588 个，乡镇商会 799 个，街道商会 146 个，异地商会 271 个。这些商会组织与民营企业紧密联系，发挥着宣传政策、提供服务、反映诉求、维护权益、加强自律等作用。在司法行政机关和工商联组织的合力推动下，两省商会人民调解组织数量规模得到较大发展。截至今年 6 月，浙江已建商会人民调解组织 131 个，拥有专职调解员 53 人，兼职调解员 800 人，近两年调处纠纷 11 528 件，成功调解 10 917 件，成功率 94.7%，义乌、奉化等地实现了人民调解委员会在商会组织的全覆盖。截至 2015 年年底，四川省工商联系统成立人民调解组织 30 个，其中市级 4 个，县级 9 个，行业、街道 17 个。

2. 党政部门重视商会调解工作

浙江、四川省司法厅和省工商联密切配合，运用人民调解保障民营经济健康发展。一是注重制度设计。2014 年，浙江省司法厅、省工商联印发了《关于进一步加强商会人民调解工作的意见》，强调以工商联、行业商会为重点，因地因时开展商会调解工作，如在条件成熟地区成立异地商会调委会，在工作基础较弱地区借助已有调解工作网络和机制发挥作用。浙江省工商联着眼企业需求，2012 年即召开全省商会调解经验交流会，并得到了最高法、全国工商联的肯定；2013 年，又印发《关于加强商会调解工作指导意见》，着力指导地方商会、行业商会设立调委会、调解室或联络点。2014 年，宁波市印发《关于进一步加强人民调解工作的意见》和《宁波市人民调解条例》。2010 年，四川省司法厅、省工商联联合制发《关于成立工商联人民调解委员会的意见》，对各地商会人民调解工作提出具体要求，明确了调委会的工作职责、经费保障、制度规则等，通过政策法规推进商会人民调解工作落地。二是注重规范引导。浙江义乌市制订了《商会人民调解委员会工作制度》，为调解员统一发放工作证；诸暨市推进调解工作规范化，实现有办公场所、有标识、有印章、有台账、有工作制度。四川丹棱县制定了调委会建设标准，完善了调解程序、岗位职责、纠纷登记、排查预警、档案管理等制度。这些措施助推了商会人民调解规范发展。三是注重支持保障。四川广元等地司法局和工商联成立了商会人民调解统筹指导中心，除协力做好调解员选任、业务培训、案件调度等事项外，还依照政策法规，为商会人民调解组织争取补助补贴。浙江义乌司法局对调解成绩突出的商会调解组织和调解员给予奖励或补助、向新设立的商会调委会赠送人民调解杂志和实用手册等业务书籍，进行调解员教育培训，提升业务素质。

3. 工商联商会调解各具特色

两地工商联和商会组织积极探索矛盾纠纷化解的途径和方式，模式多样、亮点纷呈。一是以异地商会调解为主的浙江义乌模式。义乌拥有全球最大的小商品批发市场，商铺林立，外来人口众多，商贸活动频繁，义乌工商联在全市 74 家商会全部建立调委会，其中异地商会就有 60 家，调解各类纠纷 2 316 件，涉及金额 2.72 亿元，为民营企业了解乡情民俗、融入区域经济提供了支持。二是以专事劳动争议调解为主的浙江宁海模式。宁海县工商联成立调委会后，针对当地企业多、流动人口多、劳动关系复杂的特点，聚集劳动关系协调服务，对矛盾纠纷及时排查、主动协商，使企业 85% 的纠纷在调委会的帮助下予以调解，其中“老何说和”专职人民调解室，被当地树为典型。三是以诉调对接为特色的浙江诸暨模式。诸暨市工商联调委会与法院合作开展调解，达成调解协议后，由法院予以司法确认，使商会调解因具有法律效力而得到企业认可支持。2015 年成立以来，诸暨工商联调委会受理法院委托或委派 42 件，成功调解 38 件，法院全部予以司法确认。四是以基层调解为主的浙江宁波骆驼镇模式。该镇小微企业集聚，职工来源复杂，劳资矛盾时有发生，工商联商会通过建立专职调解员、驼铃志愿者、网格管理员、乡音调解员四支队伍，依法依规、以情以理、协商双赢、依靠乡情、一事一策进行调解，探索了一条乡镇商会多元调解的模式。五是以行业调解为主的浙江黄岩、四川眉山模式。黄岩市工商联指导模具、机电等 14

家商会成立行业调委会，调解法院分流的模具类、塑料类等合同纠纷，降低了企业诉讼成本，有效缓解了双方的矛盾纠纷。眉山市工商联以泡菜、茶叶、出租车、水果等行业为依托，建立商会调解组织38个，聘请调解员152人，社会影响力较大。商会调解活动内容丰富。浙江义乌、四川苍溪工商联将调解融入以守法诚信、坚定信心为重点的理想信念教育实践活动中，采取普法宣传、以案说法、文化塑造、解决具体困难等形式，引导企业遵纪守法、诚信经营，增强非公有制经济人士法治意识，从源头上减少纠纷的发生。四川广元商会调委会持续开展源头排查、纠纷调处活动，让企业感受到人民调解的红利，2015年走访企业300余家，排查纠纷150余件，调处107件，赢得企业点赞。

4. 企业对商会调解有需求有期待

随着经济社会发展，企业间矛盾纠纷日益增多、类型多样。主要是：企业内部的劳动合同、工资薪酬、社会保险、工伤认定、休息休假及经济补偿赔偿等劳动争议；合同履行、承揽定做、货款赊欠、工程劳务等合同纠纷；企业与厂区周边在施工扰民、道路使用、“三废”排放等产生的相邻纠纷；涉及企业股权、知识产权以及商品消费、房屋租赁、交通事故、婚姻家庭等方面的矛盾纠纷。在纠纷面前，企业家迫切需要高效便捷的化解方式，尤其是小微企业规模小、治理不规范、人才缺乏、问题隐患多、抗风险能力弱，是矛盾易发多发领域和纠纷化解的重点难点。商会调解，如同企业“老娘舅”，让企业多了依靠、少了压力，能一门心思谋发展。

（二）推进商会调解面临的问题挑战

1. 认识有待提高

一些地方政府对商会调解不够理解，认为现有纠纷解决机制已比较健全，可以涵盖涉企纠纷，没必要单独设立商会调委会；还有的对商会化解纠纷能力评估不足，因此积极主动支持商会调解的力度不大。还有一些商会错误地认为矛盾化解、维护稳定是政府职责，商会建设还在路上，无力顾及企业间的纠纷调解；更多的商会有心无力，甚至不了解人民调解的设立和工作程序等，不知道怎么参与调解；还有的企业，对调解不信任，习惯于行政管理或托人情找关系解决问题，出现纠纷多依赖诉讼、较少求助商会。

2. 运行不够规范

有的商会调解时或碍于情面，或顾虑商业秘密，较少做文字记载，调解文书制作不规范，调解中个别调解人员以经济实力和威望迫使当事人接受调解建议，这些因素不利于调解协议取得司法确认，也使得商会调解经验难以推广；还有的商会调委会受工商联、司法行政机关甚至园区等多重领导，无所适从；规模以上企业还存在着既有人民调解还有劳动争议调解等调解组织重复设置的问题。

3. 队伍需要加强

总体上看，一是商会调委会调解员素质整体有待提高，他们在行业知识、熟悉企业方面具有优势，但缺少法律知识和调解技巧；二是调解队伍不稳定。基层商会专职人员多3～5人，领导更换快、工作人员变动多，开展调解存在困难。调研中，从退休公检法人员及律师中选任专职调解员的做法未得到普及。

4. 保障面临挑战

按照“谁设立谁保障”的原则，商会调委会应自己解决场地、人员、经费等问题，但商会自身经费有限，保障调解不易。依照法规，地方政府能够提供补助补贴，但在一些地方发放往往不及时，调解经费不升反降，一些地方调解案件每件仅补助几十元，与调解员付出的劳动具有较大差距。

（三）体会认识

长期以来，全国工商联高度重视推进商会调解工作，把商会调解作为开展理想信念教育、增强企业守法诚信意识、提高法律服务能力的有效抓手，使商会调解规模、组织队伍、社会影响不断扩大。截至2015年12月，各级工商联和商会共设调解组织457家，其中人民调解委员会263家，占比57.6%。通过商会调解的深入开展，助推了非公有制经济健康发展和非公有制经济人士健康成长。

1. 以商会为主阵地推进人民调解向非公经济领域覆盖，具有重大意义

商会调解扩大了人民调解在非公经济领域的覆盖范围，在维护社会和谐稳定、保障非公经济健康发展、提升商会建设水平、提高法律服务能力方面发挥着积极作用。一是有利于促进社会和谐稳定，构筑非公经济领域和谐稳定的缓冲带、安全阀。在非公经济领域推行商会调解，使原本依赖党政和司法部门解决的矛盾纠纷，解决在基层商会，减少了诉讼和信访，节约了司法成本和行政成本，实现了法律效果和社会效果的统一，成为维护非公经济领域和谐稳定的第一道防线。二是有利于服务促进“两个健康”，营造良好的发展环境。在经济下行的形势面前，企业矛盾纠纷增多，如不及时化解，将危及企业生存。商会调解维护了企业的合法权益，使其集中精力搞好生产经营，有利于企业依法治理，实现转型升级。三是有利于工商联协同社会治理，提升商会影响力。截至2016年6月底，各级工商联所属商会共有4.3万家，其中行业商会1.3万家，占比30.6%，乡镇商会1.6万家，占比38.2%。商会调解是商会作为社会组织协同治理的重要实践，也有助于完善商会职能、推进中国特色商会组织建设。商会熟悉企业，调解纠纷具有天然优势，既能为政府分忧，也能服务会员，实现化解纠纷的社会成本和企业成本最小化。四是有利于创新法律服务形式、优化纠纷解决资源配置。人民调解化解民间纠纷不收费，这与工商联和商会无偿服务会员企业职能高度契合，是法律服务的一种创新实践，将法律维权延伸到了纠纷产生之初；也有利于司法行政部门主导的人民调解工作向非公经济领域覆盖，服务企业健康发展。

2. 准确把握商会人民调解的自身特色

商会是企业自主组建、自我管理、自筹经费的互益性社会组织，化解会员矛盾纠纷是商会职能所在。企业矛盾纠纷关乎社会和谐稳定，商会从事矛盾纠纷化解工作也是在承接社会治理职能，为社会创造价值。相较于其他调解组织，商会人民调解具有独到之处。一是纠纷类型的特殊性。商会会员以小微企业为主，纠纷类型多与企业经济行为特别是民商事活动相关，行业性专业性色彩明显。调研还了解到，商会作为桥梁纽带还可以在企业与政府的工程服务和征地拆迁等纠纷中发挥调解作用。二是调解人员的特殊性。调解员大多由商会人员和企业家兼职，他们熟悉企业、长于沟通，但囿于商会实务和企业经营，精力分散，无暇调解，影响调解质量和效率。商会调委会聘任专职、兼职调解员，还需要付出财力和管理成本。三是调解形式的特殊性。企业希望以最低资金、时间等成本解决问题，既不伤和气、维系商业往来，也注重保守秘密、维护企业形象，这决定了商会调解必须以务实、灵活、宽松为原则。实践中，有的商会调委会以短信、“QQ”形式化解了纠纷。

（四）推进商会调解工作的意见建议

当前，推进商会人民调解工作，有领导重视、有政策支持、有合作基础、有推进动力、有实践需求，是大力发展的机

遇期。

一要多方协作，形成商会调解整体合力。全国工商联和司法部应加快制发《关于推进商会人民调解工作的指导意见》，指导地方司法行政、工商联完善沟通机制，统筹指导商会人民调解工作。打造商会调解品牌，坚持成熟一个发展一个，以质量求实效，不搞一刀切。全国工商联建立商会调解中心，发挥示范引领作用。

二要改革创新，完善商会调解机制。把推进中国特色商会组织建设与行业性专业性人民调解相结合，将调解员纳入社会人才体系，在职业认定、评价和薪酬上予以保障。大力吸纳企业和商会人员作为调解员。加强档案管理和数据分析。

三要加大保障，夯实商会调解基础。采取多措并举的方式，多方筹集经费，保障调解工作的开展。以商会保障为主，通过会费投入一部分；以政府购买服务、补助补贴等，争取财政支持一部分；以捐助、基金等形式，争取社会支持一部分，扩大社会筹资渠道。

四要宣传推广，提升商会调解认知度。开展“法律三进”活动，使企业认知并运用商会调解，加强典型案例评选，对组织健全、运行规范、成效较好的商会调解组织和成绩突出的调解员予以表彰。

（法律部）

全国工商联直属商会党建工作调研报告

为贯彻落实习近平总书记关于社会组织党建工作“两个全覆盖”的重要批示精神，根据中组部、中直机关工委、中央统战部有关工作部署和会党组要求，近期，由安七一、杨启儒副主席带队，机关党委、会员部有关人员组成3个调研组，采取逐个走访、召开座谈会、组织问卷调查等方式，对31家直属商会党建工作进行了调研。在此基础上，根据梳理出的问题，先后赴中组部组织二局、中直机关工委协会党建工作部、中央统战部机关党委进行了请示。现将有关情况报告如下：

（一）基本情况

调研中，我们根据“五个清”的要求，重点对直属商会业务运行情况、职工队伍情况、党员队伍情况、负责人情况、党组织建设情况等进行了全面排查摸底。

1. 商会业务运行情况

目前，全国工商联主管的31家直属商会组织健全，制度比较完善，会员大会、理事会、监事会等能按《章程》规定召开。最早的组建于1995年，最晚的组建于2013年，平均发展历程15年。随着市场经济的深入发展，商会服务会员的能力不断提升，运行逐渐规范，活力不断增强。商会秘书处都有固定的办公场所，办公面积最大的达到了400平方米，最小的有80平方米。大多数经费保障比较稳定，会费最多的每年达到500万~600万元，最少的有100万元左右，有的商会通过举办会展、培训和搭建平台等形式适当收取服务费用，保障了商会日常运转。

2. 商会秘书处职工队伍情况

目前，31家直属商会秘书处共有工作人员329人，最多的23人（家具装饰业商会），最少的3人（水产业商会），在商会平均工作时间4年，2013年以后入职的人员占50%以上；大学专科以上学历的318人，占96.7%；硕士研究生以上学历的47人，占14.3%；40岁以内的193人，占58.7%，其中，80后、90后占大多数。从以上数据可以看出，随着近几年的发展，商会工作的影响力、吸引力增强，愿意从事商会工作的年轻人也越来越多，形成了以60后、70后为龙头，80后、90后为骨干的队伍结构。经了解，商会工作人员薪酬较过去有所提升，新入职工作人员在提供“五险一金”的基础上，月薪在5 000元左右，业务骨干通常在6 000—8 000元，秘书处负责人通常在10 000元左右。

3. 商会党员队伍情况

31家直属商会秘书处现有中共正式党员84人，占工作人员总数的25.3%，其中，党员秘书长有15人，党员副秘书长有13人。84名党员中，58名党员组织关系在京外，绝大多数同志没有参加组织活动，也无处参加组织活动，多数同志每月按时寄交党费，一部分同志长期与党员组织关系所在党组织失去联系，属于失联党员或“口袋党员”。党员组织关系在京内的同志，与所在的党组织联系也较少，基本没参加所在支部的组织生活。调研中，我们还了解到，直属商会所属的在京会员企业中，有部分企业没有成立党组织，企业内党员无处过党组织生活。

4. 商会负责人情况

31家直属商会领导班子共有885人（含会长、副会长、秘书长），其中，党员294人，占33.2%。党员会长有12人，占38.7%。会长企业中均有党组织，且大多在京外，会长企业党组织与商会秘书处没有直接联系。党员副会长中有222人办公地点和党员组织关系在京外，除个别商会实行轮值制外，其他大多数商会副会长不参与商会秘书处工作。商会日常工作主要是按照年初工作计划和每季度会长办公会确定的工作内容，在秘书长的带领下由秘书处专职工作人员协同完成，重要事项向会长或轮值副会长请示报告。经了解，由于会长有自己企业，用于商会建设的时间通常在20%～30%。

5. 商会党组织建设情况

自2013年以来，机关党委已先后批准7家直属商会成立了党组织，占商会总数的22.6%。从调研情况看，目前尚未成立党组织的24家商会中，有5家商会秘书处有3名党员以上，符合成立党组织条件。有8家商会秘书处有2名党员，有8家商会秘书处只有1名党员，还有3家商会秘书处没有党员。近年来，机关党委、会员部将直属商会党建纳入机关党建和商会建设工作内容，加强工作联系，实施分类指导，探索推进商会党建工作落实。已建立党组织的直属商会与机关党委联系较为紧密，能够完成机关党委部署的工作任务，并主动将党建工作向会员企业延伸，积极发挥了政治引领作用。中国民营经济国际合作商会党支部还专门成立了党建工作部和党建研究会，为促进“两个健康”发挥了积极作用。其他没有建立党组织的直属商会对“两个全覆盖”工作也十分重视和欢迎，普遍认为加强商会党建工作不仅是加强党的领导、促进“两个健康”的需要，也是加强商会自身建设、促进可持续发展、增强凝聚力向心力影响力的需要，都表示希望全国工商联加强对直属商会党建工作的领导，加快推进没有成立党组织的直属商会尽快成立党组织。石油业商会秘书长马莉说：“人都追求心灵的归属感，也追求组织归属感，商会成立党组织，既使党员有了组织，也使商会有了方向。”书业商会秘书长戚敬说：“商会和民营企业中的一些党员自从离开了原党组织，就没有地方过党组织生活，推进‘两个覆盖’有利激发商会中党员工作热情和主人翁意识，发挥好党员的先锋模范作用。”国际合作商会副会长兼秘书长王燕国说：“成立党组织能够更好地促进“两个健康”，作为商会党组织负责人，我愿为党多做一份工作，多尽一份责任。”医药业商会副会长兼秘书长王之光说：“商会成立党组织既是会员之家，也是党员之家，会员企业中没有党组织的党员也可以在商会党组织参加活动，一方隶属，多方参加组织生活。”文化产业商会秘书长赵承说：“商会是工商联的基层组织，建立商会党组织，对开展理想信念教育实践活动，发挥政治引领功能意义十分重大。”国际合作商会理事胡渭说：“目前，民营企业不愿意到街道、楼宇建立党组织，平时联系较少、业务不相通，建议商会与企业建立联合党组织，将会建与党建结合起来，商会把党的工作融入到服务工作之中，有利于促进‘两个健康’。”

（二）存在的主要问题

近年来直属商会建设取得了长足的进步，职能作用发挥日趋明显，社会影响不断提升，但是由于行业差别和自身建设等原因，商会间发展不平衡，发挥作用有大有小。特别是党建工作起步较晚，受管理体制、组建条件等制约，还存在一些普遍性问题。主要表现在：

1. 专职工作人员中党员相对较少

31 家直属商会专职工作人员超过 10 人以上的只有 14 家，绝大多数直属商会工作人员本身就较少，党员人数更少，达不到建立党组织的条件。虽说有 33.2%的商会会长、副会长是党员，但他们主要工作不在商会，而且他们大部分人的企业中都有党组织。有的直属商会在京所属专委会和会员企业中有部分流动党员，但是情况复杂，分布较散，这些都给“两个全覆盖”工作带来了新情况新挑战。

2. 工作人员流动性较大

商会专职工作人员的薪酬目前在北京地区还处于中低等水平。由于工资待遇不高，除商会秘书处管理层相对稳定外，普通工作人员流动性比较大。管理人员在商会平均工作时间 7 年，普通工作人员平均工作时间 3 年。商会普遍反映，由于工资待遇和福利保障等原因，导致招工难，留下高素质人才更难。专职工作人员的频繁流动，对商会建立党组织也带来一定难度。

3. 党员组织关系归属比较复杂

直属商会秘书处现有的 84 名党员中只有 4 名党员的组织关系转入了机关党委，其他绝大多数党员的组织关系在原工作单位或户籍所在地党组织，还有的挂靠在人才交流中心，党员组织关系与党员长期分离，属于流动党员，其中不少党员与党组织还处于失联状态。由于党员组织关系与工作关系分离，党员身份和相关信息无法确认，其中也不乏存在一些“口袋党员”和“隐形党员”，给商会党员管理带来了较大难度。

4. 缺乏党建工作骨干

许多商会会长、秘书长不是党员，给商会党建工作带来了不便。普通职工党员担任商会党组织负责人不便于开展学习教育和组织活动，容易造成党建工作与业务工作脱节，也难以发挥政治核心作用。商会专职工作人员采取的是聘任和薪酬制，注重绩效管理，包括秘书长在内所有工作人员都存在“雇佣心理”，这导致商会中党员能够安心专心抓党建的少，而真正懂党务、善于将党建工作融入业务工作的更少。

5. 组织保障落实难

由于党员的组织关系不在商会，党费都要交纳到组织关系所在的党组织，商会党组织的活动经费没有稳定的保障，目前成立党组织的商会均靠会费支持来解决。同时，由于商会党建工作还处在探索实践阶段，管理体制还没有完全理顺，党员的培养和发展工作还没有具体政策，也没有发展党员名额。另外，由于部分商会中的党员长期脱离党组织生活，党的意识和党员意识有所弱化。

6. 管理体制不顺，力量薄弱

自2013年7月成立第一个直属商会党支部以来，商会党建工作由机关党委负责管理。但是从实际情况看，管理体制不顺和力量薄弱的问题日益凸显。一方面，机关党委是机关内设部门，负责机关和直属单位党建工作，与商会联系较少，沟通不畅，指导不顺，形成了会员部业务指导和机关党委抓党建"两张皮"现象。另一方面，机关党委办公室（组织处）编制4人，目前只有2人，抓机关和直属单位学习教育、组织建设和工会等群团工作本身人手就少，抓直属商会党建工作的人力和精力更显不足。随着"两个全覆盖"工作的深入推进，31家直属商会党建工作若都归机关党委管理，势必导致工作任务繁重与工作力量薄弱之间的矛盾突出，难度加大。

（三）应把握的政策和对策建议

2015年9月，中央办公厅印发了《关于加强社会组织党的建设工作的意见（试行）》，对加强社会组织党建工作的总体要求、职能定位、管理体制、工作机制、推进"两个全覆盖"的工作方法以及组织保障等作出了统一部署。中组部、中直机关工委关于《集中推进社会组织"两个全覆盖"专项工作方案》对目标任务、推进措施和指导方法也提出了明确要求。但是在调研过程中，我们发现推进商会"两个全覆盖"在具体操作层面还存在一些政策问题需要研究和把握。为此，我们专门赴中组部组织二局、中直机关工委协会党建工作部、中央统战部机关党委进行了请示，并根据他们的答复提出相应的对策建议如下。

1. 商会党组织是商会秘书处的党组织还是覆盖所属会员企业的党组织？

中组部组织二局答复，商会党组织通常是指商会秘书处党组织。商会党组织可以与所属会员企业联合，以多种形式探索开展党组织活动。中直机关工委协会党建工作部答复，商会党组织应该是多种形式的，既可以立足秘书处建立党组织，也可以立足理事会（会长、副会长）建立党组织；既要依章依规，又要结合实际创新推进。中央统战部机关党委的答复意见基本相同。《关于加强社会组织党的建设工作的意见（试行）》中明确指出："可依托行业协会商会建立行业党组织。行业党组织对会员单位党建工作进行指导。"综合以上情况，结合我会直属商会实际，我们建议，现阶段，商会党组织应界定为商会秘书处党组织，根据需要可对会员企业党建工作进行指导；按照"一方隶属、参加多重组织生活"的原则，可将在京会员企业中无党组织的党员吸纳到商会党组织中来，参加商会党组织活动。同时，在京商会党员会长、副会长可视为商会党员，可与秘书处党员一起组建党组织。

2. 商会党员的组织关系需不需要转入商会党组织？党员组织关系不在商会党组织的能否参加选举？

中组部组织二局答复，商会党组织中

的党员组织关系可以不转入，党员必须参加至少一个支部的党组织活动，但党费收缴和党员统计不能重复。但是，中组部《关于党员工作调动后应及时转移党员组织关系的通知》（组通字〔1986〕15号）规定："没有转移党员组织关系的，在新的工作单位党组织内不能享有选举权、被选举权和表决权。"我会直属商会中的党员组织关系绝大多数都没有转入，按照组通字〔1986〕15号文件，商会党组织书记和支部委员将无法选举产生，商会党组织将无法成立。中直机关工委协会党建工作部和中央统战部机关党委答复，建议商会中党员组织关系能转入的尽量转入，确实因其他原因不能转入的要由组织关系所在支部开具党员证明；如果党员组织关系一时未转入，又需要成立党组织，在成立党支部选举时可根据情况放宽党员选举权、被选举权的条件。为此，我们建议，商会中的党员组织关系尽可能让其转入，不能转入的，请其组织关系所在地党组织开具党员证明，防止出现假党员现象。党费仍由党员组织关系所在党组织收缴。为避免党员重复统计，商会中的党员统计与机关和直属单位党员统计区分开。针对社会组织党建工作的特殊情况，建议目前商会成立党支部选举时可根据实际情况放宽选举权、被选举权条件，必要时也可以成立临时党支部。

3. 商会党组织能不能发展新党员？

中组部组织二局、中直机关工委协会党建工作部、中央统战部机关党委均答复，原则上可以发展，但由于商会党组织有其特殊性，多数党员组织关系不在商会，组织形式相对松散，发展新党员要慎重。从我们调研情况看，直属商会中积极向党组织靠拢、要求加入党组织的优秀骨干较多，已成立党组织的几家商会也多次申请培养和发展预备党员名额，但中央统战部机关党委每年仅给我会3名预备党员发展名额，其中不含在商会中发展党员的名额。为此，我们建议，本着注重质量、积极慎重的原则，目前，尽快完成"两个全覆盖"的各项工作，待商会党组织建设取得较大进步，再发展新党员。

4. 商会能不能建立基层党委？

党章规定，凡是有正式党员3人以上的，都应当成立党的基层组织。党的基层组织，根据工作需要和党员人数，经上级党组织批准，分别设立党的基层委员会、总支部委员会、支部委员会。在一般情况下，党员人数超过100名的基层单位，经上级党组织批准，可成立党的基层委员会。党员不足100人的，因工作需要，经上级党组织批准，也可以设立党的基层委员会。根据《关于加强社会组织党的建设工作的意见（试行）》，"本着应建尽建的原则，规模较大、会员单位较多而党员人数不足的，经县级以上党委批准可以建立党委"。中直机关工委协会党建工作部和中央统战部机关党委答复，原则上，符合条件的可以建立党委，由全国工商联机关党委批准即可。但要严格审核，防止出于其他目的建立党委。目前只有中国民营经济国际合作商会提出建立党委的申请，鉴于其内设机构比较复杂，党员情况还需深入了解，且我会直属商会党建工作正处在起步阶段，建议机关党委进一步考察调研后，再提出具体意见。

5. 在商会兼职或长期帮助工作的党员算不算商会党组织的党员？

参照中组部组织二局关于"商会党组织中的党员组织关系可以不转入，党员必须参加至少一个支部的党组织活动"的答复和"一方隶属、参加多重组织生活"的原则，我们建议，在商会兼职或长期帮助工作的党员目前可以纳入商会党组织参加学习教育和组织生活。

6. 境外商会分支机构能不能申请成立党组织？

随着民营企业“走出去”和参与“一带一路”建设的快速发展，在境外的民营企业和党员人数也越来越多，个别商会在境外还设立了分支机构，其中的党员强烈要求成立境外商会党组织。根据中组部组织二局、中直机关工委协会党建工作部、中央统战部机关党委关于慎重推进的意见，目前无相关政策规定，直属商会境外分支机构成立党组织工作不宜纳入我会管理范围，建议可由当地机构向驻地使（领）馆党委汇报沟通相关事宜。

7. 商会党员组织关系是转入全国工商联机关党委还是转入中央统战部机关党委？

根据中组部《关于进一步加强党员组织关系管理的意见》（中组发〔2004〕10号）和其他有关文件规定，在全国范围内可以直接转移党员组织关系的中央单位党组织是：中央直属机关各部门、中央国家机关各部门及中央一级人民团体的机关党委。我会机关党委受中央统战部机关党委领导，目前，我会所属466名党员组织关系均通过中央统战部机关党委“接力式”转接，既增加工作量又时常导致转接工作延误。经请示中直机关工委，全国工商联机关党委可以转接党员组织关系；中央统战部机关党委也同意由全国工商联机关党委自行接转党员组织关系，定期进行核报即可。为此，我们建议，下一步由机关党委直接接转党员组织关系，采取每季度向中央统战部机关党委报核一次党员基本情况的方式，优化党员组织管理。

（四）推进“两个全覆盖”具体措施

结合调研和我们走访请示情况，现对我会直属商会年底前实现“两个全覆盖”提出如下建议：

1. 精准施策，集中推进

建立工作台账，实施分类指导，确保“两个全覆盖”按时完成。

（1）对秘书处有3名以上党员的5家直属商会（见附件表1），11月中旬前，指导其加强党建理论学习，转入党员组织关系或开具党员身份证明，上报成立党支部请示，做好成立党组织的准备工作。11月底前，指导其成立党支部。

（2）对秘书处不足3名党员的16家直属商会（见附件表2），通过在京党员会长、副会长的加入，达到3名以上党员条件后，立足商会秘书处成立党支部。10月底前，机关党委指导16家直属商会制定成立党支部的工作方案；11月中旬前，转入党员组织关系或开具党员身份证明，上报成立党支部请示；12月中旬前，16家直属商会全部成立党支部或临时党支部。

（3）对秘书处没有党员的3家直属商会（见附件表3），10月底前，指导其建立工会小组或团支部，同时从机关党委、会员部选派3名同志分别兼任3家直属商会党建工作指导员，实现党的工作全覆盖。

2. 从严管理，加强指导

在集中推进直属商会“两个全覆盖”过程中，必须从严管理，逐步提升商会党建工作水平。

（1）贯彻从严要求，规范直属商会党组织生活。要把商会党建工作作为全国工商联机关党建工作的重要内容，与机关党建工作同研究、同部署、同检查，督促商会党组织落实“三会一课”等制度，提高组织生活质量。指导商会党组织按规定召开党员组织生活会，积极开展批评和自我批评，坚决防止组织生活随意化、平淡化、娱乐化、庸俗化。

（2）加强商会党务工作者队伍建设。做好商会党建工作，离不开一支高素质的党建骨干队伍。目前，商会党建基础薄弱，骨干力量紧缺，必须加强对商会党务工作者的培养。一是选优配强党组织书记和指导员。在符合政治条件的基础上，商会党组织书记一般由会长、秘书长、副秘书长担任；会长、秘书长、副秘书长不是党员的，可从管理层中选拔；确实没有合适人选的，可由机关党委选派机关党员临时担任。二是充实壮大党务工作者队伍。目前，直属商会秘书处中党员相对较少，依据有关规定，成立党组织通常只配备一名书记或副书记，为培养锻炼党务工作者，建议可根据商会实际，适当增加一些工作比较积极的支部委员，从而扩大党务工作者队伍。同时，在商会招聘工作人员时建议优先招聘党员。三是加强党务工作者培训。将商会党务工作者纳入机关党务工作者培训范围，今年将视情况组织商会党务工作者专项培训，重点培训基层党务基础知识、党务工作基本方法等。年度考核要将商会党建工作和党务工作者履职情况作为重要考核指标，坚持以考促建。

（3）创新工作方法，加强直属商会党员组织关系管理。严格落实中组部关于党员组织关系转接和管理的有关制度规定，健全直属商会党员组织关系管理制度，规范管理程序，实行专人、专柜管理，并在正在开发的党员管理系统中增加商会党员组织管理模块，使机关和直属单位、直属商会党员组织关系管理同步实现数据化。为确保直属商会成立党组织选举需要，10月上旬，各直属商会确定党建工作负责人，机关党委召开培训会议，部署下一步推进工作；11月底前，利用近2个月时间完成直属商会党员组织关系转接和党员身份证明开具工作。

3. 理顺关系，健全机制

集中推进“两个全覆盖”，需要进一步理顺商会党建工作管理体系和工作机制。目前，我会没有专门的商会党建工作管理机构，暂由机关党委代管，管理体系和工作机制还不够顺畅。近期，中直机关工委成立协会党建工作部，其他省市区也相应成立社会组织党建工作专职机构，文联、法学会、中科协等单位也陆续成立商协会党建工作部门。根据中直工委《集中推进中直机关社会组织“两个全覆盖”专项工作方案》关于“社会组织较多单位要建立健全专项工作领导机构，理顺管理体系、完善工作机制、落实党建责任”要求，我们建议：

（1）成立全国工商联直属商会党建工作协调推进小组。由安七一、杨启儒同志任组长，机关党委、会员部有关负责同志为成员。负责落实中组部、中直工委和中央统战部有关工作要求，落实党组决定，研究解决工作中遇到的重难点问题，协调推进“两个全覆盖”落实。

（2）加强机关直属商会党建工作力量。明确机关党委为直属商会党建工作负责部门，会员部协助。加强会员部工作力量的同时，加强机关党委工作力量，将机关党委办公室（组织处）中的组织处独立出来，主要负责党员组织管理，指导直属商会党建工作，并完成机关党委赋予的其他工作任务。具体人员编制由人事部提出意见。

（机关党委）

附件直属商会党建工作情况统计表（1～3）

表1 直属商会党建工作情况统计表（一）

序号	商会	成立时间（年）	商会领导班子情况				商会秘书处情况			会长、秘书长是否是党员	是否建立党组织或未建原因	组建计划
			人数	会长	秘书长	党员数	人数	平均在会工作时间	党员数			
1	全国工商联汽车摩托车配件用品业商会	2002	32	章宏伟	李宝民	9	11	6年	4	秘书长是党员	2014年成立支部	已建立党组织
2	全国工商联家具装饰业商会	2002	47	丁佐宏	张传喜	8	23	4年	4	秘书长是党员	2013年成立支部	
3	全联新能源商会	2006	28	李河君	曾少军	7	18	6年	6	秘书长是党员	2014年成立支部	
4	全国工商联医药业商会	2006	11	修涞贵	王之光	7	18	4年	5	秘书长是党员	2015年建立支部	
5	全联城市基础设施商会	2007	41	李占通	程林副秘书长	12	8	5年	6	会长、副秘书长是党员	2016年建立支部	
6	中国民营经济国际合作商会	2011	20	郑跃文	王燕国	11	17	3年	12	副会长兼秘书长是党员	2013年建立支部，拟申请成立党委	
7	中国民营文化产业商会	2013	23	李彦宏	赵承	2	9	4年	3	秘书长是党员	2016年建立支部	
8	全联民间文物艺术品商会	2002	29	宋建文	肖秉侠	13	16	5年	6	会长、秘书长是党员	未建，拟申请筹建	均已符合建立党组织的条件，拟于11月底前组建完毕
9	全联冶金业商会	2006	33	沈文荣	余亚雄	21	10	5年	3	会长、秘书长是党员	未建，拟申请筹建	
10	全国工商联纸业商会	2006	18	李建华	张慎金	6	8	3年	4	会长、秘书长是党员	未建，拟申请筹建	
11	全联科技装备业商会	2005	37	陈志列	乔晓林负责人	12	5	3年	3	秘书处负责人是党员	未建，拟申请筹建	
12	中非民间商会	2006	16	郑跃文	王晓勇	11	10	5年	4	秘书长是党员	未建，拟申请筹建	

表 2 直属商会党建工作情况统计表（二）

序号	商会	成立时间（年）	商会领导班子情况				商会秘书处情况			会长、秘书长是否是党员	是否建立党组织或未建原因	组建计划
			人数	会长	秘书长	党员数	人数	平均在会工作时间	党员数			
13	全国工商联美容化妆品业商会	1995	9	马娅	许景权	5	16	5 年	2	会长是党员	未建，秘书处只有 2 名党员	秘书处现有 2 名党员，在京党员会长、副会长加入，均达到 3 名以上党员，符合建立党组织的条件，拟于 12 月中旬前组建完毕
14	全联房地产商会	2001	50	张　力	钟　彬	21	18	10 年	2	副秘书长是党员	未建，秘书处只有 2 名党员	
15	全联旅游业商会	2002	21	王　平	吉小冬	5	9	5 年	2	正、副秘书长是党员	未建，秘书处只有 2 名党员	
16	全国工商联石材业商会	2005	36	吕安民	李山丽	6	8	2 年	2	都不是党员	未建，秘书处只有 2 名党员	
17	全国工商联礼品业商会	2005	32	孙　震	李志彬	5	5	3 年	2	会长是党员	未建，秘书处只有 2 名党员	
18	全联农业产业商会	2005	41	王均豪	郭淑丽	9	7	4 年	2	会长是党员	未建，秘书处只有 2 名党员	
19	全国工商联汽车经销商商会	2006	22	李　响	朱孔源	8	13	2 年	2	会长、秘书长是党员	未建，秘书处只有 2 名党员	
20	全联环境服务业商会	2007	28	赵笠钧	马　辉副秘书长	7	14	5 年	2	会长、副秘书长是党员	未建，秘书处只有 2 名党员	

续表

序号	商会	成立时间（年）	商会领导班子情况				商会秘书处情况			会长、秘书长是否是党员	是否建立党组织或未建原因	组建计划
			人数	会长	秘书长	党员数	人数	平均在会工作时间	党员数			
21	全国工商联水产业商会	1995	37	田全海	穆　童 副秘书长	10	3	4年	1	会长、秘书长是党员	未建，秘书处只有1名党员	秘书处现有1名党员，在京党员会长、副会长加入，基本能达到3名以上党员，根据实际情况，拟于12月中旬前组建完毕
22	全国工商联烘焙业公会	1996	27	翁国熙	唐黎娜	12	27	3年	1	都不是党员	未建，秘书处只有1名党员	
23	全国工商联五金机电商会	1999	23	劳健斌	赵芳期	7	7	7年	1	都不是党员	未建，秘书处只有1名党员	
24	全国工商联纺织服装业商会	2002	24	高德康	朱军	9	4	6年	1	会长、秘书长是党员	未建，不含会长，秘书处只有1名党员	
25	全联民办教育出资者商会	2003	12	张杰庭	程飞跃	5	6	2年	1	秘书长是党员	未建，秘书处只有1名党员	
26	全联书业商会	2004	29	马晓峰	戚　敌	8	8	3年	1	秘书长是党员	未建，秘书处只有1名党员	
27	全国工商联厨具业商会	2005	33	钟建民	刘　明	15	5	4年	1	秘书长是党员	未建，秘书处只有1名党员	
28	全国工商联女企业家商会	1995	32	刘　亭	李兆荣	14	5	10年	1	副秘书长是党员	未建，秘书处只有1名党员	

表 3　直属商会党建工作情况统计表（三）

序号	商会	成立时间（年）	商会领导班子情况				商会秘书处情况			会长、秘书长是否是党员	是否建立党组织或未建原因	组建计划
			人数	会长	秘书长	党员数	人数	平均在会工作时间	党员数			
29	全国工商联金银珠宝业商会	1995	32	钟永森	黄滢	10（2人在京）	11	2年	0	都不是党员	未建，秘书处没有党员	建立工会小组，选派党建工作指导员
30	全联并购公会	2004	12	王巍	侯震	5（3人在京）	9	5年	0	都不是党员	未建，秘书处没有党员	
31	全国工商联石油业商会	2004	25	张跃	马莉	8（均不在京）	6	7年	0	会长是党员	未建，秘书处没有党员	

第五部分　地方工商联工作

北京市工商业联合会2016年工作总结

2016年市工商联在市委正确领导和全国工商联精心指导下，深入学习贯彻党的十八届六中全会精神和习近平总书记3月4日重要讲话精神，立足首都城市战略定位，围绕中心、服务大局，着力促进“两个健康”，为建设国际一流和谐宜居之都贡献力量。

（一）持续深入学习贯彻习近平总书记3月4日重要讲话精神和党的十八届六中全会精神

3月6日，市委统战部、市工商联召开学习贯彻习近平总书记3月4日重要讲话精神座谈会。3月18日，市委常委会召开会议，专题听取市委统战部、市工商联关于贯彻落实习近平总书记3月4日重要讲话精神及我市非公经济工作情况的汇报。党的十八届六中全会胜利召开后，市工商联及时要求各级工商联、商会组织和广大非公有制经济人士通过多种形式认真学习、深刻领会六中全会精神和习近平总书记重要讲话精神。10月31日，市工商联召开党组理论学习中心组会议，传达学习党的十八届六中全会公报和习近平总书记重要讲话精神。11月2日，市工商联召开学习贯彻十八届六中全会精神专题座谈会。12月12日，市工商联召开了非公经济组织党建工作推进会，会上向201家非公经济组织授予了“非公党建示范单位”称号。

（二）进一步深化理想信念教育实践活动

1. 完善政企沟通长效机制

发挥28个委办局特邀顾问单位的作用，积极推动相关委办局到工商联和企业调研，研究并解决问题，搭建政府部门和非公企业、商会直接沟通交流的长效机制。

2. 建立信用信息共享机制

与市工商局对接，收集和保存非公企业的信用记录，将非公企业数据库与全市企业信用信息网无缝对接，帮助金融机构和其他企业了解企业的信用状况。

3. 完善法律服务协调机制

全面启动全市非公经济领域“七五”普法工作，深入开展法律“进企业、进商会、进机关”活动。与北京知识产权法院合作，邀请企业家观摩庭审，甄选编辑并在市工商联官网上推出“商标权纠纷十大案例集”。举办非公企业法律风险防范与管理培训班。

（三）助力民营企业“走出去”

1. 建立“京津冀协同发展”联盟

4月，举办“贯彻落实京津冀协同发

展国家战略北京民营企业廊坊行”，组织10家商协会、100多家民营企业走进廊坊。成立京津冀工商界金融服务联盟、法律服务联盟、职业教育联盟。10月，组织企业代表赴天津参加第四届全国民企贸易投资洽谈会。

2. 提升京外境外非公经济发展服务基地水平

调研摸底了涉及49个国家和地区，74家企业申报的近百个非公经济发展服务基地申请项目，其中涉及“一带一路”沿线国家和地区海外发展服务基地申请项目20个。

（四）优化非公经济发展环境

1. 深入开展服务非公企业“大走访”活动

共走访179家商会、603家企业。主要围绕中小企业融资难、放开市场准入、加快公共服务体系建设、利用产权市场组合民间资本、清理精简涉及民间投资管理的行政审批事项和涉企收费等5个方面开展。

2. 推进供给侧结构性改革，促进民间投资

按照国务院促进民间投资督查要求，组织45家民营企业、15家商会协会中介机构参加5场专题座谈会，形成《北京市工商联关于促进民间投资专项督查的自查报告》，参与制定《关于推进供给侧结构性改革进一步做好民间投资工作的措施》（以下简称《措施》），提出了放宽市场准入、拓展投资领域、深化审批改革、加强金融服务、加大政策扶持等五方面建议被吸纳进《措施》。聚焦民间投资与城市副中心建设，与北京市金融局联合主办首都非公经济金融服务推进会暨城市副中心建设项目推介会。由民营企业发起倡议成立首都民间投资发展联盟，上线开通“北京市工商联金融服务小助手”APP。

3. 创建工商联+服务企业“小助手”

创新服务非公有制经济工作品牌，编辑制作服务非公企业工商联+“小助手”，推出非公企业矛盾纠纷多元调解操作手册、商协会党建工作指导手册、2016年北京市区级工商联（商会）换届工作指导手册以及“两个健康”一百问等。

4. 举办创业创新思想分享会

9月，在中关村智慧环保产业联盟召开创业创新思想分享会。10月，组织部分副主席、副会长、执常委和会员企业代表到苏宁观摩交流，了解苏宁电器转型升级方向，现场开展案例剖析，带动民营企业树立现代企业经营理念。11月，组织福建企业总商会、黑龙江企业商会、木业行业商会、商务服务业联合会等30余家商会走进京东奶茶馆，共享互联网电商，共商合作发展。12月，由市工商联倡导推动的“京商计划”发布暨京东企业购与全国知名商会签约仪式在京东集团总部举行，二十余家行业商会、在京异地商会及100余家会员企业与会并与京东集团正式签订战略合作协议。

5. 参与社会治理

成立31家维权调解组织。与市法院、司法局、人力社保局等部门建立并完善了联席会议制度、协调劳动关系三方机制、劳动争议预防调解机制、诉前调解对接工作机制。参与国家和地方14项法律法规的修改废工作。

（五）加强非公有制经济代表人士队伍建设

1. 创新年轻一代非公经济人士教育培养机制

采取线上交流与线下教学相结合，老

中青座谈与实地观摩相结合的形式，先后开展两期年轻一代培训班，分期分批组织青年企业家赴井冈山、延安、西柏坡等地参观学习。

2. 加大先进典型宣传力度

开辟《中华工商时报》《北京日报》和北京电视台专栏专版，发挥正面舆论指引作用，并在《北京榜样》节目和优秀党员评选中加大对非公经济代表人士的推荐力度。

3. 着力做好参政议政工作

市政协十二届四次会议大会发言以“统筹推进合力打好棚户区改造工作攻坚战”为主题，直面非公经济在参与城市基础建设和公共服务发展中面临的“玻璃门”“弹簧门”“旋转门”等一系列问题。团体提案《关于盘活低效工业用地，促进产业转型升级的提案》和《关于缓解北京停车难的提案》得到了市委郭书记和陈刚副市长等市领导的批示，并分别由市国土局、规划委、财政局等部门负责牵头办理。

4. 引导企业家积极承担社会责任

先后组织企业家赴贵州织金、云南德宏、湖北黄冈、青海海西州参加精准扶贫活动，积极参加北京市对口支援内蒙古赤峰市、乌兰察布市等活动。继续开展支持贫困地区教育、捐助农民养蜂，助力新农村建设等公益活动。首次向社会发布《首都非公企业社会责任报告》。

（六）进一步加强商会建设

1. 强化商会班子建设

举办商协会负责人培训班，围绕商协会组织党建工作、社会组织规范化承接政府购买服务项目、行业商协会改革政策等热点问题进行解读。积极探索商会有序承接政府职能工作模式，鼓励支持商会在行业标准制订、调解商事纠纷，化解社会矛盾方面发挥积极作用。

2. 加强在京异地商会引导服务

建立在京异地商会会长联席会制度，召开“2016在京异地商会会长联席会”，鼓励引导非公经济人士有序政治参与，加快转型升级，促进两地经济社会发展。

（七）着力构建“亲”“清”政商关系

7月，市委常委、纪委书记李书磊在市工商联主持召开学习习总书记重要讲话精神、构建“亲”“清”政商关系专题座谈会。11月，举办了“构建‘亲’‘清’新型政商关系、促进非公有制企业健康发展”专题报告会。

（八）加强工商联自身建设

1. 扎实做好区工商联换届工作

开展市区两级14家政府部门负责人参加的非公有制经济代表人士综合评价工作培训，先后两次召开16区工商联主要负责人换届工作调研会，按照“三强一好”的标准，坚持“凡进必评”的原则，选好配强基层工商联班子。截至12月底，各区工商联换届工作基本完成。

2. 加强工商联机关干部队伍建设

以深入开展“两学一做”学习教育为契机，采取“走出去”“请进来”相结合的方式，开设机关学习大讲堂，引导全体党员干部坚定理想信念，不断增强政治意识、大局意识、核心意识和看齐意识，全面提升服务“两个健康”的能力水平。

天津市工商业联合会2016年工作总结

2016年，天津市工商联深入学习贯彻习近平总书记系列重要讲话精神，特别是在中央统战工作会议和全国政协十二届四次会议民建、工商联界委员联组会上的讲话精神，认真落实市委决策部署，坚持“两个健康”工作主题，服务全市中心工作，搭建“四个平台、一个沙龙”，全面加强工商联机关和民营企业党建工作，为促进民营经济健康发展、促进非公有制经济人士健康成长发挥了重要作用，为推动全市经济社会持续健康发展做出了积极贡献。

（一）深入学习贯彻习近平总书记重要讲话精神，服务全市发展大局

1. 以强烈的政治意识，深入学习贯彻习近平总书记重要讲话精神

把深入学习贯彻习近平总书记重要讲话精神作为首要政治任务，结合习近平总书记对天津“三个着力”工作要求一并落实。组织集中收看习近平总书记重要讲话实况转播，请民营企业家、商会组织负责人畅谈体会。配合市委统战部组织召开非公有制经济代表人士座谈会，协调解决问题。向民营企业发出《学习贯彻习近平总书记重要讲话精神倡议书》，市工商联主要领导深入基层工商联商会组织进行宣讲指导。

2. 以强烈的大局意识，服务全市发展主动作为

一是助推京津冀协同发展效果显著。抢抓历史性窗口期，成立“京津冀工商界金融服务联盟、法律服务联盟、职业教育联盟”，为企业提供多项服务。推动成立河北天津商会。深入研讨区域民营经济发展，形成《2015～2016年京津冀民营经济发展报告》。二是参与全市重大活动作用突出。与市金融局、市科委共同承办由全国工商联、天津市政府等主办的第十届“融洽会”，意向融资额达450亿元。邀请部分省市工商联参加“共识、共建、共享、共赢”圆桌会议。承办由全国工商联、天津市政府等主办的第四届“民洽会”，举办“自贸区背景下民企贸易投资发展新机遇”论坛。邀请京冀吉鲁等省市民营企业参加“全国知名民企天津行”。三是为天津发展建言献策卓有成效。加强民营企业信息直报点建设并发挥其作用。开展调研评估16次，部分调研成果列为市政协一类重点课题，荣获市统战系统优秀调研成果一等奖和全国工商联优秀成果三等奖。围绕我市贯彻落实《国家创新驱动发展战略纲要》实施方案和民营经济发展“十三五”规划，提出建议20余条。向市政协提交7件团体提案和116件会员个人提案，《关于大力支持民营银行健康发展的建议》被列为全国政协团体提案。

（二）搭建“四个平台、一个沙龙”，促进民营经济健康发展

在市委统战部支持下，会同市民营经济发展工作领导小组成员单位，搭建“四个平台、一个沙龙”，真诚为民营企业健康发展服务。

1. 搭建上市融资服务平台

深化与金融局、银行等单位合作，

帮助民营企业解决融资难题。整合上市团队，推进企业改制上市。40 家企业挂牌天津 OTC，2 家企业挂牌新三板，1 家企业主板排队 IPO，1 家企业引进股权融资。

2. 搭建“走出去”服务平台

帮助民营企业协调利用国内国际两个市场、两种资源，实现“走出去”发展。会同市商务委等部门召开政策宣讲会，协办 6 期“天津国际大讲堂”。开展民企参与“一带一路”建设专项调研。组团出访 11 个国家和地区。接待 16 个国家和地区 21 个团组 140 人次来访。举办 7 场海外投资推介会。与 5 家海外商会、商务机构签署友好合作协议或备忘录。

3. 搭建政策对接服务平台

汇集企业诉求，向党委政府反馈，协调解决政策宣传执行不到位等问题。与市行政审批办共同召开座谈会，出台“容缺后补”等十项措施支持民营经济发展。组织企业与政府部门对接座谈 6 次，反映问题建议 7 件，3 件被列入政府工作参考。开辟政策信息专栏，刊登政策 40 余条，点击量达 2 万余次。

4. 搭建法律服务平台

深化与公检法司部门合作，增强企业家法治意识，营造良好法治环境。深入商会企业 15 家，解决涉法涉诉问题 6 个，解答法律问询 22 个，发送预警信息 4 700 条，推荐 55 名非公有制经济人士担任人民陪审员，成立 5 家人民调解委员会、4 家劳动人事争议调解委员会。

5. 搭建市领导与非公有制经济代表人士对话沙龙

建立市领导与民营企业家沟通机制，推动构建“亲”“清”新型政商关系。采取闭门恳谈会的形式，组织 29 名非公有制经济代表人士，分 4 期与市领导面对面交流。市领导倾听企业家心声，凝聚共识，为企业解惑释疑，受到非公有制经济人士欢迎。

不断深化民营企业健康成长工程，建立与市统计局等部门的协调沟通机制、完善指标体系，在发布销售收入、应缴税收和科技创新各 100 强企业的同时，首次发布全市民营企业制造业 100 强。注重引导企业科技创新，推进“双创”和金融科技综合服务工作。组织企业家参观军民融合发展科技成果展。继续深化与主流媒体合作，接受专访 4 次，宣传守法诚信先进典型 9 家。工商联微信公众号点击阅读量达 40 万次，转发 9.2 万余次。改版“湾区网”，发布信息 1 297 条。

（三）加强政治引领，促进非公有制经济人士健康成长

1. 继续深入开展理想信念教育实践活动

以“守法诚信、坚定信心”为主要内容，开展非公有制经济人士理想信念教育实践活动。制订《天津市深入开展以“守法诚信、坚定信心”为重点的理想信念教育实践活动工作方案》。召开《逐梦商海——天津民营经济发展亲历》发布座谈会，弘扬企业家精神。举办“创新大讲堂”和第四期“青年企业家港澳研修班”。组织年轻一代企业家赴京开展“火红五月，致敬祖国，在伟大时代”主题教育实践活动，赴豫开展“追寻丰碑足迹，历练火热青春”学习培训。指导 7 家区级工商联成立新生代联谊组织。

2. 夯实会员企业党建工作

起草“两新”组织开展“两学一做”学习教育指导方案，成立督导组，赴企业调研督查。开展全市非公有制企业党组织书记队伍现状调研，报告荣获全国非公有制经济组织党建优秀调研成果二等奖。协助行业商协会上级业务主管单位做好首批脱钩后的行业商协会党组织隶属关系移交

工作。

3. 大力开展光彩事业

落实“万企帮万村”精准扶贫行动，引导企业对口支援帮扶。按照全国工商联的部署，积极参与贵州省织金县精准扶贫项目，推动希望小学等两个项目落地。借助“互联网+”继续推进孙各庄满族乡13个贫困村帮扶项目。组织企业参加中国光彩事业“德宏行”“庆阳行”活动，举办光彩事业“光明行”、关爱新疆学子等公益活动。举办残疾人专场招聘活动。

（四）以“五好”工商联建设为契机，提高基层组织工作水平

1. 加强基层工商联商会组织建设

指导区工商联做好换届工作。六家区工商联被评为全国“五好”县级工商联。成立商会处，制定《天津市工商联商会（协会）组织管理办法》，推动统战工作向商会组织有效覆盖。截至2016年年底，市工商联行业商会达57家，异地商会达28家。

2. 加强会员队伍建设

完善非公有制经济代表人士综合评价体系。组织会员参加全国工商联直属会员培训班。组织区级工商联160余人次参加4期党外人士报告会。截至2016年年底，全市工商联会员总数达37 264家，其中企业会员31 627家。

（五）强化机关党建工作，不断加强工商联自身建设

1. 牢固树立“四个意识”，加强机关党建工作

按照“落实从快、计划从严、要求从高”的标准，深入开展“两学一做”学习教育。围绕“四讲四有”开展专题学习。召开增强“四个意识”、反对圈子文化和好人主义专题民主生活会。加强制度建设，推进党建工作规范化，加强党风廉政建设。

2. 以全面从严治党为保障，提升机关工作水平

按照市委关于中央巡视组反馈意见整改落实方案要求，加强机关干部政治纪律、政治规矩以及警示教育。组织机关干部开展新发展理念、统战知识等学习研修。组织青年干部参加延安党校“循革命足迹，砺火热青春”专题培训。完善修订机关7类43项规章制度，促进工作制度化、规范化和程序化，提升为会员服务水平。

河北省工商业联合会2016年工作总结

2016年，省工商联认真学习贯彻党的十八大及十八届三中、四中、五中、六中全会精神和习近平总书记系列重要讲话精神，围绕中心、服务大局，坚持“两个健康”主题，坚持问题导向，充分发挥优势，积极主动作为，引导民营企业家牢固树立创新、协调、绿色、开放、共享的发展理念，积极践行社会主义核心价值观，各项工作取得新进展。

（一）开展理想信念教育，促进非公有制经济人士健康成长

深入推进理想信念教育实践活动，制订印发实施方案，出台了《关于进一步加强全省非公有制经济人士思想政治工作的

实施意见》，召开经验交流会暨工作推进会，以“守法诚信、坚定信心”为重点，坚持教育引导与鼓励支持并重，增强了非公有制经济人士“四信”，得到了全国工商联的充分肯定。

1. 营造民营企业发展良好环境

围绕推动民营经济发展政策措施的落地、落实和改善发展环境，开展了一系列专题调研，形成《关于当前我省政商关系的调查报告》《天津市中小企业转型升级的成功经验及对我省的启示》《京津冀区域民营经济发展报告》《我省民营钢铁企业去产能降成本促转型调研报告》等一批调研成果，得到多位省领导的肯定批示。其中，《关于当前我省政商关系的调查报告》得到了全国政协副主席、全国工商联主席王钦敏，省委书记赵克志等领导的批示肯定。

2. 引导民营企业家守法诚信

积极开展普法宣传活动，促进法治教育进企业、进商会，引导民营企业坚守法律与诚信底线；组织企业家和商会代表，就改善民营企业营商环境问题与政法部门座谈，形成了以省反贪局名义出台的《关于依法理性办案切实保障和促进非公有制经济健康发展的实施意见》，推进了民营企业权益保障的制度化建设。

3. 注重年轻一代教育培养

开展了年轻一代非公有制经济人士思想状况调研，提出了教育培养工作举措。在新奥大学创建了民营企业家素质提升工程教育培训基地，联合北京大学、南开大学、香港金融管理学院和省内有关院校，举办了“创二代”民营企业家素质提升、青年企业家赴港素质提升、科技创新型企业家素质提升等专题培训班，开阔了他们的视野，提升了他们的素养。组织年轻一代接受革命传统和爱国主义教育，坚定他们听党话、跟党走的信念，动员他们积极参与精准扶贫、光彩事业。

（二）参与承办全联十一届五次执委会议暨全国知名民企助推河北协同发展大会，为民营经济发展注入新活力

参与承办全国工商联十一届五次执委会议暨全国知名民营企业助推河北协同发展大会，是省工商联贯穿2016年的一项重要工作。作为大会筹备工作的牵头单位之一，我们以民企入冀为主线，以招商引资为抓手，面向全国知名民营企业开展邀商招商和项目洽谈，全力办会、精准办会、务实办会，取得明显成效。

我们与省发展改革委、省商务厅协调配合，认真组织民企入冀，推动全省开展系列招商活动。省市两级共开展招商洽谈230场，其中大规模集中推介123场，小团组精准对接107场；全省共签约亿元以上实体项目1 188项，总投资16 629亿元。其中，我会牵头承办北京、上海投资说明会，知名民企助推河北协同发展峰会，河北招商内蒙古行、湘鄂行；配合举办西安、兰州经济技术合作恳谈会，深圳投资说明会，河北招商浙江行、江苏行、齐鲁行；协助省直有关单位及市县拜访了全国工商联340余家执委企业、31家直属行业商会及一大批知名民企，促成一批大项目、好项目签约和落地。全国政协副主席、全国工商联主席王钦敏对我会组织的民企入冀工作作出肯定批示。

会务筹备期间，省工商联机关干部及所属商会积极参与、主动作为，认真做好大会服务工作。特别是省工商联与省直单位通力协作，为参会代表提供“一对一”全程接待服务，使各项会务精准、高效。在省委省政府高度重视，全国工商联指导有力，省直有关部门积极配合下，大会筹备工作细致扎实，取得圆满成功，实现了全国工商联、省委省政府、参会企业家“三满意”的目标，得到了全国工商联和

省委省政府主要领导的充分肯定。

（三）加大服务平台建设力度，提振民营企业发展信心

为推进民营企业适应新常态、创造新作为、实现新发展，省工商联着力搭建企业服务平台，为民营企业创新发展、转型发展助力、铺路、鼓劲。

1. 推动民营经济发展政策落实

为解决我省民营经济发展问题，提振发展信心，省工商联参与了省委省政府《关于促进民营经济又好又快发展的意见》起草和参与全省民营经济发展大会筹备工作。大会召开和意见出台后，又通过组织民企座谈、深入基层调研、加大政策宣传等多种形式，积极推动大会精神和政策落实，帮助民营企业解读政策，掌握要点，全面准确地用好政策。

2. 解决中小企业融资难题

针对我省民间投资增速下滑的问题，我会牵头9家知名民营企业发起成立了中冀投资股份有限公司，注册资金100亿元，打造省级民营企业联合投资平台。省委书记赵克志、省长张庆伟对公司的成立作出重要批示，高度评价公司对稳定我省民营企业投资信心的重要意义；省长张庆伟专门主持召开由股东企业和省直部门参加的座谈会，对公司发展提出要求，指出方向。目前，公司运营顺利。省工商联还会同省工信厅与18家银行和2家保险机构签署了政银保合作协议，举办了银企保对接洽谈活动，达成部分贷款协议。

3. 服务民营企业“走出去”

与省侨联、省商务厅共同举办企业“走出去”国际产能合作交流会，推动民营企业优势产能参与国际竞争。开展全省外向型民营企业摸底调研，配合全国工商联建立和完善了民营企业参与“一带一路”建设数据库；不断探索完善“政府+商会+企业”对外服务平台；与加拿大中国商会、美国加州中国商会、澳大利亚中国商会等建立友好商会关系。

（四）开展“千企帮千村”精准扶贫行动，为全省扶贫攻坚贡献力量

按照省委省政府和全国工商联部署和要求，省工商联在全省启动了“千企帮千村”精准扶贫行动，动员、引导民营企业参与精准扶贫工作。我们赴广东、贵州学习了两省民营企业参与扶贫开发经验；制订并实施《河北省“千企帮千村”精准扶贫行动方案》，举行了“千企帮千村”精准扶贫行动启动仪式；指导各市工商联、直属商会动员和组织民营企业与贫困村进行对接，研究确定帮扶措施。经过努力，全省共有1 000家民企与1 000个建档立卡贫困村建立了结对帮扶关系，416家民企积极行动，启动扶贫项目548项，投入资金7 594万元。

“7·19”特大洪灾发生后，省工商联迅速动员全省民营企业积极投身抗洪救灾。在省工商联十一届七次常委会期间发出倡议，并组织部分企业家和商会现场捐赠。据统计，直属商会和会员企业捐款捐物合计1 600多万元。

（五）加强基层组织和机关建设，为促进“两个健康”提供支持和保障

1. 抓好“五好”县级工商联建设

开展了县级工商联“一个设立、五个有”回头看，对部分县级工商联进行了调研、督查。制订下发了河北省2016年“五好”县级工商联建设工作实施方案、全省“五好”县级工商联建设示范点考评办法，深入推进“五好”县级工商联建设。按照全国工商联要求，做好“五好”县级工商联互查。2015年，我省有22家县级工商联被确认为全国“五好”县级工商联。

2. 加强对商会的指导、引导和服务

组织直属商会会长参加学习习近平总

书记系列重要讲话精神专题培训，召开直属商会秘书长工作会议，制订《省工商联直属商会会长考核办法》，加强商会规范化管理。成立省非公有制经济商（协）会党委，按照应建尽建原则，大力推进直属商（协）会党组织建设，省工商联直属42家商会实现了党组织建设全覆盖。召开第四届海内外河北商会联席会议，搭建起商会交流和服务平台，增进了冀商合作交流，增强了冀商市场竞争力。

3. 加强机关作风建设

围绕强化政治意识、大局意识、核心意识、看齐意识，扎实开展“两学一做”学习教育和作风整顿，开展目标绩效考核，机关干部思想作风、工作作风、生活作风出现好转，“四种能力”进一步增强。

山西省工商业联合会2016年工作总结

2016年，省工商联党组认真学习贯彻落实党的十八大和十八届三中、四中、五中、六中全会精神和习近平总书记系列重要讲话精神，紧紧围绕省委“一个指引，两手硬”的重大思路和要求，团结带领广大非公经济人士和工商联干部坚定信心、鼓足干劲，全面促进“非公有制经济健康发展、非公有制经济人士健康成长”。

（一）认真学习贯彻习近平总书记系列重要讲话精神，教育引导非公经济人士健康成长

组织各级工商联、省级商会认真学习贯彻落实习近平总书记在全国政协十二届四次会议民建、工商联界委员联组会上的重要讲话精神。组织开展构建“亲”“清”政商关系的专题培训和系列教育活动，推进全省领导干部联系民营企业工作，省市县三级领导干部和省市两级主要部门负责人结对帮扶近5 000家民营企业，省工商联在全面联系指导的基础上派出9名优秀干部入驻企业排忧解难。继续开展以“守法诚信、坚定信心”为重点的理想信念教育实践活动，引导教育非公经济人士“对中国特色社会主义的信念、对党和政府的信任、对企业发展的信心、对社会的信誉”教育。组织全省非公经济人士开展学讲话、学作风、跟党奋进的“双学一跟”活动，凝聚了发展共识。

按照习近平总书记提出的“注重对年轻一代非公有制经济人士的教育培养”要求，组织年轻企业家开展“听党课·进军营”和实地考察交流活动，向全省发出《信义固本创新制胜——寄语全省年轻一代民营企业家》的号召，引导青年企业家继承发扬老一代民营企业家的创业精神和“听党话、跟党走”的光荣传统。

（二）组织开展“千企帮千村精准扶贫”行动

组织各级工商联、民营企业、商会组织全力推进“千企帮千村——精准到户”扶贫行动。联合省农业厅、省国资委出台了《山西省特色农业产业扶贫企业推进工作方案》，联合农发行山西分行起草了《金融支持精准扶贫行动战略合作协议》，初步构建了多部门联动扶贫的格局。全年共推动全省1 500多户民营企业、商会与

1 500 多个建档立卡贫困村建立结对帮扶关系，其中 855 户民营企业建立了帮扶台账信息，形成一批扶贫产业，带动了 5 万余贫困户，实现了企业发展和贫困户脱贫增收的“双赢”目标，省脱贫攻坚领导小组对振东制药等多家民营企业进行了表彰。与省委统战部、省光彩会共同开展了“山西光彩事业中阳行”活动，会上集中签约 14 个协议项目，拟投资总额 19.76 亿元。69 家民营企业和商会组织为中阳县捐款捐物共计 2 666.88 万元；11 家商会与 11 个贫困村结成了帮扶对子；4 家用工企业与中阳县达成了 1 000 余人的就业协议。以实际行动贯彻落实了中央和省委省政府关于脱贫攻坚的部署要求。

（三）开展经济服务，着力推动民营经济发展

积极推动贯彻落实省委省政府《关于加快民营经济发展的意见》和配套政策措施，开展多层面经济服务活动，着力破解发展难题。编印了《民营经济发展学习政策300 问》，免费发放给民营企业；在《山西日报》《中华工商时报》等主流媒体开设了 50 多期专版，建立“晋联通”微信公众号，全方位开展政策解读和宣传。联合省金融办发布了 66 家重点扶持民营企业名单。2016 年共投放贷款 79.14 亿元，受益企业超过 2 400 家。向省民营企业创新转型投资基金理事会组织推荐了 127 个备选民营项目。在民营经济“待批项目大起底”活动中。共受理民营企业待批项目 2 745 项，办结 1 956 项，办结率 71.26%。共为 861 家企业办理 3.5 万亩土地和 243.5 万平方米房产手续。国家发展改革委下发的《各地促进民间投资典型经验和做法》，将“待批项目大起底”活动作为典型经验和做法在全国进行推广，中央统战部对这项活动进行了表彰。

在省政府的统一组织领导下参与承办了全国工商联十一届八次常委会议在太原召开的相关会务组织和招商引资工作，在会前开展全国工商联 110 家常委企业全覆盖走访活动，摸底 22 家全联常委企业在晋投资生产经营情况，针对异地山西商会、全联常委企业在晋投资项目、民营企业反映的 70 项突出问题，协助省委省政府召开了解决民营企业反映问题集中协调会，把任务分解到有关地市和省直部门，积极推动问题的解决。协助省委省政府召开了民营企业助推山西转型创新发展大会和 10 场系列招商活动，大会共签约项目 298 个，总投资额 4 152 亿元，其中 100 亿元以上项目 7 个。为我省民营企业与国内知名民营企业搭建了交流合作的平台，让全国知名民营企业家走进山西、了解山西、投资山西，为今后全省改革开放、招商引资提供了广阔的发展空间。同时开展晋商文化寻根溯源、经贸合作洽谈等“重走万里茶路”系列活动，进一步加强对外联系，扩大晋商文化影响。

（四）发挥指导作用，强化基层组织建设

大力推进“五好”县级工商联建设，研究制定了“五好”县级工商联创建工作方案考评细则，全省共创建“五好”县级工商联 43 家，2016 年有 21 家被全国工商联确认为“五好”县级工商联，基层工商联的工作水平得到进一步提升。

加强对商会组织的指导和服务，探索中国特色商会建设。制定了《省级商会会长、秘书长联席会议制度》，推动商会规范化建设。指导省级商会建立党组织，以商会党建为抓手，加强对民营企业的服务和引导。组织企业家执委开展届中述职和履职考评工作，充分提高了执常委的履职意识和履职能力。山西省广东商会和山西省古玩协会荣获 2016 年度“创新中国特别奖”。

内蒙古自治区工商业联合会 2016 年工作总结

2016 年，内蒙古自治区工商联全面贯彻党的十八大、十八届三中、四中、五中、六中全会精神，深入学习习近平总书记系列重要讲话及治国理政新理念新思想新战略，认真落实习近平总书记考察内蒙古重要讲话精神和自治区第十次党代会的决策部署，紧扣中央和自治区党委政府中心工作，牢牢把握促进“两个健康”的工作主题，聚焦全面建成小康社会决战决胜阶段目标，凝心聚力，在非公有制经济领域汇集起全面建成小康社会、全面深化改革、全面依法治区、全面从严治党的强大正能量，为实现我区“十三五”开好局、起好步，为打造祖国北疆亮丽风景线，作出了应有贡献。

（一）认真做好非公有制经济人士思想政治工作

1. 深化理想信念教育实践活动，积极促进“两个健康”

自治区工商联持续开展理想信念教育实践活动。一年来，先后举办了学习贯彻习近平总书记在全国政协十二届四次会议民建、工商联界委员联组会上的重要讲话精神研讨班、十八届六中全会和自治区第十次党代会精神报告会，非公有制经济人士学习贯彻第十次党代会精神座谈会；累计举办各类培训班 30 余期，1 000 多名非公经济人士参训。建立宣传联动机制，提升宣传实效。联合主流媒体，唱响主旋律，弘扬正能量，发挥《内蒙古日报》、《实践》杂志、《中华工商时报》、《内蒙古商报》、工商联门户网站宣传非公有制经济主阵地作用，进行立体式、全方位宣传报道，为促进“两个健康”，提供更加强大的舆论支持。在媒体刊登宣传文章 120 余篇。2 名非公经济代表人士入围第六届（2015～2016）感动内蒙古人物候选人名单。向全国工商联和自治区党委办公厅、政府办公厅、政协办公厅、党委统战部报送各类信息 100 余篇。在理想信念教育实践活动中，做到了以学习培训增强信念，以文化建设凝聚力量，以宣传表彰扩大影响，教育引导成效明显。

2. 发挥优势助力我区精准扶贫

为了组织动员广大非公经济组织与人士参与扶贫攻坚行动，自治区工商联与扶贫办和内蒙古光彩会联合组织开展“村（嘎查）企合作”精准扶贫开发行动。“村（嘎查）企合作”精准扶贫领导小组多次召开工作会议加强指导，对盟市和旗县结对精准扶贫台账建立情况、精准扶贫效果进行了专项调研督查。依托媒体发布帮扶信息，落实帮扶政策，分享帮扶经验，树立帮扶典型，营造帮扶氛围。截至目前，全区已有 373 家非公有制企业与 373 个村（嘎查）结对帮扶，693 个扶贫项目投入资金约 14.53 亿元，惠及 1.74 万多个建档立卡贫困户和 6.5 万多名贫困人口。组织企业以各种形式捐赠资金及物品累计折合 7 081 万元。

（二）开展调查研究，积极参政议政

调查研究工作中，一是持续开展了上规模民营企业发展调研和百强民营企业排序发布活动。2016 年，我区 8 家企业入围中国民营企业500强；举办了“2016内蒙古民营企业100强”发布会，发布了2016内蒙古民营企业100强分析报告和百强榜单，此项工作已经成为工商联具有广泛影响力的工作。二是组织开展了制造业民营企业发展状况调研工作，通过召开部门座谈会，实地走访企业，发放问卷调查，征集典型案例，形成了我区制造业民营企业发展状况调研报告。三是配合全国工商联完成了促进民间投资第三方评估、第十二次私营企业问卷调查及民营企业信息直报工作。四是根据全国工商联的要求，组织开展了年轻一代非公有制经济人士思想状况及教育培养工作专题调研，并形成了调研报告。五是牵头组织黑龙江、吉林、辽宁三省一区工商联开展民营经济调研，撰写了《内蒙古民营经济发展报告(2015年度)》和《东北三省和内蒙古自治区民营经济发展报告（2015年度)》。在此基础上，完成了《关于加快内蒙古民营企业转型升级的调研报告》，其中提出的一些意见建议，自治区有关部门正在研究落实。六是根据自治区统战工作领导小组的要求，完成了私营企业和外资企业管理技术人员统战工作情况调研，撰写并报送的《我区私营企业和外资企业管理技术人员统战工作情况调研报告》一文荣获2016年度全区统战理论政策研究成果二等奖。七是联系有关职能部门、专家学者开展政策解读，增强非公有制企业对政策的理解和认知。参政议政工作中，按照自治区党委、政府的统一部署，配合改革牵头单位，先后对《2016年自治区政府工作报告》等征求意见稿，提出修改意见和建议。向自治区政协十一届五次会议提交9份提案，其中，《关于在经济新常态下支持民营企业发展的提案》被自治区政协评为优秀提案。为切实解决民营企业融资难、融资贵问题，与自治区金融办联合制定了《关于内蒙古自治区金融业支持非公有制经济发展十条措施》。

（三）全力办好首届蒙商大会暨内蒙古民间投资合作洽谈会

牵头组织承办了首届蒙商大会暨内蒙古民间投资合作洽谈会。来自世界各地的蒙商、优秀民营企业家代表等1 200多人参加此次盛会。大会取得了圆满成功，规模之大、影响之大、效果之好，前所未有，产生了良好的政治、经济和社会效果。据统计，各盟市以此次大会为契机，共有552个项目签订正式合作协议或者达成意向协议，投资额6 557.73亿元。其中正式签约项目268个，投资额为1 914.18亿元；意向协议项目284个，意向投资额4 643.55亿元。自治区党委副书记李佳在工商联报送的《内蒙古自治区首届蒙商大会暨民间投资洽谈会成果丰硕》工商联专报上作出重要批示：“自治区工商联围绕大局，主动作为，工作有声有色，望继续发扬做出新的更大的贡献。”目前蒙商大会已经成为工商联品牌工作。

（四）切实加强工商联组织建设

一是扎实推进“五好”旗县级工商联创建工作。制定下发了《2016年“五好”旗县级工商联建设工作实施方案》《内蒙古自治区工商联会员发展和管理办法》和《做好推荐2016年“五好”旗县级工商联工作的通知》，修订了《自治区工商联会费收缴办法》《“五好”旗县级工商联考核细则》，并推动盟市工商联制定本地区的“五好”旗县级工商联工作目标和实施方案，细化量化“五好”标准和考核认定办法。已评选出自治区“五好”旗县级工商联36家，入选全国“五好”旗县级工商联有26家。二是加强工商联商会组织建设。制定了《自治区工商联会员发展和管理办法》。已评选出自治区“五好”商（协）会34家；为了服务我区扩大对外开放和“一带一路”倡议实施，健全工作机制，与19个省级内蒙古商会建立了联系，在10个省（市）、一个计划单列市设立了内蒙古总商会联络处。与3个国家（英国、蒙古、美国）有关社团组织建立了友好商会关系。成立了自治区工商联青年工作委员会、妇女工作委员会和蒙商协作委员会，制定了相关工作章程、办法等。蒙商协作委员会围绕落实全区非公有制经济工作会议精神，进一步凝心聚力而举办了蒙商春晚。三是推动会员队伍建设。截至目前，自治区工商联新发展团体会员216家，企业会员4 379家，个人会员1 131个。全区工商联系统现有会员105 694家，所属各类商协会1 691家。累计向社会公布了105家对外挂牌会员单位名录。四是加强和完善非公有制经济代表人士综合评价工作。与自治区党委密切配合，对28名非公经济代表人士进行了综合评价，组织开展了自治区第四届中国特色社会主义优秀建设者评选的相关工作。

（五）积极引导非公有制企业构建和谐劳动关系

与自治区司法厅、综治办、人力资源和社会保障厅制定出台了《关于推进劳动争议人民调解工作的意见》。与自治区相关部门成功举办了“2016年民营企业招聘周”活动，组织全区3 177家民营企业，签订就业意向31 027人。结合非公有制经济法律维权现状和保障非公有制经济发展的工作实际，主动对接自治区法检“两院”，推动出台了《关于依法保护和促进非公有制经济健康发展的若干意见》和《关于充分发挥检察职能依法保障和促进非公有制经济健康发展的十二条措施》。

（六）认真开展“两学一做”学习教育，进一步加强机关党建工作

一是深入开展“两学一做”学习教育，切实提升干部思想教育水平。自“两学一做”学习教育开展以来，工商联党组围绕保持党的先进性和纯洁性，按照中央和自治区党委的统一部署，结合单位实际制订了《“两学一做”学习教育实施方案》，把“两学一做”学习教育作为今年党组工作的一项重大政治任务牢牢抓在手上。把学习与贯彻中央和自治区党委政府的决策部署、推进非公有制经济人士理想信念教育实践活动常态化结合起来，与引导民营企业适应新常态、把握新机遇、实现新发展结合起来。要求全体党员干部结合“两学一做”活动，以如何构建新型“亲”“清”政商关系为主题开展讨论并形成共识，班子成员认真带头开展专题研讨。二是机关党建和党风廉政建设工作进一步加强。不断强化领导班子领导核心作用，强化党建工作责任，强化思想理论建设，认真抓好党组织和党员队伍建设，以落实从严治党“1+3”制度体系为抓手健全完善党风廉政建设责任制，坚持管育并重加强干部队伍建设，同时加强对人才工作的宏观领导，用心用情做好老干部工作。三是严格做好巡视反馈意见的整改落实工作。按照自治区党委的要求，自治区工商联党组高度重视巡视整改工作，把落实巡视组反馈意见作为一项必须完成的重要政治任务，坚持问题导向，不折不扣地抓好整改落实。将巡视反馈意见指出的问题分解为四个方面19个具体问题，提出了针对性整改措施和整改任务，3次召开党组会议进行专题研究，多次召开专题会议听取和研究整改有关工作。目前整改任务正在有序推进中。

辽宁省工商业联合会2016年工作总结

2016年，在省委的坚强领导下、在省委统战部的精心指导下，辽宁省工商联认真贯彻落实党的十八大、十八届三中、四中、五中、六中全会精神，深入学习贯彻习近平总书记系列重要讲话精神，紧紧围绕省委省政府中心工作，坚持“两个健康”工作主题，圆满完成了各项工作任务。

(一）坚持对非公有制经济人士的教育引导，理想信念教育实践活动开创新局面

1. 加强学习培训工作

一是认真组织学习习近平总书记“3·4”重要讲话精神。按照省委要求，我们迅速组织省内民营企业认真学习贯彻习近平总书记“3·4”讲话精神。配合省委办公厅、省委统战部，组织召开全省学习贯彻习近平总书记“3·4”讲话精神座谈会。会上，省委书记、省人大主任李希发表了重要讲话。先后举办各市工商联主席、党组书记培训班，省直商会会长、省直商会秘书长培训班，各市商会会长培训班等，认真学习领会总书记重要讲话精神，累计培训各类人员2 000余人次。组织召开省工商联十一届第六次常委会集中学习讲话精神，研究贯彻落实具体措施。二是认真组织学习贯彻党的十八届六中全会精神。十八届六中全会召开后，在组织机关干部深入学习的基础上，在各市工商联主席、副主席、直属商会会长培训班上专门传达六中全会精神；在全省工商联组织工作会议上，向全省工商联执委、常委作学习六中全会精神宣讲报告。组织召开全省行业商会会长、民营企业家代表学习六中全会精神座谈会。

2. 加大宣传力度

一是发挥主流媒体宣传引导作用。全年各主流媒体共报道省工商联的重大活动和非公有制经济领域先进典型事迹60余篇次，有力地扩大了宣传覆盖面。二是发挥《辽宁商会信息》信息上传下达作用。加强对全省工商联工作进行宣传和指导，向各级党委、政府展示全省工商联工作。2016年，共计编发《辽宁商会信息》32期。三是充分发挥网络宣传阵地作用。全年，省工商联网站全年编发宣传稿件300余篇；上报全联网站信息120条，并全部登载。

3. 注重年轻一代非公经济人士培养

一是开展年轻一代非公有制经济人士教育培养专题调研，召开年轻企业家恳谈会，下发问卷近1 000份，了解掌握新生代企业家思想状况，形成了《辽宁年轻一代非公有制经济人士政治思想情况报告》。二是推进全省各地建立年轻一代教育培养组织。着力推动省直商会青年工作委员会的建设，并对未成立教育培养组织的市、县及商会进行了具体指导。三是加强典型树立和正面宣传。深入挖掘年轻一代创业创新先进事迹和先进典型，利用多种手段进行宣传引导。

4. 扎实推进民企信用体系建设

认真贯彻落实相关文件精神，坚持以社会服务业领域为重点，专门成立了辽宁

省社会服务业领域诚信建设推进委员会，创新性制定了辽宁民营领域信用评级标准，完善了一系列基础性工作，着力帮助企业防范信用风险，充分激发企业诚实守信内在动力。同时，就《辽宁省社会信用体系建设“十三五”规划（征求意见稿）》展开深入研究，提出了建设性意见。

（二）坚持深入实际调查研究，参政议政工作取得新成果

1. 积极开展调查研究和参政议政

一是在会员企业中发放3 000张问卷，召开各类座谈会，起草完成《辽宁省民营经济发展报告》。二是在坚持深入基层了解实情的基础上，积极为我省民营经济发展建言献策。在年初的省委省政府参政议政协商会上，就“十三五”我省经济发展所面临的问题与挑战，提出了改善营商环境，加大供给侧改革力度的建议。三是在省委、省政府召开学习贯彻习总书记“3·4”讲话座谈会后，对非公经济领域的突出问题进行了全面调研，向省委省政府提出了建议。四是配合全国工商联在省内开展制造业民营企业发展状况调研。围绕相关问题提出了意见建议并上报全国工商联。

2. 认真开展专项督查

按照省委的整体要求和部署，对各市落实非公经济发展相关政策情况进行了认真督查，提出了指导意见，形成了相关情况报告上报省委。同时，对全省各级工商联组织进一步发挥职能作用和加强自身建设等工作进行了实地指导。

（三）坚持服务大局，为非公经济服务工作展现新水平

1. “友好商会辽宁行”活动不断深入

一是通过不断创新活动的形式和方式，将活动贯穿于全年经济服务工作中。二是建立日常统计登记制度，做好各市工商联、各商会及各常委、执委招商项目的统计登记工作，并做好项目的跟踪落实工作。三是加强与海内外辽宁商会及辽商的联系与沟通工作，将辽商的引进作为外联工作重点，切实发挥辽商在反哺家乡、促进辽宁振兴中的重要作用。

2. 多角度多方式推进“大众创业、万众创新”

一是组织有关专家走进民企，帮助企业解决技术难题。二是与省教育厅合作，推动企业与高等院校、科研单位对接，收集几十所高校提供的可转化项目1 200多个。三是与省直相关部门共同承办“2016中国东北部地区国际科技合作活动”“中国第五届创新创业大赛辽宁赛区暨辽宁省第四届创新创业大赛”等活动，一批国内外先进适用技术项目与我省工商联会员企业实现对接。四是与相关职能部门、院校及各商会合作开展“创业指导专家校园行”“大众创业、万众创新”全省14市巡回宣讲、辽宁省大学生创业大赛等活动，为大学生创新创业开拓思想搭建平台。

3. 多渠道多手段帮助企业解决融资难题

一是积极搭建银企对接平台，进一步落实与工商银行辽宁省分行、建设银行辽宁省分行、民生银行沈阳分行的合作协议内容，努力促成浙商银行沈阳分行、浦发银行辽宁分行与省联的合作。二是与辽宁同格律师事务所、申银万国证券公司深度合作，为新三板上市企业提供相关服务。与辽宁股权交易中心建立起战略合作关系，为准备上市和已经上市企业提供相关服务。三是支持省工商联产业金融商会在沈阳发起设立同助财产相互保险公司。

4. 推动企业实施“走出去”战略

与省外经贸厅、省外办、省发改委、

省国税局等14家相关部门建立了服务企业"走出去"工作联系制度，组织会员企业参加首届"一带一路"论坛，召开商贸推介会、对接会，积极搭建民营企业"走出去"平台。

（四）坚持强基固本，组织建设工作再上新台阶

1. 稳步推进"五好"县级工商联建设

一是成立推动县级工商联组织建设工作领导小组，制定了建设标准和实施方案。二是建立县级工商联建设评价标准和考评体系，把加强基层组织建设与推进基层组织开展教育实践活动能力结合起来。三是加大对基层工商联薄弱地区的指导力度，全省"五好"县级工商联已达到33%。四是圆满完成全国工商联"五好"县级工商联督查任务，并推荐了29个县级工商联参评全联"五好"县级工商联。

2. 着力加强商会组织建设

全面强化商会的孵化、组建、管理和指导工作，至2016年年底，全省会员总数已突破31万人，工商联所属各级各类商会组织增加到2 661个。其中，省工商联直属的行业商会、异地商会增加到119个。

3. 组织机构逐步健全

在执委和直属商会中，选拔组建了省工商联组织工作、参政议政、宣教工作、经济服务工作、维权工作和对外联络工作等六个专门委员会，带动省工商联各项工作全面开展。

（五）坚持服务基层，"千企联千村·同走致富路"精准扶贫活动取得新突破

1. 加强组织领导

年初，与省委统战部、省扶贫办等有关部门组织成立辽宁省"千企联千村·同走致富路"行动领导小组，统筹推进全省民营企业帮扶脱贫攻坚行动。

2. 强化推动落实

印发《"千企联千村·同走致富路"精准扶贫行动实施方案》，明确相关要求。组织召开"千企联千村"精准扶贫行动工作相关会议，推动各项工作落实。多次深入各市县实地调研、指导相关工作。

3. 活动效果明显

截至2016年年底全省已有990个建档立卡贫困村与民营企业结成对子，参与企业1 050家，实施帮扶项目914个，投入总额5.13亿元。

（六）坚持贯彻全面从严治党要求，党建工作和自身建设树立新形象

1. 扎实开展"两学一做"学习教育

一是认真组织学习。从党组、机关党员干部、工商联系统三个层面组织学习了党章、党规和习近平总书记系列重要讲话精神，认真组织收听收看了习近平总书记"七一"重要讲话，及时学习传达了党的十八届六中全会精神、省党代会精神和省委经济工作会议精神。二是按照"两学一做"学习教育要求，党组组织6次中心组专题学习研讨，召开民主生活会深入开展批评和自我批评。党支部以"四讲四有"为专题进行了8次研讨，召开了"学习毛丰美实干促振兴""两学一做"专题组织生活会。

2. 切实履行全面从严治党主体责任

制订了全面从严治党工作方案，成立履行全面从严治党责任领导小组，修改完善了《省工商联党组议事规则》，重大事项坚持党组集体研究决策。全年组织召开党组中心组专题学习讨论12次，研究各类重大事项18次。贯彻民主集中制，坚持党管干部原则，坚持干部人事安排由党组集体决定，将组织意愿与民主测评相结合，严格执行政策，严格遵守程序。

3. 加强机关制度化、规范化建设

一是进一步理顺了部室关系，细化了

岗位工作流程，有效防止了职能不清和职责脱节，杜绝了工作中的推诿、扯皮现象。二是建立健全机关各项规章制度，并严格实施执行，着力提高了机关工作的质量和水平。

4. 以换届为契机，切实加强领导班子建设

一是认真学习贯彻中央关于换届有关要求，组织召开换届工作民主协商会议，认真指导各市换届工作。二是按照全省工商联换届工作会议安排，协助统战部完成对部分市工商联主席人选考察工作，做好省工商联换届的筹备工作。三是完成省工商联十一届五次执委会执常委的增补工作，为省工商联换届做好准备。

吉林省工商业联合会2016年工作总结

2016年，全省各级工商联组织紧紧围绕全省经济社会发展大局，牢牢把握“两个健康”工作主题，不断提升工商联工作科学化水平，为吉林经济社会发展作出了新贡献。

（一）思想政治工作取得新成效

1. 深入学习贯彻习近平总书记重要讲话精神

一是积极推进构建新型政商关系。多次召开主席会议、党组会议，研究贯彻落实总书记重要讲话精神的有效措施，引导各地工商联动起来。二是认真开展调研督导。先后7次组织开展“学习习近平总书记重要讲话精神”“构建亲、清新型政商关系”等调研活动。

2. 深入推进“四信”教育

一是全面推进理想信念教育实践活动。形成思想一致、目标同向、行动同行的良好局面。二是加强典型引导。组织开展创新创业我的故事、弘扬企业精神、践行核心价值、扶贫攻坚等方面的优秀典型系列宣传活动，在吉林电视台等媒体开辟专栏集中报道。三是积极参与社会信用体系建设。广泛开展诚信宣言签名、诚信宣誓和诚信企业挂牌活动，筹备开展民营企业守法诚信教育示范基地建设。四是扎实开展年轻一代非公人士思想状况调研活动。共发放问卷200多份，举办10场座谈会。五是教育培训工作取得新进展。开展会员培训近千人次。完成3期专题研修班的分类培训。组织全省500多名会员参加中央统战部党外院士专家服务团吉林行专题培训。在井冈山和延安举办全省推进五好县级工商联建设暨骨干会员专题培训班2期。

3. 为民营经济发展营造浓厚氛围

一是邀请中央电视台等国家媒体进行宣传。集中反映省委、省政府对突出发展民营经济的高度重视和重大政策支持。二是开展“天南地北访吉商”系列采访报道。赴全国各地采访12位优秀吉商代表，在吉林日报等主流媒体开设专栏进行系列宣传。三是圆满完成“吉商精神”征集宣传活动。征集建议3 705条，访谈专家、学者、企业家30人。四是制作完成了“大美吉林，大爱吉商”宣传短片并拍摄制作了4个公益广告，在机场、火车站等地利用户外大型宣传牌等媒介大力宣

传吉商精神。

（二）服务全省经济社会发展作出新贡献

1. 成功筹备召开2016首届全球吉商大会

7月27至29日，由省工商联承办的首届全球吉商大会成功召开。共邀请参会客商1 207人，遍布五大洲36个国家和地区。全国工商联、中国侨联、中企联等国家部委和兄弟省市工商联等应邀出席大会，近2 000人出席了大会开幕式。中央电视台、新华社等70多家海内外新闻媒体报道了大会盛况。共签订合作项目70个，合同引资额度达354.67亿元。

2. 服务全省经济社会发展的渠道不断拓宽

（1）积极拓展工商联服务经济社会的内容和途径。一是营造民营经济发展的良好政策环境、市场环境和营商环境。与省发改委等联合开展《关于组织申报东北地区民营经济改革试点》工作。组织开展了全省营商环境调研。二是夯实工商联经济服务工作的基础。开展上规模民营企业调研，对全省2015年度营业收入超过5亿元的民营企业进行统计上报。开展民营装备制造业调研，形成了《关于加快发展吉林省民营制造业的调查报告》，得到省委书记巴音朝鲁的重要批示。开展民营经济发展综合调研，深入松原、白城等地就推动民营经济发展和民营企业参与脱贫攻坚进行调研。

（2）主动做好招商引资和经贸交流工作。一是充分发挥工商联组织优势作用，借助吉商大会有利契机，围绕“邀请吉商回家”主题，积极开展招商引资工作，得到省委、省政府的充分肯定。二是做好招商引资工作。与江苏省工商联联合举办“吉林省—江苏省工商联民营企业家经贸合作交流会”。组织13户企业参加珲春国际合作示范区投资说明会、21户企业参加吉林省农业招商引资项目推介会、65户企业参加“中国光彩事业庆阳行暨民企陇上行活动”吉林省推介会等活动，取得良好效果。三是组织经贸交流活动。加强与异地吉林商会的沟通联系，引导各地吉林企业回乡开展经贸交流。组织4户企业参加第十六届西博会、71户企业参加2016韩国（亚洲）进出口商品展洽会、23户企业参加“东北亚人才区域经济高峰论坛”、3户企业参加第二届军民融合发展高科技成果展览会。四是与中国工商银行、吉商联合会共同主办全球吉商创新金融峰会，近千名国内外知名金融专家、学者及金融机构代表参会。

（3）扎实开展“民企帮扶脱贫攻坚光彩行动”。一是抓好动员部署。会同省扶贫办、省光彩会组织召开2次协调会，专题研究在全省民营企业中开展精准扶贫行动。组织近千人参加了全国推进“万企帮万村”精准扶贫行动电视电话会议。6月21日，省工商联十届四次执委会议对全省开展“民企帮扶脱贫攻坚光彩行动”进行了工作部署，向全省民营企业发出积极参与精准扶贫行动的倡议。二是抓好典型示范。以龙头民营企业为示范引领，积极组织企业和商会组织到贫困地区投资兴业、用工招聘、捐资捐助，带动一大批企业参与行动。全省568户民营企业结对帮扶贫困村259个，带动贫困户1 941户，企业投资总额2.51亿元，捐赠总额1 294万元。三是加强督导检查。先后赴7个市州召开10余次座谈会，督导民企帮扶脱贫攻坚光彩行动开展。10月24日，召开吉林省“民企帮扶脱贫攻坚光彩行动”推进会。12月上旬，成功迎接全国工商联对我省精准扶贫工作的检查验收。

（4）积极开展参政议政工作。围绕吉林经济社会发展，从转方式、调结构、产业发展、全民创业、营商环境等方面，向省政协十一届四次会议提交17份团体提案和大会发言稿件。4份团体提案被省政协评为优秀精品提案，并转发全省各地、各部门。“关于进一步推进我国医药健康产业发展的建议”被全国工商联采用，作为大会书面发言提交全国政协十二届四次会议。在省委、省政府、省政协召开的相关协商会、座谈会、论坛、咨政（议政）协商会上，提出了一些有针对性可操作的建设性意见、建议。

3. 服务民营企业成效显著

一是搭建银企商对接服务平台。先后向民生银行、邮储银行等进行了推荐对接。充分发挥吉林省工商联小微企业金融服务促进会的作用，累计为1 300余户小微企业发放贷款16亿元。二是举办“民营企业招聘周”活动。共组织3 845户民营企业参加招聘活动，提供岗位信息3.5万条，签订意向协议8.5万人，发放就业宣传材料近9万份。三是开展调研服务活动。深入企业帮助谋划发展思路和措施，帮助解决发展中的困难，通过各种渠道反映发展诉求，宣传推广先进典型，深得企业认可。完成了“进一步完善我省民营经济发展环境的对策建议”等调研题目，引起省委、省政府、省政协的重视和支持，有关建议、意见已经被吸收到《吉林省人民政府关于进一步促进全省民营经济加快发展的实施意见》中。四是积极拓宽法律服务渠道。组织法律巡讲团分赴全省各地巡讲。5个商会和100户民营企业建立了劳动争议预防调解组织试点。完成了全省协调劳动关系三方人员培训工作。开展了关于涉法生效判决未执行和被执行有困难的企业统计工作。完成民营企业发展法律环境情况调查问卷工作。与司法厅联合在全省各级工商联所属商会中建立民商事纠纷人民调解委员会。

4. 各级工商联组织自身建设不断开创新局面

（1）引导促进行业商会发展。到2016年6月，省工商联所属行业组织共229个，行业组织会员16 366个。新成立省家庭健康产业协会等6家行业商会。强化对行业商会的指导服务，实行商会会长、秘书长联席会议制度，组织4批省级商会会长、2批省级商会秘书长参加全联的培训。

（2）切实加强基层组织建设。组织开展县级工商联“一个设立、五个有”回头看活动。召开了“五好”县级工商联建设工作推进会。长春市朝阳区等13家县（市、区）工商联被全国工商联认定为2015年度“五好”县级工商联。筹备成立了全球吉商联合会，出台了《关于加强对吉商联合会的指导意见》，加强工作指导和管理。

（3）进一步加强执（常）委会和会员队伍建设。筹备召开省工商联十届七次常委会和十届四次执委会议。指导市州工商联完成换届任务。不断加强执（常）委会建设，认真执行执（常）委会议考勤制度规定。全省各级工商联不断加大会员发展力度，会员总数发展到5.3万个。

（4）大力加强工商联机关建设。深入落实领导班子理论中心组学习制度，全面推进“两学一做”实践活动，举办专题学习研讨。组织机关干部参加各级各类培训200多人次。不断健全各项规章制度，机关干部队伍素质和服务民营经济发展能力不断提高，工商联的凝聚力、影响力、执行力明显增强。

黑龙江省工商业联合会2016年工作总结

2016年，黑龙江省工商联在省委、省政府的领导下，在全国工商联和省委统战部的指导下，紧紧围绕省委、省政府中心工作，认真学习贯彻习近平总书记系列重要讲话精神，尤其是在全国政协十二届四次会议民建、工商联界委员联组会上讲话和两次对黑龙江的重要讲话精神，深入贯彻中央、省委经济工作会议、统战工作会议精神，切实提高履行职责的能力水平，努力开创工商联工作新局面，为促进全省非公有制经济人士健康成长和非公有制经济健康发展做出了新贡献。

（一）深化教育引导，促进非公有制经济人士健康成长

为深入贯彻习总书记关于深入开展理想信念教育活动、注重年轻一代教育培养、构建新型政商关系的新要求，省联与统战部联合下发通知，对以“守法诚信、坚定信心”为重点，深入开展理想信念教育实践活动进行部署。

配合全联开展了年轻一代非公有制经济人士思想状况、构建新型政商关系问卷调查，召开了部分市地党组书记座谈会，推进教育实践活动深入开展。各市地工商联结合实际，学习贯彻总书记3月4日重要讲话精神，组织年轻一代企业家参加省联“传承红色基因、坚定理想信念”培训班，结合纪念长征胜利80周年，开展“学历史、听党话，做合格接班人”主题教育等实践活动，引导年轻一代非公经济人士健康成长。一些市地工商联还充分发挥商会主阵地作用，举办法律教育培训班，开展警示教育，依托维权中心为企业提供法律援助等活动，增强企业家守法诚信意识。省联开展的“传承红色基因、坚定理想信念”教育做法，受到全哲洙书记的肯定，并批示“发信息专刊向全国转发”。哈尔滨市工商联“用真心顽强维权，动真情细腻服务”工作被《中华工商时报》开展的“2016创新中国”活动评为创新工作奖。

（二）加强服务，促进民营经济健康发展

调查研究，建言献策。针对我省民营经济偏弱，民营企业普遍关注“三门”“三山”等问题，省联多次召开企业家、商会座谈会，走进企业开展专项调研，并形成调研报告和提案。其中，配合省政府法制办、督查室等部门开展降低企业制度性交易成本调研，多项建议被纳入《关于我省降低企业制度性交易成本情况的督查报告》，报送陆昊省长。配合全国工商联开展的我省制造业民营企业发展状况调研，调研成果上报全联，全联向国务院呈送了专题报告，得到李克强、俞正声、马凯、孙春兰等中央领导同志批示。按照王钦敏主席部署，开展了黑、吉、鲁三省“民企行”活动项目落地情况调研，并对三省“要素”价格进行了比较分析，报送省委主要领导，并向全联和王钦敏主席作了专题汇报。

各市地工商联围绕当地党委、政府中心工作，扎实开展调查研究和参政议政工

作，形成调查报告 30 余篇，议案、提案 160 余件。

搭建平台，助推企业发展。一是科技扶企。为提升企业技术创新和成果转化能力，省联与省科技厅共同举办了“牵手科技、驱动发展”民营企业科技项目对接活动。13 市地收集科技需求 83 项，省科技厅筛选出需求比较集中的科技成果 18 项，在省联常委会上进行集中推介。省科技厅对国家和我省促进企业技术创新政策进行宣讲，推动我省科技成果更多向民营企业转移。加强与省科协、科学院合作，开展科技专家民企行活动，促进我省科技资源和产业资源有效对接。此项工作得到省委常委、省委统战部长孙尧同志高度重视，亲自指导并参加签约仪式。二是“金助民企”。为缓解融资难，突破融资瓶颈，省联与人民银行哈尔滨中心支行共同开展了“金助民企”活动，联合下发工作方案。选取全省 150 家有融资需求、市场前景好的民营企业，优先获得银行贷款。为推动活动深入开展，省联还与人民银行哈尔滨中心支行、中国银行及交通、浦发、招商、中信等 6 家银行行长走进哈尔滨 12 家民营企业，面对面给企业解决融资难题。三是法律助企。为合力优化发展环境，筹备成立“黑龙江省工商联民营经济法律专家委员会”和“民商事纠纷人民调解委员会”，省检察院在省联设立“检察联络室”。还将就相关工作，召开“合力优化环境、促进民企发展”启动大会。2016 年 2 月，对广东、浙江、湖北等省函询调研，征求检察院意见，联合拟定了《依法保障和促进非公有制经济健康发展的意见》，修改完善了《服务非公有制经济发展工作联系制度》。向省政府法制办推荐 22 名省工商联企业家副主席、副会长担任省政府行政执法特邀监督员，对我省执法环境进行监督。四是为民营企业“走出去”搭建平台。以第三届中俄博览会为契机，首次在境外承办了中俄两国国家级经贸活动，成功主办“中俄医药企业专业对接会”。为推进对接成果，全联医药商会组织 50 名企业家到齐齐哈尔、牡丹江市就中药材种植加工和基地建设等进行了考察。在第三届中俄博览会上开展的活动，得到全国工商联支持和国家商务部充分肯定，被省政协评为 2016 年度创新工作提名奖。省联还在北京与黑龙江省对俄经贸产业联合会等部门共同承办了“中俄重型装备联合制造与东北老工业基地振兴”专题研讨会，全国政协副主席、中俄友好协会会长陈元发来书面发言，俄罗斯有关方面和我省有关领导作了重要讲话。之后召开了黑龙江省基础设施 PPP 项目与全联城市基础设施商会对接会，哈尔滨、大庆等 5 个市地工商联及政府部门出席对接会，为我省拟引进与百姓生活密切相关的项目 67 个，计划投资 350 亿元。加强与“一带一路”、“中蒙俄”和“龙江丝路带”沿线国家交流。先后赴俄罗斯、蒙古国访问，与澳门中华总商会、法国法华工商联合会、加拿大龙商总会、埃及东北华商总会、俄罗斯乌拉尔工商会、马来西亚中华总商会、乌兰巴托市雇主联盟 7 家境外商会结为友好商会。五是成功举办龙商会长座谈会。来自全国各地的异地黑龙江商会、黑龙江异地（行业）商会会长，部分省工商联企业家副主席、副会长等 100 多人出席座谈会，凝聚了共识，汇聚了发展力量。

为提升企业家经营能力，学习发达地区经验，省联继续在浙江大学举办了民营企业家、县工商联主席、商会会长培训班。各地也积极搭建企业服务平台，开展金融、科技、法律、培训服务和招商引资等工作，有力地促进了当地经济社会发展。

（三）开展“百企帮百村联万户”精准扶贫行动

按照全联、国务院扶贫办、中国光彩会“万企帮万村”精准扶贫行动全国电视电话会议要求，省工商联、省扶贫办、省光彩会共同制订并下发《“百企帮百村联万户”精准扶贫行动方案》，组织全省各级工商联、光彩办和广大民营企业积极参与精准扶贫行动。截至目前，全省参与帮扶企业236个，实施项目344个，投入总金额5 477.15万元，帮扶贫困村116个，帮扶贫困人口3万余人。

各市地按照总书记提出的“要抓好落实、抓出成效”的要求，积极动员组织企业参与脱贫攻坚，开展“村企共建”、企业一对一帮扶贫困户和智力扶贫、资金扶贫等进行精准扶贫。仅哈尔滨市工商联在引导非公企业参与全市精准帮扶就成立34个帮扶小组，一对一帮扶34个贫困村。目前，已初步形成了企业参与、商会协调、政企共扶，上下联动的良好氛围。

（四）加强指导，不断推动基层组织建设

推进“五好”县级工商联建设。制定并下发《2016年全省“五好”县级工商联建设实施方案》和《实施细则》，召开“五好”县级工商联建设工作会议，组织“一个设立，五个有”回头看，创建了全省县级工商联工作者之家工作群。向全联推荐26家2015年度全省“五好”县级工商联参加全国县级工商联评选，其中哈尔滨道里区等20家县级工商联被评为全国“五好”县级工商联。

抓好商会建设。2016年多次向民政部门递交《关于省工商联所属商会暂缓脱钩的情况说明》，明确在全国工商联协商国家发改委出台有关工商联商会组织改革的正式文件出台前，暂缓我省工商联系统商会组织的脱钩工作。先后创建“龙商会长群”、“省联商会沙龙”等商会工作微信群，有针对性地加强商会服务工作，搭建工作信息共享交流平台。推荐14位省、市工商联直属商会会长参加全国工商联举办的四期“全国及省级工商联直属商会会长培训班”，选送省福建商会、省青年民营企业家商会等5位直属商会秘书长参加全国工商联举办的“直属商会秘书长培训班”。

大力发展会员。全省各级工商联积极发展会员，截至2016年年底，全省工商联会员总数56 568个，比2015年增加4 658个，同比增长8.2%。其中县级工商联会员27 148个，与2015年同期相比增加1 288个，同比增长4.7%。

上海市工商业联合会2016年工作总结

2016年，在市委、市政府以及市委统战部的领导下，在全国工商联的指导下，上海市工商联认真学习贯彻党的十八大以及十八届三中、四中、五中、六中全会精神，全面落实习近平总书记重要讲话精神、统战工作会议精神和《中国共产党统一战线工作条例（试行）》、群团工作会议精神，牢牢把握“两个健康”工作主题，围绕中心、服务大局，着力抓推进、促落实、补短板，各项工作取得新成效。

截至2016年年底，全市共有企业会员81 900家，建立会员后备库11 674家，市工商联直属商会、团体会员总计83家。

（一）学习贯彻落实党的十八届六中全会精神、习近平总书记重要讲话精神和统一战线一系列重大决策部署，深入开展非公有制经济领域统战工作和思想政治工作

在全市工商联系统中广泛开展十八届六中全会精神学习贯彻工作。通过中心组（扩大）学习会平台邀请市委宣讲团成员进行专题辅导，召开包括党员出资人在内的非公经济代表人士座谈会，带动掀起工商界学习贯彻全会精神的热潮。

学习宣传习近平总书记在全国政协十二届四次会议民建、工商联界委员联组会上的重要讲话精神。形成学习、宣传和调研三个方面重点工作包含28项具体工作任务。举行民营企业家全国“两会”精神座谈会、市政协工商联界别活动等进行集中传达学习。通过信息、专报等渠道以及新闻媒体、微信公众号、自有网站微论坛、微信群等新媒体扩大宣传效应。

广泛深入开展“守法诚信、坚定信心”理想信念教育实践活动。制订六大类35项具体工作，发挥督导机制作用，切实形成市区联动推进落实的格局。加强非公有制经济人士年轻一代工作，成立市工商联青年创业者联谊会，形成年轻一代工作的市区联动网络。

（二）以开展“五个方面问题”在上海的突出表现调研为契机，进一步优化非公有制经济发展环境

深入调查研究“五个方面问题”在上海的突出表现，积极反映问题建议。市委统战部、市工商联主要领导带队，相关会领导分工负责，联合市民营经济发展联席会议成员单位、区工商联开展调研，先后召开“五个方面问题”系列座谈会，实地走访区县、企业，摸清非公有制经济发展中的主要瓶颈和政策不落实等问题，提出有关对策建议。

切实发挥市民营经济发展联席会议作用。召开全体会议1次，审议通过《上海市贯彻落实习近平总书记重要讲话精神，围绕着力解决民营经济“五个方面问题”开展调研的情况及建议》和联席会议六项专题会议议题。全年共召开联络员会议13次，办公室工作会议18次，联系协调具体问题32件（次）。

开展民营经济运行监测、第三方评估和推动科创中心建设相关专题研究工作。扎实推进完善市民营经济运行监测平台，上半年民营经济运行监测分析报告成为市政府关于本市民营经济运行情况新闻发布会发布稿的主要内容。在半年度、一年度和二年度基础上继续开展三年来自贸试验区制度创新情况第三方评估。围绕上海科创中心建设，开展上海民营企业创新创业环境评价指标体系和上海科技创新中心建设中民营企业人才政策调查与研究。

（三）深化各项工作平台和机制，进一步提升促进非公有制经济发展的工作水平

深化民营企业科技创新成果展示平台。作为“上交会”执行办公室成员单位，组织民营企业参展第四届“上交会”（已连续三年参展），继续设立“创新中的上海民营企业”展区，并首次开辟港澳台商会联合展台，32家企业共有60多个技术项目参展。

健全法律风险防控和民商事纠纷化解机制。成立市工商联企业法务研习会、市工商联企业劳动关系沙龙，以此为平台组织开展法律法规、劳动关系政策等专题讲

座培训，共计培训560人次。进一步提升市工商联民商事人民调解委员会对民商事纠纷的化解能力，组织调解法院委托案件161件，调解成功140件，纠纷化解率87%，涉及金额5 800余万元；与市劳动争议仲裁院合作，接受委托调解劳动争议案件260件，调解成功220件，纠纷化解率85%。

加强法律服务平台建设。与市人民检察院以贯彻落实最高人民检察院《关于充分发挥检察职能，依法促进和保障非公有制经济健康发展的意见》、建立“亲”“清”政商关系为总体要求建立协作机制。与市高级人民法院建立民商事纠纷诉调对接工作机制。与市第三中级人民法院、知识产权法院签署“建立诉讼与非诉讼相衔接多元化纠纷解决机制”合作协议。

探索创新机制拓展对外合作交流平台。组织“2016外交官与民营企业家交流活动”，90名来自海内外的外交官、商协会代表与60多位民营企业家出席并探讨“一带一路”背景下中国民营企业“走出去”的机遇与挑战，连续四年举办的“外交官”活动已成为市工商联对外合作交流平台的重要载体。组织民营企业参加市台办赴台经贸参访团并由企业牵头成立了大陆首个“台湾青年法律人才实践基地”。与澳门中华总商会、澳门厂商联合会、澳门银行公会、澳门保险公会四大商会签署友好合作协议。与国外商协会及投资机构结好签约总数累计达79家，涉及35个国家和地区。为民企人员申办和换领APEC商务旅行卡达76人次，占全市办卡总数的1/3。

（四）充分发挥引导教育作用，促进非公有制经济人士履行社会责任

引导民营企业参与光彩活动和公益事业。在“万企帮万村”精准扶贫行动中建立台账统计，在建档立卡贫困村帮扶投资4.1亿元，与19个国家级贫困村建立村企结对帮扶4 910户14 530人，资助建档立卡贫困学生295人，培训贫困地区教育工作者等人员961人，带动建档立卡贫困人口就业220人，非遗产业扶贫200万元。组织民营企业参加中国光彩事业庆阳行、德宏行、贵州织金行，企业定向捐物折合人民币213万元；收到捐款1 020万元；向中国光彩会庆阳行、德宏行等捐款680万元。

引导民营企业参与对口支援和国内合作。组织民营企业到上海对口支援地区云南省和四川省考察，对重点产业进行项目洽谈和对接。组织劳动密集型民营企业赴新疆喀什开展就业援疆考察，了解当地情况，协商项目对接。在沪举办西藏自治区日喀则市工商联系统干部和非公经济人士培训班，46人参加（其中藏族43人），做好智力援藏工作。

促进非公有制经济人士积极建言献策。在市政协十二届四次大会上完成2篇大会发言、6篇团体提案，其中4篇被解决或采纳、1篇列入拟解决计划，《关于促进中国（上海）自贸试验区进一步制度创新的提案》被市政协评为“优秀提案”。

（五）夯实组织基础，不断加强商会建设和自身建设

优化会员结构。市、区、街镇三级建立会员发现发展工作机制，形成会员发现发展上下联动的良好局面。通过拓宽优秀信息采集渠道、与各职能部门建立联系、关注创新创业企业、组建商会等举措发现新的会员。加强会员数据库建设，市区两级工商联专门建立会员发现发展后备库。

加强商会建设。按照上海市加强社会

组织内部治理工作电视电话会议精神，部署推动所属社会组织内部治理自查自纠工作。结合上海产业结构布局发展，成立市工商联文化产业商会。开展优秀商会、优秀商会工作者评选，99家商会、99位商会工作者获得表彰。制订“五好”县级工商联建设工作实施方案，指导区工商联、基层商会不断加强组织建设，黄浦、徐汇、金山、青浦4家区工商联被确认为全国“五好”县级工商联。

加强自身建设。制定市工商联党风廉政建设“一岗双责”制度，推进党风廉政建设常态化、制度化。召开机关党员大会，选举产生中共上海市工商业联合会第二届机关委员会和第一届机关纪律检查委员会。制订《关于在市工商联机关全体党员中开展“学党章党规、学系列讲话、做合格党员”学习教育》实施方案，面向全体党员开展经常性教育。

江苏省工商业联合会2016年工作总结

2016年，江苏省工商联认真学习贯彻习总书记系列重要讲话精神，认真履行职能，为促进“两个健康”、建设“强富美高”新江苏做出了新的贡献。

（一）加强教育引导，理想信念教育取得新成效

1. 深入学习贯彻习总书记重要讲话精神，引导民营企业坚定发展信心

3月4日，习总书记在全国政协十二届四次会议民建、工商联界委员联组会上发表了重要讲话。总书记的讲话站在党和国家事业发展的战略高度，提出了一系列新思想、新观点、新论断，全省民营企业家备受鼓舞。邀请20位民营企业家，参加了省委召开的民营企业家座谈会。召开了主席（会长）圆桌会议，专题辅导习总书记重要讲话精神，引导民营企业家坚定发展信心。在《新华日报》开设专版、商会网站开辟专栏，刊登了17名工商联干部和26名企业家学习总书记重要讲话精神的心得体会。

2. 深入开展以“守法诚信、坚定信心”为重点的理想信念教育实践活动

编辑《江苏省民营企业守法诚信典型案例白皮书》。召开全省民营企业文化建设推进会，为27家民营企业文化示范点授牌。举办了青年企业家培训班，坚定了企业家对建设中国特色社会主义的信念。开展了“民营文化企业30强”“百名诚信之星”“十大诚信标兵”的评选表彰。推荐亨通集团党委书记、董事局主席崔根良为全国先进典型，中宣部授予他“时代楷模”荣誉称号。选树华西集团党委书记、董事长吴协恩为江苏省“时代楷模”。

3. 深入推进“百企帮百村”精准扶贫行动，树立民营企业家良好社会形象

召开了“百企帮百村”活动推进会，16个村企结对帮扶单位进行了签约。下发了《政策性金融支持“百企帮百村”精准扶贫行动战略合作协议》。建立了全省精准扶贫台账管理制度。全省已落实帮

扶项目 661 个，总投资 5.46 亿元；帮扶经济薄弱村 580 个，帮扶贫困人口 5.97 万人；开展经济管理、电子商务培训 300 多次，共 3 万多人；捐赠公益扶贫项目 472 个、公益帮扶资金达 1.29 亿元。编发了 13 期《江苏省“百企帮百村”扶贫活动简报》。

（二）谏真言献良策，不断优化民营经济发展环境

调查研究取得新成果。组织开展了商会党建、民营制造业发展、“降成本”落实情况等课题调研。撰写的调研报告上报全国工商联、省委、省政府和省有关部门。省委研究室在《调查与研究》期刊中全文刊登了“江苏民营制造业发展情况调查报告”；“推进供给侧改革，促进江苏民营经济新发展”一文，分别被《人民政协报》《新华日报》等报刊刊载。编发了《调查研究工作通讯》，建立了学习交流平台。组织了第十二次全国私营企业抽样调查，上报调查问卷 396 份，数量居全国第二位。

参政议政取得新成效。向省政协十一届四次会议、主席专题协商会、常委会报送发言稿 6 篇，提交工商联团体提案 10 个。其中《关于加强风险防范、推动企业积极参与“一带一路”建设的建议》、《关于支持和规范我省民宿业发展的建议》被列为重点督办提案，3 个提案被省政协评为优秀提案。组织召开了参政议政委员会四届一次会议，建立了 4 个参政议政工作站。

品牌工作取得新成绩。开展了促进民间投资政策落实的第三方评估工作，对民间投资政策落地落实提出了意见建议。对省政府出台的《关于降低实体经济企业成本的意见》落实情况，开展了专项调查和评估。制订下发了《江苏省工商联民营企业信息直报点工作考核办法》《关于规范和加强民营企业信息直报点工作的意见》。全省信息直报点达 24 个，信息直报企业 630 家。共完成 4 次、1 510 份的问卷调查任务。根据全国工商联综合考评，位列全国第一。全国民营企业 500 强，江苏有 94 家，居全国第二位。

（三）拓宽服务渠道，促进民营经济实现新的发展

创新服务方式促进企业发展。协调推动“苏民投”正式成立，这是由全省 11 家民营企业共同出资组建、注册资本达 86 亿元的省级民营投资集团。“苏民投”的成立，使我省一批大型民营企业实现了强强联合。同时，国家银监会已批准在南京筹建江苏苏宁银行，这是省内获准的首家民营银行。为促进民营企业拓展发展空间，实现产业转移，分别组织企业参加了“山西省承接产业转移推介对接会”“吉林—江苏民营企业经贸合作交流会”等经贸活动。搭建了产学研对接平台，支持科研院所与企业紧密合作。

助推企业增强科技创新能力。组织 7 家民营企业参加了第二届军民融合发展高科技成果展览，接受了习总书记的检阅。参加了首届中国军民两用技术创新应用大赛并获得优秀组织奖，56 家企业分别获得金、银、铜奖，占获奖总数的 18.7%，江苏南极机械有限责任公司的《倪氏压载水管理系统》、无锡航亚科技股份有限公司的《航空发动机压气机精锻叶片》获得金奖。推荐 18 个项目参加全国工商联科技进步奖评审，江苏豪森药业股份有限公司的“血液肿瘤靶向治疗新药”等 3 个项目，被评为一等奖。在工信部发布的制造业单项冠军示范企业和单项冠军培育企业名单中，我省民营企业分别有 6 家、9 家入选，占全国总数的 10% 和 15.5%。

引导企业参与"一带一路"建设。成立了引导服务民营企业参与"一带一路"建设领导小组。向全国工商联报送203家企业、320个"走出去"项目的数据信息。加强与政府部门的协作，参与全省"走出去"信息一站式综合服务平台建设。推动成立了美国江苏总商会。境外江苏商会的不断建立，加强了江苏民营企业与境外苏商、外国企业和政府的交流合作。拓展了与非洲10国和俄罗斯的合作伙伴关系，持续开展了中澳企业家双向驻点交流项目，中德企业双边洽谈合作取得重要进展。先后组织300多家民营企业参加了"2016江苏—南部非洲投资与发展高层论坛"和哈萨克斯坦"霍尔果斯—东门"经济特区投资推介会。

切实维护民营企业合法权益。根据中央和省委关于"七五"普法的部署要求，共举办法律知识培训87场，参加人员达5 074人。配合省司法厅、省普法办共同推进"法律三进"活动。省司法厅批准设立的人民调解委员会组织，已在全省商会中组建了61个，调解成功案件254个，涉及金额1 500余万元。协调各级司法部门受理维权委托147例，成功维权142例，维护了民营企业合法权益。在10家省直属行业商会设立了律师顾问团工作站，组织律师顾问团为企业提供法律服务46次。依托九省市工商联民营企业维权联盟，帮助江苏利华铜业集团规避了1亿多元的经营风险。我们以"民营企业和企业家刑事法律风险防范与控制"为主题，深入开展了法律大讲堂活动。与香港律政司共同举办"香港法律服务论坛"，增强企业"走出去"发展的法律意识。

（四）加强组织建设，充分发挥基层组织职能作用

基层组织建设不断巩固。全省已有90%的县级工商联达到了"五好"标准，创建工作走在了全国前列。同时，我们对创建工作提出了巩固创建成果，突破重点难点，力争完成全面达标任务，创建工作重心向乡镇商会延伸的要求。开展了创建工作"回头看"，要求所有达标工商联对照标准进行全面复查，配合全国工商联检查组对5个县区进行了检查。召开了全省"五好"县级工商联建设工作经验交流会。我省的创建工作受到全国工商联党组书记全哲洙同志的充分肯定，他在报告中作出批示：江苏的"五好"县级工商联建设工作值得认真总结和推广。我们按照全国工商联和省委统战部的部署，指导各设区市和县级工商联换届工作，统计汇总换届后领导班子和非公有制经济代表人士队伍的情况。开展了全省工商联领导班子、省直常执委和年轻一代代表人士规模、结构等情况的统计分析，为省工商联换届工作做好准备。

商会组织基础不断夯实。出台了《江苏省省直商会会长、副会长候选人考察评价办法》，对新成立的商会和商会换届前的领导班子成员进行考察评价，做到凡进必评、不存遗漏。对36名省级商会领导班子候选人、全国工商联直属商会6批14人进行了考察评价，初步形成了上下联动、省级互动的考察评价体系。举办了4期商会主要负责人、商会党组织负责人、商会秘书长培训班，共培训160人次。截至年底，全省工商联会员总数达294 646个；商会组织3 849个，其中乡镇（街道）商会1 229个，行业商会1 768个，异地商会447个；商会总数比上年新增105个。开展了"五好江苏商会"的创建工作，有4个省级江苏商会被评为2016年度"五好江苏商会"。

浙江省工商业联合会 2016 年工作总结

2016 年，省工商联牢牢把握“两个健康”工作主题，深入贯彻落实中央和省委、省政府的重大决策部署，以开展“贯彻落实年、组织建设年、创新提升年”活动为主线，围绕中心、服务大局，拉高标杆、补齐短板，开拓进取、扎实工作，实现了“十三五”开门红。

认真学习贯彻习近平总书记重要讲话精神。2016 年 3 月 4 日，习近平总书记在参加全国政协十二届四次会议民建、工商联界委员联组会时，就毫不动摇坚持我国基本经济制度、推动各种所有制经济健康发展发表了重要讲话。总书记的重要讲话是党的十八大以来党中央关于非公有制经济和非公有制经济人士工作的最全面最系统阐述，是当前和今后一个时期指导工商联服务和促进“两个健康”的纲领性文件。全省各级工商联把学习贯彻总书记重要讲话精神作为首要政治任务，迅速传达学习，广泛宣传引导，抓好贯彻落实，切实把思想和行动统一到中央和省委的决策部署上来。一是抓学习。配合省委办公厅、省委统战部，召开非公有制经济人士座谈会，省委书记、省人大常委会主任夏宝龙出席会议并作重要讲话，省四套班子领导出席会议，8 名非公有制经济代表人士畅谈各自学习体会。通过各种形式，加大学习培训力度，引导非公有制经济人士深刻理解讲话精神实质。全省共组织各类专题学习会、培训班、论坛和讲座 489 次，培训 44 248 人次。二是抓宣传。按照总书记提出推动政策落地落细落实的要求，加强对会议精神和涉企政策的宣传，组织开展“送政策、进企业”活动，全省各级工商联共编印各类政策汇编 5 万余册，开展上门送政策活动 1 200 多次，还通过各种形式宣传政策 2 937 次。三是抓落实。围绕总书记提出的“五个着力”和新型政商关系，深入开展调研，起草调研报告和政策意见，推动省委、省政府以“两办”的名义出台了落实“五个着力”促进民营经济健康发展的意见、构建新型政商关系的意见，制定了一系列指向明确、含金量高、操作性强的措施，走在了全国前列。

扎实开展“查短板、补短板”专项行动。根据省委十三届九次全会的部署要求，我会从服务省委、省政府中心大局和工商联事业发展的高度，在全省工商联系统内认真开展“查短板、补短板”专项行动，决定着重补齐思想政治工作、发挥企业家主体作用、服务民营经济发展平台、工商联基础工作、工商联所属商会改革发展等五块短板。省工商联十届七次常委会议就补短板工作作出全面部署，坚持高标准、严要求，对各项工作任务逐项分解、科学谋划、精心组织、狠抓落实，确保补短板工作取得实效。

紧紧围绕服务保障 G20 杭州峰会和打好转型升级系列组合拳履职尽责。围绕服务保障 G20 杭州峰会，引导和鼓励我省广大非公有制经济人士发挥主人翁精神，主动投身服务 G20 杭州峰会的热潮。40 多名浙商代表出席 G20 峰会，就世界经济发展贡献“中国智慧”；数百种“浙江制造”亮相峰会，充分展示了浙江制造的工匠精神和创新风采。峰会期间，省工商联参与礼宾接待等服务保障工作，得到外交部、接待团组和有关单位的高度评价。围绕浙商回归，举办和参与了浙商回归（北京）专题活动、天下浙商家乡行活动、知名浙商龙游行等20多项经贸交流活动，签约重大项目72个，总投资932.6亿元，引进了一批产业层次高、投资规模大、具有广阔发展前景的浙商回归项目落地。围绕“五水共治”和精准扶贫决策部署，全面总结“千企联千村合力治污水”专项行动的成绩，扎实开展“千企帮千村”精准扶贫行动，发动民营企业落实帮扶资金2.2亿元，实施扶持项目610个，涉及低收入农户集中村592个；召开民营企业慈善基金会负责人座谈会，探讨基金会参与精准扶贫新途径。围绕对口支援工作部署，组织开展“知名浙商海西行”活动，推动我省民营企业与青海省海西州达成了一批合作意向，助推产业援青和对口支援工作。

深入开展理想信念教育实践活动。按照总书记构建新型政商关系的新要求，以“守法诚信、坚定信心”为重点，进一步深化对非公有制经济人士的引导教育。一是加强典型宣传。会同省委统战部共同开展第五届浙江省优秀社会主义事业建设者表彰，授予48名非公有制经济人士荣誉称号，切实发挥典型的示范引领作用；会同省委宣传部、省内主流媒体，讲好浙商故事，宣传浙商典型，全省各级各类媒体（含自办媒体）共刊发非公有制经济人士先进事迹2 953篇（次）。二是强化教育培训。着力抓好非公有制经济代表人士、商会负责人、工商联领导干部和业务骨干的教育培训，提高思想政治工作的针对性和有效性。全省工商联系统共开展教育培训511次，非公有制经济人士参与人数42 077人次。三是开辟网上宣传教育阵地。加强微信公众号的运行和管理，探索“互联网+”思想政治工作模式，目前全省工商联系统已建立微信平台705个，初步形成立体化、多层次、全方位的宣传教育格局。四是增强民营企业家守法诚信意识。与省检察院、省公安厅分别召开座谈会，征求非公有制经济人士的意见建议，出台保障和促进非公有制经济健康发展的政策文件；与公检法司等部门建立健全合作机制，组织开展“法律三进”活动，积极引导非公有制企业依法诚信经营；开展民营企业劳动关系状况监测试点和行业协会商会劳动争议预防调解示范工作，努力构建和谐劳动关系。全省工商联系统共建立商会调解组织150余家，商会法律顾问覆盖率超过60%，为中小企业提供法律咨询1 000余次。五是推动建立政企沟通机制。会同省委统战部研究建立党委、政府与非公有制经济代表人士、重点商会沟通联系的平台机制，深化省领导联系省级浙江商会制度，全省各级工商联共推动建立政企联系沟通机制396个。受省委委托，首次邀请15位非公有制经济人士参加省委经济工作会议，听取工作报告，参加分组讨论，提出意见建议。

着力优化非公有制经济发展环境。围绕制造业成本、行政审批制度改革、制造业创新中心、“营改增”税制改革、湾区经济等课题，积极反映民营企业发展诉求，为省委、省政府制定有关文件提供决策参考。省市县三级工商联联动形成的《推进供给侧结构性改革、降低制造企业成本》调研报告，得到了省委、省政府多位领导的批示，提出的意见建议被大量吸收到省政府出台的《关于进一步降低企业成本优化发展环境的若干意见》中。做好上规模民营企业调研工作，2015年我省共有134家企业入围“中国民营企业500强”，入围企业数量连续18年名列全国第一。率先探索政协委员工作室创建工作，积极开展界别协商，提高参政议政工作的组织化水平。目前，工商联界别10位政协委员成立了工作室。此项工作得到了全国政协和省政协的充分肯定，全国政协理论研究会专门以省工商联界别为例刊发理论研究文章。

围绕提质增效升级加大服务力度。深化开展“金融服务进民企”活动，充分发挥小微企业金融促进会作用，为3 800多家小微企业累计融资50多亿元。认真做好国家级科技奖项的推荐、申报工作。全面深化与浙江科技学院、杭州科技职业技术学院合作，推动200余家企业与学院开展合作，培训职业技能人才650余名。联合省科技厅、省经信委、浙江省军区装备部举办“军民融合科技合作促进大会”，与中船重工军民融合发展研究中心签订战略合作框架协议，促进“民参军”。联合省质监局开展首届“品牌故事演讲”和浙江制造“百业百匠”寻访活动。举办“携手浙商丝绸之路行”系列活动，与英国、瑞士、白俄罗斯、泰国等驻沪机构共同开展经贸活动，做好我省民营企业赴巴西、阿根廷、美国、加拿大等国家开展经贸交流活动，积极承办“浙洽会”“消博会”有关活动，推动民营企业参与“一带一路”建设。

加强县级工商联建设。以创建“五好”县级工商联为着力点，深入基层，分类指导，督促落实。目前，全省已有61家全国“五好”县级工商联，省级“五好”县级工商联实现全覆盖。引导有条件的县（市、区）工商联争创“五优”县级工商联，认定杭州市西湖区工商联等19家单位为首批“五优”县级工商联。加强对市、县（市、区）工商联换届工作的指导，下发了关于严肃换届纪律的意见，指导9个市级工商联、46个县级工商联圆满换届。

优化会员队伍和商会组织建设。截至2015年年底，全省工商联共有会员26.69万个，较2015年增长13.69%，商会组织2 958个，较2015年增长10.83%。全面推进规范化示范商会建设，出台对所属商会和商会主要负责人的考核办法，新认定31家规范化建设示范商会。因机构改革和职能调整，积极履行异地商会指导和管理服务职能，31家省级浙江商会全部吸收为团体会员，做好17家在浙异地商会和3家区域发展促进会的业务主管单位划转工作。开展省外新生代企业家发展情况调研，加强新生代企业家联谊组织建设，全省已实现市级新生代企业家联谊组织全覆盖，成立县级新生代企业家联谊组织78家。

积极推进商会承接政府职能转移。会同省编办召开省工商联直属商协会承接政府职能转移工作部署会，在总结市县试点经验的基础上，启动省属商会承接政府职能转移工作，目前正在指导省汽摩配行业商会和省生态与环境修复技术协会梳理可承接职能目录，做好承接准备工作。

加强和改进机关自身建设。以开展“两学一做”学习教育为契机，着力提高干部职工的政治理论水平和业务素养，不断推进机关干部队伍建设，锻造党员干部过硬作风和能力，提振精气神，展示新作为。认真开展作风建设“回头看”，持之以恒、驰而不息地抓好作风建设。修订完善机关各项规章制度，机关办事程序进一步规范，办文办会质量进一步提高，工作执行力和效能全面提升。

安徽省工商业联合会2016年工作总结

2016年，安徽省工商联紧扣省委省政府中心工作，围绕“两个健康”工作主题，深入开展理想信念教育实践活动，积极服务民营经济提质增效，助力打赢脱贫攻坚战，为加快建设“五大发展”美好安徽作出了积极贡献。

（一）以习近平总书记重要讲话精神为引领，深入开展理想信念教育实践活动

学习贯彻讲话精神，坚定民营企业发展信心。习近平总书记在全国政协十二届四次会议民建、工商联界委员联组会上发表重要讲话后，省工商联积极协助省委省政府召开“全省贯彻落实习近平总书记重要讲话推进非公有制经济健康发展大会”，省委书记出席会议并讲话，省辖市市委书记、省民营经济领导小组成员单位和省直有关单位主要负责同志，省工商联十届常执委参加会议。会议规格高、规模大、措施实，体现了省委省政府对民营经济的重视和期望，鼓舞了民营企业家创业创新的信心和激情。

推动构建新型政商关系，引导企业守法诚信经营。配合全国工商联开展政商关系专项调研，通过工商联直通车向省委上报《关于加快构建新型政商关系的建议》，以省政协团体提案形式提交了《关于尽快出台构建新型政商关系实施意见的建议》，积极与省纪委联合起草推动构建“亲”“清”新型政商关系文件。开展“法律进民企、进商会、进机关”活动，举办诚信守法报告会，组织反腐倡廉书画作品巡展，开展多种形式法制宣传教育活动，荣获中宣部、司法部等部门授予的“六五”普法全国法治宣传教育先进单位。

加强非公经济领域党建工作，宣传非公经济领域先进典型。向141个会员企业和商会组织选派22名处以上党员干部组成的党建工作指导员，在省工商联直属行业商协会、异地商会和团体会员中成立5个联合党支部。建立与宣传部门和主流媒体的协调合作机制，宣传非公经济人士和企业先进典型，《中华工商时报》全年刊发安徽省稿件近百篇，《工商导报》刊发工商联、商会稿件1 000余篇，民营经济类稿件900余篇。

（二）围绕中央和省委省政府战略部署主动作为，助力美好安徽建设

推进安徽省与全国知名民企合作发展。与省经信委具体承办由全国工商联和安徽省人民政府主办的“安徽省与全国知名民营企业推动长江经济带战略发展洽谈会”，安徽省与全国知名民企签约亿元以上合同项目806个，投资规模7 355亿元。协助举办安徽省与中国民生投资股份有限公司战略合作座谈会，促进深度合作。参与省政府组织的2016中国国际徽商大会，顺利完成重要客商的邀请和接待任务。

引导商会、民企与地方政府合作发展。与马鞍山市政府共同举办“商会合作共建皖江——全国异地安徽商会马鞍山行活动”，21家省级商会、28家市级商会负责人参加活动，期间还举办了异地安徽商会负责人与原籍工商联负责人交流座谈会，加强异地徽商与各市工商联的沟通。

聚焦大别山扶贫开发，协助六安市赴武汉、杭州等地开展招商推介，与六安市委市政府共同举办“百家民企进皖西”活动，省内外近200名知名民营企业家参加会议，现场签约项目12个，总投资规模43.6亿元。

开展上规模民营企业调研和百强排序活动。联合省经信委、省商务厅、省地税局、省统计局、省工商局、省国税局等单位连续18年开展上规模民营企业调研和百强排序活动。召开2016安徽省民营企业百强排序发布会，公布了营收百强、纳税百强、进出口百强名单，发布了《安徽省工商联2015年度上规模民营企业调研分析报告》。安徽国购集团等4家企业入选中国民营企业500强并获得省政府50万元/家的表彰奖励。

促进优化民营经济发展环境。受省委改革办委托，在全省开展涉企收费清单制度落实情况第三方评估。评估报告得到省委、省政府主要领导批示，要求相关部门针对存在问题逐一整改。通过政协平台积极参政议政，向省政协十一届四次会议提交团体提案17篇，向省政协资政会、专题常委会提交报告3篇。为优化发展环境，组织开展了民间投资状况等10项调研活动，向省领导上报工商联直通车4期，其中《促进民间投资政策落实情况调查及建议》得到主要省领导批示，多条建议被吸纳进省委省政府《关于进一步促进民间投资的若干意见》。推进民营企业信息直报点建设，制定了监测指标体系、直报点工作考核办法，直报点数量达到1 715个，位居全国前列。

（三）创新工商联服务体系，推进民营经济转型升级

打造“七个中心”形成“五大体系”。不断打造投融资服务中心、商会调解中心、人力资源市场、信息服务中心、企业家培训中心、“走出去”办公室、职称评审办公室，逐步形成集银企对接、股权债权融资为一体的投融资服务体系，集法律维权、仲裁、调解为一体的法律服务体系，集人才供需对接、专业培训、职称评定为一体的人才服务体系，集线上线下为一体的信息服务体系，集政策宣传、业务咨询、产业对接为一体的“走出去”服务体系。特别是成立职称评审办公室，首次在会员企业中开展建筑、电力工程初、中级专业技术职称评审，612人取得工程师任职资格，338人取得助理工程师任职资格，为工商联开辟了新的服务途径。商会调解仲裁工作成果显著，与省高院联合下发《关于进一步完善非公有制企业矛盾诉调对接工作的意见》，创新商会调解工作。2016年接待咨询973件，企业维权纠纷106件，仲裁案件120件，总标的额超过100亿元。

搭建民营经济创新创业平台。推进民营企业科技创新联盟宣城项目加快落地，谋划成立科技创新联盟智能制造等领域一专多能型人才培训中心、合肥总部基地和创客中心。协同省委统战部举办创业梦想进高校报告会暨光彩创业贴息资金发放仪式。发掘民营企业创业创新典型，合肥荣事达集团双创中心经验得到李克强总理的批示肯定。推荐10家民营企业参选《军民两用高新技术民营企业及产品推荐目录》，积极推进军民融合发展。

拓展民营企业发展空间。引导民营企业参与“一带一路”建设，参加境内外多项推介活动。积极参与省政府主办的对俄交流、走进非洲等活动，得到省有关方面肯定。建立与省发改委合作机制，共同举办安徽投资项目推介会，向社会推介项目260个，总投资3 009亿元。成立省城市基础设施投资商会，组织企业赴阜阳、六安、马鞍山等地考察对接。

（四）开展“千企帮千村”行动，致力精准扶贫工作

根据中央、全省扶贫开发工作会议精神和全国工商联等单位“万企帮万村”扶贫工作方案，省工商联联合省扶贫办、省光彩会、省农行于 2016 年 3 月启动安徽省民营企业“千企帮千村”精准扶贫行动。省工商联成立专门机构，建立脱贫需求项目库，推动出台《安徽省扶贫贴息贷款管理办法》，建立了会领导、相关处室对口联系各市和 9 个重点县联系机制，组织商会、企业赴利辛、太湖、怀远、金寨、临泉、定远、泾县、石台、阜南等 9 个重点县与贫困村结对签约。扎实做好“双包”帮扶点怀远县三关村和“同心示范工程”联系点金寨县桥口村扶贫工作，多方筹资帮助建立光伏电站、留守儿童培育中心等。积极组织先进典型企业参加国务院“万企帮万村”精准扶贫行动湖北现场交流会及安徽省政府扶贫经验交流会，并在中国光彩会五届二次理事会、全省社会扶贫工作经验交流会上作交流发言。截至 2016 年年底，安徽省参与帮扶企业 2 036 个，帮扶贫困村 1 558 个，实施项目总数 2 358 个，投入总金额 6.2 亿元，有力推动了贫困地区发展，得到省委省政府主要领导的充分肯定。

（五）夯实工商联组织基础，全面加强自身建设

加强基层工商联和商会组织建设。积极指导县级工商联加强自身建设，印发了《安徽省工商联 2016 年“五好”县级工商联建设工作实施方案》，召开了“全省组织工作暨‘五好’县级工商联创建推进会”。全省有 41 家县级工商联被确认为全国五好县级工商联，达到总数的 40%，提前超额达到全联要求。扎实推进会员队伍建设，截至 2016 年年底，全省工商联共有会员 193 506 个，比去年增加 14 933 个。举办省工商联商协会秘书长培训班，指导成立省青年徽商商会、省豫商联合会、省山西商会，指导相关商会到民政部门登记注册，促进行业商协会规范化建设。积极推动商会立法工作，《安徽省商会条例》已被省人大列为预备审议项目。

加强党的建设和机关建设工作。扎实推进省委巡视反馈问题整改，认真贯彻全面从严治党方针，进一步发挥党组领导核心作用，履行政治领导责任，切实把“两个责任”落到实处。进一步强化制度建设，全面加强内控管理，严格执行财经纪律，特别是加强对投资决策、会费管理等重点领域的风险防控和监督制约。推进机关效能建设，建立工作督查制度，定期检查通报重点工作进展、党建、效能建设和作风建设等情况，对效能建设出现问题的个人和处室，实施评先评优一票否决，进一步改进了工作作风，促进了提质增效。

福建省工商业联合会 2016 年工作总结

2016 年，福建省工商联强化“四个意识”，在以习近平同志为核心的党中央坚强领导下，深入贯彻落实中央和省委、省政府的决策部署，坚持“两个健康”

工作主题，不断开创工商联工作新局面，为建设“机制活、产业优、百姓富、生态美”的新福建，实现我省“十三五”良好开局作出积极贡献。中共中央政治局委员、中央统战部部长孙春兰，全国政协副主席、全国工商联主席王钦敏，中央统战部副部长、全国工商联党组书记全哲洙等领导对我省工商联有关工作给予充分肯定。

（一）深化教育引导，促进非公有制经济人士健康成长

一是深刻领会习近平总书记系列重要讲话精神和治国理政新理念新思想新战略。认真学习十八届六中全会精神和习近平总书记在全国政协十二届四次会议民建、工商联界委员联组会上的重要讲话精神，以及省第十次党代会精神，引导我省广大非公有制经济人士看清大势、提振信心，自觉在思想上、政治上、行动上同以习近平同志为核心的党中央保持高度一致，积极投身建设新福建的伟大事业。二是持续深化开展“守法诚信、坚定信心”为重点的理想信念教育实践活动。依托知名高校、社会主义学院及其他社会资源，分3批组织200多名常执委、商协会负责人、青年企业家培训；组织所属商协会开展“守法诚信示范商会”创建工作；开展“讲述闽商好故事”活动；大力倡导诚信文化建设，认定32家省民营企业文化建设优势企业。三是深化“‘亲’‘清’润闽商，促进两健康”系列宣传教育活动。联合省纪委、省委统战部，邀请专家学者、党政领导、民营企业家围绕构建“亲”“清”新型政商关系作专题报告；38位闽籍民营企业家联名发出“‘亲’‘清’共融谋发展、同心助力新福建”的倡议；组织民营企业家、商协会负责人参观反腐倡廉警示教育基地；出台《闽商廉洁文化示范点建设指导性意见》，选出10家民营企业作为示范点。

（二）围绕坚定信心，助推非公有制经济健康发展

一是积极议政建言。开展制造业民营企业发展状况、年轻一代非公有制经济人士教育培养、新型政商关系等10多项专题调研，形成调研报告80多篇，其中3份报告分别被省委政策研究室《调研文稿》、《调研内参》采用，1份报告获全国工商联系统优秀调研成果二等奖，5份报告在第十二届建言献策论坛上获优秀调研成果奖。向省政协十一届四次会议提交大会发言4篇，提案11件，2件提案获全国工商联系统优秀提案奖；《企村结对精准扶贫同心助力“造福工程”》《关于推动民营资本参与PPP项目的建议》等2件调研成果列入省政协专题协商，《关于做优闽北稻米产业的建议》获于伟国省长批转相关部门办理；编发《民企诉求反映》，上报信息538件，获省级以上领导批示6件次。二是强化服务合力。制定《关于加强和改进法律服务工作的实施办法》，印发《涉企案例和法律政策选编》；建立健全与省高院、省检察院联络机制，通过开展联合调研、专题座谈等方式，依法保障和促进非公有制经济健康发展；深化与人社厅、工会等单位的协作，发挥工商联商会组织在劳动关系三方协商中的作用。搭建经贸平台，组织上千位企业家参加项目推介会、电子商务会、招商引资会、军民融合展等21场省内外经贸活动；开拓国际市场，联合承办第五届世界闽商大会、主办第九届中德经济合作对接会，组织民营企业参加“福建—非洲国家”合作对接会，强化闽港澳台商会交流，密切与“一带一路”沿线国家政府机构、商会组织交流交往；构筑人才支撑，开展“五师”进商会活动，持续做好非公有制企业专业技术人员职称评定工作。三是营造良好舆论。推动主流媒体和新兴媒体宣传新闽商、展示正能量，联合今日头

条打造“闽商之家”头条号宣传平台，一年来各级媒体刊登我省各级工商联、商会组织、民营企业宣传报道800多篇，为我省民营经济发展营造良好的舆论氛围。省工商联“成立闽商产业联盟，助力民企转型发展”专项工作，荣获2016年度“创新中国”工商联（商会）工作特别奖，福耀玻璃和九牧集团荣获中国质量奖提名奖，93位民营企业家荣获“福建省非公有制经济优秀建设者”称号，5家民营企业荣获福建省政府质量奖，13家企业入选2016年度国家两化融合管理体系贯标试点，9家企业入选“2016中国民营企业500强”。

（三）推动精准扶贫，彰显闽商社会担当

一是“百企帮百村”精准发力。突出目标导向、结果导向，找准“穷根”、“精准”发力，实现真扶贫、扶真贫、真脱贫。截至2016年年底，全省已有601家企业（商会）与575个贫困村签订结对帮扶协议，帮扶资金投入3 200多万元。二是闽宁对口扶贫协作久久为功。充分发挥闽商、商会组织以商引商、以会引商的优势，组织157位闽商参加“百名闽商宁夏行”，签约41个项目投资总额达240多亿元；捐资500万元帮扶宁夏建档立卡贫困户和贫困人口；通过产业合作、劳务协作、人才支援、资金支持等方式，变“输血”为“造血”，不断增强帮扶地区的内生发展动力。2016年，我省闽宁对口扶贫工作被中央统战部评为“全国统战工作实践创新成果奖”，在全国工商联“万企帮万村”暨东西部扶贫协作座谈会上，我会作为东部地区的唯一代表作大会发言。三是光彩事业成果丰硕。动员民营企业与省内外商会组织捐款捐物1亿多元，支援“尼伯特”台风灾后重建；组织民营企业参与中国光彩事业庆阳行暨民企陇上行、云南德宏行，捐款250万元、物资价值950万元；参与省统一战线助力政和脱贫攻坚工作，组织9家企业和商会与政和县10个建档立卡贫困村签订结对帮扶协议，并捐赠助推资金400万元；举办“同心·海西春雨光彩助学”捐助活动，资助335名师生160多万元。

（四）夯实基层基础，提升服务“两个健康”能力

一是抓牢基层工商联建设。指导基层工商联做好换届工作，选出一批思想政治强、行业代表性强、参政议政能力强、社会信誉好的领导班子；推进“五好”县级工商联建设，28个工商联荣获全国“五好”县级工商联，35个工商联被评为省级“五好”县级工商联。二是切实加强商会引导指导服务。健全发展商会组织网络，指导成立2家省内商会和2家异地福建商会，吸收2家商会为省工商联团体会员，截至2016年12月底，福建省工商联会员16.6万个，所属各类商会2 163家；推动统战工作向商会组织有效覆盖，所属47家商协会有22家成立党组织，3家商会团组织荣获“省直级青年文明号”；注重商会组织规范化建设，出台《福建省工商联团体会员发展和管理工作意见》《关于指导引导和服务异地福建商会建设的实施办法（试行）》等加强商会建设的文件；突出关键对象，选送18位商协会会长、秘书长参加全国工商联的学习培训。三是抓实机关自身建设。落实全面从严治党要求，抓好党风廉政工作，推进机关作风建设，提升服务和促进“两个健康”的工作实效；主动配合省委巡视组对工商联党组的巡视工作，积极支持驻省委统战部纪检组的巡查工作；深入开展“两学一做”学习教育，引导机关党员践行“四讲四有”，提升干部职工的“四个意识”“四种能力”。

江西省工商业联合会2016年工作总结

2016年，江西省工商业联合会深入学习贯彻党的十八大，十八届三中、四中、五中、六中全会和习近平总书记系列重要讲话精神，在省委、省政府的正确领导下，在全国工商联、省委统战部的具体指导下，坚持促进“两个健康”工作主题，围绕中心，服务大局，各项工作取得新成效。

引导和代表非公有制经济人士积极参政议政。江西省工商联在省政协十一届四次会议上提交了《打通农村电子商务“梗阻” 加快我省农业现代化进程》《关于加快培育我省互联网金融产业的提案》《有效化解产能过剩 推动我省水泥行业健康发展》《增强我省非公有制企业“走出去”竞争力》等4项提案，其中《打通农村电子商务“梗阻” 加快我省农业现代化进程》提案被选为会中办案提案并由省政协副主席亲自督办。雷元江主席代表省工商联在省政协十一届四次会议上作题为“加快培育我省互联网金融产业”的大会发言。

围绕促进非公有制经济发展开展各类调查研究。精心开展“民间投资下滑”“构建‘亲’‘清’政商关系”“降成本优环境”“旅游产业”四大主题调研工作。6月至8月，深入基层，深入企业，扎实开展调查研究工作，形成《民间投资增速下滑的成因及对策》的调研报告，受到省领导高度重视。刘奇省长批示：“该调研报告有很强的针对性，不少建议可在今后工作中采纳。”毛伟明副省长批示：“密切关注投资尤其是民间投资的变化，分析原因，采取有力措施，保持全省投资平稳、合理、有效增长。”《民企参与视角下国企“混改”新突破调研》的专报，得到李贻煌副省长批示。

加强非公有制经济人士思想政治工作。以“守法诚信、坚定信心”为重点，深入开展理想信念教育实践活动，着力引导非公有制经济人士树立对中国特色社会主义的信念、对党和政府的信任、对企业发展的信心、对社会的信誉。贯彻习近平总书记“要引导非公有制经济人士特别是年轻一代”指示精神，深入开展年轻一代非公有制经济人士工作专题调研，成立江西省新生代企业家商会，南昌、九江、萍乡、鹰潭、宜春、上饶、吉安以及22个县级工商联成立新生代企业家商会，共有会员1 212名。开展“建设美丽江西·非公有制经济人士在行动”主题实践活动，积极响应省委、省政府打造美丽中国“江西样板”战略部署，组织非公有制经济人士围绕“建设美丽江西”谈认识、献计策、明举措，刊登了2 800多条非公有制经济人士建言献策信息。发挥优秀非公企业典型示范作用，在《江西日报》大力宣传方大特钢科技股份有限公司、江西东旭投资集团有限公司、博能控股集团有限公司等8家民营企业建设美丽江西典型事迹，开展“百媒进千企”系列宣传活动，全省组织100家媒体，对1 000余家民营企业和商会先进典型进行宣传报道，并编辑完成《江西品牌故事汇》和《江西省非公有制企业挖潜力降成本促发展典型案例》。

围绕中心，扎实开展招商引资活动。江西省工商联会同省商务厅对全国工商联十一届四次执委会议暨全国知名民营企业助推江西发展升级大会项目落地情况进行了跟踪督查，截至2016年12月，已注册项目2 004个，注册率达96.58%；已进资项目2 010个，实际进资5 103.77亿元，进资率44.38%；已开工项目1 939个，开工率93.45%；已投产项目1 363个，投产率65.69%。参与了第四届世界绿色发展投资贸易博览会、第九届中国绿色食品博览会的筹备工作。

服务大局，积极引导民营企业“走出去”。江西省工商联组织60名民营企业家赴埃塞俄比亚、赞比亚、肯尼亚，赴印度尼西亚、澳大利亚、新西兰，赴英国、德国，赴柬埔寨、孟加拉、印度经贸考察团等4个团组，深入考察“一带一路”沿线国投资环境，促成正邦集团投资2 000万美元在埃塞俄比亚建立饲养基地，协助南昌涂料协会、赣州亿通外经公司等6家企业前往非洲、东南亚国家开拓市场。组织企业家参加2016赣港经贸合作活动、战略性新型产业（杭州）推介会、江西省现代服务业（南京）推介会、全国民营企业与西部高端产业合作发展大会等活动，密切了江西与省外的经贸往来。“一带一路”服务中心基础工作进一步夯实，构建了海外商会联系网络，与52个沿线国家、重点国家的57个商会建立了联系，并与其中的19个商会签定了经贸友好合作协议；成立了江西省民营企业“走出去”合作联盟，共有126家成员单位。

延伸手臂，积极组建境外商会。江西省工商联加强同各国政府部门、商（协）会、同乡会的联系，推动组建了赞比亚、印度尼西亚、柬埔寨、日本、英国等5家江西商会；协助筹建美国、法国、尼日利亚、坦桑尼亚、泰国等5家江西商会，为民营企业“走出去”打通了渠道。接待了赞比亚、印度尼西亚、英国、澳大利亚、博茨瓦纳、肯尼亚、日本等国家江西商会以及加拿大中华总商会、美国南加州江西同乡会、意大利佛罗伦萨工商业联合会的来访，并签订友好经贸合作协议。

服务非公有制经济健康发展。一是发布江西百强民营企业。开展第三次“江西民营企业100强”调研排序工作，形成了《2016江西上规模企业调研分析报告》，发布江西民营企业100强、江西民营企业制造业100强、江西民营企业服务业20强名单，受到全省广泛关注。二是开展万人培训。江西省工商联全年举办培训班3期，财智大讲坛11期，培训人员3 501人次。三是筹建“赣民投”。在广泛开展调查研究、借兄弟省市经验的基础上，江西省工商联牵头筹建“江西民营联合投资有限公司”，有10余家企业有意向参加筹建，促进民营企业转型升级、实现民间资本投资领域抱团发展迈出重要步伐。

积极引导非公有制经济人士履行社会责任。联合江西省扶贫办和省光彩促进会把开展“千企帮千村”精准扶贫行动作为头等重要的政治任务来抓。截至12月底，全省有1 374家民营企业帮扶贫困村1 273个、贫困人口129 700人，共实施帮扶项目1 658个，投入资金44 729.08万元，行动取得初步成效。在全国“万企帮万村”精准扶贫行动现场会上，江西省委统战部副部长、省工商联党组书记李青华作为全国唯一一名省级单位代表作了大会典型发言。与中国农业发展银行合作，组织55家民营企业产业申报扶贫项目融资意向，组织民营企业参与“中国光彩事业庆阳行暨民企陇上行”活动和“德宏行“活动。

维护企业合法权益，促进企业和谐发展。江西省工商联出台了《江西省工商联关于加强法律服务和维权工作的意见》，组建了“百名律师服务团”，成功化解晶科能源控股有限公司和明冠新材料股份有限公司之间的经济纠纷，省委书记鹿心社同志对此作出批示：“这件事办得好。感谢工商联及参与支持调解的各方、各有关单位为建设‘和谐江西’作出的贡献！”

加强组织建设，做实非公党建。积极履行江西省非公有制经济组织党委职能，成立了4个省非公党建工作指导小组，建立了157家直属会员企业台账，实现10家规模以上直属会员企业、16家直属商（协）会和157家直属会员企业的党组织和工作“两个覆盖”。做大基层组织，着力吸引战略性新兴产业、先进制造业、现代服务业、文化创意产业企业入会，大力积极吸纳小微企业入会，增强了会员队伍的广泛性和代表性，截至2016年12月，江西省工商联共有会员141 509个，比2015年增加15.0%。按照“自我发展一批、指导成立一批、团体会员吸收一批”的思路，全年省工商联新增商会12家，共有商会组织2 188个。召开全省“五好”县级工商联建设现场推进会，命名了第二批24家全省“五好”县级工商联，县级工商联主席进入同级人大、政府和政协领导班子的比例达到66.3%。继续做好江西省“同心谷·赣商之家”建设，着力总部基地项目软件功能与硬件建设同步配套，启动了“一个基地，五个中心”规划设计工作，赣商博物馆陈展大纲已进入专家评审阶段。截至12月底，3个设区市工商联、8个县级工商联建成“同心谷·赣商之家”，1个设区市工商联、7个县工商联在建“同心谷·赣商之家”，13个县级工商联正在筹建当中。

山东省工商业联合会2016年工作总结

2016年，在中共山东省委、山东省人民政府的坚强领导和全国工商联、山东省委统战部的正确指导下，山东省工商联深入贯彻落实党的十八大和十八届三中、四中、五中、六中全会精神，深入学习贯彻习近平总书记系列重要讲话特别是在全国政协十二届四次会议民建、工商联界委员联组会上的重要讲话精神，围绕中心、服务大局，立足职能、发挥优势，努力促进全省非公有制经济健康发展和非公有制经济人士健康成长，工商联事业发展迈上了新台阶。

非公有制经济人士思想政治工作不断深化。始终坚持思想政治工作的生命线地位，按照中央统战部、全国工商联部署要求，深入开展以“守法诚信、坚定信心”为重点的非公有制经济人士理想信念教育实践活动，先后2次进行专题调研督导，确保活动效果。认真学习贯彻习近平总书记在全国政协联组会上的重要讲话精神，在全省工商联系统广泛开展习近平总书记重要讲话“学习月”“宣传年”和大讨论活动，《中华工商时报》头版头条进行了报道。积极参与全省关于民营经济发展情况的专项督查，推动解决制约民营经济发展的5方面重点问题。印发《关于深入学习宣传贯彻党的十八届六中全会精神的通知》，举办非公有制经济代表人士学习贯彻六中全会精神座谈会，引导广大非公有制经济人士牢固树立“四个意识”，坚定不移听党话、跟党走。推动构建“亲”“清”新型政商关系，深入贯彻落实山东省委、省政府《关于加强各级领导干部联系服务非公有制企业构建新型政商关系的意见》，积极参与推进山东省委统战部等12个部门单位联合开展的“深入企业、帮解难题、增强四信、促进发展”活动，通过确定一批联系企业、开展一对一走访调研、举办座谈交流活动，切实加强政企联系，帮助企业解决实际问题，促进企业创新发展。突出年轻一代非公有制经济人士教育培养，开展年轻一代思想状况调研，在浙江大学举办青年企业家培训班，开展“听党话、跟党走、接好班”主题征文活动，引导他们继承发扬老一辈优良传统，做合格中国特色社会主义事业建设者。

服务经济社会发展成效显著。牵头对山东省17市开展营商环境创新考核，推动促进非公有制经济发展的政策措施落地落细落实，《中华工商时报》评为“创新中国”省级工商联十大工作亮点，受到全国工商联领导高度评价，被誉为改善民营经济发展环境的“制度性安排”。与山东省发展改革委等8部门联合开展2016年度山东“民营企业百强”“创新型民营企业”“民营企业公益之星”评选活动，为非公有制企业转型升级和履行社会责任树立示范榜样。精心组织人才、科技、银企“三对接”活动，与山东省人力资源社会保障厅和有关高等院校联合举办2016山东民营企业人才招聘会，630多家企业现场招聘，提供就业岗位28 000余个；与山东省科技厅、科学院和聊城市政府联合举办2016全省民营企业与科研单位合作对接会，8个科技合作项目进行集中签约；与山东省资本市场发展促进会等单位共同举办中国·临沂第三届资本交易大会，签订项目27个，签约金额1 126亿元。先后组织民营企业赴俄罗斯、缅甸、柬埔寨、澳大利亚、新西兰、西班牙、葡萄牙、美国、加拿大等国家开展经贸考察活动，与9家商会组织建立友好合作关系，与各国企业签订一批项目合作意向，金额2亿多元。组团赴香港参加“一带一路”高峰论坛和“2016香港山东周”系列活动，达成多个合作意向。先后接洽美中企业家商会、马来西亚马中丝路商会、美中发展促进会以及台湾中华两岸企业发展协进会、两岸经营者俱乐部等多个海外工商社团，建立和加强了友好关系。

“千企帮千村”脱贫攻坚行动扎实推进。把参与脱贫攻坚作为重大政治任务，认真落实全国工商联“万企帮万村”精准扶贫行动和山东统一战线“同心扶贫攻坚行动”各项要求，深入开展“千企帮千村”脱贫攻坚行动，被列为全省25个扶贫专项行动之一。组织民营企业与贫困村进行精准对接，因企、因村、因户制定帮扶措施，积极开展产业扶贫、就业扶贫和公益扶贫。加大政策服务力度，与山东省农业发展银行合作对民营企业扶贫项目给予政策性金融支持，协调有关部门落实小额扶贫贷款额度转移、税费减免等优惠政策，共筛选企业71家，落实贷款总额度39.5亿元。驻会领导班子成员分赴17市开展现场调研督查，通过座谈、走访等形式，发现典型、查找问题、推动工作。加强台账管理，指导民营企业进行在线填报和数据更新，通过每周汇总分析、每月调度督促、每季度分析通报、每半年督导检查，加快行动推进落实步伐。全年共动员民营企业 995 家，实施帮扶项目 1 462 个，投入资金 9.47 亿元，帮扶贫困村 1 157个，惠及 5.82 万人，超额完成年度结对帮扶任务。

参政议政工作成果丰硕。围绕全省工作大局，聚焦党委政府关注的重点问题和非公有制经济发展现状，开展年轻一代非公有制经济人士思想状况和教育培养工作、构建“亲”“清”新型政商关系、民营企业知识产权保护状况、商会理想信念教育实践活动等调研和第十二次全国私营企业问卷调查工作，形成系列高质量调研报告，其中《山东省年轻一代民营企业家的思想动态研究报告》荣获省委统战部理论调研宣传“四新工程”一等奖。向山东省政协报送 8 件集体提案，其中《关于加大政策扶持加快体育产业发展的建议》被确定为重点督办提案，有关部门积极采纳此项建议，省发展改革委把体育产业作为新兴服务业纳入山东省服务业“十三五”发展规划，省体育局进一步扩大了医保卡健身试点范围，收到良好效果。

基层组织建设和机关建设不断加强。对照全国工商联目标要求，主动调高“五好”县级工商联创建标准，开展县级工商联“五好”创建和“一个设立，五个有”专项督查；在全省范围内选树推广一批县级工商联先进经验做法，编辑出版了《山东省“五好”县级工商联创建活动材料选编》，推动全省县级工商联建设再上新台阶。截至 2016 年年底，全省共有全国“五好”县级工商联 40 家，省级“五好”县级工商联66 家，“五好”县级工商联达标率为 58.4%。充分发挥对所属商会的指导、引导、服务职能，分 6 批次组织直属商会负责人参加全国工商联举办的商会会长、秘书长培训班，建立秘书长联席会议制度，举办商会学习沙龙活动，推动商会改革发展。深入学习贯彻党的十八届六中全会和省委十届十五次全会精神，加强和规范党内政治生活，强化党风廉政建设和党内监督，推动全面从严治党走向严紧硬。扎实开展“两学一做”学习教育，认真抓好省委专项巡视反馈问题整改落实，开展“庸懒散”专项整治，着力提高机关干部队伍履职能力。

河南省工商业联合会 2016 年工作总结

2016 年，河南省工商联认真贯彻落实中央和省委的决策部署，以习近平总书记 3 月 4 日重要讲话精神为引领，牢牢把握“两个健康”工作主题，围绕中心、服务大局，各项工作取得新成效。

（一）建立完善工作机制

一是完善思想政治工作机制。突出学习引导，制定执常委学习制度，举办论坛、培训班等，学习贯彻中央和省委决策部署。突出教育培训，落实企业家五年培训规划和青年企业家千人培训计划，举办非公有制经济人士和青年企业家培训班；利用非公有制经济人士活动阵地平台，开展各类培训活动 80 多次。引导民营企业建设以党建为引领的企业文化，开展民营企业文化交流互访活动。二是健全宣传表彰机制。拓展合作渠道，录制30集《筑梦中原》宣传片在河南电视台播出；加强与“金水河”等新媒体合作，扩大宣传覆盖面。利用传统平台加大宣传力度，在《中华工商时报》刊发稿件230余篇20万字，在《河南日报》“产经天地”编发稿件22期16万字，编发手机报180多期。通过工商联网站、信息、微信公众号等平台，大力开展宣传。开展河南经济年度人物评选，积极参与先进社会组织评选。三是完善调研参政机制。修订完善工作制度，推动成果转化。关于我省民营企业投资信心不足原因的调查报告，得到全国政协副主席、全国工商联主席王钦敏和省委书记谢伏瞻等领导的重要批示，要求有关部门研究采纳。向省委主要领导提出的意见建议被采纳，促成了全省促进民间投资座谈会的召开和构建新型政商关系暂行办法的出台。通过《民企社情》反映的营改增后房地产企业遇到的问题，得到省长陈润儿的重要批示，促成省国税局通过快速处理机制及时解决。关于“互联网+”背景下大众创业万众创新情况的调研报告，得到多位省领导的重要批示，省政协《调研与参考》全文刊发。在省政协十一届十七次常委会上，提出的支持民营企业参与精准扶贫的建议得到省政协主席叶冬松的批示，推动全省政协委员中非公有制经济人士积极参与脱贫攻坚。关于促进低速电动汽车业发展和促进民营经济转型升级的建议被全国政协采纳，关于促进电子商务发展的建议被省政协评为优秀提案。积极配合全国工商联完成促进民间投资政策落实情况第三方评估和构建“亲”“清”新型政商关系情况调研。四是完善沟通联系机制。修订领导班子成员联系服务企业和商会制度，建立机关干部联系服务执常委和直属会员制度，落实企业家副主席、副会长联谊制度，畅通交流渠道。五是完善工作评价机制。修订全省工商联系统工作评价办法，注重年度评价与日常考察结合，深入开展目标考核先进单位、“十大亮点”和优秀调研成果评选工作，实现推动工作、提升水平、展示形象的良性互动。

（二）大力推动服务创新

引导传统民营企业转型升级，注重示范带动、经验交流。先后召开非公有制经济转型发展工作推进会和全省民营企业参与供给侧结构性改革座谈会，为民营企业转型升级创造良好环境，引导民营企业积极投身供给侧结构性改革。开展双创服务，印发《关于开展双创服务工作的意见》、双创有关政策选编，开展调研，提出支持双创企业发展的建议，组织科技型小微企业参加省双创大赛，支持广安集团召开创新大会，带动中小企业创新创业。开展民间投资信心的调研，编发《促进民间投资健康发展政策选编》等向企业发放，通过《政策信息》、网站信息，大力宣传促进非公有制经济健康发展的政策、文件，举办论坛，提增投资信心。

开创性开展个案跟踪服务、融资服务和法律维权服务。发挥《民企社情》作用，积极反映、持续跟踪，推动问题得到解决。先后帮助解决房地产营改增税票问题、龙成集团技术创新和节能项目推进、万丰置业反映的政府拖欠资金问题和河南万基集团资金链断裂拖欠客户款项问题。促成省民政厅批准成立了省内首家民营企业应急转贷信息服务中心，开辟了融资服务新平台。与省政府金融办召开座谈会，推动金融部门为民营企业创新创业提供高效融资服务。发挥省工商联小微企业服务中心、担保公司和民营经济发展服务中心的作用，为全省民营企业提供融资服务金额超过90亿元。制定《关于加强法律服务工作的实施意见》，推动成立河南省民营经济社会法庭，开展法律服务进企业、进商会活动。与省人社厅等共同举办贯彻落实《关于构建和谐劳动关系的实施意见》视频会议，推动形成全社会共同参与构建和谐劳动关系的工作合力。

（三）积极发挥助手作用

大力推进“千企帮千村”精准扶贫行动。把“千企帮千村”精准扶贫行动列为全省工商联工作的重中之重，召开会议深入部署，发出倡议动员民营企业主动作为、积极参与。“千企帮千村”精准扶贫行动已取得显著成效分别得到省委书记谢伏瞻和中央统战部副部长、全国工商联党组书记、常务副主席全哲洙的表扬。目前，全省共有2 838家民营企业参与实施帮扶项目4 569个，投资247.3亿元，帮扶建档立卡贫困村2 157个，帮扶贫困人口22.3万人。组织省直商会和民营企业到国家级贫困县平舆开展精准扶贫，省新能源商会计划投资27亿元的光伏扶贫项目已初见成效，蓝天集团天然气项目已经通到贫困户家中，启德利金融服务公司积极帮助平舆、洛宁建设投融资平台，今日教育集团计划投资10亿元建设平舆县人民医院分院，建业集团平舆“百城天地”项目进入选址阶段，牧原集团“公司+合作社+农户”的扶贫模式，正在平舆推进。与省政协联合开展政协委员中的非公有制经济人士参与精准扶贫情况调研，刊发《倡议书》，召开协商会，引导更多民营企业家参与精准扶贫行动。全力做好定点扶贫工作，帮助高湾村成立食用菌种植合作社，引进优质品种羊，调整农业种植结构，开展养殖技能培训，改善办学条件和村容村貌。一年来，为高湾村捐款捐物150余万元，浙江商会为村贫困学生专门设立了50万元助学基金。制订了机关党员干部结对帮扶方案，组织党员干部到高湾村入户走访。目前，高湾村81户贫困户除7户政府政策兜底外基本达到脱贫条件。

贯彻落实“一带一路”倡议和省政府关于扩大开放的工作要求，积极参与拜祖大典、投洽会、产业转移对接会等重大经贸活动的筹备和邀商工作，邀请海内外客商360多名，超额完成邀商任务。举办民营企业“走出去”培训班，鼓励企业“走出去”发展，组织民营企业家赴日本、澳大利亚开展经贸交流。与省人社厅等共同组织以“促进供需对接、助力转型发展”为主题的民营企业招聘周活动，9 700多家企业参加，7.9万人达成就业意向。

（四）用心打造工作品牌

打造百强发布会，深入开展上规模民营企业调研，发布2016年民营企业100强和民营企业制造业100强、民营企业纳税100强。深入开展“5·20”联盟活动，推动构建新型政商关系，与省纪委联合举办非公有制经济人士守法诚信、构建“亲”“清”政商关系报告会，推动并联合出台《河南省构建新型政商关系暂行办法》。精心组织豫商课堂，举办“十三五”规划与民营经济发展、坚定信心转型发展等多场专题报告会。坚持开展“百名客商河南行”，分别在三门峡、开封、漯河、许昌、鹿邑等市县举办活动，共签约项目78个，签约金额410亿元。开展“光彩圆梦”助学活动，全省工商联共组织民营企业捐款4 800多万元，资助贫困大学生11 700多人。联合举行“爱心包裹”捐赠活动，龙成集团捐款30万元。

（五）努力加强组织建设

制订“五好”县级工商联建设实施方案，召开现场会，开展“回头看”，对新申报的24个“五好”县级工商联进行了调研督查。指导3家县、区工商联接受全国工商联检查，得到充分肯定。目前，全省已有78个县级工商联被确认为省“五好”，其中56个被确认为全国“五好”。积极配合省政府开展行业协会商会改革，制订指导引导服务商会工作的意见和直属商会会长考核办法，举办商会会长培训班，4家直属商会被评为“全省先进社会组织”。大力推动商会党建工作，成立了省工商联社会组织党委，召开了社会组织党建工作推进会，指导推动省直属商会和服务机构建立党组织，省工商联所属68家社会组织已建党组织51家。高度重视会员队伍建设，目前，全省工商联商会组织达4 317家，会员总数达26万多个。

（六）不断提升服务能力

认真开展“两学一做”学习教育，围绕“四讲四有”开展专题学习讨论，举办“人人论坛”、重温入党誓词、“七一”读书征文、党员精准帮扶贫困户等活动。开展党风党纪专题教育，召开民主生活会、组织生活会，进一步增强党员干部的党员意识和党性意识。积极完成省委巡视工作，举办全省工商联系统学习习近平总书记3月4日重要讲话精神培训班，举办2期增强党性修养培训班。加强机关党风廉政建设，开展反腐倡廉教育。机关干部的宗旨意识和服务意识不断增强，作风进一步转变和服务能力不断提升。

湖北省工商业联合会2016年工作总结

2016年，湖北省工商联在省委、省政府的正确领导下，在全国工商联、省委统战部的具体指导下，按照“四个全面”战略布局，践行五大发展理念，牢牢把握“两个健康”主题，强化问题意识、实践意识、基层意识、责任意识，团结凝聚广大非公有制经济人士，为“十三五”规划开好局、起好步作出了积极贡献。

（一）以“守法诚信、坚定信心”为重点，开展理想信念教育实践活动取得了新成效

1. 与省纪委、省委统战部共同开展了“廉正兴业、清廉有为，构建新型政商关系”专题活动

活动中，引导非公有制经济人士守法诚信、坚定信心，推动领导干部积极作为、靠前服务，营造鼓励、支持、引导非公有制经济发展的浓厚氛围。举办了“守法诚信、廉正兴业”专题报告会，引起与会企业家的强烈共鸣。

2. 加强对年轻一代非公有制经济人士的教育培养

开展年轻一代非公有制经济人士思想状况和教育培养调研，广泛听取了年轻一代企业家代表的意见建议。各地工商联也对年轻一代企业家教育培养进行了积极探索，通过成立新生代企业家商会，开展教育培训、学习交流，加强和改进思想政治工作，引导他们听党话、跟党走，帮助他们在创业创新中健康成长。

3. 不断改善非公有制经济法治环境

与省委政法委进行深度合作，建立联席会议制度、信息通报制度等工作机制，形成优化非公有制经济发展法治环境的合

力。密切与省高院、检察院、司法厅的交流，建立联络沟通机制，加强法制宣传和法律服务。各地工商联通过与当地司法机关建立联系通报协作机制、联席会议等制度，形成了改善法制环境合力。

（二）切入热点难点，促进民营经济转型升级健康发展探索了新路径

1. 围绕民营经济发展的热点难点问题积极献言建策

2016 年，省工商联向省政协大会提交了 5 份发言材料和 9 份提案材料，向全国工商联报送了 4 份提案线索，其中 2 份提案被全国工商联采用。一年来，省工商联向省政协反报送社情民意信息 53 条，被省政协专报采用 9 篇，转报转送采用 22 篇，被省领导批示 3 篇，省委省政府单篇采用 1 篇，综合得分、名次比 2015 年有较大进步，被省政协评为 2016 年全省社情民意信息工作先进单位。其中《关于加快化解我省企业“三角债”的建议》得到王晓东省长批示。《关于规范政府购买商会服务行为的建议》等 8 篇信息被全国工商联《社情民意》采用。

2. 积极参与协商民主活动

2016 年，省工商联与省政协民宗委就“用好用足扶贫政策推动民营企业参与精准扶贫”课题，起草了《关于进一步推动民营企业参与精准扶贫的建议》常委会发言材料。围绕省政协十一届第十五次常委会议“全面推进我省绿色发展”课题，起草了《推进电子废弃物循环再利用，助推湖北绿色发展》会议发言材料。围绕省政协月度协商会课题“推进湖北农业‘走出去’”的课题，起草了《突破贸易技术壁垒促进湖北农产品更好“走出去”》发言材料。参与致公党牵头组织的“提高劳动者技能促进就业创业”省委双月座谈会课题联合调研活动，起草了《关于加强技能培训与产业对接，提高劳动者供给质量的建议》调研报告。

3. 调研评估工作向纵深发展

针对我省民间投资增速大幅放缓的情况，在全省开展了民间投资发展状况调研。继续开展了年度上规模民营企业调研。2016 年湖北有 18 家企业入围中国民营企业 500 强，18 家企业入围民营企业制造业 500 强，5 家企业入围民营企业服务业 100 强，入围企业数量中部第一，全国第五。召开了我省民企百强发布会，在社会上引起强烈反响。对我省 2013 年以来出台涉企行政审批制度改革落实情况进行了独立第三方评估，形成了《评估报告》和《案例汇编》。与省社科院合作，汇编形成《湖北省民营经济发展报告·2016》，在全省两会期间作为参考用书赠送给与会代表、委员，有着良好反响。

4. 利用多种平台，积极服务非公企业

2016 年，省工商联与省银监局、中国人民银行武汉分行加强联系，共同为民营中小企业融资创造环境。2016 年，全省共有 267 名非公经济人士获得高级经济师职称。组织民营企业参加“2016 华创会”“中国光彩事业庆阳行暨民企陇上行活动推介会”“第四届全国民企贸易投资洽谈会”“第二届军民融合发展高科技成果展览”“第十六届中国西部国际博览会”等多项经济服务活动，为民营企业扩大市场、寻找商机提供了多种平台。

（三）聚焦“准”和“实”，实施“千企帮千村，脱贫奔小康”行动迈上了新台阶

1. 高层次谋划

“千企帮千村”精准扶贫行动启动之初，省委、省政府主要领导高度重视，作出重要批示，给予支持鼓励。行动纳入了各地精准扶贫总体布局和大统战工作格局，列入了对各级党委政府脱贫攻坚的考

核范围。2016 年 10 月，国务院扶贫开发领导小组在黄冈市罗田县召开“万企帮万村”精准扶贫行动现场会，推广湖北经验、湖北做法，汪洋副总理出席会议并讲话，全国各地 200 多名参会代表进行了现场观摩。

2. 大力度推进

先后召开全省电视电话会和现场推进会，全省上下进行了层层发动和专题部署，形成了党委领导、政府主导、部门联动、社会参与的工作机制。深度挖掘商会组织的潜力，充分调动各类商会组织的主动性、积极性和创造性，兴办企业，发展产业，扩大就业，努力扩大帮扶覆盖面。2016 年 12 月，省工商联联合省扶贫办、省财政厅等 8 家省直部门出台了《关于支持市场主体参与“千企帮千村”精准扶贫行动若干政策的意见》。与农发行、农村信用社等政策性金融机构签订支持“千企帮千村”行动战略合作协议，帮助民营企业解决扶贫融资贷款困难。

3. 精准化帮扶

聚焦建档立卡贫困村、贫困户、贫困人口，依托龙头企业带动工程、专业合作组织帮扶工程、“互联网 + 扶贫”工程、“光彩能人”引领工程、“楚商回归”扶贫行动等载体，变“大水漫灌”为“精准滴灌”。在各级工商联积极组织和民营企业踊跃参与下，“千企帮千村”行动取得阶段性成效。截至 2016 年年底，全省已有 2 071 家企业结对帮扶 2 290 个建档立卡贫困村，实施帮村项目 3 875 个，投入帮扶资金 642. 79 亿元，辐射贫困人口 28. 51 万人。

（四）打造楚商品牌，推动楚商交流合作拓展了新渠道

1. 2016 年 10 月，省工商联在上海召开了全国湖北商会会长会议暨 2016 楚商合作发展论坛，来自全国 30 多个省市的近百名湖北商会会长围绕“长江新经济、楚商新发展”主题进行了深入探讨。在本次活动中，发布了关于“2015 年度招商引资突出贡献奖和优秀组织奖”决定，北京湖北商会等 44 家商会获得“支援湖北抗洪救灾突出贡献奖”等荣誉。荆州、襄阳、武穴和长阳 4 市县依托商会平台推介招商，收获颇丰。

2. 2016 年，省工商联和省政协文史委员会、湖北省荆楚文化研究会共同开展“荆楚文化与楚商精神”学术研讨活动，共征集论文 50 余篇，举办了“荆楚文化与楚商精神”学术研讨会，集中进行了学术成果交流，省政协原主席王生铁亲自作主题报告，有关专家学者和楚商代表约 130 人出席了研讨会。

3. 2016 年夏天，湖北遭受了特大洪涝灾害，省工商联第一时间紧急动员省内外广大楚商、各级商会组织、全省工商联系统抗洪救灾。据不完全统计，全省民营企业、商会组织和广大楚商共捐款捐物 2. 53 亿多元，充分展现了楚商的大爱精神，得到各级党委政府充分肯定和灾区群众的高度赞扬。

（五）注重打基础抓基层，工商联组织建设取得了新进展

1. 继续加大商会组建力度，商会数量稳步增长，截至 2016 年年底，全省共有商会数 1 459 家，其中省工商联本级今年新组建 3 家。其中行业商会协会 391 个，乡镇和街道商会 794 个，异地商会 191 个，市场商会 17 个，园区商会 12 个，其他组织 54 个。省外湖北商会数量进一步增长，截至目前，省外湖北商会共 93 家，比上年度增加 6 家，其中省级商会 29 家，市县级商会 64 家。

2. 商会管理水平进一步提升，湖北省福建商会获评“5A 级商会”，省工商联直属的 5A 级商会已有 5 家。在红安干部

学院举办省工商联商会秘书长培训班，省外湖北商会、省工商联直属商会和市州工商联部分直属商会秘书长100多人参训，着力提升各级各类商会秘书长能力素质。

3. “五好县级工商联”创建工作继续深化。全省83个县级工商联被确定为2015年度“五好”单位，其中31个县级工商联被确认为全国“五好”单位。落实会员发展规划，积极稳妥做好会员发展工作，截至目前，全省工商联共有会员194 688个，在全国排名第9。会员结构不断优化，企业会员和团体会员占比达到53.3%。

湖南省工商业联合会2016年工作总结

2016年，在省委、省政府的正确领导下，在全国工商联和省委统战部的具体指导下，省工商联紧紧围绕“两个健康”，始终坚持“三性统一”，不断探索事业发展新路径，努力提升工作创新新水平，各项事业取得新成效，为湖南经济社会发展做出了积极贡献。

（一）凝聚共识，强化了政治引导

1. 强化了政策贯彻

深入学习传达贯彻习总书记重要讲话、党的十八届六中全会，中央经济工作会议，省第十一次党代会，省委经济工作会议，以及全国工商联十一届五次执委会议精神等中央、省委重要会议精神，先后召开经济联络工作会、非公党建工作会、省市两级青年企业家商会会长会，分条块进行传达学习。通过报告会、辩论会等形式引导非公有制企业深入学习习总书记讲话精神，规范自身经营行为，建立新型的“亲”“清”政商关系，着力构建和完善政商健康交往的平台载体。

2. 深化了主题教育

持续深入开展“守法诚信、坚定信心”为重点的非公人士理想信念教育实践活动，开展了民营企业守法诚信、坚定信心专题调研，举办了“湘商大讲堂”“名家说法”“民营企业家诚信守法高级研修班”“中国民营企业权益保护长沙峰会”“法律服务企业行”等一系列活动。全省各级工商联组织利用党校、行政学院、社会主义学院、高校和社会培训机构的优质培训资源，举办各类培训活动1 300多场次，受训非公经济代表人士及非公经济组织党组织党务工作者3万多人次。重点抓好年轻一代非公有制经济人士理想信念教育，与省委统战部共同制订实施《湖南省年轻一代非公有制经济人士培养行动计划(2016～2020年)》。

3. 拓展了宣传培训

与省委宣传部共同开展“前进中的湖南民营经济”集中报道活动，在中央及省内主流媒体连续播发晟通集团系统创新、千山药机跨界融合发展等16期专访，全面宣传非公经济人士坚定信心、创业创新的先进典型。发挥省联网站、湘商蓝页、《工商大观》的主阵地作用，全年编发湘商蓝页18期、工商大观6期、文明创建简报18期。抓好“湖南省工商联”微信公众号的内容采编和用户推广。组织了“一带一路”专题讲座和“2017年宏观经济展望与策略主题报告会”，邀请了李肇星、魏杰、李佐军等专家学者作主题演讲。在机关党员和非公经济组织党员中开展“两学一做”学习教育，在非公经济人士中开展“两学一助”学习教育。

4. 抓实了非公党建

抓好金煌集团党委、新三润集团党委等5家基层党组织组建工作，指导华泽集团党委、平和堂党委等单位的换届工作，接收16家异地商会党组织，全年发展300名党员。召开省非公党工委庆祝建党95周年表彰大会，表彰了一批先进基层党组织和优秀共产党员，推选两名基层单位党员获评省优秀共产党员称号。相继开展了重温入党誓词，参观毛泽东故居、党史陈列馆，参与捐资助学、扶贫帮困等活动。

（二）优化服务，助推了企业发展

1. 争取了党政重视

提请省委两次专题研究非公有制经济工作。4月28日，省委主要领导召开非公有制经济人士座谈会，41名非公有制经济人士代表、27家部门和单位的主要负责同志参加会议。11月29日，省委召开非公有制经济工作会议，66家省直和中央驻湘单位、8家银行单位参加会议，省长许达哲作重要讲话。有7位省级领导分别召开专题座谈会，听取非公有制经济人士的意见建议。3次向省委常委会、省委深改领导小组做专题汇报。会同省经信委等部门，起草了省委省政府《关于进一步降低实体经济企业综合成本实施方案》（湘政办发〔2016〕62号）、《关于鼓励民营企业建立现代企业制度的意见》（湘经信中小发展〔2016〕469号）、《湖南省促进民间投资六大专项行动》（湘政办发〔2016〕89号）等一系列文件以及即将出台的《关于构建新型政商关系的若干意见（试行）》。编纂了《非公有制经济发展重要政策文件选编》。完成“补齐非公经济短板”“民营企业制造业”“湖南非公有制企业转型创新发展”等重点调研课题9个，提交政协集体提案9件，担任省以上人大代表、政协委员的非公经济代表人士提交200余件高质量的提案、建议。

2. 排解了企业困难

集中9个月时间在全省开展“访民企、办实事、强信心”万户民企走访活动。省市县统战部、工商联三级联动，走访调研11 000多户民营企业、67家商协会组织，帮助企业解决实际困难5 100余件。形成《“访民企、办实事、强信心”万户民企走访调研报告》报全国工商联和省委、省政府，全国政协副主席、全国工商联主席王钦敏，省委书记杜家毫等领导同志作出批示。一批企业反映的具体问题和意见建议已由省委办公厅、省委督查室牵头督办，第一批76个具体问题和意见建议已交办有关部门和市州党委政府落实。“湖南民营企业家湘潭行”活动有力推动了在湘潭投资的项目落地。

3. 维护了企业权益

建立“湘江法务圈”法律服务公益平台，为会员企业提供维权服务10余次，帮助挽回经济损失10多亿元。举办大湘西片区法律风险管理培训班，培训民营企业家300多名。举办“湖南省企业法律顾问论坛”“第二届中国民营企业权益保护长沙峰会”。参与组织湘鄂赣三省检察机关依法保障和促进非公经济发展研讨会。

（三）求实创新，打造了工作品牌

1. 精准扶贫有新思路

提出脱贫38 210户的目标任务，对84 462个贫困户、25.5万贫困人口建档立卡，建立覆盖全省的精准扶贫台账。召开湖南“万企帮万村”精准扶贫行动推进会。全年624个民营企业精准帮扶贫困村539个，实施项目1 541个，投资金额21.46亿元，带动贫困人口近10万。举办2016中国（湖南）光伏发电与精准扶贫论坛。重点帮扶邵阳市城步县栏牛塘村，已到位扶贫资金共450万元。落实副处实职以上干部与贫困户结对帮扶机制，对28户重点帮扶对象建档立卡，实行一对一结对帮扶销号制度。发展壮大“湘商公益基金会”，完成湘商公益基金会捐赠500万元计划。深入推进光彩事业，连续多年开展“武陵山区行”活动和大学生就业招聘周活动。

2. 厅际合作有新拓展

与省经信委、省发改委、省扶贫办、省商务厅、省文化厅、省旅游局等部门的厅际合作扎实推进。联合各有关单位持续推进“十百千工程”；与省旅游局共同举办了2016亚洲（首届）文化旅游投资峰会；协调省人大办公厅、省财政厅等单位现场办公，帮助妙盛动力科技集团等一批科技企业纳入省新兴产业基金重点扶持；协调长沙银行与青商会对接，促成一批银企合作项目签约；与建行湖南省分行构建战略合作模式，湘商单位结算卡首发仪式现场签订贷款合同210.58亿元。

3. 招商引资有新突破

发挥“以商招商”优势，在华北地区、华东地区、华南地区分区域开展“引老乡、回故乡、建家乡”活动。全年异地湘商回湘投资和介绍来湘投资达500亿元。参与承办“沪洽周”活动，全省签约各类招商项目354个，总投资2 056.9亿元，引进资金1 977.1亿元。参与实施我省“一带一路”建设国际产能合作三年行动，收集汇总相关重点企业、重点项目40余个。开展纪念“八千湘女”进疆66周年系列活动，组织民营企业家经贸代表团赴疆进行商务考察。举办5期“资本与项目对接会”，为600多家中小微企业搭建起项目对接资本平台。

4. 湘商品牌有新影响

成功举办第二届湖南省民营企业100强发布会，发布了2016湖南省民营企业100强、6个行业领域前10强榜单和《2016湖南省民营企业100强分析报告》。继续深入实施“十百千工程”活动，整合服务资源，对入库企业实行动态管理，集中支持入库企业。

（四）夯实基础，强化了组织建设

1. 会员队伍结构得到优化

加大企业会员比重，改善会员结构，注重吸纳战略性新兴产业行业代表性人士入会。理顺异地商会工作机制，争取省委、省政府办公厅转发《省工商联关于进一步加强新形势下湖南异地商会工作的意见》，吸收21家省级在湘异地商会作为团体会员加入到工商联。编写了湖南省工商联商协会“湘商兴湘”三年行动计划（2016—2018）。组织开展商协会会长和秘书长培训。完成近200名新阶层代表人士人才库建设的资料收集、信息填报、录入和上报工作。开展“青商守望”扶贫支教活动，开展“接力长征精神·青商耐力跑”，进行青商大走访。指导市州成立女商会，开展经贸交流。

2. 基层组织建设得到加强

召开了省工商联第十一届六次执委会议、七次常委会议暨民主测评会议，审议通过了有关决定和重要人事事项，选举产生新的工商联主席、总商会会长。组成14个现场督导组，全面加强对市县两级工商联换届工作指导，全省各市县工商联组织全部平稳顺利完成换届。持续开展“五好”县级工商联建设，省联评定确认“五好”县级工商联51个，全联评定确认我省“五好”县级工商联46个。

3. 机关自身形象得到提升

切实加强制度建设，制订和修订30

个机关制度。做好干部队伍培养选拔，推荐1名厅级领导、5名机关干部交流到省直机关工作。进一步规范了有关财务制度，加强机关财政资金管理，初步建立机关内控制度。努力做好人事、劳资、老干部等工作。积极开展省级文明单位创建工作，机关办公环境、工作氛围、单位形象得到进一步提升。

广东省工商业联合会2016年工作总结

2016年，全省各级工商联认真学习党的十八大以来中央历次全会精神和习近平总书记系列重要讲话精神，紧紧围绕中心工作，进一步加强思想政治引领，强化各项服务，推动营商环境优化，有力促进全省民营经济蓬勃发展。

（一）深入学习贯彻习近平总书记3月4日重要讲话精神

认真学习领会讲话精神。各级工商联第一时间召开党组中心组专题学习会学习习总书记3月4日重要讲话精神，举办各类论坛、讲座，组织政策宣讲，听取意见建议，并及时向党委政府汇报情况。各地结合实际，迅速贯彻落实。

积极构建“亲”“清”新型政商关系。与省纪委省监察厅联合调研，开展“纪检与民企”对接，提出政商交往的正、负清单，明确政商交往尺度，推动在全国率先出台《省纪委省监察厅关于推动构建新型政商关系的若干意见（试行）》。

（二）教育引导非公经济人士健康成长成效显著

理想信念教育扎实推进。与省委统战部联合举办第三期星级商会协会会长研修班、第七期新生代非公经济人士培训班。将优秀民营企业家教育培训纳入全省人才工作内容，开展集中培训和分平台培训，先后举办2016年全省优秀民营企业家研修班，组织发动企业家参加省委组织部的高层次人才研修班，参与省委组织部“扬帆计划”人才驿站考察工作。联合省委宣传部在全省推选100位“广东省新生代非公有制经济代表人士文明使者”。联合省人社厅举办“2016年民营企业招聘周”活动。发挥自办刊物《新粤商》杂志作用，唱响粤商“好声音”。

粤商大会聚力新跨越。联合省委统战部、省经信委成功举办第三届粤商大会。以“粤商新使命，聚力新跨越”为主题，进一步弘扬粤商精神，凝聚粤商力量，共同推动广东新一轮创新发展。中央政治局委员、省委书记胡春华，全国政协副主席、全国工商联主席王钦敏出席并发表重要讲话。时任省委副书记、省长朱小丹，时任省人大常委会主任黄龙云，省政协主席王荣，省委常委、统战部部长林雄，时任省委常委、秘书长邹铭，以及来自全国各地的粤商代表、港澳及海外工商社界知名人士代表共1 200多人参加大会。与会粤商代表共同唱响《粤商宣言》，誓言做爱国敬业、守法经营、创业创新、回报社会的典范。会议表彰了118名第四届广东省非公有制经济人士优秀中国特色社会主义事业建设者和“2016广东省百强民营企业”，举办广东民营投资股份有限公司

（“粤民投”）揭牌仪式及民间投资项目签约仪式。省工商联与12家金融机构签订《战略合作框架协议》，未来五年授信金额达4.8万亿元。大会还举办粤商高峰论坛，8位知名粤商发表主旨演讲。

法治宣传教育形式多样。与省法学会等联合创办“以法兴企”文化沙龙活动，与省司法厅等联合开展以“守法诚信”为主题的非公经济领域法律宣传月活动。深入开展“法律三进”活动，与司法、人社等部门联合开展“送法入企入商（协）会”活动。参与省普法讲师团，与普法办合作录制“以案说法”广播栏目，举办“12·4”法制宣传日专题活动。认真谋划工商联法治宣传教育“七五”规划。省民营企业投诉中心被中宣部、司法部、全国普法办授予“2011～2015年全国法治宣传教育先进单位”。

非公党建深入推进。截至2016年年底，全省成立非公党组织3.7多万个，覆盖企业21万多家。推进重点领域非公经济组织党建工作，加强商协会及园区党建，推动成立行业性、区域性党组织。召开“全省民营企业党建工作座谈会”，对276个“双推双培”示范点、“服务创新驱动党员先锋岗”和“优秀党员骨干”授牌颁证。

（三）服务民营经济效果突出

扶持骨干企业壮大发展成绩喜人。入围“2016中国民营企业500强”榜单数量大幅提升，分别有50家、37家、19家入围民营企业500强、制造业500强、服务业100强，较上一年分别增长25%、54%和12%。新增企业数全国第一，首次进入全国前三甲，7家企业年营业收入超千亿元，数量全国第一，纳税大户总数全国第一。首次开展“广东省百强民营企业”排序。

经贸交流对接取得实效。各级工商联组织民营企业与各地政府和产业园区洽谈对接，共促成民间投资项目548个，合同投资总额4 454亿元。协助省政府做好“十三五”重大项目暨2016年面向民间投资项目推介会，发动富力、碧桂园等20多家企业参会，现场签订10个项目，协议投资额达117.68亿元。组织300多名执常委走进汕头华侨经济文化合作试验区投资考察，发动企业代表出席揭阳、中山等地专场推介会，先后组团赴天津、成都参加博览会、洽谈会。

科技金融服务不断强化。分别组织企业申报全国工商联科技进步奖和国家科学技术奖、省科学技术奖，动员企业参加中国创新创业成果交易会。积极向全国工商联推荐科技创新项目、创新人才和“全国技术能手”。密切与省国防科工办交流合作，部署推进军民融合深度发展，组织民参军企业代表参观第二届军民融合发展高科技成果展览。有针对性地推动银企合作向纵深发展。截至2016年年底，合作金融机构民营企业信贷客户数近9万家，融资发放额及民营企业贷款余额均超1万亿元。

服务企业“走出去”进展顺利。主动加强与外国驻穗领馆、经贸机构、海外工商社团及人士的合作，推动参与“一带一路”建设。林雄率经贸代表团赴西班牙、巴西和阿根廷开展经贸交流，与阿根廷—中国生产及工商业协会签署双方友好合作备忘录。组织参与2016海丝博览会及产能合作与创新发展高端论坛等系列国际经贸活动。

粤港澳侨工商界合作持续深化。积极参加港澳侨工商社团举办的各类交流活动，推动粤港澳侨合作深度发展。组团出席“第九届香港亚洲金融论坛”等经贸交流活动，参与主办第17次粤港澳主要商会高层圆桌会议。

（四）推进营商环境进一步优化

法律维权服务不断加强。完善工商联参与立法和立法后评估工作机制，受省人大常委会委托开展《广东省环境保护条例》立法后评估，参与《广东省市场监管条例》等57件法律法规政策制定、修订。联合省检察院调研，推动出台《广东省人民检察院关于依法保障和促进非公有制经济健康发展的实施意见》。受省委办公厅委托开展“企业营商环境评价指标”调查，为省委经济工作会议提供决策参考，受到省委胡春华书记的高度肯定。受省委依法治省办委托，在非公企业开展对各地级以上市党委政府2016年“法治广东建设”情况考评第三方评估问卷调查。加强与华南国仲合作，承办粤港澳商事调解联盟主席会议；开展调解员任前培训。深入开展企业劳动关系状况监测试点，发动组织200余家企业参加监测调查。2016年，全省各级投诉受理机构共接到各类投诉、咨询、求助等共计409宗（次）。

重点课题调研扎实开展。联合省经信委开展民营经济领先趋势调研。组织开展六项重点课题调研，就民营制造业发展情况、民间投资现状、统战工作向商会有效覆盖、知识产权保护、政商关系、民营企业代际传承等关系民营经济发展的重大课题进行深入调研，提出建设性的对策建议。健全完善信息直报工作，建立500多家信息直报点，完成3 000多份调查问卷。配合做好全国工商联王钦敏、全哲洙、黄荣、杨启儒、庄聪生等同志在粤调研考察。注重调研成果转化，提交的三个集体提案分别被列为省政协主席王荣重点督办提案和全国工商联集体提案。深入开展我省民营企业海外投资情况调研，健全民营企业海外投资情况数据库。

（五）精准扶贫稳步推进

联合省委统战部、省扶贫办、省光彩会召开推进“千企帮千村”精准扶贫工作会议，企业与结对村在会上签订帮扶协议，50家“广东省光彩事业奖”获奖企业被授予牌匾。广泛发动民营企业参加6.30活动，捐款总额超12.3亿元。推动珠三角与粤东西北地区对接，实现对口帮扶，组织企业积极参与“援疆援藏”行动。

（六）基层建设开拓新局面

基层工商联建设稳步推进。重点开展“五好”县级工商联培育和创建，共有61个县级工商联先后被认定为“五好”，占全省总数51%。指导做好市县工商联换届工作，协助选好配强领导班子组成人员。

商会改革全面推进。以开展“优秀商会示范点”建设活动为抓手，全面启动商会改革，实现统战工作向商会组织的有效覆盖，切实发挥商会服务企业、规范行业、助推产业的作用。截至2016年年底，全省工商联共有会员321 813个、商会组织2 070个。

党风廉政及机关作风建设不断加强。深入开展“两学一做”教育实践活动和机关纪律教育学习月活动。把党风廉政建设作为党和干部队伍建设的重要内容，层级签订责任状，狠抓廉政建设责任制和惩防体系建设工作落实。加强与地市工商联的沟通联系，举办全省工商联系统办公室工作培训班，建立信息报送、工作交流、资源共享的常态联系机制。加强干部队伍建设，健全完善干部人事管理制度。

广西壮族自治区工商业联合会2016年工作总结

2016年，广西各级工商联深入学习贯彻党的十八大、十八届三中、四中、五中、六中全会精神和习近平总书记系列重要讲话精神，紧密团结在以习近平同志为核心的党中央周围，认真贯彻落实《中国共产党统一战线工作条例（暂行）》和广西实施意见精神，紧紧围绕自治区党委、政府的战略决策和工作部署，积极践行“两个健康”工作主题，深入推进理想信念教育实践活动，着力服务民营经济提质增效，巩固基层组织建设，切实改进机关工作作风，各项工作取得新进展。

（一）扎实推动理想信念教育实践活动深入开展

一是深入学习贯彻习近平总书记在全国政协十二届四次会议民建、工商联界委员联组会上的重要讲话精神。自治区工商联举办了工商联主席、书记专题学习班，组织所属商协会召开参与脱贫攻坚座谈会。向自治区党委作请示，自治区党委于4月15日召开广西民营经济工作座谈会，自治区党委书记彭清华出席会议并讲话。二是深入推进以“守法诚信、坚定信心”为重点的理想信念教育实践活动。自治区工商联下发了《关于以“守法诚信、坚定信心”为重点深入开展理想信念教育实践活动的实施意见》，加强引导教育。与自治区环保厅、科技厅共同举办有250多人参加的广西民营企业“绿色经济，绿色发展”政策研读班，联合自治区科技厅、环保厅召开“广西民营企业创新驱动绿色发展提质增效现场交流会”，与自治区人社厅、总工会、广西企业与企业家联合会共同举办“广西首届劳动关系协调知识技能竞赛”。组织商会、企业参加全国工商联举办的非公企业法律风险防范培训班和自治区人民检察院举办的“非公有制经济企业家法律专题讲座”，组织商会、企业参加人社部举办的“全国非公有制企业劳动争议预防调解师资培训班”和“专业性劳动争议调解师资培训班”。开展广西民营企业文化建设示范点的创建、申报和核验工作，评选出52家“广西民营企业文化建设示范企业”。加强年轻一代非公有制经济人士的教育培养，组织30名青年企业家到重庆大学进行国情党情教育培训。

（二）着力服务民营经济提质增效

一是努力提升服务水平。参与自治区党委统战部牵头建立的《落实民营企业参与扶贫优惠政策联席会议制度》，开展督查。与北海市委、市政府联合推进中民远洋北海项目、和润粮油加工项目的落地实施。会同研祥智谷做好南宁研祥智谷首批入驻企业签约工作，首批签约入驻的科技企业有20余家，投资额超过43亿元；推动飞尚实业集团入股广西中小科技型民营企业，投资超过10亿元。一年来，自治区工商联共协调解决了中民远洋、万达集团、科创集团、南宁海王、广西修正医药、碧桂园集团、凤翔集团、荣和集团等企业反映的涉及建设用地、资金紧缺、项目配套及环保等方面的政府服务、经济纠纷和法律诉求16例。二是积极做好“民企入桂”工作。一年来，自治区工商联引进民营企业签约项目4个，投资额302.5亿元，分别为泛海扶贫助学项目2.5亿元、中民远洋北海项目300亿元、环广西公路自行车世界巡回赛和中国杯世界足球锦标赛；新开工项目2个，投资额265亿元，分别是桂林万达文化旅游城250亿元、桂林叠彩万达广场15亿元；在谈项目2个，投资额预计170亿元。三是积极引导民营企业融入“一带一路”建设。在第13届中国—东盟博览会期间，组织700多家企业参加投资马六甲介绍会、东盟5国产业园区招商大会、柬埔寨国家推介会、新加坡专题论坛、中国—东盟商会领袖对话和高峰论坛等活动。组织30多家广西民营企业赴越南、埃及、阿联酋开展投资考察活动，与埃及华人联谊理事会、阿联酋迪拜龙城华人总商会签署合作协议。四是积极配合做好首届世界桂商发展大会工作。与自治区党委统战部、投资促进局联合主办，在南宁召开首届世界桂商发展大会，共邀请1 000多名桂商参会，全国政协副主席、全国工商联主席王钦敏出席会议并讲话，自治区党委书记彭清华致辞，自治区主席陈武主持大会。

（三）组织引导民营企业参与脱贫攻坚

年内，自治区工商联制定了《关于贯彻落实“万企帮万村”工作部署推进“千企扶千村”精准扶贫行动的实施意见》。与自治区党委统战部联合召开广西统一战线参与脱贫攻坚工作会议，对市、县工商联党组书记120多人开展培训；与自治区扶贫办在广西第一书记产业园分别召开“扶贫产业基金如何支持扶贫企业发展研讨会”、“科技成果、人才如何助力精准扶贫研讨会”；组织市、县工商联业务负责人130多人参加广西“万企帮万村”精准扶贫行动台账管理系统使用培训会。9月份，全国政协副主席、全国工商联主席王钦敏在广西召开“万企帮万村”精准扶贫行动座谈会，自治区工商联提供广西民营企业参与“脱贫攻坚”材料18篇。自治区工商联常委企业为广西和合济困助学基金会捐款到账共计400万元，和合济困助学基金会已支出396万元用于举办19个和合班、资助950名贫困学生学习生活补助和102名贫困大学生。泛海集团捐款750万元，已用于开办广西“泛海·和合班”8个，资助733名广西贫困地区建档立卡贫困学生营养晚餐5年，共计329万元。毅德集团捐赠220万元，用于田阳县桥马村贫困户太阳能光伏发电项目，受益贫困户84户。

（四）为促进民营经济可持续发展建言献策

一是开展综合性调研。年内，完成了自治区党委重点课题《新常态下广西农产品供应链优化升级路径与对策研究报告》，促进民营经济发展环境改善。二是发挥参政议政职能。向全国政协十二届四次会议提交提案13件，大会发言2件；向自治区政协十一届四次会议提交团体提案12件，大会发言3件，界别提案2件；向自治区政协报送社情民意信息24篇，得到采纳2篇。三是发挥民主监督职能。组织民营企业参加自治区十一次党代会报告起草征求意见座谈会，对有关部门牵头制订《广西经济体制改革“十三五”规划》、《广西脱贫攻坚“十三五”规划》等改革发展文件提出修改意见。

（五）夯实基层组织基础

一是推动行业协会商会改革发展。牵头完成广西《关于进一步培育和发展行业协会商会的实施意见》，自治区党委、政府已印发出台。开展乡镇“六有”“十有”商会考评认定工作，经县、市、自治区三级工商联考评审核，认定“六有”商会52家，“十有”商会16家。举办有120人参加的“全区工商联乡镇商会负责人培训班”，组织30名自治区工商联直属商会会长、秘书长参加全国工商联举办的6期商会会长、秘书长培训班。指导广西女商会、广西医药商会、广西陶瓷商会完成换届，指导成立广西桂商总会。二是推进“五好”县级工商联建设。年内，各市共推荐申报“五好”县级工商联65家，经抽检实地复核和自治区工商联审议，全部符合“五好”标准，2016年达标率为58.6%，超额完成50%的目标。

（六）强化机关自身建设

一是认真开展“两学一做”活动。自治区工商联扎实开展“学党章党规、学系列讲话，做合格党员”学习教育活动，制订开展“两学一做”实施方案，以支部为单位进行“讲政治、有信念”“讲规矩、有纪律”“讲道德、有品行”“讲奉献、有作为”四个专题的学习研讨，积极推动干部自觉学习政治理论知识、业务知识和法律知识，进一步提高全体干部的政策理论水平和思想素质。二是强化机关干部廉政建设。积极配合自治区党委第三巡视组对自治区工商联开展的专项巡视工作，认真自查自纠，梳理出15个方面的存在问题，制定了50条具体措施进行整改；严守党的政治纪律和政治规矩，严格落实党风廉政建设“两个责任”，切实履行“一岗双责”。三是加强机关制度建设。完善办文办会办事相关工作制度，强化绩效管理，提高工作效能。

海南省工商业联合会2016年工作总结

（一）工商联工作概况

2016年，海南省工商联（总商会）扎实开展“两学一做”学习教育，积极投身全省脱贫攻坚战役，开拓创新做好经济服务工作，全面推进“五好”县级工商联建设，积极建言献策，促进全省非公经济健康发展和非公经济人士健康成长。全省现有工商联会员10.05万个，其中企业会员2.91万个，个人会员7.12万个，团体会员0.02万个。三亚、儋州、文昌、澄迈、屯昌、陵水、乐东等市县会员数增长较快。

1. 学习贯彻习近平总书记在全国政协会议民建、工商联联组会议上的重要讲话精神

2016年3月4日，习近平总书记在全国政协会议民建、工商联联组会上发表重要讲话，海南省工商联党组及时传达学习，进行工作部署，开展系列学习宣传活动：组织召开非公经济代表人士学习座谈会；班子成员分别带队深入各企业、各商协会进行宣讲；形成贯彻落实的意见。分4个片区在全省巡回开展“把握形势、坚定信念，把民营企业做强做大”主题宣讲。

2. “百企帮百村，千企扶千户”精准扶贫行动

成立海南省工商联（总商会）扶贫开发工作领导小组，建立驻会领导联系指导各市县工商联扶贫工作包干联系制度，先后召开5次党组会议、12次扶贫工作专题会议对省工商联（总商会）系统参与全省扶贫开发工作进行研究和部署。会领导先后30余次率队赴各市县开展扶贫

工作调研，协调解决问题和困难。“百企帮百村，千企扶千户”行动在全省18个市县全面铺开，截至2016年12月31日，共组织动员513家企业参与帮扶，实施763个项目，覆盖248个村委会，帮扶贫困人口18 358人，投入项目资金1.4亿元，捐款、捐物、助学捐赠共1 648万元。联合省扶贫办、省光彩事业促进会和中国农业发展银行海南省分行召开海南省民企特色产业+就业扶贫工作经验交流会，交流推广全省民企产业、就业扶贫典型经验，总结探索扶贫模式体系。

3.“景德镇与海南岛——海上丝绸之路上的往事与随想”主题研讨系列活动

2016年5月20日至25日，海南省工商联与江西省景德镇市工商联联合主办了“景德镇与海南岛——海上丝绸之路上的往事与随想”主题研讨系列活动。50余位工艺美术大师和知名媒体人出席“景德镇陶瓷名师名家作品展”开幕式。海南大学校长李建保、中国工艺美术大师熊钢如、冯杰等专家学者、企业家参加主题研讨。活动促进了琼赣两地陶瓷文化交流，后续效应逐步显现：海南贝壳粉加注入景德镇陶瓷原料，现已研发出新的陶瓷产品；富力集团拟与景德镇陶瓷机构合作，在澄迈县红树林富力湾景区建设中国陶瓷美术工艺大师艺术村；海南大学有意与景德镇陶瓷机构合作，引进陶瓷艺术专业优质课程。

（二）非公有制经济人士理想信念教育及宣传引导

2016年，海南省工商联组织非公经济人士学习党的十八届五中、六中全会精神、习近平总书记系列重要讲话精神、海南省委全会精神，在苏州大学和红旗渠干部学院举办非公经济人士专题培训班。组织企业参与扶贫和海口“双创”工作，丰富理想信念教育实践活动的内容和载体。发挥省工商联官网、商会通讯等渠道的作用，加强对非公经济人士的宣传教育和舆论引导。2016年网站共发布信息750条，微信平台发布信息173条，编发商会通讯9期，被《中国工商》杂志社评为2016年度宣传工作先进单位。通过教育培训、宣传示范和具体实践，理想信念教育实践活动取得积极成效，广大非公经济人士和非公企业主动承担社会责任，省工商联副主席李福顺、冯川建、叶茂、黄洪卢，副会长王树生、徐军、林秀才等企业家积极投身海南扶贫开发、海口“双创”、社会公益等活动，海航集团未来10年将投入10亿元用于海南生态保护和扶贫开发事业，在2016年扶贫日捐赠1亿元。

（三）会员组织建设

2016年，海南省工商联按照“抓班子、带队伍、找问题、促发展”的思路，指导推动我省“五好”县级工商联建设。琼海、文昌、澄迈、临高、昌江5个市县工商联被确认为全国“五好”县级工商联。选派4批市县工商联党组书记、专职副主席参加全国工商联、红旗渠干部学院、苏州大学等培训班。召开全省县级工商联工作现场会，协调指导市县工商联组建乡镇商会，其中琼海市已实现12个乡镇全覆盖。

1. 商协会和工作委员会建设

2016年，海南省工商联继续加强各商协会和工作委员会建设。组织召开了外埠海商社团座谈联谊会。推进海南省工商联酒店餐饮及旅游业工作委员会和房地产工作委员会的筹备成立。各工作委员分别组织开展了一系列活动：互联网+创业创新联盟主办了“互联网+公益：让海南的未来更有力量”慈善活动；美丽乡村建设联盟积极参与海南省首届全域旅游及美丽乡村建设暨休闲农业发展高峰论坛和2016海南世界休闲旅游博览会；商会工作委员会协助组织全省商协会工作交流座谈会暨迎春团拜会；文体工作委员会组织了海南民企足球赛、观影体验、海钓等活动；收藏拍卖工作委员会参与“海南恒鑫2016艺术品慈善拍卖会”，并义拍140万元的作品，支持琼剧事业发展；投融资委员会组织“海南中小微企业成长工程——百镇千企行”走进五指山市，举办扶贫融资专场对接会。

2. 工商联经济服务

2016年，海南省工商联主动投入“服务社会投资百日大行动”，召开海南民企参与社会投资百日大行动座谈会，向民企发放《服务全省社会投资百日大行动宣传手册》3 000多册，推送宣传微文200多条。专题研究确定14个重点跟踪服务项目，推动解决了文昌航天现代城、琼中棚户区旧城改造、深圳经纬航空医疗救援服务等一批项目落地。运用工商联的组织网络优势和民间优势，配合省政府及相关部门举办了首届全域旅游及美丽乡村建设暨休闲农业发展高峰论坛、农林产品加工产业园区招商活动、海南省服务贸易创新发展论坛暨服务贸易推介会、首届中国企业家博鳌论坛等系列重点招商活动。参与主办2016’中国（海南）国际热带农产品冬季交易会，共组织50家省内外企业参展，组织近40家省外民营企业赴临高、昌江等市县开展项目对接和实地考察。继续发挥省政府政务中心工商联咨询服务窗口和省总商会民企服务中心的作用。

（四）工商联参政议政

2016年，海南省工商联履行职责，围绕全省非公经济发展积极开展调查研究，多方参政议政。联合新华社中国经济信息社创立海商研究院，并举行揭牌仪式，打造海南民间智库，服务省委省政府决策和海南民营企业发展。举办海商品行元年座谈会，提炼出“海纳百川、商业报国、品质为先、行知合一”的海商精神，出版发行《2016品行元年》。发挥海商研究院研究平台的作用，充分借力与新华社的合作关系，形成《“两个暂停”政策对房地产业影响》等多个调研报告，其中《海南企业“走出去”初有成效“走得好”受限仍需精准发力破解》《让我省民营龙头企业“走出去”走得更稳健》分别被省政府研究室《参阅件》和《今日海南》刊发。开展2015年全省非公经济发展情况调研，形成《海南省非公经济发展蓝皮书》。配合全国工商联组织非公经济调查研究系统直报点工作，开展海南制造业民营企业发展状况调研等。海南省工商联全年撰写政协提案14件、政协发言材料1篇，其中《关于平抑海南菜价过高的建议》被列为2016年重点督办提案，《关于相关职能部门单列非公经济数据，加强非公企业调查研究的建议》得到省政府高度重视。《关于加强各级政府对民营企业参与扶贫和双创工作指导力度的建议》等提案也引起有关部门高度重视。

（五）工商联法律维权

2016年，海南省工商联着力推进非公有制企业商事诉调工作机制建设，与省高级人民法院联合出台《关于建立涉及非公有制企业商事纠纷诉讼与调解对接工作机制的意见》。推动法治宣传培训工作由省一级向市县工商联和基层商协会倾斜。配合有关单位建立“企业诚信档案”，参加海南省政府“诚信示范企业”评选。协助调处海口花冠海景酒店有限公司、四川省海南商会等十多宗维权案，维护非公企业和非公经济人士的合法权益。

（六）非公经济组织党建

2016年，海南省工商联认真组织我省非公企业开展“两学一做”学习教育。各非公有制企业党组织先后召开动员会，开展专题党课、集中学习党章党规党纪和习近平总书记重要讲话、开展知识测试等系列活动。积极做好非公企业党建评比推荐，向484个基层党组织发放党建工作经费532.4万元。组织专门力量对海航集团党委党建工作进行调研，调研报告得到省委副书记李军和省委统战部的高度重视，《中国工商时报》刊登了海航党建工作经验，中国财经网进行转载；《海航集团以党建助推跨越发展的实践与启示》被全国党建研究会非公有制经济组织党建研究专业委员会评为2016年度非公经济组织党建调研成果二等奖。

重庆市工商业联合会2016年工作总结

（一）坚决落实全面从严治党

深入贯彻习近平总书记系列重要讲话精神，坚定不移贯彻落实中央和市委决策部署，强化“四个意识”，务实推进机关和商会党建工作，规范党内政治生活，加强党内监督，深入开展“两学一做”学习教育，配合做好巡视工作，扎实推进工商联事业发展。

（二）教育引导非公经济人士健康成长

一是多措并举深化主题教育。扎实开展“守法诚信、坚定信心”理想信念教育实践活动，组织民企创业梦想报告团进区县、进商会、进企业、进高校，全市报告宣讲达140场次；发挥商会负责人的带头作用和商会的主阵地作用，不断推动统战工作向商会组织有效覆盖；开展商会负责人、民企带头人、民企转型升级、法治教育等各类教育培训10期、培训非公经济人士600余人。二是加强年轻一代教育培养。出台《关于进一步做好年轻一代非公经济人士教育引导工作的意见》《重庆市工商联青委会与原工商业者联系制度》，组织100余名年轻一代非公经济人士到延安干部学院开展学习培训，组织市青委会72名委员结对原工商业者。“青委会委员结对原工商业者”这项工作获得了中央统战部的高度重视，目前已完成6万字的口述实录整理，成为教育引导年轻一代的宝贵“教材”。三是培育打造青委会工作品牌。着眼提升市工商联青委会工作水平，狠抓区县工商联青委会组织建设，促进全市青委会组织共同发展。青委会网络交流平台和青委会数据库筹建工作有序进行。目前，全市已有37个区县建立了青委会（青商会）组织，凝聚了2 000余名有代表性的年轻一代非公经济人士。

（三）促进民营经济保持平稳健康发展态势

2016年，全市民营经济实现增加值8 760.5亿元，增长12.1%，占GDP比重49.9%，创直辖以来新高。全市民营经济市场主体达207.2万户，同比增长10.9%，占全市市场主体的96.6%。全市非公经济纳税1 620.8亿元，占全市税收总收入的64.8%。全市民间固定资产投资8 858.50亿元，同比增长11%，占全社会投资的比重为51%。

（四）深入开展精准扶贫工作

一是民企广泛参与做贡献。全市700

余个商（协）会、5 000 余家民营企业参与到精准扶贫行动中，1 637 家民营企业、商（协）会与 1 027 个建卡贫困村签订了结对帮扶及共建协议，投入资金 47.5 亿元。与西藏昌都市对接，落实资金 120 万元，对口援助类乌齐县达日通村异地搬迁及贫困大学生。二是集中力量对口帮忠县。推行“1＋N”帮扶模式，即与忠县人民政府签署了《战略合作协议》，组织金科集团与忠县石子乡政府签订了《结对帮扶杨兴村协议书》；陶然居集团与忠县工商联签订《“万企进万村”帮扶框架协议》；满集网、旅游商会、锦新农业、中皓翔宇分别与忠县相关部门和企业签订投资合作协议。世纪游轮、学平大健康、澳门万国控股等企业与重庆光彩促进会到位帮扶资金 600 万元，相关签约项目顺利推进。三是坚持精准聚焦求实效。紧扣全市脱贫攻坚目标任务，实施产业扶贫、就业扶贫、技能扶贫和公益扶贫。493 家企业以培育支柱产业为重点，投入 15.6 亿元，帮扶贫困村 541 个，惠及贫困人口 7.6 万人。633 家企业为 4.7 万个贫困人口提供了就业岗位。325 家企业投入近亿元，对 325 个贫困村、4 万余名贫困人口开展了技能帮扶。908 家企业开展了公益帮扶，捐赠资金（物品）达 2.8 亿元。四是强化典型带动树形象。搜集汇总典型案例 50 余个，先后在中华工商时报、重庆日报等媒体进行宣传报道，其中板溪商会还被全联纳入全国典型予以宣传推广。我会“‘万企帮万村’精准扶贫行动显活力”，位居“2016 年度‘创新中国’工商联（商会）工作特别奖”省级工商联之首，重庆共 3 项工作成为全国优秀案例。

（五）竭力服务民营经济健康发展

一是注重调研建言、服务党政决策。深入扎实开展调查研究，如实反映企业面临的困难和问题、呼声和诉求以及政策执行的现状和差距，形成了一批优秀的理论成果、实践成果和发展成果。《2015 年民营经济发展报告》，市委领导作出重要批示，予以充分肯定。开展“涉企政策 30 条”落实情况调研，向市委、市政府提出意见建议推动政策落实落地落细，进一步帮助企业降低成本、减轻负担、缓解困难。多个报告的多条建议被全联、市政府及市级部门采纳。向市政协提交集体提案 20 篇、重点提案 3 件、大会发言 3 篇。积极参加市委政党协商调研座谈会、年度重点调研成果汇报会，圆满完成市科委决策咨询与管理创新项目 2 个，相关对策建议获得市领导充分肯定。推荐 6 个民营企业获评院士专家工作站。二是注重内外联动、助推开放发展。积极引导民营企业“走出去”，组织 400 多家企业参加涉外投资推广会、法律分享会、高峰论坛，赴 12 个国家（地区）考察洽谈合作，与韩国仁川市商工会议所缔结友好商会。成功承办“第十三届中尼民间合作论坛”，促进中尼民间交流。组织开展民企（商会）“区县行”“城市工商资本下乡”15 场次，签约项目 35 个，协议金额达 60 多亿元。组织民营企业参加经贸活动 18 次，签约项目 100 余个；接待来渝或到会洽谈交流、招商推介 33 次。三是注重经济服务、缓解发展难题。开展第四批“干部进民企促发展”活动，全市 700 名干部到民企挂职，助推民企发展。围绕制造业发展、“走出去”、民营经济产业数据库等专题，培训 200 余人。组织参加专题协调会，研究房地产商改住、三角债、政策落实、社保、融资等问题，协调解决了一批行业或个案问题。发挥民企上市服务中心作用，开展挂牌上市培训 100 多次，助推民企直接融资，民营上市公司（A股）新增1家、总数达到20家，新三板挂牌企业新增49家、总数达到106家，OTC挂牌企业增至437家。遴选8个项目参加“中国军民两用技术创新应用大赛”。全市上规模民企入围全国民营企业500强13家、制造业500强6家、服务业100强6家。四是注重法律服务、维护合法权益。继续组织检察官、法官、律师走进工商联机关、商会和企业。开展立法司法协商调研，参与修订法律法规10余项。与市人社局联合举办区县工商联、民营企业劳动争议调解员培训班，指导餐饮商会、环保企业商会积极创建全国劳动争议预防调解示范组织。继续推进企业商事纠纷诉调对接机制建设，推动设立重庆市仲裁院工商联仲裁中心。全市各级工商联（商会）精心调处民企维权案件200余件，我会直接协调办理48件、为企业挽回经济损失近2亿元。五是注重氛围营造、展现渝商风采。整合《中华工商时报》“新渝商”专版、“新渝商”官网和杂志，推出“全球渝商”APP，与“一报一网一刊”构成“四位一体”宣传格局。连续出版39期“渝商视窗”专栏，发表稿件400余篇28万多字，图片120余幅，相关网站转载3 300余次。

（六）持续推进工商联组织建设

全市工商联会员总数超过12万个、所属商会组织超过1 400个。一是群团改革稳步推进。出台了《深化改革实施方案》，明确新形势下工商联工作的五大职能作用，落实了责任人和时间表，确保改革的稳妥实施推进。二是“五好”成果持续巩固。把“五好”县级工商联创建和区县工商联换届相结合，指导区县工商联做好换届工作。13个区县获得全国“五好”县级工商联认定，提前完成全联年度创建目标。三是商会建设再上台阶。积极参与全市深化行业协会商会与行政机关脱钩工作。试行对商会主要负责人进行履职考核，加强市级异地商会评估。举办重庆商会秘书长培训班、秘书长论坛，召开全国重庆商会会长联席会议，积极引导渝商回归。理顺直属会员企业党组织管理体系，组建市工商联社会组织综合党委，指导成立16家商协会党组织，有效推进党的组织和党的工作覆盖。

四川省工商业联合会2016年工作总结

2016年，四川省工商联在党的十八届六中全会和四川省委十届八次、九次全会精神指引下，在四川省委、省政府领导下，在全国工商联指导下，紧紧围绕中心工作，团结带领广大非公有制经济人士，求真务实，锐意进取，各项工作都取得了新成就。

（一）持续深化非公有制经济人士引导教育工作

一是狠抓思想教育。通过专题报告（宣讲）会、论坛、讲座、培训班等形式，深入开展以“守法诚信、坚定信心”

为重点的理想信念教育实践活动，大力宣传以习近平同志为核心的党中央治国理政的新理念新思想新战略，引导非公有制经济人士认清形势、正视困难、坚定信心；配合全联开展年轻一代非公有制经济人士思想状况调研，组织民营企业家、市（州）工商联和直属商会负责人参加省委、省政府召开的各类通报会、宣讲会及“同心大讲堂”“天府大讲堂”等。

二是突出宣传引导。挖掘守法诚信、创业创新、回报社会的川商典范，通过《中华川商》《创业英雄汇》、人民网的党建云平台、《新蜀商》杂志“守法诚信好故事”“长征路上的扶贫故事”“精准扶贫工商联实践”专栏，积极宣传非公有制经济人士中转型升级、创新创业、诚信守法、践行社会责任的先进典型，为非公有制经济发展营造良好的舆论环境。

三是拓展培训模式。努力打造非公有制经济人士培训品牌，在浙江大学举办“坚定信心·创新发展”专题研修班，在上海交大举办“明日之星”企业家培训班，在新西兰举办“现代企业管理与核心竞争力提升”培训班。此外，还举办了“新形势下的企业成长战略”“制造加工行业如何向‘互联网＋’转型”、新生代企业家经济论坛暨传统行业“互联网＋”转型等培训。

四是提升法治意识。通过“与法同行、诚信经营”主题活动月、专题法治讲座等，大力开展法治宣传教育活动；举办法治培训8期，受训人员达1 500余人；开展“法律三进”工作，积极指导建立调解组织，全省非公企业已建成调解组织21 976个，占企业调解组织总量的57%，规模以上建立非公企业劳动争议调解组织覆盖率达51%，乡镇（街道）、工业园区劳动争议调解组织4 514个。

五是强化党建引领。印发《关于切实做好社会组织党建工作的通知》《四川省工商联直属商会党建工作管理办法（试行）》等文件；开展“党课进商会”“党课进企业”活动，组织机关支部与联系点企业党组织开展联动。目前，全省工商联系统执常委企业已建立党组织1 265个，有10个市（州）上规模非公有制企业“建党率”达100%，全省上规模非公有制企业“建党率”达90%以上。

（二）着力为增强民营企业发展信心搭建服务平台

一是推进政企沟通。积极组织企业家参加由省长主持召开的民营企业家新春座谈会和由省委政研室、省政府办公厅召开的调研座谈会；组织促进农业龙头企业健康发展、四川自由贸易试验区总体方案征求意见、依法保障和促进非公有制经济健康发展、民营企业“走出去”“民参军”等多次调研座谈会，增进民营企业与行政、执法、军方等部门的沟通联系。

二是开展重点调研。配合全联完成国务院关于促进民间投资政策落实情况第三方评估、构建“亲”“清”新型政商关系调研、民营企业知识产权保护状况调研、2015年度上规模民营企业调研、制造业民营企业发展状况调研、第十二次全国私营企业抽样调查等调研，完成《我省私营和外资企业归国人士抽样调查分析》《党外人士在创新创业中发挥作用研究》等12篇调研报告。

三是积极建言献策。全年，共向省政协提交团体提案17件，社情民意62份，党外人士意见建议50余篇，3篇得到省委主要领导批示。其中，《关于优化民营企业法治环境的建议》（第107号）被省政协确定为2016年重点督办提案，促成省政府及时出台《四川省外来企业投诉处理规定》、省法院制定《关于力争两年基本解决四川执法难的工作方案》。

四是努力促进投资。积极组织企业家参加“首届川商返乡发展大会”，签约项目278个，投资总额愈1 582亿元；参与承办“2016中外知名企业四川行”活动，签订项目668个，投资总额5 001亿元；组织近100家川内知名民营企业参加了8个市（州）举办的投资合作项目推介会暨签约仪式；举办全国民营企业与西部高端产业合作发展大会暨川商总会经济论坛，签约项目22个，投资总金额720.3亿元。

五是扩大对外交流。率领民营企业家赴摩洛哥、南非就摩中工业园、南非华侨凤凰产业园等调研。参与协办“创新升级·香港博览”大型服务业旗舰推广等活动，先后接待加拿大驻重庆总领事馆、澳大利亚四川商会、英国四川商会、中国香港特别行政区政府驻成都经贸办考察团等。组织近百家企业和商（协）会代表参加第四届中国—中亚论坛，与吉尔吉斯斯坦工商会签署缔结友好商会协议书，与澳大利亚相关商会签订多边合作协议。

六是推进综合服务。与省委统战部联合下发《关于进一步密切联系非公有制经济人士的意见》；与省检察院联合印发《关于构建六项机制　依法保障和促进非公有制经济健康发展的意见》；举办企业家培训项目首届“新年经济论坛”、开展4期“川商讲堂”、参与“检察开放日”活动、主办“中国企业海外投资研讨会”、与省国地税联合举办“税收助力民营经济发展市州行”公益讲座和“营改增政策解读和实务操作培训班”等；与省国防科工办和中国科学院成都分院分别签署合作协议，举办《全军武器装备信息采购网》注册认证宣讲及指导会，组织180余人参加第二届军民融合发展高科技成果展览暨高层论坛、并在论坛上作主题发言，签署天府新区军民融合发展产业示范基地建设项目合作协议；出台“四川省民营经济创新发展示范园”“川商产业园”管理办法，成立“四川省工商联财税金融服务中心”、完成“三并联”服务中心工作，帮助民营企业降成本、促发展。

（三）齐心协力推进“万企帮万村”精准扶贫工作

一是深入动员落实。召开2016年经济服务暨“万企帮万村”精准扶贫工作会议进行再动员再部署。通过产业扶贫、就业扶贫、教育扶贫等多种途径帮助贫困村、贫困户加快脱贫进程。组织“万企帮万村”精准扶贫专项督查组，先后对绵阳、凉山、广元、巴中、达州、内江等地开展“万企帮万村”精准扶贫行动进展情况进行了专项督查和抽查。

二是推进效果显著。截至2016年年底，全省共有113个商（协）会、28 300多家企业参与精准扶贫行动，2 685家商会和企业与2 675个建档立卡贫困村签订结对帮扶及共建协议；成功举办“万企帮万村·光彩凉山行”活动，实现总投资39.08亿元；25家民营企业及商（协）会共捐赠精准扶贫资金538.5万元，捐赠物资价值1 687万元；召开全省“万企帮万村”精准扶贫行动现场经验交流会，省委王东明书记多次对我会精准扶贫作出重要批示，对我们取得的成绩给予充分肯定。

（四）大力推进工商联组织建设

一是抓好“五好”创建。以“一个设立、五个有”和“五好”县级工商联建设为工作着力点，举办全省工商联组织建设研修班。目前，我省183个区县工商联现已全部完成“一个设立、五个有”工作目标，实现全覆盖。全省41个区县工商联获得2015年全国“五好”县级工商联称号，占比达到22%。

二是加强商（协）会建设。开展直属商（协）会党建工作调研；完善直属商会考评制度，对33家直属商会2015年工作情况开展考评；加强对直属商会换届工作的领导，开展对会长、副会长、秘书长人选提名的考察、审批工作，举办直属商会会长、秘书长培训班。

三是规范会员管理。坚持广泛性和代表性相结合，注重会员质量，坚持标准，规范程序，全年新发展企业会员18家。先后推荐上报替补增补十届执行委员会委员16人、常务委员12人。

四是强化机关建设。扎实开展“两学一做”专题教育活动，加强党风廉政建设主体责任与监督责任，印发《中共四川省工商业联合会党组关于进一步严肃党内政治生活巩固发展良好政治生态的意见》；加强干部教育管理，举办全省市（州）工商联主席党组书记培训班、宣教干部综合素质提升班、秘书长办公室主任培训班，开展国家宪法日专题学法活动，不断提升干部队伍素质。

贵州省工商业联合会2016年工作总结

2016年，贵州省工商联认真学习贯彻党的十八大及十八届三中、四中、五中和六中全会精神、习近平总书记系列重要讲话精神和治国理政新理念新思想新战略，紧紧围绕省委、省政府工作中心，紧扣促进“两个健康”主题，充分发挥桥梁、纽带和助手作用，着力服务全省民营经济发展，扎实开展工作，认真履行职能，为促进贵州经济社会科学发展、后发赶超、同步小康做出了积极贡献，各项工作取得新成效。

（一）以学习贯彻习总书记“3·4”讲话为契机，优化民营企业发展环境

习近平总书记“3·4”重要讲话在报纸上公开发表之后，省工商联把学习贯彻讲话精神作为重要政治任务，先后召开省工商联十一届八次常委会、党组（扩大）会和主席会议、非公经济人士座谈会认真学习领会。同时，班子成员分别深入到企业、商（协）会进行宣讲。3月18日，省委常委会议专题听取省委统战部、省工商联汇报学习情况及下步贯彻落实建议。省委充分肯定省工商联的工作，并采纳了召开民营经济发展大会和出台有关文件的建议。按照省委常委会议要求，省工商联立即与省委统战部共同制订代省委、省政府起草促进我省民营经济加快发展文件的方案，代拟起草《中共贵州省委贵州省人民政府关于进一步促进民营经济加快发展的若干意见》初稿，省委、省政府以黔党发〔2016〕16号文件在全省民营经济发展大会上印发，极大地激发了民营经济发展的活力和动力。与此同时，省工商联还积极加强与省直有关部门的联系协作，与省纪委、省委统战部、省监察厅联合起草《关于推动构建新型政商关系的意见（试行）》初稿，省委办公厅、省政府办公厅以黔委厅字〔2016〕33号文件下发全省各地；与省人民检察院联合出台

《关于在全省民营企业商（协）会预防职务犯罪活动构建“亲”、“清”新型政商关系的意见》（黔检发〔2016〕18 号），为优化民营企业发展环境，进一步促进民营经济加快发展提供了制度保障。

（二）以理想信念教育实践活动为抓手，发挥政治引领作用

按照中央统战部和全国工商联的统一部署，2016 年年初，省工商联与省委统战部共同制订了《贵州省民营企业“守法诚信、坚定信心”教育实践活动实施方案》，对全省各级工商联、商（协）理想信念教育实践活动进行安排部署。结合贵州省实际，首次在全省开展年轻一代非公有制经济人士思想状况专题调研，根据调研中发现的问题，省工商联组织年轻一代企业家赴井冈山开展教育培训，引导他们坚定理想信念；为提高年轻一代企业家的综合素质，举办“省工商联优秀会员企业家成长计划”培训班 11 期，近 5 000 人参训。9 月，全国工商联商会理想信念教育实践活动蹲点调研组赴贵州 3 个市（州）、9 个县、18 个商会调研，省工商联挖掘推荐的 10 个典型案例得到全联调研组高度评价。为加强非公企业党建工作，制定了《贵州省工商联所属商会党建工作指导员制度》，力求以商会为载体，不断提升党建工作在商会组织的“两个覆盖”。同时，经省直机关工委和省委非公企业和社会组织工委批准，在省工商联设立“贵州省商会联合党委”，为进一步承担商会的引导、指导和服务工作打造了坚实的工作平台。

（三）以“千企帮千村”为重点，积极参与脱贫攻坚

按照全国工商联关于推进“万企帮万村”精准扶贫行动的统一部署和省委主要领导关于“努力把千企帮千村打造成为参与大扶贫战略行动的重要品牌”的要求，省工商联把“千企帮千村”精准扶贫行动作为一项重大政治任务来抓。自 2015 年 12 月召开“千企帮千村”精准扶贫行动动员大会之后，2015 年 6 月，召开“千企帮千村——百会千企聚力脱贫攻坚行动”现场推进会，将企业帮村升级为商会帮村，会上 100 位民营企业家受聘为贫困村“荣誉村主任”，10 家商会组织签订对口帮扶协议。为吸引更多的省外民营企业参与脱贫攻坚，在全国工商联大力支持下，6 月，组织织金县党政代表团赴京、津、沪开展精准扶贫项目推介，紧接着全国工商联组织京、津、沪 80 位民营企业家到织金县考察，向织金县捐赠 4 000 万元产业帮扶资金。组织福建省贵州商会、贵州省福建总商会启动开展“万人就业脱贫行动”，计划一年内吸纳 1 万名以上贫困劳动力就业，达到“就业一人，脱贫一家，带动一片”的目的。活动开展一年来，省工商联不断在实践中总结经验、探索帮扶模式、改进工作方式，推动活动持续有序开展。截至 12 月 30 日，全省已有 1 393 家民营企业、商（协）会参与结对帮扶全省 1702 个贫困村，实施帮扶项目 2 736个，投入资金约 110 亿元，直接帮扶贫困群众 38. 86 万人。

（四）以活动为载体，助推贵州经济社会发展

省工商联紧紧围绕全省发展主基调，紧扣主战略，充分发挥自身优势，继续以品牌活动为载体，凝聚贵商力量，助力家乡发展。11 月，成功举办以“聚焦开放贵州、聚力后发赶超”为主题的 2016（全球）贵商发展大会，近 1 000 名境内外贵商参会，全国政协副主席、全国工商联主席王钦敏、省长孙志刚出席会议并讲话。省工商联作为“2016 中国 · 贵州内

陆开放型经济试验区跨境投资贸易洽谈会”承办单位之一，主动与中国银行对接，促成会议在贵州成功召开；组织出国（境）对接活动 6 批次，邀请境外嘉宾 600 余人参会，现场组织 130 余家海外企业与省内 575 家企业进行“一对一”洽谈，为会议的成功举办做出了积极贡献。为将天下贵州人活动打造成为贵州统一战线凝聚人心、汇聚力量的重要品牌，倡导天下贵州人助推贵州脱贫攻坚，2016 年 2 月，省工商联牵头在贵阳举办了 2016 天下贵州人年会。配合有关部门完成省委、省政府重大经济活动的工作任务：邀请王钦敏主席莅临“2016 云上贵州 · 大数据招商引智再出发推介会”；承办“生态文明贵阳国际论坛 2016 年年会”跨国公司主题论坛；组织民营企业家参加全国工商联举办的“中国光彩事业庆阳行暨民企陇上行”活动和在云南瑞丽举办的“中国光彩事业德宏行”主体活动；先后四轮次在省外开展“黔货出山、招商引资”对接洽谈工作协调会；配合承办“多彩贵州风 · 黔酒中国行”兰州、西安推介活动；配合承办“丝绸之路 · 黔茶飘香”赴5 省市开展推介活动等。

（五）以深化部门合作为支撑，强化经济服务

2016 年，省工商联发挥近年来与有关部门建立联席会议制度或签署合作框架协议的优势，不断深化与部门间的合作，强化经济服务。依托纳税服务联席会议机制，与省国税局、省地税局联合出台《贵州省民营企业纳税人权益保护实施办法》，举办“提升纳税信用评价等级”专题培训。与省商务厅签署《关于共同推动我省非公有制经济加快发展的战略合作协议》，搭建“走出去”“引进来”的通道，帮助民营企业融入“一路一带”建设。与省人社厅、省综治办等部门联合下发《关于加强专业性劳动争议调解工作的实施意见》《贵州省劳动人事争议调解组织建设三年专项行动实施方案》，共同促进劳动争议和劳动仲裁的衔接，推动社会矛盾纠纷的预防和化解。与省人社厅合作，开展第三期民营经济组织工程、农业、会计三个系列职称评审工作，3 389 名申报者通过评审；联合省金融办专门针对省内上市和拟上市公司 200 多位专业从业人员开展职称评审工作，该项工作被省委改革办作为贵州省 2016 年创新项目上报中央改革办。

（六）以加强自身建设为基础，夯实基层组织队伍

按照中央和省委关于工商联换届工作的文件精神，在省委统战部的指导下，启动了省、市、县工商联换届工作，加强对基层工商联代表推荐、名额分配、换届会议等工作的指导，推动换届工作有序进行。与省委统战部、省委督查室、省政府督查室对全省第二批 37 家“五好”县级工商联创建工作进行督导和检查验收，并启动第三批 21 家“五好”县级工商联建设工作。截至 2016 年年底，全省有 83 家县级工商联进入到“五好”建设序列，62 家“五好”县级工商联达标，占总数的 70.4%。继续开展“建百家商会、交千名朋友”活动，制订《关于深入开展 2016 年建百家商会、交千名朋友的工作方案》，对新建商会的行业覆盖、工作重点、组建形式、程序规范和党建工作提出了具体要求，2016 年，全省各级工商联共新组建商会 140 家，商会总数达到 2 222家，全国排名第 11 位。

云南省工商业联合会 2016 年工作总结

2016 年，在云南省委、省政府的正确领导下，在全国工商联和省委统战部的精心指导下，省工商联深入开展以“守法诚信、坚定信心”为重点的非公有制经济人士理想信念教育实践活动，着力推进“万企帮万村”精准扶贫行动，全面加强从严治党工作和基层组织建设，各项工作取得新成效。

（一）教育引导工作有新亮点

一是以增强“四信”为主要内容，聚焦“守法诚信、坚定信心”，不断把理想信念教育实践活动向基层组织拓展，向商会组织和会员企业延伸。二是与清华大学、浙江大学、上海交通大学、中山大学、深圳大学等知名院校联合举办培训班 20 余期，“云南省民营企业人力资源百千万培训工程”取得实质性进展。三是大力宣传和表彰民营企业发展和文化建设的先进典型和成功经验，“云南新闻联播加快发展民营经济”专栏、“新闻记者进民企”活动和“共筑中国梦，同绘彩云南”形势政策报告会成为全省新闻媒体关注的焦点。省工商联荣获中华工商时报“2016 年度民营经济新闻宣传工作先进单位”称号；罗平县工商联荣获“2016 创新中国”工商联（商会）工作特别奖。四是在德宏州瑞丽市高标准、高质量举办“中国光彩事业德宏行”活动。中国光彩事业促进会、云南光彩事业促进会及与会员企业代表向德宏州公益捐赠 4 645 万元，累计签约项目 183 项，协议引资 3 220 亿元，实际到位资金 167. 69 亿元。五是印发《云南省“万企帮万村”精准扶贫行动方案》，举办“万企帮万村”台账管理培训班，成功引导 913 户企业结对挂钩帮扶 1 000个贫困村，累计落实帮扶资金 17. 03 亿元。

（二）调研参政有新成效

一是开展《加快推进澜湄合作落实落地对策研究》《认真落实国家“降成本”政策，为全省民营企业发展营造良好税收环境调研》《创新“万企帮万村”金融扶贫模式探索与研究》等专题调研，向省政府和相关部门提出了许多有针对性的意见和建议。二是开展支持民营经济发展政策落实情况专项督查和民间投资第三方评估等工作，参与第十二次私营企业抽样和促进民间投资政策落实等专项调查，为政府部门决策提供了资料支撑。三是与省国税局、省地税局共建合作机制，实现涉税业务有效对接；与省民政厅召开商会工作座谈会，从制度层面健全商会工作协作机制；与省银监局联合下发《关于加强非公有制经济领域金融服务的指导意见》，共同搭建银政企沟通服务平台；与省人民检察院联合召开工作座谈会，促成《关于依法保障和促进非公有制经济健康发展意见》的出台；与省高院联合深入基层调研，联合出台《关于适应经济新常态，服务和保障非公有制经济健康发展的意见》；与西南片区 7 省市区开展法律维权工作对接，横向拓展了民营企业维权服务平台服务范畴。四是向省委、省政府上报了《关于当前我省民营企业发展困难问题及建议》《关于全省部分民营企业亟待解决的困难和问题》等专报，充分发挥了省工商联在服务民营经济发展方面的参谋助手作用。五是组织开展优秀调研成果评选，编撰出版《云南民营经济蓝皮书（2014～2015）》。向省政协十一届四次全会提交《利用“互联网+”推动云南智慧旅游发展》、《切实减轻民营实体企业负担》等团体提案4件；提交《加强滇印医药产业合作，培育“辐射中心”建设优势产业》《民营企业解困发展亟待政府援手》等大会发言4篇。六是组织60余名民营企业家参加省委经济工作会议、省委党外人士座谈会和政府工作报告征求意见会，使民营企业家直接参与全省经济社会发展的谋划与决策。

（三）经济服务有新成效

一是参与“中国光彩事业德宏行”招商引资系列推介活动，邀请全国工商联300多位知名企业家到瑞丽市考察投资环境，寻求发展商机。二是邀请国内外知名企业参加南博会、西博会、农交会、旅交会、药交会、滇缅经贸合作论坛和全国第二届军民融合发展高科技成果展览等大型经贸活动。三是与金融机构、政府部门和企业家代表联合召开“银政企”协商座谈会，为南磷集团、高深集团、昊龙集团等知名企业协调解决流动资金贷款10余亿元。与中国银行云南省分行进行战略合作，依托“云南民营企业100强榜单”发布活动，为民营企业提供贷款集中授信30亿元。整合“贷免扶补”“两个10万元”和“劳动密集型小企业”政策力量，为小微企业发放贷款14.23亿元，带动就业4.5万多人。四是与华泰证券云南分公司合作，开展创业扶持政策专题授课，帮助民营企业及时了解国家和我省支持民营经济发展的新政策、新举措。五是成功举办“孟中印缅经济走廊商会合作联盟第一次会议”，组织200多家会员企业出席“海外台商‘赢在云南’研讨会”和“第四届诺贝尔奖经济学家中国峰会”等活动，带领30余名商会企业负责人出访新加坡、印度、英国、瑞士、中国台湾等11个国家和地区，省工商联民间外交空间得到进一步拓展。六是指导州市县成立民营企业投诉中心，初步形成了“分级受理、属地管辖”的维权格局。与省政法委等省直部门联合建立服务促进民营企业发展联席会议制度，帮助企业调解纠纷、化解矛盾，推动企业构建和谐劳动关系。全年共受理民营企业投诉和维权案件92件，协调结案73件。

（四）组织建设有新进展

一是省、州（市）工商联领导深入县（市、区）工商联开展调研，与当地党委、政府主要领导沟通情况、提出建议，支持基层工商联建设。2016年，省工商联累计安排改善基层工商联办公条件专项资金230万元。二是制定“五好”县级工商联建设工作实施方案及考核评价办法，召开全省县级工商联建设经验交流会，安排推进“五好”县级工商联建设工作。昭阳区、思茅区、墨江县工商联荣获全国“‘五好’县级工商联”殊荣，南涧县工商联等16家工商联被评为省级“五好”县级工商联。三是及时开展新形势下商会建设工作调研，大力推进基层商会建设，探索联系和服务商会工作的新模式。加强直属商会建设，积极培育新生代非公有制经济代表人士，新成立云南省青年企业家商会等直属商会。四是通过电话查询、工商查询、实地走访等方式，集中清理僵尸会员、重复登记、长期不参加活动及失去代表性的会员。全省各级工商联共清理会员15 000个，其中：省工商联清理会员97个。五是积极发展上规模民营企业和高新技术、高成长性企业入会，不断优化会员结构。截至2016年12月31日，全省工商联共有会员137 841个，其中：企业会员48 105个，团体会员2 071个，个人会员87 665个。六是成功举办迎新春联谊会、民营企业演讲比赛、企业高管论坛和云南民企沙龙等活动，全省3 000多人次非公有制经济人士参加活动。七是按照党组织和党建工作“全覆盖”目标的要求，指导帮助商会成立党组织2个，新发展党员117名。截至目前，省工商联非公有制经济组织党委已建立党组织36个，共有党员1 695名。

（五）工作作风有新转变

一是积极支持配合省委第九巡视组的政治巡视工作，坚持问题导向、立行立改，对巡视意见指出的问题逐条整改、一查到底，做到件件有着落，事事有回音。二是开展“基层工商联和会员企业大走访”活动和“一企一策”发展问题困难收集整理工作，省、州（市）工商联干部深入厂矿车间、生产一线，与企业谈心交流、收集意见，切实帮助企业解决实际困难。三是各级工商联深入贯彻落实中央统战工作会议和3月4日习近平总书记重要讲话精神，在组织机构、运行机制、工作方式、干部管理等方面大胆探索，省工商联的凝聚力进一步增强、影响力进一步扩大、执行力进一步提升。

西藏自治区工商业联合会2016年工作总结

一年来，在自治区党委、政府的正确领导下，在全国工商联和区党委统战部的有力指导下，围绕中心、服务大局，坚持“两个健康”工作主题，广泛开展非公有制经济人士理想信念教育实践活动、“两学一做”学习教育，服务和助推民营企业适应经济新常态加快转型升级，全面启动和纵深推进精准扶贫行动，着力推进基层组织建设，圆满完成了各项工作任务，工商联各项事业取得了新的进展。

（一）加强政策理论学习，引导广大非公有制经济人士始终在思想政治上与中央、区党委保持高度一致

2016年是非公有制经济发展史上极为重要的一年。3月4日，习近平总书记在全国政协十二届四次会议民建、工商联界委员联组会上发表重要讲话，提出了一系列新思想新观点新论断，是当前和今后一个时期指导工商联服务和促进“两个健康”的纲领性文件。总书记重要讲话发表后，我们及时召开主席会议、举办专题辅导报告会，组织全区非公有制经济代表人士集中学习重要讲话；向藏族非公有制经济人士印发藏文版重要讲话1 000余册，迅速在全区非公有经济人士当中掀起了学习热潮。

党的十八届六中全会明确了习近平总书记的核心地位、正式提出“以习近平同志为核心的党中央”。我们坚持教育引导非公有制经济人士要牢固树立“四个意识”，在思想上拥戴核心，在政治上信赖核心，在组织上忠诚核心，在行动上捍卫核心，做到西藏离北京虽远但我们的心始终与以习近平同志为核心的党中央紧紧连在一起，坚决与以习近平同志为核心的党中央保持高度一致。

（二）继续深入推进以“守法诚信、坚定信心”为重点的非公有制经济人士理想信念教育实践活动

按照全国工商联统一部署，制订了以“守法诚信、坚定信心”为重点深入开展理想信念教育实践活动的实施方案，各地市工商联结合实际，细化方案，创新活动载体，深化了活动效果。为强化民营企业守法诚信意识，我们积极履行与西藏民族大学签订的非公有制经济发展法律保障合作协议，以提高依法经营和依法维权能力为主题，举办了非公有制经济组织管理人员法律培训班。利用法制宣传日、设置法制宣传点、西藏工商联微信公众号等形式，向非公有制经济人士宣传宪法、经济法等法律法规。坚持把法制宣传与依法维权相结合，我们积极参加西南片区工商联法律维权工作，协调自治区高级人民法院出台《关于充分发挥审判职能作用保障非公有制经济又好又快发展的指导意见》，组织民营企业参与诚信体系建设，一年来，帮助民营企业协调解决劳资纠纷、经济案件标的达 2 000 余万元。

为坚定民营企业在经济新常态下对发展的信心，我们先后举办了 13 期培训班，组织参加全国工商联举办的 4 次培训班，共培训非公经济人士 1 500 余人次，系统学习习近平总书记系列重要讲话精神，分析当前经济发展形势，解读中央和自治区经济政策，在提高企业经营和创新发展能力的基础上，广大非公经济人士坚定了对发展的信心。同时，在全区开展年轻一代非公有制经济人士思想状况调研，推动教育实践活动向年轻一代拓展。

积极开展“西藏自治区非公有制经济人士感恩·慰问行动”，捐资近 30 万元，向护路工人、环卫工人、贫困大学生、便民警务站干警进行慰问。不断丰富活动的形式内容，以“信念·信任·信心·信誉”为主题，组织非公企业开展文艺会演。

（三）加强调研，牵线搭桥，推动非公有制经济健康发展

一年来，先后开展了民营企业“走出去”和“一带一路”建设调研、会员企业欠薪以及“僵尸企业”调研、2016 年第十二次全国私营企业投融资情况调研，参与西藏政府与市场关系调研，通过几次大型调研，进一步了解了民营企业转型升级遇到的实际问题。

召开国税、工商、人社、统计、工商联五方座谈会，建立五方联系工作机制，及时反映非公经济人士有关诉求，共享非公有制经济领域相关数据。搭建银企交流沟通平台，帮助企业解决融资困难，先后组织协调召开银企座谈会、中小微企业融资服务暨应收账款融资服务平台推介会，60 余家民营企业积极参与。组织民营企业参与区内安全生产和拖欠农民工工资问题大检查，推进民营企业规范安全生产经营。

围绕解决企业转型升级中遇到的困难和问题，召开了“企业抱团发展”研讨会，研讨我区民营企业在新的历史背景下加强合作、共同发展、进行供给侧结构性改革的新思路、新举措。组织民营企业赴澳门参加“世界旅游经济论坛”，赴日本、韩国考察学习，开阔视野、拓展思路，通过学习借鉴加快转型升级。以第三届藏博会为平台，积极推动民营企业与招商项目对接，民营企业签约 111 个项目，协议投资额 580.7 亿元，其中，区工商联直接组织签约项目 7 个，协议投资额 50 亿元。

截至 2016 年年底，全区非公有制经济市场主体达到 18.32 万户，同比增长 22.71%；注册资本达到 4 931.27 亿元，同比增长 69.06%；非公有制经济占到全

区市场主体的96.21%。全区个体、私营从业人员90.62万人，上缴税收70.3913亿元，非公有制经济总量达到444.43亿元，占GDP43.3%。呈现出非公经济总量明显增加、企业实力明显增强、创新能力明显增高、产业龙头明显增多、上市步伐明显加快的良好发展态势。

（四）扎实推进“百企帮百村”精准扶贫行动

一年来，区工商联贯彻自治区扶贫工作会议精神，按照全国工商联“万企帮万村”工作安排，制订《西藏民营企业“百企帮百村”精准扶贫行动实施方案》，协调成立领导小组，召开全区民营企业“百企帮百村”精准扶贫行动电视电话会议，各地市工商联相继召开座谈会、现场推进会等层层进行动员部署，在全区全面推开了“百企帮百村”精准扶贫行动。

深入开展“百企帮百村”宣传、调研和对接，区工商联组织民营企业参加扶贫日宣传活动，动员50家民营企业参加扶贫日晚会，37家民营企业现场捐助1 000余万元。各地市工商联组织民营企业深入乡、村、农户调研对接，确立扶贫对象和扶贫方式。

据不完全统计，全区参与“百企帮百村”精准扶贫行动455家民营企业已累计投入1.16亿元，结对帮扶贫困村155个，带动贫困户8 833户、贫困人口39 302人。

（五）固本强基，不断加强基层组织建设力度

着力推进“五好”县级工商联建设，召开全区“五好”县级工商联交流观摩会，组织全区工商联主席、书记座谈会，举办了县级工商联书记、主席培训班。2016年新成立县级工商联9个，全区县级工商联达68个，91.9%的县成立了工商联，县级工商联整体建设水平明显提升。加强对直属商会的指导、引导和服务，召开商会会长座谈会，举办商会会长、秘书长培训班，制定自治区工商联直属商会年度考评办法，协调推动新成立商会的备案审批等工作。2016年自治区工商联5家异地商会相继成立揭牌，4家异地商会、1家行业协会已获成立批复，目前直属商协会已达34家。深入做好会员发展工作，严格入会程序，加大考察力度，新吸收24家企业入会。截至目前，全区工商联共有会员5 399家，其中企业会员2 081家，个人会员3 278人，团体会员46家。

（六）进一步推进党的组织和党的工作向非公经济组织覆盖

与区党委政研室联合开展非公企业党建工作调研，自治区党委领导对调研报告作出重要批示。举办非公有制企业“党建与经营能力提升”专题培训班、全区“两新”组织基层党组织书记示范培训班，共培训150余名非公经济组织党务工作者。认真落实基层党建“七项重点任务”，强化对党员日常教育和日常管理，扎实开展“两学一做”学习教育，派出党建指导员深入非公经济党组织一线指导，先后2次成立督导组进行督导，组织广大党员参与非公党建知识竞赛，非公经济党组织和广大党员的主体意识、组织观念、党的意识明显加强。深入推进抓党建促脱贫攻坚工作，今年新建非公经济党组织52个。截至目前，全区非公经济党组织达到562个，党员6 618名。同时，加大非公经济组织工会、团组织、妇联组织建设力度，全区149家企业会员成立了工会组织、17家成立了团组织、45家建立了妇联组织。

（七）“两学一做”学习教育实践活动深入开展

从年初开始，在区直工委和会党组的

高度重视下，我们坚持把“两学一做”学习教育活动作为2016年一项重点工作抓紧落实。制订了《西藏自治区工商联开展“学党章党规、学系列讲话，做合格党员”学习教育实施方案》和《区工商联机关“两学一做”学习教育学习讨论计划》，及时召开学习教育动员会，确保早开局、快起步、起好步。在具体推进会机关“两学一做”学习教育工作中，创新活动载体，做到五个结合，开展了形式多样的活动，促进“两学一做”学习教育成果的转化，努力营造出“两学一做”学习教育浓厚宣传氛围。

（八）巡视整改工作成效显著

从2016年4月初到5月底，根据区党委的统一安排，区党委巡视四组对会党组的工作情况进行了为期两个月的政治巡视。在这两个月时间里，我会从召开动员会到情况反馈会，以及到整改落实工作，始终严格按照巡视工作要求，积极配合区党委巡视四组围绕“六项纪律”和“三大问题”开展各项政治巡视工作，及时制订了《中共西藏自治区工商联党组关于落实区党委巡视四组反馈意见的整改方案》，成立了落实巡视反馈意见整改工作领导小组，与各整改责任领导和责任处室签订《整改责任书》，建立整改落实台账，逐项销号整改。对于重大事项，多次召开党组会议或党组专题会议进行研究，切实做到立行立改，并建立健全了各类规章制度，巩固整改成果。真正使整改的过程成为提高领导班子凝聚力、战斗力、创造力的过程，成为促进各级领导干部作风转变的过程，成为推动工商联工作科学发展的过程。

陕西省工商业联合会2016年工作总结

2016年，陕西省工商业联合会（以下简称省工商联）围绕我省经济社会发展大局和追赶超越要求，推动践行“五大发展理念”，按照全面推进“五个扎实”要求，突出“两个健康”工作主题，深入开展调查研究，不断拓宽服务领域，丰富服务内容，创新服务方式，持续推进组织建设，各项工作取得了新进展。

（一）加强思想政治工作

一是深入学习习近平总书记讲话精神。组织召开省工商联执委暨西安市工商联执委（扩大）会议，专题学习习总书记3月4日重要讲话精神，在全省工商联系统和民营企业中掀起了学习讲话、坚定信心、促进发展的热潮。一年来，省委省政府高度重视工商联工作和非公经济发展，主要领导多次深入企业调研，有关部门领导经常参加省工商联重要活动。省工商联以传达学习省委书记娄勤俭8月23日在省工商联调研和12月8日主持召开民营企业家座谈会时的讲话，省委十二届九次全会和胡和平省长调研民营经济期间的讲话精神为契机，着力为企业家积极应对当前经济下行形势打气鼓劲。全年围绕贯彻讲话精神、促进民营经济发展等问题组织召开集中学习会、专题座谈会、征求意见会等27场（次）。

二是扎实开展理想信念教育。制订下

发了《关于以“守法诚信、坚定信心”为重点深入开展理想信念教育实践活动的实施方案》，在网站、内刊、手机公众号等媒体开辟了理想信念教育实践活动专栏。举办了“守法诚信、坚定信心”暨企业发展转型专题报告会；配合省非公经济组织党工委赴汉中、安康两市开展党的十八届五中全会精神进企业宣讲活动；与陕西广播电视台合作，开辟《坚定理想信念，增强发展信心》专题栏目；组织年轻企业家赴富平开展革命传统教育活动，组织理想信念教育宣讲团到各地巡回演讲等。各项活动均收到了较好的效果。

三是把握正确的舆论宣传导向。召开全省主流媒体负责人座谈会、全省宣教调研信息工作会议，紧紧围绕“两个健康”工作主题，推动各方尤其是各级工商联在宣传教育、调查研究、信息传递等工作左右互动、上下联动。主动适应新媒体，指导省总商会新闻宣传中心创办“联商传媒”“商界陕西”微信公众号，全年发布信息 440 期，1 727 条。开辟省工商联理想信念教育实践活动微信群，在全联通刊登报道 110 篇。全年共出刊《陕西新工商》12 期，编辑稿件 950 余篇，近 90 万字。在《陕西日报》刊登稿件 26 篇，《中华工商时报》刊登稿件 406 篇，头版 25 条，刊登数量为全国工商联系统第一。省工商联荣获“2016 民营经济新闻宣传工作先进单位”。

（二）深入开展调查研究

一是围绕“两个健康”工作主题开展调研。2016 年，省工商联赴浙江、福建两省学习调研，向省委、省政府提出尽快制定出台我省降低企业成本、减轻企业负、推进实体经济发展的意见，提出把招商引资与促进本地企业健康发展相结合的建议；围绕中央、省委统战工作会议精神和中央《条例》、省委《实施办法》的贯彻落实，年轻一代民营企业家的教育培养以及市县工商联换届工作等问题与统战部一起赴榆林市开展调研；参加省委开展的全省民营经济发展情况调研，集中力量对全省民间投资情况和非公有制经济发展面临的主要问题和困难进行深入调研，形成了《关于我省非公经济发展情况的报告》；与省政协经济委员会、省扶贫办联合调研，负责起草了《关于我省产业精准扶贫情况的调研报告》，并报省委、省政府；组织开展了全省民营企业知识产权保护状况调研，形成《陕西民营企业知识产权保护状况调研报告》上报全国工商联。协助全国工商联调研组在我省就构建“亲”“清”新型政商关系进行集中座谈和深度访谈，并向省委报送了《关于建设新型政商关系的实施意见》；举办了“新形势下的‘亲’‘清’政商关系”专题报告会。

二是围绕民营经济热点难点参政议政。十一届省政协四次会议期间，提交了“新常态下鼓励民营企业技术创新的建议”等 12 件提案和“关于加大对双创小微企业扶持力度的建议”等 2 份大会发言；为十二届全国人大四次会议撰写了题为“关于加快推进农业供给侧结构性调整的建议”等 5 份议案。参加省政府民营经济发展大会的筹备工作，参与起草了省领导的讲话和陕西省人民政府《关于促进民营经济加快发展的若干意见》。全年通过《情况专报》向省委、省政府和有关市政府反映企业困难 7 次。

三是做好文史资料的编纂工作。编辑出版了《陕西省工商联简史（1955 ~ 2015）》；编印了《陕西省民营经济政策汇编（2010 ~ 2015）》；牵头撰写了《中国民营经济报告——西北地区民营经济发展报告》，完成了《中国工商联年鉴》陕西部分》和《陕西年鉴》工商联、非公有制经济部分的撰稿任务。

（三）推动民营经济转型发展

一是助力有条件的企业“走出去”。承办了全国工商联和省政府主办的外交官与民营企业暨商会交流会，分别与中国香港总商会、哈萨克斯坦国际一体化基金会等签订了友好合作协议书。推动新生代企业家联合会与中国香港青年会建立友好关系，组织举办了知名民营企业家赴潼关和汉中考察学习交流活动暨民营企业汉中行、陕沪民营企业共建“一带一路”合作交流会等。全年共组织各类经贸交流活动 23 场（次），参加省际经贸交流活动 8 场。组织 5 个代表团分别出访俄罗斯、哈萨克斯坦、法国、意大利等国家以及中国香港、中国澳门地区。一年来，为非公有制经济人士办理港澳通行证、签证和 APEC 商务旅行卡 31 人次，为有条件的会员企业“走出去”搭建平台，提供服务。

二是帮助企业缓解融资难题。与建设银行陕西省分行签订了战略合作协议，并共同发行面向会员企业的“陕商单位结算卡”，为会员企业争取到三年内提供 300 亿元的融资授信。组织召开金融机构与民营企业对接会，协调有关金融、类金融机构帮助企业融资近 20 亿元。

三是发挥协调机制作用。为依法保障非公有制经济健康发展，省工商联与省高院建立了民商事纠纷协调机制，与省检察院联合出台了《关于加强协作保障和促进我省非公有制经济健康发展的意见》，并召开保障和促进非公经济发展座谈会。为让非公有制经济人士及时了解和掌握国家产业发展政策，省工商联先后与省政府办公厅、发改委、工信厅、商务厅、法制办等部门合作开展活动，通报全省经济运行情况，就陕西省“十三五”规划、省委、省政府新出台的政策文件进行解读。

（四）积极推进“万企帮万村”精准扶贫行动

按照全国工商联《“万企帮万村”精准扶贫行动方案》要求，省工商联协调省扶贫办、省光彩会、省慈善协会组建了“万企帮万村”精准扶贫行动领导小组，制定了《省工商联关于推进“万企帮万村”精准扶贫行动的实施意见》，举行了陕西省“万企帮万村”精准扶贫行动启动仪式，对各市进行了调研督导，召开了全省“万企帮万村”精准扶贫行动现场会，交流了经验和做法，与省农发行签订了《陕西省政策性支持金融推进“万企帮万村”精准扶贫行动合作协议》。截至 2016 年年底，全省已有 1 192 家企业与 1 245个贫困村签订帮扶协议，帮扶贫困人口 20. 74 万人，居全国第四。同时，积极发挥同心光彩慈善会作用，扎实开展工作，全年共收到善款 745 万元，实施项目 7 项，有力助推了全省“万企帮万村”行动的顺利开展。

（五）着力加强自身建设

一是加强基层组织建设。召开了“五好”县级工商联建设推进会，表彰奖励了 2015 年 20 个“五好”县级工商联，全国工商联“五好”县级工商联建设互查组对我省“五好”县级工商联建设工作给予较高评价。为加强和改进商会工作，省工商联先后召开了全省商会建设工作会议和直属商会秘书长工作交流培训会，分析商会发展的机遇和挑战，探讨商会建设的任务方向，为发挥其主阵地作用，延伸工商联工作臂长，推动统战工作向商会有效覆盖奠定基础。2016 年，全省工商联共发展新会员 2 678 个，会员总数达到 113 871个，新组建基层、行业商会 95 个，基层商会总数达到 1 179 个。

二是加强机关党组织建设。根据机关党员数量和工作实际，报经省委统战部直属机关党委批准，在机关原党支部的基础上成立了机关党总支，下设四个支部。各支部按照基层党建工作要求，建立健全各项制度，完善相关资料，在全体党员中开展了“比学争优”活动。在“两学一做”学习教育中，编印学习资料7期，简报20期，购买图书资料200余册。全体党员干部围绕“四讲四有”开展党性分析，撰写自查报告和学习体会。通过学习教育，党员干部的政治理论水平有了较大提高，“四个意识”得到明显增强。

三是加强干部队伍建设。坚持对机关干部进行政策理论水平和业务素质的培训和教育，认真学习《陕西省党政干部鼓励激励办法（试行)》《陕西省党政干部容错纠错办法（试行)》《陕西省推进省管党政领导干部能上能下办法（试行)》文件精神，组织开展《中华人民共和国宪法》《公务员法》学习考试活动。按照习总书记关于“亲”“清”新型政商关系要求，鼓励干部带头联系会员，主动靠前服务。围绕省委巡视组巡视省工商联机关党组反馈的三个方面十个问题，积极开展整改，对机关管理规章制度逐一梳理，补充、修订和完善制度21项，有力推进了机关制度化、规范化建设，干部的组织协调、调查研究、沟通联络、为企业服务、指导工作能力得到有效提升。

甘肃省工商业联合会2016年工作总结

2016年甘肃省工商联认真学习贯彻党的十八大，十八届三中、四中、五中、六中全会精神，牢固树立“五大发展理念”，推进全面从严治党，紧紧围绕中央和省委、省政府重大决策部署，坚持“两个健康”工作主题，充分发挥优势，积极主动作为，各项工作取得了新进展。

（一）深化理想信念，促进非公有制经济人士健康成长

1. 深入学习贯彻习近平总书记讲话精神

习近平总书记在全国政协十二届四次会议民建、工商联界委员联组会上发表重要讲话发表后，省工商联迅速组织召开党组会议，举办全省工商联主席、党组书记学习班和民营企业家座谈会专题学习领会总书记重要讲话精神，并深入调研，提出贯彻落实的具体措施。6月7日，省委召开促进非公有制经济健康发展座谈会，省委省政府主要领导出席会议并就学习贯彻习近平总书记讲话精神，推动全省非公经济持续健康发展提出明确要求。9月，省委下发《关于坚持问题导向落实政策措施进一步促进非公有制经济健康发展的意见》，细化工作措施，明确责任部门。全省各级工商联组织商会、企业家开展形式多样的学习、宣讲、教育活动，在广大非公有制经济人士中引起强烈反响。

2. 深化理想信念教育实践活动

以“守法诚信、坚定信心”为重点，继续打造特色活动。举办“第五届工商联大讲坛”，全省工商联第一届直接融资培训班、促进非公有制企业转型升级培训班等培训活动。配合省委统战部举办新一代非公经济代表人士培训班，组织青年企业家赴会宁、南梁等地开展理想信念教育实

践。组织民营企业参加第二批全省诚信企业（中小企业）评选工作，加大我省民营企业软件正版化宣传推广力度。会同省司法厅、普法办开展了法律进非公有制企业、进工商联所属商会、进工商联机关等系列活动，不断扩大教育实践活动覆盖面。

3. 引导企业家积极履行社会责任

深化全国工商联31个直属商会、甘肃省45家商会与我省21个贫困县对口帮扶工作，2016年共完成签约项目299个，合同金额614.45亿元，到位资金127.56亿元。利用“中国光彩事业庆阳行”活动契机，协助中国光彩会组织公益捐款2 049万元，用于支持华池县南梁镇及周边6乡（镇）12个贫困村的精准扶贫项目。邀请东北三省北京商会赴广河参与“千企帮千村”精准扶贫行动，开展了“同心·共铸中国心”公益活动，组织30名北京医疗专家开展义诊活动，捐献价值300万元的远程会诊平台和10万元的药品。

（二）围绕中心工作，推动非公有制经济健康发展

1. 深入开展“民企陇上行”活动

在中央统战部和全国工商联的支持下，省“民企陇上行”领导小组及早谋划，积极争取将中国光彩会换届后的首次理事会放在甘肃召开，并举办“中国光彩事业庆阳行暨民企陇上行”活动。在招商活动中，赴全国22个省（市、区）开展大型招商推介活动，上门拜访246户全国光彩会理事企业。截至2016年年底，“民企陇上行”活动共签约合同项目2 726个，合同金额5 187.5亿元，到位资金1 531.09亿元。活动开展和招商引资成效得到了省委、省政府主要领导的充分肯定。

2. 全面开展“千企帮千村”精准扶贫行动

全省各级工商联和广大企业家积极响应、广泛参与“千企帮千村”精准扶贫行动。北京甘肃企业商会，北京东北三省商会等省外异地商会和友好兄弟商会积极参与了礼县、广河县的贫困村帮扶工作。2016年年底，全省已有910户民营企业帮扶贫困村916个、926户企业帮扶双联村927个，实施帮扶项目3 689个，投入资金58.87亿元，涉及贫困人口39.5万人，帮助脱贫1.4万人。

3. 积极搭建平台服务非公有制企业转型发展

加强与省发改委、财政厅等部门联系协调，构建PPP会商机制，搭建促进民间投资信息发布平台，定期发布我省PPP项目。与中行甘肃省分行签署银商合作框架协议，为我省9家商会授信100亿元。依托西北五省区工商联联席会议平台，加强西北省区工商联商会组织和民营企业之间的交流合作；天水、平凉、兰州、金昌、张掖、酒泉、嘉峪关等7市州与丝绸之路沿线共15个城市工商联共同签署了丝绸之路沿线工商联共推“一带一路”建设合作协议书，汇聚力量服务我省民营企业“走出去”。

（三）践行“亲”“清”要求，营造良好发展环境

1. 着眼改善发展环境深入调查研究

紧紧围绕习近平总书记3·4讲话精神和推动召开省委促进非公有制经济健康发展座谈会开展专题调研，形成《我省非公经济发展中应着力解决的几个突出问题》《进一步完善〈各级领导干部联系帮扶非公有制企业发展工作制度〉的几点建议》《关于推动构建“亲”“清”新型政商关系的意见》《关于把握“亲”“清”政商关系底线和边界的几点建议》等意见建议。编撰完成《2015～2016年甘肃民营经济发展报告》，向全社会发布2015年度甘肃省民营企业营业收入、纳税、安置

就业 50 强榜单。

2. 着眼促进解决突出问题积极参政议政

注重在促进调研成果转化落实上下功夫，形成了一系列针对性较强的发言材料和提案建议。向省政协大会提交了《促进甘肃非公经济发展的几点建议》《充分发挥工商联作用　做好非公经济领域统战工作》等发言材料。积极参与省委《关于坚持问题导向落实政策措施、进一步促进非公有制经济健康发展的意见》省发改委《关于进一步激发和保护企业家精神的意见》等文件的起草工作。其中，《关于加强和改进我省民办高等教育工作的提案》中有关意见建议被吸纳入《甘肃省人民政府关于加快民办教育发展的意见》。

3. 着眼构建新型政商关系搭建机制平台

按照建立“亲”“清”新型政商关系的要求，省工商联积极建议省委省政府建立省级领导联系商会工作制度，我省 36 位省级领导分别与 53 家省级商会建立联系关系，畅通了非公有制经济与政府沟通渠道。与省检察院建立了联系协作机制，搭建“一平台、三制度”，建立省检察院、工商联领导干部联系商会制度，在全省各级工商联设立检察服务室，跟踪服务、及时解决商会、企业面临的涉法问题和实际困难。2016 年，最高人民检察院曹建明检察长在甘肃会宁县调研时，对“一平台、三制度”机制给予充分的肯定。截至目前，全省共建立检察服务室 103 个，实现了全省检察服务室全覆盖。

（四）坚持固本强基，工商联组织不断得到发展

1. 加强工商联会员发展

在直属会员发展中，更加注重小微企业和年轻一代企业家的吸收，破除资产门槛，团体会员和企业会员增长比重明显加大，会员结构更加合理。截至 2016 年年底，全省共有会员 102 960 个，较 2015 年总体增长 24.05%。其中团体会员 2 589 家，企业会员 32 574 家，个人会员 67 797 家，较 2015 年分别增长 38.82%、21.13%、24.98%。

2. 加强对商会指导、引导和服务

按照工商联推动所属商会改革，实现统战工作有效覆盖的要求，抓住商会会长、秘书长队伍建设这个关键，加大培训力度，组织我省 42 名直属商会会长、秘书长参加 4 期全国省级工商联直属商会会长培训；加大对商会会长、秘书长的考察、考核力度，对换届直属商会会长人选进行综合评价，指导商会做好会员思想政治工作和企业服务，积极支持和配合有关部门做好所属商会党建工作。

3. 加强基层工商联组织建设

配合省委组织部、省委统战部做好市县两级工商联的换届筹备工作，提前谋划，选好配强市县级工商联领导班子，做好非公有制经济人士政治安排、加强非公代表人士后备队伍建设。增强“四个意识”，严格执行相关换届政策和程序，认真做好非公有制经济人士综合评价工作，确保换届工作风清气正。开展了全国工商联“五好”县级工商联建设互查工作和偏远少数民族县级工商联建设专项督查工作，积极争取专项经费支持困难县级工商联推进“五好”建设。截至目前，我省全国“五好”县级工商联有 21 家，“五好”覆盖率达到 24.4%。

4. 加强工商联自身建设

省工商联党组围绕全面从严治党，充分发挥核心作用，严格落实党风廉政建设“3783”主体责任、“866”衡量检验标尺，不断加强领导班子建设，干部队伍建设。深入开展“两学一做”学习教育，设计实施“六讲、五进、四对照”活动。

严肃党内政治生活，深入开展党员干部谈心谈话活动。强化政治责任，自觉主动配合省纪委驻统战部纪检组、省委第七巡视组对省工商联开展的专项巡视工作。坚持问题导向，严格按照巡视反馈意见抓好整改落实。发挥党员先锋引领作用，扎实开展双联工作，以支部为单位分解落实10项湟县帮扶村双联重点工作任务，深入开展“大走访、回头看”活动，认真履行民乐县双联组长单位职责，帮扶工作全面推进，工商联工作呈现新面貌。

青海省工商业联合会2016年工作总结

2016年，青海省工商联深入学习贯彻习近平总书记重要讲话精神，积极落实党中央国务院和省委省政府一系列决策部署，牢牢把握“两个健康”主题，各项工作取得新成效。

（一）强化教育引导，着力加强思想政治工作

1. 深入学习贯彻习近平总书记重要讲话精神

全省各级工商联始终把学习贯彻习近平总书记在全国政协十二届四次会议民建、工商联界委员联组会上的重要讲话精神作为首要政治任务，先后召开十届六次执委会和十届五次常委会专题学习领会，制订下发全省非公有制经济领域深入学习贯彻总书记重要讲话精神《安排意见》，邀请全国政协副主席、全国工商联主席王钦敏作专题辅导，持续掀起学习贯彻总书记重要讲话精神热潮。8月22日至24日，习近平总书记在视察青海时提出了“四个扎扎实实”的重大要求，省工商联及时组织民营企业家和机关干部学习讨论，并进行专题辅导、提出工作要求，进一步坚定了谋发展、促改革的信心。

2. 深入开展理想信念教育实践活动

结合“两学一做”学习教育，省工商联制定了以“守法诚信、坚定信心”为重点的理想信念教育实践活动《工作要点》，全年共举办各类专题教育培训班15期，培训3 000人次。一是与省信用协会在全省非公有制经济领域共同开展了为期1个月的“守法诚信、坚定信心”宣传教育活动。二是把加强年轻一代教育培养作为理想信念教育实践活动新的突破点和着力点，通过召开学习贯彻习近平总书记重要讲话精神座谈会，开展“红色引领·基层行”等专题教育活动，引导年轻一代非公有制经济人士加强理想信念和爱国主义教育；会领导分赴浙江商会、福建商会、河北商会等商会和企业带头讲党课，送党课；通过开展非公有制经济领域优秀微党课评选表彰、参观西路红军纪念馆、纪念建党95周年系列活动、民营企业庆祝建国67周年歌咏比赛、“两弹一星”精神宣讲暨爱国主义和理想信念专题教育等活动，进一步激发了非公有制经济人士的爱国情怀和创业热情。三是把坚定理想信念与坚定发展信心结合起来，鼓励和引导民营企业坚定发展信心，在促进就业等方面发挥积极作用。与省人社厅等部门共同开展招聘周活动，在首场大型招聘会现场共有2 602人达成用工协议；组织民营企业

积极参加“光彩事业庆阳行”和“光彩事业德宏行”系列活动，两次活动共捐款9万元。

3. 深入推进非公有制经济领域民族团结进步创建活动

各级工商联通过举办报告会、集中宣传等形式，集中开展“创建民族团结进步先进区宣传周”活动，引导广大非公有制经济人士作维护民族团结的表率。11月份，召开全省非公有制经济领域民族团结进步创建活动暨宣传工作会议，对创建活动进行阶段性总结并交流经验。省委领导批示：“省工商联精心组织广大非公有制经济人士和企业投身创建活动，措施有效、工作扎实，在优化环境、协调关系、化解矛盾、维护稳定、促进和谐当中发挥了积极作用，取得了明显成效。”

（二）助力扶贫攻坚，积极推进精准扶贫行动

为深入贯彻中央、省委扶贫开发工作会议精神，省工商联、省扶贫开发工作领导小组办公室、省光彩会围绕中心、发挥优势，组织开展了民营企业“百企帮百村、百企联百户”精准扶贫行动。通过微信平台建立“第一书记群”，收集贫困村的基本情况，汇总各市州的村企结对帮扶情况，及时跟踪掌握帮扶投入和进度，做好督促指导、调查研究、宣传报道等工作，为村企结对牵线搭桥。与省扶贫局等相关部门组成联合督导调研组，深入各基层工商联、扶贫局、民营企业、贫困村进行督导调研，指导督促商会、民营企业与贫困村加强联系，在深入考察的基础上尽快形成对接关系，达成结对帮扶意向。为推动“双百”精准扶贫行动在广度和深度上取得新突破，省工商联会同有关部门在8月份召开了“双百”精准扶贫行动座谈会，及时总结交流经验，并就“突出产业带动、强化工作责任、搞好典型示范”提出明确要求，推进了村企合作向纵深发展。9月23日，组织召开了全省民营企业产业扶贫行动现场推进会，现场观摩项目实施情况，交流产业扶贫的经验做法，省领导对“双百”精准扶贫行动给予充分肯定。截至目前，全省第一批村企结对共有140家民营企业与164个建档立卡贫困村建立结对帮扶关系，并签订帮扶协议，累计投入项目资金、产业资金及各类捐资约2亿元；第二批有107家企业（商会）与135个贫困村签约结对帮扶。

（三）积极建言献策，营造良好发展环境

1. 参政议政

紧紧围绕省委省政府中心工作开展调研，向省政协提交《发挥工商联优势加大招商引资力度》《促进民间投资增长需综合施策》等大会发言14份，提交提案5份；组织召开全省非公有制经济发展座谈会，全国政协副主席、全国工商联主席王钦敏及省委省政府主要领导出席会议并讲话；组织100多位民营企业家与国务院促进民间投资专项督查组进行面对面交流座谈，反映生产经营、政策落实等方面的困难和问题，着力推动解决有关政策不到位、配套措施不落实等问题，发展环境得到进一步优化。

2. 调查研究

紧紧围绕促进我省民营经济健康发展，与省经信委组成联合调研组，分赴西宁市、海东市及西宁市各工业园区调研，形成了《青海省非公有制企业发展状况专题调研报告》，省委省政府主要领导分别作出批示，责成有关部门研究落实。同时围绕制造业民营企业发展现状、构建“亲”“清”政商关系、企业自主创新能力建设等专题进行深入调研，并向有关方面提出对策建议。

（四）加大服务力度，促进全省经济加快发展

1. 积极开展招商引资

加强与相关部门的沟通联系，成功举办2016“青洽会”民营企业、港澳台商、侨商项目对接暨签约仪式，对接项目32个，促成15个，投资额达29.1亿元，项目涉及物流、文化、旅游、养老等行业。及时了解掌握项目实施过程中存在的困难，协调政府相关部门为企业排忧解难，并对所有签约项目进行全程跟踪服务，确保签约项目顺利落地。2016年新签项目履约率100%，开工率63.6%，资金到位率12.65%。

2. 积极促进政企合作

与州县政府和各异地商会、行业协会加强合作，继续开展“民营企业州县行暨项目推介”活动。组织在青异地商会、会员企业到海东市两区三县投资考察，参加化隆县桃花艺术节暨项目对接洽谈会等，与尖扎县政府共同组织召开民营企业产品展示会暨异地商会与尖扎企业对接会，协助海晏县政府开展招商引资工作。

3. 继续搞好法律服务

加强与省高级人民法院的沟通与合作，不定期与非公有制经济人士通过专题座谈、案件旁听、聘请特约监督员等形式加强联络沟通工作，及时把各项意见建议落到实处；联系各级政府和相关部门，协调解决青海永泰矿业、青海祁铭矿业、青海高原雪等企业开采权、合同纠纷等实际问题。

（五）夯实基层基础，加强工商联自身建设

1. 强化基层组织建设

以换届为契机，市（州）、县两级工商联领导班子和工作力量进一步得到加强。组织召开“五好”县级工商联建设培训暨推进会，就“五好”县级工商联建设进行了专题培训，并结合我省实际，确认9家县级工商联为全国“五好”工商联、12家县级工商联为省级“五好”工商联，组织参加全国工商联“五好”县级工商联互查及迎检工作，学习兄弟省市的好经验和创新工作亮点。

2. 加强执委会建设

按照“凡进必评”的要求，配合省委统战部对拟任省工商联执委、常委、副主席的企业家进行了综合评价。强化执委会制度建设，制定完善了《青海省工商联（商会）会议制度》《执委会服务管理办法》《执委会任职谈话和诫勉谈话规定》《会费缴纳管理办法》等工作制度。

3. 加强代表人士培养

根据省委统战部要求，进一步充实完善党外代表人士重点对象人才库，对60余名非公有制经济代表人士进行了认真考察；注重发现年轻一代非公有制经济代表人士，经过各市州、各商会推荐，初步建立了180名年轻一代非公有制经济代表人士信息库。

宁夏回族自治区工商业联合会2016年工作总结

2016年是实施“十三五”规划的开局之年，也是全面建成小康社会决胜阶段的起步之年。一年来，在自治区党委、政府的领导下，认真学习贯彻落实党的十八

大及历届全会和习近平总书记3月4日重要讲话、视察宁夏重要讲话等系列重要讲话精神及自治区党委、政府的决策部署，紧紧围绕中心大局，按照"四个全面"战略布局，牢固树立五大发展理念，把握"两个健康"工作主题，以强化服务为抓手推动民营企业转型升级，以"守法诚信、坚定信心"为重点深入开展非公有制经济人士理想信念教育实践活动，主动作为，真抓实干，各项工作取得了新成绩。

（一）坚持围绕中心服务大局，在推进全区经济社会发展上做出新贡献

1. 成功争取全国工商联十一届十次常委会议暨民营企业助推宁夏创新发展大会在宁召开，助力我区经济发展

经自治区党委、政府积极争取及我会主动对接联系，全国工商联十一届十次常委会议暨民营企业助推宁夏创新发展大会将于2017年7月在我区召开。自治区党委、政府高度重视此次大会，自治区党委书记李建华、自治区主席咸辉作出明确指示和要求。先后召开自治区党委第24次常委会议、政府第71次常务会议专题研究。我会按照职能分工，承担筹备工作领导小组办公室职责，认真落实综合协调、服务联络、督促检查、推动招商引资等各项筹备工作。

2. 加强组织引导，发挥民营经济在建设"四个宁夏"中的重要作用

一是积极推动民营企业"走出去""请进来"，助力我区开放经济发展。组织民营企业家参加西北地区工商联第二次联席会议、亚欧博览会等经贸活动，开展"宁夏民营企业上海行"活动，推动民营企业"走出去"。牵头举办"百名闽商宁夏行""民营企业中卫行""上海民营企业家宁夏行""天津民营企业家宁夏行"等活动，先后邀请600多名福建、上海、天津等地企业家来宁考察调研，签订投资项目60个，总投资472.3亿元。争取福建省工商联、省光彩会向宁夏捐赠精准扶贫资金500万元，扶持五市15个扶贫项目。争取到北京天九幸福控股集团向中卫市捐赠精准扶贫项目资金100万元。二是扎实开展"百企帮百村"精准扶贫，助力全区脱贫攻坚。筛选66家效益好、实力强的民营企业，与重点帮扶的同心、西吉、海原3个重点县的31个贫困村，采取联户带动、入股分红、托管代养、扶持产业、订单采购、贷款贴息等方式，建档立卡结对帮扶。共落实扶贫资金3 365万元，帮扶贫困户2万多户，落实了一大批帮扶项目。全区有678家民营企业参与精准扶贫，帮扶贫困村231个，投入资金6.1亿元，实施帮扶项目706个。2016年11月8日，《中华工商时报》第5版整版宣传报道了我区民营企业"百企帮百村"精准扶贫开展情况。三是成立宁夏民营企业科技创新联盟，助力我区民营企业创新发展。遴选142家科技型、创新型企业为初始成员，选举产生宁夏民营企业科技创新联盟一届一次理事会，将有效集合民营企业的优势科技力量和资源，促进我区民营企业科技创新由"单打独斗"走向凝聚合力、协同发展。

3. 积极建言献策，优化民营经济发展环境

全区各级工商联围绕非公有制经济发展等内容调研撰写了48份调研报告，自治区领导崔波、马廷礼、王和山对"关于新常态下宁夏民营企业制造业转型升级的调研报告"作出批示，要求"自治区经信委牵头，发改委、科技厅、金融局、人社厅配合，研究提出办理意见"。向全国工商联报送提案3件；向自治区政协报送提案40件，立案38件（并案1件）。其中，《关于加快促进我区快递服务业健康发展的提案》被自治区列为重点提案，由

自治区政协领导亲自督办，《关于进一步加强大气污染防治的建议》《关于加强水利工程配套推进贺兰山东麓100万亩葡萄文化长廊的提案》被表彰为优秀提案。向自治区政协提交社情民意45条，其中，《关于促进我区民间投资的建议》等7条社情民意被自治区政协采用。我区贯彻中央决策部署，优化民营经济发展环境的措施成效，得到来宁调研检查指导工作的中共中央政治局委员、中央统战部部长孙春兰和中央统战部副部长、全国工商联党组书记、常务副主席全哲洙的充分肯定。

（二）坚持深化理想信念教育，切实加强非公有制经济人士思想政治教育引导工作

与自治区党委统战部联合印发《关于深入开展以“守法诚信、坚定信心”为重点的理想信念教育实践活动的实施意见》，深入开展教育实践活动。一是创新活动载体。把举办季度“知名企业家大讲堂”作为教育实践活动的创新载体，邀请王均金、卢俊卿等知名企业家、知名学者为我区民营企业家作辅导报告，为我区非公有制经济人士搭建起一个高端、开放式的学习交流平台。二是丰富活动形式。通过报告会、形势宣传、政策解读、培训班、大讲堂、演讲比赛、现场观摩、评选表彰、趣味运动会等多种形式加强学习宣传，积极开展年轻一代非公有制经济人士思想状况和教育培养工作调研，积极引导非公有制企业正确判断经济形势，提振发展信心。三是加强督导和经验交流。对全区理想信念教育实践活动进行督导检查，将各地区活动亮点工作和特色做法，在华兴时报进行大力宣传报道。组织召开全区理想信念教育实践活动交流座谈会，学习交流各地好经验、好做法。全国工商联在理想信念教育实践活动专刊上将我区的做法在全国进行转发推广。四是推进企业文化建设。深入调研，制订《关于推进民营企业文化建设的指导意见》，通过建立企业文化建设示范点，以点带面不断推进企业文化建设工作取得新进展。五是开展第三届全区非公有制经济人士优秀中国特色社会主义事业建设者评选表彰工作。经过层层推荐，联合党委、政府相关部门进行综合评价，对59名优秀建设者进行表彰。

（三）坚持搭建服务平台，创新非公有制经济服务

搭建政企沟通平台与自治区经信委、司法厅、人社厅、商务厅、金融工作服务局等五部门建立了对口协作联系机制。搭建金融服务平台，推广使用宁夏投融资服务平台，目前，该平台注册会员3.2万户，累计实现融资8.95亿元。搭建教育培训平台，组织200多名非公有制经济人士在香港、上海和宁夏社会主义学院进行培训学习；推选1 100名非公有制经济人士参加中央、自治区有关部门（单位）组织的各类培训18期（次），帮助民营企业家开阔视野，拓宽思路。搭建信息资讯平台，编辑发行《宁夏商会》杂志6期，“非公经济周刊”47期。共有120余篇稿件被《人民政协报》《经济日报》等全国、全区各类媒体采用。大力宣传中央和自治区在促进“两个健康”方面的理论创新和政策突破，宣传全区发展非公有制经济的具体措施。搭建人才服务平台，与自治区人社厅等部门联合开展民营企业招聘周活动，共组织627家民营企业参加专场招聘，提供就业岗位16 626个，4 956名求职者达成就业意向协议。搭建扶贫公益平台，积极组织非公有制企业参与定点帮扶，助力全区脱贫攻坚。我会选派两名干部在扶贫点西吉县红耀乡小岔沟村开展定点帮扶，为该村吃水、取暖、公共照明、养殖、教育等提供了近50万元物资支持，改善了群众生产生活环境。推进

“千企百家”培育工程，在深入调研和广泛征求意见的基础上，制订出具体实施方案，待报自治区党委领导审定后下发实施。

（四）坚持打牢基层组织建设，进一步增强凝聚力、影响力和执行力。切实抓好市、县（区）工商联换届工作

自治区成立5个换届工作指导组，由自治区党委统战部、工商联领导带队，深入各市、县（区）加强对换届工作的检查指导。开展基层工商联“一个设立、五个有”回头看和“五好”县级工商联建设工作，坚持“以评促建”，全区现有全国“五好”县级工商联10个，自治区级“五好”县级工商联14个。新组建成立了宁夏二手车行业诚信联盟等6家商协会，天津市宁夏商会、上海宁夏商会2个区外宁夏商会。全区共有各类商协会316家，新增89家。全区共有会员76 129个，新增9 085个。圆满完成直属会员单位党委换届工作，培养入党积极分子65人，发展党员57人。通过举办知识竞赛、专题辅导、座谈讨论、观摩交流、建立微信平台、观看革命传统教育片等形式，组织所属党组织深入开展“两学一做”学习教育。全国政协副主席、全国工商联主席王钦敏在宁夏召开基层工商联组织建设和商会发展座谈会时，对我会组织建设和商会发展工作给予充分肯定。

新疆维吾尔自治区工商业联合会2016年工作总结

2016年，在自治区党委、人民政府的正确领导下，在全国工商联的关心支持和指导下，全区广大非公有制经济人士和工商联干部职工围绕自治区社会稳定和长治久安工作总目标，牢牢把握“两个健康”工作主题，凝心聚力，认真履行职责，各项工作取得了新进展新成效。

（一）强化政治责任，坚定维护社会稳定和长治久安

社会稳定和长治久安是新疆工作的总目标、着眼点和着力点。在新疆，没有与稳定无关的地区、无关的部门、无关的人。没有稳定的环境，企业不可能正常经营和发展。“三股势力”一直没有放弃对新疆包括非公有制企业进行渗透的企图。各级工商联和广大非公有制经济人士始终保持高度清醒、高度警惕，坚决摒弃“稳定是政府的事”的错误观念，在反对分裂、维护社会稳定等大是大非问题上，认识不含糊、态度不暧昧、行动不动摇，始终绷紧与“三股势力”作斗争这根弦，主动推进“去极端化”。2016年，开展了以“去极端化、自治区宗教事务条例”为主要内容的大型宣讲、送教下基层活动。首次面向近2 000名少数民族民营企业家和个体工商户开展去极端化大宣讲，邀请自治区促进和谐预防犯罪宣讲办公室主任阿布都瓦依提·赛迪瓦卡斯及悔过自新的获刑犯人现身说法，引起强烈社会反响，取得良好社会效果。

（二）围绕党委中心工作，积极开展民族团结进步工作

工商联把维护社会稳定、反对民族分裂、促进民族团结作为首要工作，认真开

展“民族团结一家亲”活动，制订了“民族团结一家亲”活动方案，向全区非公有制经济人士发出了《民族团结一家亲，试看天下谁能敌》倡议书，开展“民族团结一家亲”进企业、进商会活动。组织召开了民营企业“千企帮千村”精准扶贫暨“民族团结一家亲”活动和田推进会，会上11位企业家代表与帮扶村村民现场结对认亲，新疆温州商会、新疆发展商会会员企业各结对认亲150户，直属会员商会企业对乌什县26个贫困村进行结对帮扶。各地州市工商联积极组织广大民营企业结对认亲，全区共有913家民营企业与16 450户各族群众结对子。积极动员非公有制经济人士参与“访惠聚”活动，广大非公有制经济人士在活动中捐钱捐物送技术、安排就业，为农牧民脱贫致富尽心尽力发挥好各自的优势，帮助村民解决生产生活中的实际困难，取得好的成效。

（三）强化宣传教育服务工作，深入开展宣传教育培训工作

工商联牢牢把握宣传教育正确舆论导向，宣传中央和自治区党委的各项重大决策部署，教育广大非公有制经济人士牢固树立政治意识、大局意识、核心意识、看齐意识，始终在思想上、政治上、行动上同以习近平同志为核心的党中央保持高度一致。各级工商联全年举办各类专题培训班200余期，培训人员1.2万余人；举办各类讲座600余场，参加人员5.5万余人。100余名少数民族企业家参加了用维吾尔语授课的专题培训班。组织少数民族企业法人赴浙江义乌、绍兴等地学习考察。在浙江大学举办了首期年轻一代非公有制经济人士专题培训班。有的地区工商联制定了教育培训长效机制，形成了地、县、乡、社区四级工商联和行业商会教育机制。工商联联合有关部门开展企业社会信用体系建设工作，创建命名了一批“诚信守法经营”示范企业。新疆众合股份有限公司机修钳工高级技师任斌荣获第十三届全国技术能手称号，新疆园林商会荣获2016年度全国“创新中国”特别奖。全年自有媒体编发各类信息报道1 200余篇、图片700余张，开展各类宣传10万次，参加人员50万余人次。各级工商联全年共组织宣讲活动5 000余场，制作宣传展板1.5万余块，发放宣传读本和资料20多万份。

（四）加强非公有制经济组织党建工作，党建工作迈出新步伐

工商联注重发挥党建的政治引领作用，加强了新形势下非公有制企业、商会和开发区（工业园区）党建工作，加大非公有制企业职工发展党员的力度，开展“双强六好”党组织创建活动。集中力量开展非公有制经济组织党组织“扩面提质增效”专项行动，建立了台账和通报制度。全区共有非公有制企业43 384家，截至2016年年底，已建立党组织的非公有制企业24 076家，覆盖率55.5%，规模以上非公有制企业1 991家，党组织覆盖率100%。

（五）不断提升服务水平，推动改善非公有制经济发展环境

在自治区发展非公经济协调领导小组的有力领导下，推动落实了自治区党委促进非公有制经济发展工作会议精神和《关于大力推动非公有制经济加快发展的意见》。自治区非公有制经济协调领导小组成员单位都制定了促进非公有制经济发展的政策措施，7个地州市出台了加快非公有制经济发展的实施意见，14个地州市成立或调整了发展非公有制经济协调领导小组，进一步减轻非公有制企业负担，创造良好的营商环境，制定了制止乱摊派、乱捐款、乱集资等“三乱”问题的措施。

助推改革工作深入进行。联合自治区党委全面深化改革领导小组成员单位，牵头落实了有关非公有制经济工作方面4项重点工作、参与16项相关工作和3项配套工作的改革。赴广西、吉林考察调研非公有制经济配套改革试验区试点工作，与自治区党委改革办协商共同确定了乌鲁木齐市和克州为改革示范区。

坚持调查研究和参政议政。配合国务院促进民间投资专项督查组来疆督察，组织34家企业参加座谈，实地走访7家企业。开展非公有制经济发展状况调研，商会承接政府部分职能转移、金融创新调研、规模以上民营企业调研、“两个健康”指数问卷调查、全区100多家民营企业信息直报。组织全区工商联系统和广大非公有制经济人士通过人大、政协、全国工商联执委会等参政议政平台，围绕促进“两个健康”建言献策，向自治区政协提交了9份团体提案，向全国工商联提交了3份提案，其中2份入选全国政协会议提案。

主动应对经济持续下行压力。邀请自治区人民政府主要领导和专家解读自治区经济政策和发展形势，联合有关部门编印《优惠政策》汇编、《新疆民营经济发展报告》，开展制造业民营企业专项调查，推动发展非公有制经济政策措施的贯彻落实。配合全联承办了第五届中国—亚欧博览会丝路工商合作论坛，组织巴基斯坦、中国香港等6个国家和地区，14个省的183名代表参加论坛。

依法维护企业合法权益。充分发挥自治区非公有制企业维权工作协调会议机制，与自治区人民检察院签订了《依法支持和保障非公有制经济健康发展的联系协作机制》；会同自治区人社、司法部门共同推进“非公有制企业劳动争议预防调解示范商会”和“商事人民调解试点工作”。全区各级工商联共接待来访689人次，调解行政事项及民商事纠纷83起，劳动纠纷570起。我们邀请法律专家赴地州市举办法律讲座12场次，参加人员4 000余人。全区各级工商联共举办法治讲座40余场次，参加人员1万余人。积极推动构建“亲”“清”新型政商关系。组织民营企业评议县市政府部门工作，所有地州和县市对被评议的部门平均满意率为80%以上，评议结果以一定的分数或权重列入自治区和各地州县市效能考核指标体系。

（六）落实“千企帮千村”精准扶贫行动，积极参与光彩扶贫和公益慈善事业

工商联把推进“千企帮千村”精准扶贫行动作为实现总目标的一项重大政治任务来抓，召开了电视电话动员大会、“千企帮千村”精准扶贫暨“民族团结一家亲”活动和田推进会，推进会上新疆发展商会、新疆温州商会等37家商会、156名企业家代表参加了活动，新疆发展商会、新疆德汇集团等6家商会的企业现场捐款捐物436万余元。截至2016年年底，全区1 666家民营企业帮扶了826个建档立卡贫困村、16 450户建档立卡户。全年各类帮扶项目投资总额7.7亿元，帮助6 839人就业，公益捐赠775万元。

（七）加强基层组织建设，增强凝聚力影响力执行力

按照《“六好”县级工商联建设工作实施方案》，对“六好”县级工商联建设示范点进行审核，全区“一个设立、五个有”“六好”县级工商联组建率达到78.7%。库尔勒市工商联等4个县级工商联被全国工商联确定为全国“五好”县级工商联。喀什市工商联等7个县级工商联被自治区工商联评为“六好”县级工商联。截至2016年年底，会员总数达到78 980个；各级工商联所属乡镇、街道商会428个，各级工商联所属行业商会组织

达到556个，其中自治区工商联本级所属行业商会47个。异地商会异军突起，全区各级异地商会达到145个，其中自治区本级异地商会26个。全区县级工商联建设稳步发展，逐步成为组织健全、覆盖广泛、充满活力、服务高效的工商联基层组织，充分发挥了其在发展和管理会员、联系和服务企业方面的组织作用。2016年年底，全疆116个县市区成立了工商联组织。30%以上县级工商联成为领导班子好、会员发展好、商会建设好、作用发挥好、工作保障好、非公经济党建工作好的“六好”县级工商联，有17个县级工商联成为全国“五好”县级工商联。组织召开了全区工商联基层组织建设座谈会，指导新疆互联网商会、新疆联邦商会等8家商会完成商会筹备工作。积极推进商会调解试点工作，确定10家商会为开展行业性专业性商会调解试点单位，努力构建非公有制企业民商事纠纷多元化调解机制；推进劳动纠纷商会调解中心的建立。在行业协会商会与行政机关脱钩改革新形势下，起草了《关于进一步加强新形势下新疆异地商会工作的意见》，加大对异地商会的指导、引导、服务和管理力度，不断推动新形势下异地商会健康、有序发展。

新疆生产建设兵团工商业联合会2016年工作总结

2016年，兵团工商联以党的十八届五中、六中全会精神为指导，深入学习贯彻习近平总书记系列重要讲话、中央统战工作会议、中央党的群团工作会议和自治区促进非公有制经济发展工作会议精神，按照兵团党委统一部署，贯彻“团结、服务、引导、教育”的工作方针，认真履行职责，促进“两个健康”，为兵团实施“十三五”规划开好局起好步发挥积极作用，做出了新的贡献。

（一）政治引导

1. 加强思想政治工作，坚定理想信念

一是统一思想认识，加强组织领导。各级工商联领导班子和领导机构切实担负起思想政治工作责任，主要负责同志亲自抓、负总责，把学习贯彻党的十八届五中、六中全会精神与贯彻落实习近平总书记重要讲话、中央统战工作会议、中央和兵团党委党的群团工作会议精神结合起来，统一思想认识，做好安排部署，推动贯彻落实。二是深入学习宣传，广泛形成共识。举办了以贯彻党的十八届五中全会和兵团党委六届十五次全委（扩大）会议精神为主题的“兵团非公有制经济代表人士专题研讨班”，采取执常委会议、专题培训、座谈研讨、专家解读等多种形式，确保学习宣传全覆盖。三是推动社会实践，坚定理想信念。贯彻中央统战部、全国工商联总体部署，在兵团非公有制经济领域开展了以“守法诚信”为重点的理想信念教育实践活动。做好第四届兵团非公有制经济人士“优秀中国特色社会主义事业建设者”评选工作，在非公有制经济领域推进确立社会主义核心价值体系。深入开展法律进商会、进企业、进机关“三进”法律服务活动，引导民营企业发挥在法治兵团建设中的积极作用。在江西省干部学院举办兵团非公有制经济代表人士培训班，深化非公有制经济代表人士理想教育实践活动，收到良好效果。

2. 落实党委重大决策，努力履职尽责

营造发展政策环境。认真履行兵团工商联作为兵团发展非公有制经济协调领导小组成员责任，制订并协调实施了《关于贯彻自治区促进非公有制经济发展工作会议精神的方案》，参与制定《兵团党委、兵团关于大力推动非公有制经济加快发展的意见》，并认真组织学习了《意见》精神。

3. 落实重点改革任务

协助做好供给侧结构性改革。举办专题培训，征集民营企业重大投资项目融资需求，与兵团金融办协调做好银企对接，拓宽中小微企业融资渠道。参与兵团“创新、精准、有效”促投资主题“双百日”活动，引导民营企业参与兵团重大项目投资建设。积极申报非公省制企业扶持发展产业项目，民营企业转型升级、提质增效争取政策资金支持。

4. 鼓励引导创业创新

贯彻《兵团党委、兵团关于大力推进大众创业万众创新的实施意见》，发挥工商联各级组织、各类商会协会等社团组织作用，引导广大非公有制经济人士积极投身兵团大众创业、万众创新之中。第五师赫铎源生物燃油制造有限公司的牛庆云等3人获得“第十八届中国科协年会全国科技工作者创新创业大赛”铜奖；图木舒克市唐城购物广场有限责任公司等30家企业，被评为“2016年度兵团创业优秀团队”；六师启蒙幼儿园的创办人马娟等被评为“2016年度兵团优秀创业者”。

（二）参政议政

落实兵团领导要求，对贯彻《兵团党委兵团关于大力推动非公有制经济加快发展的意见》精神和非公有制经济发展情况专题调研督查，形成调研报告，受到兵团领导高度重视，并要求工商联会同发改委等有关部门研究提出2017年推动兵团非公有制经济发展及民间投资的思路、目标和具体措施。协助落实国务院第三次大督查有关民间投资情况收集整理，并形成专题报告。组织各师工商联开展了2015年民营经济发展情况调研，形成了《2015年兵团民营经济发展报告》。制订《2016年兵团工商联改革发展重点研究计划大纲》，确定并开展了兵团民营经济发展环境研究，提交了研究报告，为兵团促进民营经济发展提供了决策依据。

（三）经济联络

围绕兵团“招商引资项目落实年”活动的开展，配合兵团“百日攻坚”活动，组织兵团民营企业并邀请内地民营企业参加兵团在“西洽会”举办的招商推介会。积极参与兵团赴浙江、江苏、福建等省招商引资推介活动，推动兵团对外经济技术合作与交流。组织民营企业参加亚欧博览会，与全国工商联、自治区工商联成功举办了“亚欧博览会丝路工商论坛”。在各师工商联及直属商会的共同努力下，落实了兵团工商联在兵团绿博会招商招展任务，为博览会的顺利举办做出了贡献。

1. 加强经济联络，扩大交流合作

组织民营企业参加“中国光彩事业庆阳行暨民企陇上行”“中国光彩事业德宏州”活动，推介宣传兵团投资环境，邀请内地企业家赴兵团考察交流。开展湖南、新疆、兵团三方工商联纪念“八千湘女”进疆66周年经贸交流活动，在兵团举办项目推介会。组织民营企业家赴澳大利亚、新西兰、哈萨克斯坦、俄罗斯、中国台湾等国家和地区开展商务考察，扩大了交流合作。

2. 关注企业发展，做好经济服务

一是加强与兵团农行的协调合作，对

2015－2016 年中国农业银行民营企业扶贫贷款 10 个项目进行调研，落实贷款到位情况。二是分类划级。组织各师工商联和直属商会开展 2015 年度兵团民营企业分类划级调查，48 家民营企业入选分类划级目录；三是推荐全国工商联上规模企业及科技进步奖项目。9 家民营企业入选全国工商联上规模企业。其中，六师铝业有限公司、八师天山铝业有限公司入选中国民营企业 500 强和制造业 500 强；1 家企业荣获全国工商联科技进步二等奖，5 家企业获三等奖。四是用好专项资金。组织实施 2016 年度工商联非公中小微企业专项扶持资金项目申报工作，33 家企业获得专项支持资金 1 000 万元。五是促进就业。组织 82 家民营企业开展 2016 年民营企业招聘周活动，提供工作岗位 5 100 多个。

（四）体系建设

把握领导班子好、会员发展好、商会建设好、作用发挥好、工作保障好的“五好”建设关键，在 2015 年一师阿拉尔市、三师图木舒克市被全国工商联确认为“五好”工商联的基础上，把 14 个师（市）工商联全部纳入 2016 年“五好”创建之列，重点突出、全面推进，及时召开兵团工商联系统“五好”创建经验交流促进会，认真开展“五好”创建“回头看”，接受全国工商联对二师铁门关市、六师五家渠市、八师石河市工商联“五好”创建检查，推动目标任务层层落实。

1. 推动商会建设

首次启动直属商会主要负责考核工作和年度工作评议，完成 7 个直属商会 700 余家会员企业情况和 6 家商会 45 家会员企业的党组织、党员分布情况的调查摸底、资料统计，配合兵团党委组织部做好民营企业党组织“两学一做”督导工作。目前，兵团各类行业协会、商会已达 91 个。兵团工商联会员总数已达41 552个。其中，企业会员3 164个，团体会员 127 个，个人会员38 261个。

2. 培训教育

以党的十八届五中全会、中央统战工作会议、中央和兵团党委党的群团工作会议精神以及自治区、兵团党委关于促进非公有制经济发展等重大政策措施为主要内容，采取多种形式对师、团两级工商联干部进行系统培训；组织兵团直属商会负责人参加全国工商联在中央社会主义学院举办的商会会长教育培训等，多层次、多渠道加强对非公有制经济代表人士培训提高，增强了代表人士的履职尽责能力。2016 年，兵团工商联“请进来、走出去”培训 580 人（次），促进了工商联干部和非公有制经济代表人士“两支队伍”素质全面提高。按照中央统战部、全国工商联等 14 个部门《关于加强和改进非公有制经济人士综合评价工作意见》精神，对 146 名非公有制经济代表人士做出综合评价，一些政治觉悟高、热爱工商联事业的优秀民营企业家将经过本次会议被纳入工商联领导机构。

（五）光彩事业

贯彻落实全国工商联、国务院扶贫办、中国光彩会推进“万企帮万村”精准扶贫行动工作会议和兵团党委扶贫开发工作会议精神，以南疆为重点，组织开展了兵团工商联民营企业“百企帮百连”精准扶贫行动。此项行动主题突出、特色鲜明、贴近实际，与深入开展民族团结年活动高度契合，得到广大非公有制经济代表人士的积极响应和社会各界的广泛认同，作为民族团结共建的一项重要内容被列入《2016 年兵地融合发展促进发展民族团结“十大行动计划”实施方案》。兵团工商联“百企帮百连”精准扶贫行动，在兵团打赢脱贫攻坚战目标指引下深入开展，在民族团结进步年的实践中得到升华。自今年 3 月以来，兵团 14 个师“百企帮百连”精准扶贫行动已对接99个连队。其中，以南疆为重点，三师已对接33个少数民族连队，十四师已对接10个少数民族连队，15家商会、290多家企业参与对接。目前，累计公益捐款626.27万元，捐物折合约400万元；开展扶贫项目35个，计划投入资金2 600万元，已投入资金457.7万元；安置困难家庭人员就业1 200多人。

（六）自身建设

以增强工商联群团组织的政治性、先进性、群众性为目标，深入开展“两学一做”学习教育，加强了领导班子建设。着眼增强引领能力提高，落实《兵团党委关于加强和改进党的群团工作的实施意见》对工商联的责任分工，推动了工作创新。落实《兵团工商联加强企业家队伍建设的意见》，工商联执常委的人员的履职情况进行动态管理、综合评价，强化了工商联领导机构建设。推动党的建设、文明部局创建和绩效目标管理，加强了机关建设，践行“两学一做”、促进“两个健康”，进一步提高了服务水平。